Institute of Peaceful Development,CASS

和平发展报告系列

奥巴马政府内外政策调整与中美关系

中国社会科学院和平发展研究所◎编

中国社会科学出版社

图书在版编目(CIP)数据

奥巴马政府内外政策调整与中美关系/中国社会科学院和平发展
研究所编 . —北京:中国社会科学出版社,2015.8
(和平发展报告系列)
ISBN 978 - 7 - 5161 - 5986 - 6

Ⅰ.①奥… Ⅱ.①中… Ⅲ.①对华政策—研究—美国
Ⅳ.①D822.371.2

中国版本图书馆 CIP 数据核字(2015)第 179300 号

出 版 人　赵剑英
责任编辑　陈雅慧
责任校对　王　斐
责任印制　戴　宽

出　　　版　中国社会科学出版社
社　　　址　北京鼓楼西大街甲 158 号
邮　　　编　100720
网　　　址　http://www.csspw.cn
发 行 部　010 - 84083685
门 市 部　010 - 84029450
经　　　销　新华书店及其他书店

印刷装订　三河市君旺印务有限公司
版　　　次　2015 年 8 月第 1 版
印　　　次　2015 年 8 月第 1 次印刷

开　　　本　710 × 1000　1/16
印　　　张　20.25
插　　　页　2
字　　　数　323 千字
定　　　价　76.00 元

序
冷静观察为和平为发展

学问无国界，学者有祖国；学者应爱人民、敬良知。

世上对美国历任总统内外政策的研究报告很多，但有关美国现任总统的、研究成果能坦荡公布于众的，并不多见。参论者不仅要有多年的积累和学养，更需要一身正气与自信，否则很可能"雾里看花"或是非混淆，误导纯真的读者。从这个意义上讲，我国多位研究美国问题的资深学者撰写的《奥巴马政府内外政策调整与中美关系》值得祝贺。这样的作品会给我们更多的思考、有益的启迪。

世界在进步，但进步的步伐又差强人意。美是唯一超强，在国际上强调"普世"，自己却常常"例外"；自我标榜为开放包容的移民国家，却又特别"讲政治"、讲美式核心价值观。美领导层历来面临复杂多样的矛盾与冲突，但也有聪明劲儿和"创新"能力。如何认识这个不断变化的大国是一个"古老而新鲜"的课题。

综合实力决定国家地位。本书指出，奥巴马执政的前六年里，美国的经济实力、军事实力、技术实力、高等教育水平等"可衡量的指标"继续上升，例如在开发新能源、可再生性能源方面取得了巨大进展，页岩油、页岩气的开发使能源自给率超过80%，截至2014年，美石油产量已超过沙特阿拉伯，天然气产量已超过俄罗斯，成为全球最大的能源生产国。

美国人民是伟大的人民。美综合国力在很长时间仍会稳居高端。但近年来"美国衰落论"又一次上升，而"唱衰美国"调子最高的是美政界自己。如此强烈的"忧患意识"值得关注。《联合国宪章》规定大小国家一律平等，但有人却坚定不移地还想领导世界一百年，甚至继续干涉别国内政。看懂这一点是理解世界全局的关键之一。

书中说，奥巴马奉行简明的外交原则，用他本人的话来说，叫"不干蠢事"。的确，奥纠正前任的一些做法，如更注重改善与盟友的关系和自身国际形象，发挥"软实力"优势，尽量避免直接使用武力，更多靠后指挥，努力从伊拉克、阿富汗战争泥潭中抽身等。

同时，美又开始所谓"重返亚太"。其实，这个命题不大科学，美国一直是亚太国家，什么时候离开过亚太？本书引用日本评论家的话说，美国的"再平衡战略"并非直接为解决地区国家的安全困境，而是防止其他国家挑战美国的领导地位。美国主动卷入一些地区矛盾、拉偏架，到头来可能会"拿起别人的石头砸自己脚"。

国际关系中，提倡平等对话、开展互利合作是正道。中美应共同建设不冲突、不对抗、相互尊重、合作共赢的新型大国关系。各国应平等相待。

本书的一大特色是，用相当篇幅讨论美内政改革。如，关于医疗改革，本书有文章认为如下经验教训值得研究借鉴：重大社会改革要奠定法律基础，要重视与公众的信息互动，经济承受力是医疗改革的核心问题，倡导公平与强调公民社会责任并行不悖……

习近平主席在中央外事工作会议上讲话时要求，看世界不能被乱花迷眼，也不能被浮云遮眼，而要端起历史的望远镜去细心观望。过去六年是中美关系史乃至国际关系史上不寻常的六年。冷静、客观地总结过去，有益于更好地应对挑战，更好地维护世界和平和推动共同发展。

2015 年 3 月 20 日于京宁高铁车上。

目　　录

内政篇

外交篇

内政篇

奥巴马政府治下的美国政治

周　琪[①]

奥巴马于 2008 年当选为总统。当年美国经济已经开始经历次贷危机，紧接着陷入了 20 世纪 30 年代以来最严重的经济危机。在国际事务方面，从小布什政府后半期起，"布什主义"的外交政策就一方面在国内遭到持自由主义立场的民主党人的激烈抨击，一方面在国际上遭到许多国家甚至美国欧洲盟国的强烈质疑。奥巴马就是在这样一个美国处于内外交困的时期入主白宫的。他担任美国总统之后的迫切任务是：在国内，引导美国走出经济危机，重振经济，同时进行社会政策改革；在国际，使美国摆脱在伊拉克和阿富汗陷入的战争泥潭，重建美国的国际信誉和领导地位。但是，美国国内的政治现实却使他宏大的政治抱负难以实现。

美国政治极化现象加剧

在奥巴马执政时期，美国政治的极化现象变得日益严重，尤其表现在政治精英层和由政治精英组成的国会之中。在政治精英层，两党之间

---

① 周琪，中国社会科学院美国研究所政治室主任。

的意识形态的差异程度被认为比以往半个世纪的任何时候都高。① 在小布什总统第二任期的中后期，两党国会议员在意识形态上的对垒强度有所缓解，主要是由于强调妥协和两党合作的保守党人在 2006 年和 2008 年两次选举中当选人数大量增加，其所占议席数量翻了一番。然而，在奥巴马总统执政之后，国会议员的政治极化现象加剧了。

国会中的政治极化主要表现在两个方面，一是国会议员个人投票行为发生了极化。根据包括"美国人争取民主行动组织"和"美国保守联盟"在内的多个非政府组织对国会议员记名投票结果的打分评估，国会议员个人的政治立场变得越来越极端，表现为他们越来越稳定地要么站在自由派立场上，要么站在保守派立场上进行投票，为特定的利益集团代言，而站在中间立场的温和派国会议员人数日益减少。二是民主与共和两党国会议员的意识形态对垒日益明显，两党议员基本上分别是由左翼自由派人士和右翼保守派人士组成的，而 20 世纪 50 年代和 60 年代时期比较常见的自由派共和党人和保守派民主党人，在 2005 年之后变得非常罕见。两个突出的例证是，在奥巴马任期的头两年中推动的医保改革法案，以及有关政府债务和预算的法案上，国会议员的投票基本上都是根据党派划界的。

2010 年 11 月美国中期选举之后，第 112 届国会中议员的政治立场分布与第 111 届国会相比发生了明显的变化。当选为国会议员的民主和共和两党人士，其政治立场分布分别向左和向右偏移，持中间立场的议员大幅度减少。在民主党阵营中，保守民主党议员损失惨重，绝大部分保守民主党新人未能当选，由保守民主党议员组成的"蓝狗联盟"在此次中期选举中损失过半，其人数从 54 人减少到 26 人。相比之下，自由派民主党人组成的"国会进步连线"基本上没有损失席位，保持了80 人以上的规模，这就使得自由派民主党人在民主党议员中的比例显著增大。在共和党阵营中，持自由放任立场的茶党运动不仅导致数名持温和立场的共和党议员落选，而且迫使包括麦凯恩在内的许多共和党候

① Alan I. Abramowitz and Kyle L. Saunders, "Is Polarization a Myth?" *Journal of Politics*, Vol. 70, No. 2（April 2008）, pp. 542 – 555; Morris P. Fiorina and Samuel J. Abrams, "Political Polarizationin the American Public", *AnnualReview of Political Science*, Vol. 11（June 2008）, pp. 563 – 588.

选人也向更加保守的政治立场转移，偏离了温和共和党人的基本立场。

此外，在公众中，虽然许多人在一些政策议题上显示出极端立场，尤其是在堕胎和同性婚姻等问题上，超过三分之二的受访者认为自己的立场属于极左派或极右派，但总体上讲，不存在显著的立场极化现象。不过，如果仅仅考察那些政治上活跃、政治信息灵通的公众，就会发现在具体政治议题上存在明显的政治极化现象，而正是这部分公众构成了美国政治的重要基础。[①] 美国政治极化的一个突出例证是，在社会运动沉寂了 50 多年之后，右翼和左翼的社会运动先后出现，并在一段时期并存。这一情况更清楚地反映出在美国公众中也出现了政治极化。

撇开国会和民众中政治极化的直接原因，从根本上讲，政治极化是社会矛盾加剧的结果。一个主要的原因是，社会财富分配不均加剧，贫富鸿沟加深，富裕阶层而不是普通民众，成为拯救金融体系和经济刺激等各种政策的主要获益者。这些问题严重破坏了美国国内的政治稳定。一些新的问题不断涌现：

第一，贫困人口的数量持续增加，中产阶级家庭财产缩水。美国政府每年都会根据年通货膨胀率更新贫困线标准。2014 年的标准是单身者的年收入为 11490 美元，一个四口之家的年收入为 22550 美元。[②] 根据 2011 年 9 月美国人口普查局公布的数字，美国 2010 年贫困线以下的人口占全国总人口的比例为 15.1%（2008 年的数字为 13.2%，2009 年为 14.3%）。这一比例是自 1983 年以来的最高点，与 1993 年的数字持平。2012 年为 15%，仅比 2010 年下降了 0.1%。而从贫困人口的数量来看，贫困线以下的美国人口数量在 2010 年达到了 52 年来的最高值，为 4620 万人（2008 年为 3980 万人、2009 年为 4360 万人），已经连续 4 年不断增长。[③] 美国全国经济研究局（The National Bureau of Economic

①　Alan I. Abramowitz, "Ideological Realignment among Voters", in Jeffrey M. Stonecash, ed. , *New Directions in American Political Parties*, New York: Routledge, 2010, pp. 126 - 147; Morris P. Fiorina, Samuel J. Abrams and Jeremy C. Pope, *Culture War? The Myth of a Polarized America*, 2nd ed. , New York: Pearson Longman, 2006.

②　U. S. Department of Labor, *Employment Situation Summary*, Oct. 3, 2014, http: // www. bls. gov/news. release/empsit. a. htm.

③　Sabrina Tavernise, "Poverty Rate Soars to Highest Level Since 1993", *New York Times*, September 14, 2011, p. A1.

Research）认为，从技术上讲，美国经济衰退于 2009 年 6 月结束。尽管从那时以来已经有了 5 年的经济恢复期，根据美国人口普查局 2013 年的统计，仍然有 4500 万人生活在贫困线之下，占美国人口的 14.5%。① 美联储 2011 年 6 月发布的《2007—2010 年美国家庭财产变化报告》显示，由于房产价值急剧下降，美国家庭财富在 2007—2010 年期间的跌幅创下了历史纪录。美国家庭财产净值的中位数在 2007 年是 12.64 万美元，2010 年下降到 7.73 万美元，扣除通货膨胀因素，等于倒退回了 1992 年的水平。② 而中等家庭的收入则从 2007 年的 4.96 万美元下降至 2010 年的 4.58 万美元。③

第二，美国的贫富差别也在不断拉大。据美国有线电视新闻网 2011 年的报道，90% 的美国人在过去 20 年中实际收入没有增长，而占美国人口 1% 的富人收入却增长了 33%。④ 据统计，从 2007 年到 2009 年，美国 1% 的最富有家庭的财富占全民财富的百分比从 34.1% 上升至 37.1%。在金融危机中，这些最富有家庭的财富净损失相对较小，从 1.95 亿美元下降到 1.65 亿美元，降幅大约为 15.4%。而同期的家庭财富中位值却从 10.25 万美元陡降至 6.54 万美元，下降幅度高达 36.2%。⑤ 根据联邦储备局《2013 年消费者财政调查》（Survey of Consumer Finances for 2013），2010—2013 年，税前家庭收入中位数下降了 5%，同时平均值上升了 4%。这两个数值的反向运动是与同期收入不平等加剧相一致的。2010—2013 年，家庭财产净值的中位数和平均值都几乎没有变动，但财产净值的分配在这一时期变得

---

① U. S. Department of Labor, *Employment Situation Summary*, Oct. 3, 2014, http://www. bls. gov/news. release/empsit. a. htm.

② "Changes in U. S. Family Finances from 2007 to 2010: Evidence from the Survey of ConsumerFinances", *Federal Reserve Bulletin*, Vol. 98, No. 2, 2012, p. 17.

③ Ibid. , p. 8.

④ Annalyn Censky, "How the Middle Class Became the Underclass", CNN, February 16, 2011, http://money. cnn. com/2011/02/16/news/economy/middle_ class/index. htm.

⑤ Matt Taibbi, *Griftopia: Bubble Machines, Vampire Squids, and the Long Con That Is Breaking America*, Carlton North: Scribe Publications Pty Ltd. , 2010, pp. 12 – 13.

更加不平等。①

对于一个把注意力放在贫困和平等问题上的美国，"预算与政策优先中心"（The Center on Budget and Policy Priorities）认为，造成不平等趋势的原因之一是美国决策者日益忽视特别贫困者的需求。在最近的经济复苏中，共和党控制的国会把政府食品券项目的预算砍掉了数十亿美元，而且中止了对长期失业者的失业补贴。②

第三，工资性收入在财富分配中的份额持续下降。在过去的30多年中，美国人的工资性收入占财富分配的比重一直在逐渐下降。而自金融危机爆发以来，失业率又一直居高不下。2008年12月的失业率为5.8%，到2009年1月这一数字猛增到8.5%，此后长时间在9%上下波动。③

上述这些数据表明，近年来美国政府的社会和经济政策选择更有利于社会的富裕阶层，而不是相对贫困的中下层，不能有效地处理社会分配不平等的问题和缓解社会矛盾。

债务危机和政府关门显露两党政策矛盾

20世纪80年代中期以来，美国经济已逐步走向债务依赖型的体制，政府实行赤字财政、国民超前消费、银行金融支持是这种体制的核心内容。1985年，美国从净债权国变为世界上最大的净债务国，结束了自1914年以来作为净债权国长达70年的历史。进入21世纪以来，海外持有的美国债券规模和所占比重逐年增加，美国债券发行量占世界债券总量的32%。

① "Changes in U. S. Family Finances from 2010 to 2013：Evidence from the Survey of Consumer Finances"，*Federal Reserve Bulletin*，Vol. 100，No. 4（September 2014），http：//www. federalreserve. gov/pubs/bulletin/.

② "Changes in U. S. Family Finances from 2010 to 2013：Evidence from the Survey of Consumer Finances"，*Federal Reserve Bulletin*，Vol. 100，No. 4（September 2014），http：//www. federalreserve. gov/pubs/bulletin/.

③ U. S. Department of Labor，*Employment Situation Summary*，Oct. 3，2014，http：//www. bls. gov/news. release/empsit. a. htm；"Foote It News Analysis-Technology Employment Trends in the June 2012 Bureau of Labor Statistics United States Employment"，Report http：//www. footepartners. com/fp_ pdf/FooteAnalysis_ DOLJUN2012LaborReport_ 07092012. pdf.

　　在2012年之前的10年中，美国经济的增长速度明显放缓，美国国内生产总值的年均增长率还不足1.6%，而在此前的20年中曾高达3.3%。美国政府为伊拉克和阿富汗战争投入了大量费用，2008年以后为了应对金融危机和刺激经济，又投入了巨额资金，这使得美国联邦债务在十几年间大幅度增长，美国政府债务占国内生产总值的百分比从2001年第四季度的55.5%增加到2008年第四季度的73.5%，2012年第四季度突破100%，达到100.6%，2014年第二季度为101.8%。①

　　为了刺激美国经济和缓解美国财政紧张的状况，奥巴马政府采取了"量化宽松"的货币政策，扩大了国债发行量，然而，此做法为美国2012年发生的"主权债务危机"埋下了隐患。美国债务危机与欧洲债务危机有着本质上的差别：美国国内政治的极化是导致债务危机的一个重要原因。正如诺贝尔经济学奖获得者、曾任肯尼迪政府经济顾问委员会成员的肯尼斯·J.阿罗（Kenneth J. Arrow）在接受德国之声的采访时所指出的，"美国经济的困境并不是根基动摇的问题，而更是一个政治问题"。②

　　设立国债上限是美国特有的债务限额发行制度，是根据国会1917年通过的立法而建立的，其目的在于对政府的融资额度做出限制，防止政府随意发行国债以平衡开支，避免出现债务膨胀，导致"资不抵债"的恶果。2011年国会制定的美国债务上限是14.29万亿美元，到当年5月，美国国债已达到了这一上限，美国财长蒂莫西·盖特纳（Timothy-Geithner）采取了一些紧急措施，使美国政府支付能力能维持到8月2日。如果国会不能在此之前就提高债务上限或削减开支通过议案，美国就会出现债务违约。白宫和国会在期限的最后一刻最终就提高债务上限达成了妥协，防止了美国拖欠债务。尽管如此，国际评级机构美国标准普尔公司还是在8月5日将美国主权信用评级从顶级的AAA级下调至AA＋级，这是美国这个世界最大经济体的国债信用首次从顶级跌落。

---

　　① Federal Debt: Total Public Debt as Percent of Gross Domestic Product, Sept. 29, 2014, http://research. stlouisfed. org/fred2/series/GFDEGDQ188S.

　　② 《美国债务危机："最大的赢家可能是中国"》，2011年8月1日，http://www. 360doc. com/content/11/0801/16/4137846_ 137191583. shtml.

自1960年以来美国已78次提高国债上限,历史上反对党也常常利用有关债务上限的谈判来引起国民对反对现行政策的呼声的关注,而且每次在此问题上都要经历一番周折才能最终在两党之间达成妥协。但是,2011年两党在债务到期的最后一刻才在国会中达成妥协,这在美国历史上还是第一次。民主和共和两党在是否提升债务上限的问题上持不同立场,是导致这次危机的直接原因。

为了提高债务上限使得政府能够继续运转,民主党愿意做出一定程度的让步,减少政府开支。它为此提出了一个增加税收和减少开支并举的"平衡"方案,但它不愿大幅度削减社保和医保计划开支,而是想主要从削减国防开支上入手,同时对富人增税。然而,倾向于代表中高收入阶层和工商业利益的共和党,反对任何增税计划,主张仅仅依靠削减政府开支而非增税的方法来减少赤字。事实上,共和党更关心的是预算改革,而非债务上限,它想借机大幅度削减奥巴马政府财政政策的核心——社保和医保计划开支。与以往不同的是,此次除两党需要相互妥协之外,还需要得到"准第三方势力"茶党的支持,而持顽固立场的茶党的介入使得债务困境变成了几乎不可解决的"僵局"。

尽管民主和共和两党最终就债务上限问题暂时达成了妥协,美国政府财政赤字不断上升的问题仍然没有得到解决。到2012年大选之后,奥巴马政府又面临了一个与政府债务有关的问题,即如何防止联邦政府坠入"财政悬崖"。2012年12月31日美国联邦政府的举债额度已达到了16.4万亿美元的法定上限,由于奥巴马政府未能在2013年1月1日之前就削减政府财政赤字的问题同共和党达成妥协,奥巴马不得不于当晚签署了总统令,正式启动自动减赤机制。

在增税的问题上,民主党和共和党具有不同的理念,奥巴马政府主张为了促进美国社会的公平和消费,应主要对富人增税;但共和党则认为对富人大幅度增税会破坏私人投资的积极性,更加不利于就业状况的改善和经济的复苏。在"财政悬崖"的压力下,众议院终于又在最后一刻达成了妥协。根据妥协方案,从2013年开始,政府将向个人年收入高于40万美元或家庭年收入高于45万美元的富裕人群增税,这些人群的所得税税率将从现行的35%上调至39.6%。这是美国近20年来首次上调个人所得税税率。据估计,这将在未来的10年中,为美国政府带来大约 6000 亿美元的岁入。①

　　在金融危机和债务危机的阴影下，美国庞大的军费开支已经成为政府削减开支的众矢之的。2001 年以来美国军费开支持续增长，从 2001 年的 3040 亿美元上升到 2008 年的 6160 亿美元，占政府开支的比例也从 16.4% 上升到 20.2%。② 其中还没有包括对伊拉克和阿富汗的补充开支。目前美国的防务开支比全球所有其他国家防务开支的总和还要多。虽然战略收缩是很多美国战略专家不愿意看到的前景，但国防开支收缩在预算削减的压力下不可避免。这是因为，首先，美国政府在未来很长时间内的主要任务是使经济复苏、扩大就业和出口，在这种情况下，民主和共和两党都不愿违背民意，继续保持或扩大军费开支。其次，连年战争已使美国疲惫不堪。自阿富汗战争以来，美国已陷入战争 10 年，尽管军费开支巨大、伤亡代价惨重，美国并未实现在占领国建立稳定民主制的战略目标。对两场战争的不满是共和党失去执政地位的主要原因之一。奥巴马上台执政以来，美国逐渐减少了其在海外的军事存在，美国在利比亚发生内乱之后踌躇不前和对介入叙利亚内战举棋不定，也充分说明美国既无力也无心在海外进行更多的军事干预。

　　自动减赤计划的实施意味着在未来的 10 年内美国联邦预算将减少 1.2 万亿美元，这包括了已经得到批准的减赤数额，国防预算将在 10 年内每年削减 500 多亿美元。③ 美国国防部长莱昂·帕内塔（Leon Pan-etta）于 2013 年 1 月 10 日表示，应对国防预算削减的措施将可能包括减少军事设施保养、停止雇用文职人员和暂停签订采购合同。

　　到 2013 年下半年，美国财政和债务问题再次显现。财政部长雅各布·卢（Jacob Lew）多次向国会发出警告：10 月 17 日之前美国将达到债务上限，届时将只剩下大约 300 亿美元现金，如果国会在 10 月中旬

---

① Matt Smith, "Obama Signs Bill Warding Off Fiscal Cliff", CNN, January 3, 2013, http：//www. google. com. hk/.

② Historical Tables by the Office of Management and Budget，http：//www. whitehouse. gov/omb/budget/Historicals.

③ "The Budget Control Act of 2011 (Debt Ceiling Deal) Frequently Asked Questions", p. 3, http：//www. foreffectivegov. org/files/budget/debtceilingfaq. pdf.

前不能就上调16.7万亿美元公共债务上限通过法案，美国将再次面临债务违约风险。

9月20日至29日，共和党领导的众议院三次通过议案，这些法案批准政府运作至12月15日的经费，但同时要求总统同意不为《患者保护与平价医疗法》（The Patient Protection and Affordable Care Act）拨款，或者推迟或限制为该法拨款。民主党领导的参议院三次否决了众议院临时预算案中限制执行医保法条款。这一结果导致10月1日部分政府部门关门，80万政府雇员被迫休假。

10月2—9日，共和党领导的众议院通过了一些对部分政府机构，如国家公园、博物馆、联邦应急管理署（The Federal Emergency Management Agency）、食品和药品管理局（The Food and Drug Administration）等拨款的议案，但民主党领导的参议院和总统认为这不过是零敲碎打，拒绝了这些议案。10月11—14日，在众议院议长约翰·博纳（John Boehner）与白宫的谈判无结果的情况下，参议院多数党领袖哈里·里德（Harry Reid）和少数党领袖米奇·麦康奈尔（Mitch McConnell）开始就提高债务上限和联邦政府重新开门进行谈判。10月16日，两党参议院领袖宣布他们就临时停止政府关门和在2014年2月7日之前提高债务上限达成一致。众议院和参议院在当日将近午夜时分别以285：144票和81：19票通过了该议案，奥巴马总统于17日凌晨签署了议案。博纳随之承认了共和党行动的失败。联邦政府在关门16天之后得以重新开门。① 政府16天的关门是美国历史上第三长的关门期，最长的两次关门分别是1995—1996年的21天和1978年的18天。

政府关门引起了公众的强烈不满，虽然大多数人批评总统和国会为达到自己的政治目的不惜使政府关门，但更多的人认为共和党在这件事情上要负更大的责任。据独立分析机构估计，两个星期的政府关门使美国经济的GDP在第四季度减少了的0.2%—0.6%，损失了20亿—60

---

① Andrew Kirell, "A Brief History of the 2013 Government Shutdown", October 17th, 2013, http://www.mediaite.com/tv/a-brief-history-of-the-2013-government-shutdown/.

亿美元。另据经济顾问委员会估计，政府关门和拖延提高债务上限在10月的头两个星期使私人部门创造的工作岗位减少了 12 万。[①] 国际信用评级机构标准普尔公司（Standard & Poor）2013 年 10 月 16 日发布的研究报告指出，此次联邦政府关门造成了美国 240 亿美元的经济损失。预计第四季度美国 GDP 增长率仅有 2.4%，而在此之前预期大约为 3%。[②]

"占领华尔街"运动的兴与衰

奥巴马政府治下的美国政治中发生的又一个引人注目的事件是"占领华尔街"运动。2011 年 9 月 17 日，美国纽约爆发了"占领华尔街"运动。这一天有近 100 名示威者进入纽约中心华尔街示威。示威者称，他们的意图是要反对美国政治的权钱交易、两党政治争斗以及社会不公正。其后，在不到一个月的时间里，"占领华尔街"运动迅速从纽约蔓延至华盛顿、波士顿、芝加哥、旧金山、巴尔的摩、奥克兰等地，甚至美国境外。在示威者看来，华尔街的金融大亨们对美国经济、政治的垄断和支配是众多不幸的罪魁祸首，他们质问，为什么华尔街的大亨们闯了如此大的祸，新的经济政策计划还要不断把钱给他们。他们表示，"我们是 99% 的人，不能在忍受那些 1% 的人的贪婪和腐败"。[③]"占领华尔街"运动的诉求可以概括为抗议华尔街金融机构的贪婪和胡作非为，敦促它们为其造成的后果负责，并呼吁政府加强金融监督。2011 年 11 月 15 日，纽约市政府与祖科蒂公园所有者商业地产公司布鲁克菲尔德物业一起，对占领祖科蒂公园的示威者进行了清场，"占领华尔街"运动暂告一段落。

然而，抗议运动依然余音未绝。11 月 17 日，数千人聚集在华尔街

---

① "Executive Administration of the President of the United States", *Impact and Cost of the October* 2013 *Federal Government Shutdown*, Nov. 2013, http：//www. whitehouse. gov/sites/default/files/omb/reports/impacts – and – costs – of – october – 2013 – federal – government – shutdown – report. pdf.

② Melanie Hicken, "Shutdown Took ＄24 Billion Bite out of Economy", October 17, 2013, http：//money. cnn. com/2013/10/16/news/economy/shutdown – economic – impact/.

③ 参见"占领华尔街"运动网站：http：//www. occupywallst. org/。

附近，纪念"占领华尔街"运动爆发两个月。12 月 17 日，示威者又在纽约展开了抗议游行，纪念运动满 3 个月，并一度占领了曼哈顿下城的杜瓦特广场（Duarte Square），但这一行动最终未获成功，至少有数十人遭警方逮捕。当 2012 年新年即将来临之际，"占领华尔街"示威者于 12 月 31 日深夜在祖科蒂公园外集会，宣称在过去的 2011 年，"占领"示威运动声震全美，影响了全球，已经取得了极大的成功，他们决心要在 2012 年把示威继续进行下去。当天有多名示威者因与警方发生冲突而被捕。[①]

进入 2012 年后，新闻媒体对"占领华尔街"运动的报道量急剧下滑，由于所收到的捐助急剧减少，运动出现了财务困难。[②] 2012 年 3 月 17 日，"占领华尔街"运动抗议者再次在祖科蒂公园发起集会，纪念抗议运动满 6 个月。抗议者们表示，他们要为看似已失去动力的抗议运动重新注入活力。这次又有大约 73 人被捕。事实上，运动的组织者们一直没有放弃重振声威的努力。他们在"占领华尔街"运动的官方网站上发出倡议，号召示威者每周五下午两点在曼哈顿金融区的自由广场集结，举行演习。到 2012 年 5 月 1 日，仍有数千名示威者走上纽约街头，希望借"五一"国际劳动节的契机再次引起公众对"占领华尔街"运动的关注，但其引发的社会关注度已大不如前。[③]

根据《今日美国》报和盖洛普公司在 10 月 15—16 日进行的联合民意调查数据，有超过一半的美国普通民众表示听说了"占领华尔街"运动，但他们对于运动的目标并不清楚。有 52% 的美国民众表示自己既不支持也不反对这场运动。但在密切跟踪运动进程的美国人中，表示支持者占多数。（见表 1）

---

① Colin Moynihan and Elizabeth A. Harris, "Protesters Clash With Police in Return to Zuccotti Park", *New York Times*, January 1, 2012, p. A22.

② Edith Honan, "Occupy Movement's May Day Turnout Seen as Test for Its Future", *Reuters*, April 30, 2012, http://www.reuters.com/article/2012/05/01/us－usa－occupy－may－idUSBRE84001E20120501.

③ Andy Newman and Colin Moynihan, "At May Day Demonstrations, Traffic Jams and Arrests", *New York Times*, May 2, 2012, p. A20.

表 1   对"占领华尔街"运动的支持率

	支持者	反对者	既不支持也不反对者
所有的美国人	26%	19%	52%
对"占领华尔街"运动非常/一般关注的美国人	38%	24%	36%
对"占领华尔街"运动非常关注的美国人	52%	29%	19%

资料来源："Most Americans Uncertain about 'Occupy Wall Street' Goals", *Gallup*, October 18, 2011, http://www.gallup.com/poll/150164/Americans – Uncertain – Occupy – Wall – Street- Goals.aspx.

  美国民主、共和两党对"占领华尔街"运动的态度大相径庭。在民主党中，不少政府官员，包括财政部长盖特纳、美联储主席本·伯南克（Ben Bernanke）等，都含蓄或直白地对"占领华尔街"运动的动机表示理解或同情。白宫发言人杰伊·卡尼（Jay Carney）在 2011 年 10 月 5 日说："美国民众对难以找到工作或丢掉饭碗感到沮丧是可以理解的。"[1] 副总统乔·拜登（Joe Biden）也说，运动源于现行政治系统运行的失灵。[2] 奥巴马总统 10 月 6 日表示自己听到了民众的诉求，称"这些抗议运动表达了美国人民的不满"。"美国经历了'大萧条'以来最严重的金融危机，全国各地、各行各业都遭受了重大损失，但至今金融界的一些危机制造者们仍不负责任地想要阻挠金融监管的努力"。他还借机批评国会中的共和党人阻挠金融监管改革法案的实施。[3] 10 月 18 日，奥巴马再次表示，"自己作为总统所能做的最重要的事情，就是站在人民一边，加倍努力兑现承诺，以实现一个更加平等的社会"。[4]

————————————

  [1] "Press Briefing by Press Secretary Jay Carney", October 5, 2011, http://www.whitehouse.gov/the – press – office/2011/10/05/press – briefing – press – secretary – jay – carney.

  [2] "VP Biden Empathizes with Anti – Wall Street Protests", October 6, 2011, http://presspass.msnbc.msn.com/_news/2011/10/06/8190026 – vp – biden – empathizes – with – anti – wall – street – protests.

  [3] "News Conference by the President", October 6, 2011, http://www.whitehouse.gov/the – press – office/2011/10/06/news – conference – president.

  [4] "Obama: Occupy Wall Street 'Not That Different' from Tea Party Protests", ABC, October 18, 2011, http://abcnews.go.com/blogs/politics/2011/10/obama – occupy – wall – street – not – that – different – from – tea – party – protests/.

共和党的态度则截然相反，他们抨击奥巴马借阶级斗争谋取私利，并将抗议者们称为"一帮古怪的嬉皮士"和"由无政府主义者组成的乌合之众"。共和党总统候选人中的领跑者米特·罗姆尼（Mitt Romney）也认为，"占领华尔街"运动的示威者是在寻找"替罪羊"，他们有可能使国家陷于分裂的境地。另一名共和党总统竞选人赫尔曼·凯恩（Herman Cain）则指责这些美国民众是一群"失败者"。他说："别怪华尔街，别怪大银行，如果你没有工作或者不富有，那就怪你自己。"①极端保守的"茶党"运动的领袖们不仅竭力与"占领华尔街"运动划清界限，还对后者猛烈攻击，以阻止左派力量赢得政治资本。

经过这次"占领华尔街"抗议活动，美国政府的相关政策进行了一定程度的调整。运动对奥巴马政府的金融监管改革法案的实施产生了促进作用，增强了奥巴马对年收入100万美元以上者征收额外税收以资助就业计划的决心，还唤起政府对诸如收入不平等、公司责任、失业问题、环保问题和教育问题等问题的关注，促使政府决策者在投资于教育和基础设施、创造就业、鼓励创新等方面做出一定的改革。例如，2011年10月26日，美国政府提前实施国会通过的为学生贷款"减负"系列措施，将其生效日期从2014年提前至2012年年初。奥巴马政府宣布自2012年1月起，学生贷款的每月偿还上限不得超过负债者月收入的10%。这使大约160万正在就读的大学生和已毕业工作的美国人从中受益。② 抗议者最期待的是未来大财团对经济的控制逐渐被削弱，华尔街的势力也不再像现在这么强大，大财团对媒体、立法等方面的影响力受到限制。但这个目标似乎过于遥远。可以说，"占领华尔街"运动在一定程度上影响了美国的经济和政治议程，因为自2011年以来，美国政界有关经济的辩论一直集中在如何削减赤字方面，但随着"占领华尔街"运动的出现和发展，收入分配不均等问题已经受到美国政界和公众的广泛关注。

---

① John McCormack, "The Cain Surge", *The Weekly Standard*, Vol. 17, No. 6, p. 17.

② Public Papers of the Presidents, Barack Obama, October 26, 2011, "Remarks at the University of Colorado – Denver in Denver, Colorado", http：//www. presidency. ucsb. edu/ws/index. php? pid = 96953&st = &st1 = .

茶党运动与共和党的尴尬"联姻"

茶党运动是 2008 年大选期间产生的一个最引人注目的政治因素。2009 年年初，茶党运动发动了一场声势浩大的抗议运动，反对奥巴马政府的救市计划和拟议中的医保改革。在 2010 年的中期选举中，势头正旺的茶党运动帮助共和党夺取了对众议院的控制，从而形成了民主和共和两党分别掌控参、众两院的政治局面，使奥巴马总统在国会通过任何与改革有关的立法都基本无望。而茶党的极端化立场还使得美国两党达成政治妥协变得异常困难，造成了在国债上限等问题上的政治僵局。

茶党运动兴起主要源于美国经济和政府财政状况的急剧恶化。伊拉克战争和阿富汗战争、挽救金融体制、经济刺激方案、拯救汽车工业以及医疗改革的重大措施耗资巨大，这些支出急剧增加了政府财政赤字，使相当一部分公众产生了经济上的不安全感，导致他们对通过政府干预改善经济状况的怀疑程度加深，希望通过减少政府干预来保障自己的利益。在经济政策上，茶党要求削减政府开支、平衡预算、严格限制政府权力；在社会政策上，茶党维护传统价值观念，强烈反对医保改革、移民改革、堕胎和同性恋，以及肯定性行动。茶党运动主要是抗议性的，其成员比一般的共和党人更强调政府权力应当严格限制在宪法规定的范围之内。

2012 年 12 月 14 日哥伦比亚广播公司新闻电台和《纽约时报》对 1580 名美国成年人进行了调查，包括自称为茶党的支持者，发现有 18% 人称自己是茶党的支持者，其中 89% 为白人，仅有 1% 为黑人；四分之三的人年龄在 45 岁以上，包括 29% 的人年龄在 65 岁以上；在他们之中，男性占 59%，女性占 41%。36% 的人来自美国南部，其比例超过其他地区。25% 的人来自西部，22% 来自中西部，18% 来自东北部。①

---

① Brian Montopoli, "2012 Tea Party Supporters: Who They Are and What They Believe", CBS NEWS, December 14, 2012, http: //www.cbsnews.com/news/tea - party - supporters - who - they - are - and - what - they - believe/.

　　与其他人群相比，茶党的支持者受过较好的教育，37% 是大学毕业生，而在美国总人口中，只有 25% 是大学毕业生；拥有超过平均水平的家庭收入，56% 的人年收入超过 5 万美元；54% 的人称自己是共和党人，41% 的人认为自己是独立派人士，仅有 5% 的人称自己为民主党人。四分之三的人把自己看作保守主义者，39% 的人称自己为强烈的保守主义者。60% 的人表示自己始终或经常投共和党的票。92% 的茶党支持者认为美国走在错误的道路上，奥巴马总统的政策正在把美国引向社会主义。① 从以上这些数据中也可以看出，茶党运动并不受保守派精英的控制，而且其支持者也不能同共和党人画等号。

　　与共和党"联姻"的茶党运动不仅是对共和党充满活力的支持力量，它的极端立场也在一定程度上削弱了共和党的选民基础，造成了共和党内部的分化，威胁了共和党的内部团结。在 2010 年和 2012 年的两次选举中，茶党运动给共和党的竞选造成了很大的被动。在 2010 年的中期选举中茶党运动支持了 129 名共和党众议员候选人和 9 名共和党参议员候选人参选。② 在参议员选举中，茶党运动是马尔科·鲁比奥（Marco Rubio）和兰德·保罗（Rand Paul）分别在佛罗里达州和肯塔基州当选的关键因素，也是共和党痛失一个特拉华州参议员席位的罪魁祸首。鲁比奥和保罗分别在党内初选中战胜了共和党组织所支持的候选人，并在正式选举中获胜，而在特拉华州共和党党内初选中，茶党支持的候选人战胜了富有声望的共和党现任参议员，但随后这名候选人又由于其立场过于右倾而在正式选举中败给了民主党候选人。共和党在任参议员莉萨·穆尔科斯基（Lisa Murkowski）在阿拉斯加州的党内初选中失利，就是败在了茶党支持的共和党候选人乔·米勒（Joe Miller）手下。但穆尔科斯基在之后的正式选举中又以独立候选人身份参选并击败米勒。后两个例子不仅生动地反映了不同的政策主张在党内初选和正式

---

　　①　Brian Montopoli，"2012 Tea Party Supporters：Who They Are and What They Believe"，CBS NEWS，December 14，2012，http：//www.cbsnews.com/news/tea – party – supporters – who – they – are – and – what – they – believe/.

　　②　参阅 Jeffrey Rosen，"Radical Constitutionalism"，*New York Times Sunday Magazine*，November 28，2010，p. MM34；Kate Zernike，"Tea Party Set to Win Enough Races for Wide Influence"，*New York Times*，October 15，2010，p. A1。

选举中所产生后果的差别，也反映了茶党运动在寻求全局性政治影响中因其政治倾向的极端化所受到的局限。

在2012年的大选年，茶党所支持的候选人在科罗拉多、内华达和特拉华三个州的参议院初选中击败了温和派共和党人，但这些候选人在最后的选举中全部输给了民主党人。茶党候选人印第安纳州的理查德·穆多尔（Richard Mourdock）甚至在初选中战胜了在共和党内德高望重的在任参议员理查德·卢格（Richard G. Lugar），但他也在最后的选举中遭受失败。茶党的极端立场给共和党造成了重大损失。

在2014年的中期选举中，共和党接受了以往选举中的教训，与茶党保持了一定的距离。虽然茶党所支持的一位默默无闻的经济学教授戴夫·布拉特（Dave Brat）在弗吉尼亚州众议员预选中出人意料地击败了共和党众议院领袖埃里克·坎托（Eric Cantor），但在当年的参议员预选中，茶党全军覆没。追求连任的12名共和党参议员中的6人在初选中遭到了茶党候选人的挑战，但他们最后都成功胜出。例如南卡罗来纳州的共和党参议员林赛·格雷厄姆（Lindsey Graham）由于经常与民主党一起行动，激怒了该州的保守派，但他仍然在6月底获得了提名。田纳西州的共和党参议员拉马尔·亚历山大（Lamar Alexander）受到了茶党支持的田纳西州众议员乔·卡尔（Joe Carr）的挑战。卡尔在移民政策上持强硬的保守立场，而亚历山大则支持移民改革法案，包括给予非法移民公民权，但其得到的支持并没有因此受到大的影响，在田纳西州的初选中，亚历山大和卡尔分别获得51%和39%的支持率。① 自2008年以来，这还是第一次在任共和党参议员没有在预选中落选的情况。所有那些失败的茶党挑战者都试图利用共和党基本选民对华盛顿和在任者超长任期的反感来获得胜利，但是他们实际上很难在共和党内建立一个多数派联盟。

然而，不可忽视的是，在国会的投票中，茶党的极端保守立场常常把共和党推向更难同民主党妥协的方向，使得国会中的政治极化加剧。

---

① Sean Sullivan and Robert Costa, "Sen. Lamar Alexander Defeats Tea Party Challenger", August 7, 2014, http: //www.washingtonpost. com/blogs/post – politics/wp/2014/08/07/sen – lamar – alexander – defeats – tea – party – challenger/.

例如 2013 年 9 月国会在审议预算案时，众议院议长共和党人博纳就是在茶党议员的压力下，不断在预算法案中加入限制对医保改革拨款的条款，最终导致联邦政府关门。共和党也由此背上了一个不惜以政府关门来达到一党目的的恶名。

2010 年茶党运动在全国的支持率居于 28%—32% 之间，此后虽然有所下降，但 2014 年 6 月 30 日的盖洛普民调显示，其支持率仍保持在 22% 左右。[①] 这表明茶党运动并没有出现在短期内迅速衰落的迹象。在存在茶党运动政治势力的背景下，美国国内的政治妥协难度增大。由此可以预想，类似政府预算案上的政治僵局可能在今后相当长的一段时间内还会频繁出现在美国政坛上。

奥巴马总统治国与改革之难

作为一位美国黑人总统和具有强烈自由主义理念的民主党人，奥巴马想要在其任期内在国内改革方面有所建树，但他想要推行的任何国内改革都要有国会立法的支持，然而，他在国会中拥有的政治支持基础变得越来越薄弱。民主党在 2010 年的中期选举后就丧失了在众议院中的多数席位，在参议院中的多数席位也减少到 60 席以下。2012 年的大选延续了这种状况，其在参众两院的席位进一步减少。两年后，在 2014 年 11 月 4 日结束的美国中期选举中，不仅民主党对共和党在众议院中的劣势继续扩大，而且还丧失了其原先对参议院的控制。

这意味着奥巴马要想在国会通过任何有实质意义的改革法案，都会遇到来自国会更大的阻力。这使得奥巴马想要绕过国会通过行政令来推行一些国内改革措施。

奥巴马政府迄今完成的一个最重要的成就是，推动国会通过了《病患保护与平价医疗法》。尽管医保方案在共和党的全力阻击下大打折扣，但从全局来看它还是成功的。医保制度对美国人口的覆盖率达到了总人口的 95%，可以称之为全民医保了。这意味着历届美国总统追

---

① Gallup, "Tea Party Movement", June 30, 2014, http：//www.gallup.com/poll/147635/tea‐party‐movement.aspx.

求的"全民医保"的梦想终于在奥巴马总统治下得以实现。但奥巴马总统本人和民主党也为这场胜利付出了不小的政治代价。奥巴马"以冷静、理性超越党派争吵"的许诺完结了,两党的分歧暴露无遗,在两院的投票中完全以党派画线,没有一名共和党议员支持民主党医改方案。这在历史上是非常罕见的。不仅如此,在新的医保法通过之后,美国国内的质疑之声从未间断,共和党人更是耿耿于怀,曾试图通过法律诉讼来推翻该法,或利用对政府预算案的审议之机,迫使民主党放弃医保改革。

奥巴马政府的另一个目标是,推行新的气候变化和能源政策。奥巴马总统在上任之初就着手改变布什政府时期美国的能源政策,把能源改革放在其政策的优先位置。他在第一任期制定的能源政策是,在未来的10年中投资1500亿美元,以实现三个目标:刺激经济、减少温室气体排放和提高能源安全。尽管奥巴马第一任期的能源政策和气候变化政策未见明显成效,但是,美国能源供应形势发生了很大的变化:美国页岩气开发取得了突破进展,天然气供应量因此大量增长。此外,根据美国能源信息署2012年的预测,美国石油产量也将有较大增长,这将大大减轻美国对进口能源的依赖。[①]

奥巴马第一任期能源政策是建立在全球能源短缺和美国能源供应过度依赖进口的现实基础之上的,而现在情况似乎发生了变化,一种看法认为美国进入了一个"能源充足"时代。在新的局面之下,奥巴马是否还会延续其第一任期的能源政策?

有两种情况使得奥巴马不得不对其第一任期能源和气候变化政策做出适当的调整。一是与奥巴马第一任期的前两年不同,民主党此时已经不再拥有在国会两院的必要多数票,这就意味着,奥巴马如果仍然想要在国会通过有关气候变化的法案,已没有成功的希望。二是,由于美国的债务危机和联邦财政赤字,奥巴马政府已不可能像在第一任期那样,为资助绿色能源的项目投入上百亿美元。这两种情况都限制了奥巴马的

---

① Benoit Faucon and Keith Johnson, "U. S. Redraws World Oil Map, Shale Boom Puts America on Track to Surpass Saudi Arabia in Production by 2020", *Wall Street Journal*, Nov. 13, 2012, http: //online. wsj. com/article/SB10001424127887324073504578115152144093088. html.

政策选择。

在气候变化政策方面，对温室气体排放进行更严格的限制一直是奥巴马总统和美国环保署的优先考虑。为此，奥巴马将继续推动把用煤炭发电改为天然气发电。由于大选期间"桑迪"飓风和其他气候异常事件重新点燃了美国国内对气候变暖的担忧，环保组织仍然要求征收碳排放税，旨在通过抬高石油、天然气和煤炭价格来刺激对其他能源的选择。目前，页岩气开发在美国具有良好前景。美国能源界也因此对页岩气将给美国能源供应状况带来改观寄予厚望。然而，页岩气开发必须使用注水压裂技术和化学物质，这将带来新的环保问题。

奥巴马政府的第三个国内政策目标是通过移民改革法。移民改革是奥巴马在 2008 年竞选期间就作出的承诺，借此他在那次大选中赢得了大多数拉美裔和亚裔选民的支持。在 2012 年的大选中，奥巴马又极大地得益于这两个族裔，尤其是拉美裔的支持。奥巴马在第一任期曾多次敦促国会通过与非法移民有关的移民改革法案，但都无功而返。为此，他尝试采用一些灵活政策来处理移民问题。2012 年 6 月，奥巴马宣布将暂停遣返在幼年时期进入美国的守法的年轻非法移民，并在一定的条件下向他们发放工作许可证。[1] 2012 年奥巴马在其竞选后期也表示，他将在连任后第一年的上半年就在国会提出新的移民改革法。为了不失信于在大选中曾给予他关键支持的拉美裔和亚裔选民，奥巴马必须履行其在选举中做出的承诺，因此移民改革成为奥巴马第二任期前两年的紧迫任务。由于难以在国会通过相关法律，奥巴马在 2014 年中期选举之后，决定采用行政命令的方式来推行自己的移民改革政策，于 11 月 22 日公布了其移民改革方案。但这遭到了共和党的强烈反对，后者表示将尽一切努力制止方案的实施。

总之，奥巴马余时无多，宏大抱负恐难一一如愿实现。

---

① Tom Cohen, "Obama Administration to Stop Deporting Some Young Illegal Immigrants", CNN, June 16, 2012, http：//edition. cnn. com/2012/06/15/politics/immigration/index. html.

奥巴马政府经济政策的调整

孙　杰①

在经历了整整 6 年的量化宽松的政策刺激之后，美国经济呈现出了相对稳健的增长势头，奥巴马政府的货币政策也终于走向正常化了。尽管要摆脱沉重的债务负担还任重道远，但是当前的财政状况还是出现了好转，不过，国家出口倡议的失败却使得奥巴马的再工业化战略难说成功。对奥巴马政府外交政策的指责是最终导致民主党在中期选举中败北的主要原因，在这种情况下，如何综合评估奥巴马政府的经济政策就变得更加重要了。

一　奥巴马政府的接任背景

从历届美国总统的政策经历来看，决定经济政策的因素主要有两个：一是当时的经济或政治压力，比如国际关系的需要或金融危机的冲击，或者当时的财政或通货膨胀状况。从历史上看，这些影响因素不少带有明显的周期性特点；二是总统所在党派在具体政策方面的取向，特别是如何进行税率调整，如何处理医保改革，以及如何制定贸易政策等。在这方面，共和党和民主党还是有比较明显的差别的。

本文对美国经济政策的回溯从里根政府开始。当时，美国在经历

---

①　孙杰，中国社会科学院世界政治与经济研究所研究员。

了雄心勃勃的伟大社会计划、越战和布雷顿森林体系的冲击后，到1980 年，按照现价计算的 GDP 在全球的占比跌落到接近 1/4 的水平上，两位数的通货膨胀、经济负增长、高失业，以及连续多年的财政赤字、经常项目逆差，调整的压力势在必行。面对传统凯恩斯主义留下的尴尬遗产，以新自由主义为特征的供给学派和货币主义卷土重来，并成为里根政府经济政策的理论基础。在经历了减税①、大幅度紧缩银根、削减政府开支、平衡财政预算等一系列痛苦的货币主义实验和供给学派实践之后，通货膨胀得到了显著的抑制、就业状况得到了缓解，最重要的是经济增长在 1984 年创下了 7.3% 的年度纪录，美国在全球 GDP 中的占比从 26% 上升到 35%，出现了所谓的里根经济繁荣。

然而，与苏联在冷战对决中空前激烈的军备和太空竞赛使得美国财政状况不堪重负，财政赤字对 GDP 之比一度达到 5.9%，政府债务急速攀升。这种状况在老布什执政期不仅没有好转，反而由于海湾战争进一步恶化，导致经济增长放缓，在 1991 年甚至再次出现了负增长。于是，当克林顿入主白宫以后，首要任务就是减赤②。增税和节支双管齐下③，同时将货币政策和基准利率水平回归正常，调整政府支出结构，强调政府的科技支持政策，公布国家出口战略。借助新经济的浪潮，克林顿政府最终从 1998 年开始实现了财政盈余，经济增长、通货膨胀和就业都同时达到了预期的目标，为小布什政府奠定了良好的基础。

但是，小布什上台伊始，就遇到了 "9·11" 恐怖袭击，反恐支出迅速攀升，而新经济泡沫的崩溃更是雪上加霜，财政收支再次陷入赤字的局面。这样，到奥巴马政府上台时，从宏观经济指标看，美国的经济政策又面临实施财政政策和货币政策双紧组合的压力以完成一次周期性

---

① 里根作为共和党总统主要是对企业主减税，同时还包括对企业实行加速折旧等措施。

② 减赤的压力早在里根执政的 1985 年，就使得国会通过了民主党参议员提出的《1985 年平衡预算和紧急控制赤字修正案》。但是，面对严峻的经济形势，克林顿在 1993 年一上台就提出了增加 163 亿美元经济刺激计划的补充财政拨款提案。该提案因为连很多民主党议员都感到在他们投票表决削减支出之前就先投票增加支出无法向选民交代而流产。

③ 作为民主党总统，克林顿主要是对富人和企业主增税，而节支主要是借助苏联解体以后的和平红利压缩军费和政府开支。

的紧缩调整。但是，由次贷危机演变而来的空前金融危机打破了这个周期性的要求，奥巴马政府别无选择，只能反其道而行之，延续小布什政府的反危机政策，全力实行财政政策和货币政策双松的组合搭配以应对危机。所以，奥巴马政府经济政策的调整完全是被动地应对危机的挑战，不仅无法放手实施他在竞选时承诺惠及大众的医保改革方案，而且由于政策空间已经非常有限，不足以支持强力的扩张政策，超常规就成了奥巴马政府经济政策的基本特点，同时也决定了奥巴马政府与国会的关系及其政治命运。在这个意义上说，奥巴马政府有点生不逢时、临危受命和仓促应对的色彩。

二 沉重的债务负担：财政政策的持久遗产和挑战

尽管在经济学家的宏观经济分析中常常将货币政策作为分析重点，但是在政府的实际决策中，受制于现实需要，财政政策却往往是政策考虑的起点。里根、克林顿和小布什如此，奥巴马也一样。

雷曼危机以后，金融市场稳定面临着严重威胁，小布什政府为了抵抗衰退而无法顾及财政赤字，采取了一系列扩张财政支出以稳定金融市场和刺激经济增长的措施。奥巴马就任总统以后，不得不继续执行并推出了一些新的刺激措施。这一系列涉及领域广泛的政府刺激计划对于维持经济稳定起到了至关重要的作用，但是也给美国政府本来就捉襟见肘的财政平衡带来了很大压力。由于在经济衰退过程中财政收入会不可避免地出现下降，再加上税收减免的政策，使得自 2002年赤字重现以来的美国财政状况雪上加霜。与 2007 财年美国 2.57 万亿美元的财政总收入相比，2009 财年的财政收入下降到了 2.10 万亿美元，而财政支出则从 2007 财年的 2.73 万亿美元急剧上升到 2009财年的 3.52 万亿美元。结果，财政赤字便从 2007 财年的 1607 亿美元增至 2009 财年创纪录的 1.41 万亿美元。财政赤字对 GDP 的比重也创下了和平时期的最高纪录，达到 9.8%①，远超里根执政期间

---

① 按照白宫预算管理办公室在 2010 年公布的数字，财政赤字对 GDP 的比重是10.1%，之后才逐渐调整到 9.8%。

5.9%的战后记录。

　　毫无疑问，这种严峻的财政状况不是奥巴马造成的，但却是奥巴马政府要承担、面对和解决的难题，而且其难度超过了之前的历届总统。到2013年以后，虽然财政状况一直在缓慢地改善，但是沉重的债务负担却没有好转迹象，公共债务对GDP的比例从危机前的65%一路飙升到2014年的105%。白宫与国会之间在政府减赤问题上冲突不断，2011年因债务上限问题无法达成协议险些造成美债违约。虽然在最后关头达成了妥协，但是美债却因为债务管理能力而被降级。到2013年，白宫又因为国会迟迟不批预算，政府不得不关门16天。虽然在最近几十年中美国政府关门屡屡发生，但是在里根①、老布什、克林顿和小布什时期，大多是在失去对参众两院控制的情况下发生的，而这一次奥巴马却是在控制参院的情况下发生的。可以想见，在2014年中期选举失利以后，奥巴马政府在债务问题上所面临的国会压力将会更大。

　　也许奥巴马政府敢于大幅度实施扩张性财政政策的底牌在于他对后来被称为财政悬崖②的判断、协调和决断的自信。这也或许是奥巴马在财政政策上的一个亮点。其实，既然减税之前美国经济经受得起这样的税率，那么在税率恢复以后一般也不会引起大的动荡。这里可能的疑问在于那时美国经济正处于新经济的高涨期，而到2013年年初美国经济则刚刚从金融危机的打击中复苏，可能难以承受这样的冲击。当然，奥巴马政府也采取了谨慎的做法，先从富人开刀，控制了对经济增长的不利影响，既符合民主党一贯的政策偏好，也表现出比较务实的作风。结

---

　　①　由于里根政府时期财政赤字问题很严重，因此在他的两届任期内政府关门有8次之多，创下历届总统之最。而且前7次也是在控制参院的情况下发生的，只有最后一次是在共和党同时失去对参众两院控制的情况下发生的。在老布什和克林顿执政时期的几次政府关门则都是在失去对参众两院控制的情况下发生的。另外值得注意的是，里根政府8次关门，总时间也不过14天，而奥巴马一次就长达16天，仅次于克林顿创下的政府关门21天的纪录，而那次也是在克林顿同时失去对参众两院控制的情况下发生的。

　　②　所谓财政悬崖是指到2013年年初，包括小布什政府在2001年和奥巴马政府在金融危机后的多项减税政策即将到期使税收收入大幅增加，而与此同时由于国会减赤压力造成财政支出大幅减少，财政赤字水平呈现断崖式下跌的现象。这种急剧的变化可能导致经济增速放缓，甚至是陷入二次衰退。因此美联储主席伯南克在2012年2月底的国会证词中首先使用财政悬崖一词来说明美国应该处理好在削减长期财政赤字和不伤及短期经济增长之间的关系。

果，从 2013 财年开始，美国的财政状况，特别是个人所得税的增长出现了加速好转的局面。

奥巴马应对沉重的债务指标的另一张底牌是调整了 GDP 的统计方法。核心是将研发支出资本化①。尽管在理论上可以将研发投资纳入固定投资，但是在联合国统计委员会中却存在着长期未决的争议②。不过美国还是在全球率先修订了统计方法。事实上，随着美国工业化和城市化的完成，住宅、建筑和设备等基础设施投资比重不断下降，信息设备和知识产权产品（软件、研发和娱乐与文艺创作等）投资比重不断上升，进一步提高了生产效率，成为美国的突出优势和强大实力。按照这种新的口径，不仅美国在此次金融危机之后的复苏变得更加强劲，而且增长速度和储蓄率也被调高。而更重要的是按照这种新口径计算的 GDP 还可以使得美国沉重的债务负担得到些许的缓解。

值得注意的是，作为民主党政府，奥巴马在减赤压力的大背景下，国防开支和行政开支等自主项目（appropriated/discretionary programs）都得到了缩减，社会保险、医疗保险和公共医疗补助等刚性项目（mandatory programs）却都有了不同程度的提高。而且与历届美国总统一样，奥巴马也关注对科技的投入，危机平稳以后就将稳定金融市场的支出转换为增加教育和能源方面的开支③，对于维持美国经济在未来的增长无疑是有利的。

尽管当前美国的财政状况在好转，但是展望未来，沉重的政府债务却将成为拖累、制约甚至引发美国经济危机的因素，白宫与国会的博弈还会不断发展。

---

① 此外，还包括文学艺术娱乐、住宅类资产所有权转移成本资本化、定额养老金计划虚拟交易以及统一工薪核算处理等。这种变化体现出来的一个明确理念是研发支出是投资而不是消费，因为它与固定投资一样，不仅会推动当期增长，也会增加未来的收益，因此具有资产的属性，在技术、知识和信息时代已经成为创新和增长的重要来源。

② 因为研发存在风险，所以在原则上必须根据研发的预期效益来确定其价值，失败的研发只能算作成本，记作中间消耗，而不能计入固定资产。此外，基础理论研发的所有权是开放的，所以对研发效益的归属也存在不少技术上的困难。如何准确倒推历史上的研发存量也是研发资本化的障碍。

③ 在 2009 财年，美国用在抵押信贷方面的财政支出从 2008 财年的 1700 万美元猛增到 997.6 亿美元，而在 2010 财年，美国用在能源和教育的支出分别从 2009 财年的 47.55 亿美元和 797.49 亿美元上升到 116.18 亿美元和 1285.98 亿美元。

　　美国国会预算办公室预测，在税法和财政支出法案保持不变的情况下，尽管在未来 10 年内，财政赤字对 GDP 的比例可能稳定在 2.5%—3%，但此后将出现比较明显的上升。而造成美国财政恶化的根本原因就是人口的老龄化，以及伴随而来不断上涨的医疗成本以及联邦政府对健康保险的补贴。国债利率水平的上涨也将提高财政支出中债务利息支出的比例。

　　应该承认，如果仅从债务负担的角度看，美国当前的政府债务已经达到了爆发债务危机的临界点。尽管目前主要评级机构还给予美债足够高的评级，但是如果美国公共债务的负担持续下去甚至进一步恶化，一旦投资者开始怀疑美国政府还款的能力或意愿，必然要求美国政府在进行国债再融资时支付更高的风险补偿和利息成本，最终使得美国政府不堪重负，那时美国的公共债务危机就会到来！即使没有爆发危机，沉重的政府债务负担将对美国经济产生深远的负面影响。首先，金融市场上政府债务存量的不断增长意味着占用了大量的居民储蓄，而这将挤出私人部门的投资，导致资本存量、产出和收入的下降；其次，政府债务利息支出的上升将挤占其他本该用于政府提供公共服务的资源，不利于政府发挥应有的作用①；最后，沉重的政府债务负担将限制政府在未来应对意外冲击的能力。

　　因此，美国国会认为，在人口老龄化和利率上升阴影下的沉重债务负担对未来经济增长影响的负面效果会逐渐显现，白宫应该尽快实现减赤。趁当前美国经济还没有受到沉重债务负担的影响，还有一定的承受能力，越早加快政府减支或增税，对经济造成的负面影响也就越小。奥巴马的任期还有两年，要在这两年中完成空前的减赤难度很大。可以想见，奥巴马和国会就减赤和公共债务负担问题的博弈还会继续下去。在奥巴马任期内，能防止危机造成经济崩溃，能从最严重的危机中平稳走出来，货币政策能够实现正常化就已经是很大的成就了。巨额财政赤字不是奥巴马带来的问题，况且奥巴马政府已经为此做出了相当的努力，所以奥巴马任期的财政政策总体上说应该是成

---

　　①　我们可以注意到，在过去两年间，尽管美国政府面临来自国会的减赤压力巨大，但是白宫也仅仅是控制资助项目的增长，而对于以社保支出为主要内容的刚性项目支出却不减反增。这种增长即使以老龄化为背景，也显示出政府力图维持原有转移支付水平的愿望。

功的。

三　平稳的货币政策过渡：从量化宽松到正常化

在前面我们已经指出，尽管货币政策常常是经济学家关注的焦点，但是财政政策才是历届美国政府在遇到挑战时首先使用的政策工具。面临金融危机的冲击，美国政府最先的反应是推出总额高达 7000 亿美元的不良资产救助计划。加之此后一系列刺激性支出①，导致美国财政赤字急剧上升。为了迅速为这些巨额的财政支出融资，也为了避免出现挤出效应，美国的货币政策才从常规宽松逐渐过渡到量化宽松。

1. 危机的特点与货币政策的功效：奥巴马政府面临的挑战

2008 年的金融危机是由资产价格泡沫引发的，是一种典型的资产负债表衰退②。与传统宏观经济周期中的衰退不同，危机前的金融泡沫会造成资源跨期错配和跨部门错配，家庭、企业和政府对未来收入、资产价格以及信贷可获得性较为乐观，因而承担了较多债务。银行也过高估计了资产的质量。危机发生以后，资产价格大幅下跌，金融机构资产负债表恶化，信用收缩，经济主体也需要很长时间才能通过增加净储蓄和出售资产的方式来降低债务。也就是说，危机之后必须要面对资产负债表的修复，同时消除危机前积累的结构性扭曲，所

---

①　这包括短期标售工具（Term Auction Facility，TAF），定期证券借出工具（Term Securities Lending Facility，TSLF），定期资产支持证券贷款工具（Term Asset – Backed Securities Loan Facility，TALF）；联邦存款保险公司的临时流动性担保计划（Temporary Liquidity Guarantee Program，TLGP），债务担保计划（Debt Guarantee Program，DGP），交易账户担保计划（Transaction Account Guarantee，TAG），公私投资计划（Public – Private Investment Program，PPIP）；全美信贷协会的中央流动性工具（Central Liquidity Facility，CLF），住房所有者支付能力救助计划（Homeowners Affordability Relief Program，HARP），系统投资计划（System Investment Program，SIP），以及资产收购计划（Capital Purchase Program，CPP），AIG 投资计划（American International Group Investments），目标投资计划（Targeted Investment Program，TIP），资产担保计划（Asset Guarantee Program，AGP），汽车产业融资计划（Automotive Industry Financing Program，AIFP），住房支付更新计划（Home Affordable Modification Program，HAMP），消费者和商业借款提议（Consumer and Business Lending Initiative，CBLI）等一系列包括直接贷款、结构贷款、担保、购买证券以及刺激性支出的措施。

②　这一术语最初由 Richard Koo 在分析 20 世纪 90 年代日本经济在泡沫破灭后的增长停滞时提出，见 Richard Koo，*Balance Sheet Recession*，John Wiley & Sons，2003。

以会比较漫长。

在过度需求的部门，大量闲置的过剩产能需要消化；私人部门和公共部门高额债务与银行业资产负债表恶化会形成恶性循环；金融部门的去杠杆化使其向非金融部门提供信贷的能力下降，造成通缩预期加速；物价的普遍下跌，债务实际价值上升会导致更大的清偿债务的需求，负债主体被迫出售资产或存货、减少消费和投资，又近一步导致通货紧缩。更重要的是，在危机后的救助阶段，为了防止进一步衰退，银行常常继续为低效企业提供信贷。由于这些企业仍在不断吸收信贷资金，可分配给市场中更有效率的企业的资金相对就少了，从而导致经济中较有活力的部门不能得到快速扩张所需的资源，阻止了资源有效配置和经济转型与复苏。

日本泡沫经济崩溃以来将近 20 年的历史证明，在现代金融市场条件下，流动性陷阱和长期持续的宽松货币政策可能成为一种常态。目前这种情况也很可能将在美国重演。从主要发达经济体的复苏表现上看，有两个特点较为突出。首先，各经济体增长趋势均显著低于危机前的趋势值，特别是潜在增长率。长期以来，国际学术界普遍认为美国经济的潜在增长率为 3%。从 1967—1996 年这 30 年的历史数据看，美国年平均实际增长率是 3.06%。而从新经济泡沫崩溃到金融危机前，美国的年平均实际增长率降低到 2.37%。在最乐观的情景下，经过金融危机冲击以后，美国经济的长期潜在增长率可能下降到 2.4% 以下的水平。

金融危机给中央银行的货币政策提出了新的挑战，也是给奥巴马政府提出的挑战。

在危机期间，由于市场信心濒于崩溃，极易出现流动性危机并造成价格崩盘和市场崩溃。此时，中央银行提供的流动性支持就可以防止负面预期自我实现的恶性循环，稳定金融市场，这也是中央银行作为最后贷款人的职责所在。但是，在应急措施之后，宏观经济政策就必须促进各部门的资产负债表修复，解决债务高悬和产能过剩问题、提升资产质量，同时消除危机前积累的结构性扭曲。然而，危机后主要发达经济体所实施的超宽松的非传统货币政策依然沿用的是传统宏观经济学的思路，主要目标是在零利率下限的约束下，修复货币政策传导机制。但是，当金融部门缺乏信贷意愿时，再宽松的货币政策也无法推动实体经济扩张信贷和投资。事实上，一方面希望经济各部门完成资产负债表修复，另一方面又希望低利率能够刺激金融部门提供更多信贷，二者之间本就存在矛盾。在资产负债表衰退后，私人部门最紧要的是增加储蓄清偿债务，以避免落入负资产并失去信贷机会。此时企业部门行为模式从利润最大化转变为债务最小化，对低利率刺激的反应程度相应降低，超宽松货币政策难以提供经济持续复苏的动力。因此，与危机爆发期发挥的关键作用不同，在资产负债表修复期，货币政策难以扮演救世主的角色，难以防止经济陷入加速通货紧缩的螺旋式下行，需要政策工具的创新及其他政策的配合。

实际数据显示，美国货币政策对实体经济复苏的影响也的确并不显著。从三次量化宽松前后 M1、M2 以及商业银行在美联储超额储备的变化看，量化宽松导致 M0 大幅度增长以后，M1 仅出现了一定程度的增长，也就是说宽松货币政策增加的货币供给只是部分被公司和居民的活期存款所吸收，注入到实体经济的部分非常少。不久，随着 M1 和 M2 增长速度的放缓，宽松货币政策增加的货币供给就无法进一步被 M1 和 M2 的增长所吸收，而同时商业银行在美联储的超额储备急剧增加，量化宽松政策释放出来的流动性最终大约有 80% 又以商业银行超额储备金的形式回流到美联储。也就是说，那时公司和居民由于对未来经济形势不看好，对银行的贷款开始持谨慎态度。而对于金融机构来说，为了应付有毒资产未来损失造成的损失，也有必要将它们所获得的流动性以超额储备的形式存入美联储。从 M1 和 M2 增长的总体情况来看，量化宽松带来的刺激越来越小，显示货币政策的效力在递减。但是 M1 和 M2 增长的总体趋势却呈现出缓慢上升的势头，意味着美国经济出现缓慢自主复苏的苗头。

2. 中央银行的职能与货币政策的作用的转变

按照经典的经济学教科书，货币政策的最终目标是物价稳定和经济增长。长期以来，市场判断美联储货币政策决策的默认指标以 2% 的核心 CPI 为分界。如果按照这个思维定式，那么在 2012 年 1 月，当美国的核心 CPI 已经达到了 2.3% 的时候，不管经济增长率是否稳定，也不管美国的失业率水平如何，美联储都应该收紧货币政策了。然而，正是在这个时候，美联储出人意料地声明其货币政策指标为核心 PCE 背后暴露出来的动机就比较微妙了。

在推出 QE2 以后，在美联储公开市场委员会的公告中，每每提及

"为了支持经济的更强劲复苏并保证将通货膨胀控制在适当水平"，改变了此前复苏和就业继续放缓的用词。这种变化看上去有些蹊跷：既然经济已经复苏，为什么货币政策还要刺激更强劲的复苏呢？难道货币政策不再是逆操作而变成了经济增长的助推器？难道一定要等到出现经济过热再戛然而止吗？这背后可能暗示着美联储货币政策目标的悄然转变。

在 2013 年 2 月美联储提交给国会的货币政策报告中，特别增加了一页题为"货币政策战略及其长期目标"的说明文字。其中开宗明义地将促进最大就业列为首要目标，其次才是价格稳定。值得注意的还有作为第三个目标的适度长期利率水平。这份声明还强调，由于货币政策对经济活动和价格水平的影响具有时滞，因此货币政策决策依据的是公开市场委员会的中期展望和长期目标以及对风险的评估。按照这样的思路，货币政策要稳定的不是通货膨胀本身，而是通货膨胀预期。这就使得货币政策决策具有了很大的主观性[①]。

从历史经验看，出现债务危机的情况一般是由于市场担心偿债能力而造成融资成本上升，无法维持债务滚动造成的。而在不存在国债再融资障碍的情况下，一个国家的政府所面临的最直接的财政压力和客观约束就是国债的利息支出在全部财政支出中所占的比重。而这正是当前美国政府所面临的问题。

值得注意的是，2008 年秋季以来美国推出了大规模的经济刺激计划，国债存量迅速上升。但是在宽松的货币政策作用下，美国进入了零利率时代，因此国债利息在财政支出中的比例不升反降，从 2007 年的 8.69% 下降到 2010 年的 5.68%。显然，在美国政府背负了空前国债负担，国债对 GDP 的比重连续创出历史新高的情况下，金融市场的利率水平一旦上升，美国政府的财政压力就会骤然增加，美国国债危机可能

---

① 尽管如何测度通货膨胀预期有不少相对客观的指标，比如使用美国国债与同期限 TIPS 名义收益率之差来衡量的通货膨胀补偿指标以显示市场对未来美国的通货膨胀预期，但是美联储在泰勒规则中使用的潜在增长率是以 CBO 的预测为准的，在对自然失业率的估计方面，则是由 FOMC 在货币政策报告中的经济展望部分相对主观地给出的。在埃文斯规则中，已经转而采取未来 1—2 年的通货膨胀预期数据，以避免价格波动对货币政策决策的影响，以便与货币政策决策的前瞻性要求相适应。也就是说，判断美国货币政策走势，仅仅看当前的通货膨胀率和失业率可能是不够的，甚至是错误的，应该关注的是通货膨胀和失业率的长期目标或中心趋势，更具体地说就是要看美联储认为的合意值。

就真的会出现。按照美国国会预算管理办公室在 2011 年的预测，到 2016 年，美国国债利息占财政支出的比例接近 13%，需要挤占 8% 的财政支出，而这显然是非常困难的。因此，维持金融市场的超低利率水平成了美国货币政策一个非常重要的目标。历史数据也表明，美国国债利息支出在财政支出中所占的比例与以联邦基金利率和 1 年期国债利率为代表的金融市场基准利率之间存在高度相关关系。结果，货币政策的侧重点发生了出人意料，但又在情理之中的变化。

不过，在 2012 年财政悬崖之后，美国的财政收入得到了明显的提高。按照白宫预算办公室 2013 年的预测，在 2015 财年，财政赤字占 GDP 的比例将从 2012 财年的 9.61% 的预测值下降到 6.48% 的预测值，而如果按照国会更严厉的减支要求，则应该进一步下降到 4%。显然，对未来国债利息支出占比预测数值的下降，使得为防止出现政府债务危机而维持零利率的必要性也随之下降，继续维持量化宽松和零利率的必要性也就没有那么紧迫了。正是在这种情况下，2013 年美联储开始暗示退出量化宽松货币政策的可能性。

3. 鸽派继续执掌美联储与货币政策的转型

美联储从 1993 年开始以利率取代货币供给量作为货币政策的中介目标，并且尝试采用基于规则的利率决策取代相机抉择。很多研究显示，直到此次金融危机以前，泰勒规则可以在很大程度上解释和预测美联储的货币政策决策。尽管从 2009 年开始，美联储对泰勒规则进行了修订，将产出缺口系数从 0.5 提高到了 1.0，将中立实际利率从 2% 下调为 0，还以 2.5% 的短期通货膨胀上限取代了此前的 2%，使得货币政策决策更明显地倚重经济增长和就业，为量化宽松提供了理论依据[1]。但是到了 2011—2012 年，美国的通货膨胀水平上升，一度接近 2%，经济增长率则回到 2%。此时，即使按照修订后的泰勒规则，联邦基金利率目标就应该在 1.5% 左右，也就是说那时就应该退出量化宽松并加息了。但是，以伯南克为代表的鸽派面对依然较高的失业率水平仍然决定维持零利率水平，甚至认为在经济深度衰退以后相当长的复苏阶段中也应该维持超低利率。这样，货币政策决策实际上从泰勒规则又退回到了相机抉择。

① 参见陆晓明《从泰勒规则到伊文思规则》，《国际金融研究》2013 年第 4 期。

在这种背景下，埃文斯规则①出台了。做出这样的改变是因为美联储相信通货膨胀与利率，进而货币供给的关系变得越来越不确定，而利率与实体经济，实体经济与失业率的关系却越来越稳定。在此我们需要进一步指出的是，埃文斯规则实际是一个过渡性规则，因为它只是针对零利率退出的规则，而且只是规定了一个临界值，是上调利率的必要条件而不是充分条件，更不是上调利率的触发点。它并不是说达到临界值以后立即上调，而只是规定了在到达临界值以前肯定不上调利率。因此，在 2014 年第二季度美国失业率跌破 6.5% 以后美联储仍然可以按照既定的步伐缩减量宽的幅度而不用立即上调利率。

作为伯南克的忠实拥趸，2014 年新任美联储主席珍妮特·耶伦不仅在金融危机后一直支持执行超低的利率政策以刺激经济，而且即使是在 2010 年美国经济走出危机以后也坚持认为美国高失业将持续存在，从而使得经济增长速度长期低于潜在水平，通货紧缩的风险高于通货膨胀的风险。所以她认为宽松的货币政策未必导致通货膨胀，她甚至认为 2% 的通货膨胀目标应该被视为趋势值而非上限，从而给宽松的货币政策提供了更大的空间，零利率政策可以维持到 2016 年。也有研究表明，货币政策在紧缩和扩张时也是不对称的，与经济扩张期相比，在经济收缩期，货币当局可能面临因经济衰退和失业率增加等带来的政治压力，进而影响货币政策的制定和执行②。

4. 通过前瞻性引导和沟通来实现零利率条件下的政策效力

在金融危机以后，当联邦基金利率目标触及零利率底线以后，美联

①　将失业率纳入货币政策目标最先是由芝加哥联储主席查尔斯·埃文斯提出的。在 2011 年 9 月，当美国面临通货膨胀压力的时候，埃文斯首先于 2011 年 7 月在伦敦的讲演稿（The Fed's Dual Mandate Responsibilities and Challenges Facing U. S. Monetary Policy）中提出了失业率 7% 和通货膨胀 3% 的退出门槛。2012 年 11 月埃文斯又将这个门槛下调到失业率 6.5% 和通货膨胀 2.5% 的水平上（参见埃文斯 2012 年 11 月在多伦多的讲演稿：Monetary Policy in Challenging Times），并最终在 12 月 12 日的议息会上得到采纳。

②　Ruge - Murcia, J. F., "The Inflation Bias When the Central Banker Targets the Natural Rate of Unemployment", *European Economic Review*, 2004, Vol. 48, pp. 91 - 107; Cukierman, A. and Gerlach, S., "The Inflation Bias Revisited: Theory and Some International Evidence", *The Manchester School*, 2003, Vol. 71, pp. 541 - 565, 以及 Nobay, A. and Peel, A. D., "Optimal Discretionary Monetary Policy in a Model of Asymmetric Central Bank Prefereces", Economic Journal, 2003, Vol. 113, pp. 657 - 665, 等等文献表明，在经济周期的不同阶段，货币当局所面临的损失函数可能是不同的。

储除了循着传统货币政策思路实行量化宽松之外，也开始试图通过加强货币政策的前瞻性指引和沟通来达到经济刺激的目的。所谓前瞻性指引是央行就未来的货币政策行动与公众进行沟通，传统办法就是发布对目标变量（如通货膨胀和 GDP 增长率）的预测，使市场形成对未来货币政策的预期。

2008 年 12 月进入零利率以后，FOMC 在货币政策公告的显著位置称"经济疲弱可能需要联邦利率在一段时间内维持较低水平"。这就属于货币政策时间指引。到 2009 年 3 月又出现了微妙变化，货币政策公告开始使用"在较长的时间（an extended period）维持较低水平"这种比较含混的表述方式并一直延续到 2011 年 6 月。此后，为了更清晰地引导市场预期，美联储采用的时间指引明确低利率将至少持续到 2013 年中期，在 2012 年 1 月和 9 月又两度延长到 2014 年年底和 2015 年中期。而到了 2012 年 12 月，美联储明确提出了维持零利率的状态指引，即著名的"埃文斯规则"："只要失业率仍在 6.5% 以上，未来 1 到 2 年的预测通货膨胀不超过公开市场委员会认定的 2% 的长期通货膨胀稳定目标以上 0.5 个百分点（即不超过 2.5%），长期通货膨胀预期仍在锚定范围内，将继续维持当前的超低利率水平。"[①] 而在 2013 年 7 月的美联储货币政策公告中，第一次没有了自 2010 年 8 月以来一直使用的类似"为了支持更强劲的复苏"等表述，暗示着逐渐退出量化宽松货币政策即将到来，并且在半年后真的成为现实[②]。这应该是美联储货币政策沟通和前瞻性指引的一个最新例证。而在此后的每次货币政策公告中，每次减少 100 亿资产购买规模也可以看成是一种沟通，即明确告诉市场退出的步幅。这种沟通策略在格林斯潘时代实际上就已经表现为渐进、小幅、多次和平滑的利率调整规则了。

总之，相比前几任美国总统，尽管里根甚至是以货币主义实验而著称的，但是在货币政策问题上，奥巴马政府的变化可能最大，影响也最

---

①　参见 2012 年 12 月 12 日美联储货币政策会议公告。

②　早在 2010 年，美国经济分析局就宣布危机已经过去。而按照惯常的思路，当衰退已经过去，经济进入复苏阶段时，宽松的货币政策也就应该退出了。所以，追求更强劲的复苏这样的提法本身就已经与常规的货币政策有了很大的差异。而在 2013 年 9 月 18 日美联储的货币政策公告中甚至出现了"支持迈向最大就业和价格稳定进程"的提法。在 2014 年 10 月 29 日宣布终止量化宽松的货币政策公告中继续沿用了"支持迈向最大就业和价格稳定进程"的提法。

深远。这首先表现为危机时代财政严重赤字时的特点，其次也推动了美联储在货币政策方面的深入思考和创新。而且更重要的是，如此大的货币政策变动并没有对金融市场和实体经济造成太大的波动，相反都基本实现了预期的目标。从这一点来说，奥巴马的货币政策应该说都是成功的。当然，长达六年的量化宽松究竟会给未来经济稳定带来什么影响目前还是未知，但是维持政府债务的信用，确定新的政策函数以及推动货币政策沟通等都将是奥巴马时代货币政策的遗产。

四　日益显现的能源独立助推美国经济的复苏

从 1960 年以来美国总统经济报告的主题来看，科技和人力资源是仅次于政府、市场与管制的主题，与预算税收和财政政策处于同等重要的地位，而能源问题则仅次于经济增长位列第八。毫无疑问，作为典型的市场经济国家，美国历届总统对基于科技优势的创新和竞争能力给予了充分的重视。不过，正如克林顿政府尽管非常重视科技创新，并且在他任上新经济终于爆发成型，但是我们却不能因此否定此前历届总统科技政策的作用。正是由于他们的持久努力，才最终促成了新经济。奥巴马任上日益成熟的能源革命也是如此。

20 世纪 50 年代以后，特别是石油危机之后，美国能源进口量大幅提升，自给率开始明显下降，到 1978 年能源自给率降至 79%。之后，在此前尼克松《能源独立计划》和福特《能源独立法案》的推动下，国内能源供应能力也出现了明显回升。而在里根政府放松能源管制的政策下，能源自给率又趋于持续下滑，到 2005 年降低为 69%。2008—2012 年奥巴马政府的能源政策是大力发展可再生能源，力争摆脱化石能源，优化能源结构，减少温室气体排放①。然而，包括生物能源在内

---

① 其实，历届美国政府的能源政策内容各有侧重。尼克松政府的能源政策侧重消费控制，加快国内石油生产，加快阿拉斯加石油管道建设，加快国内核电建设速度，加大能源研发和替代能源的研究等。卡特政府的政策侧重节能、开发和价格管制等措施。里根政府侧重放松管制，减少干预和减税的措施，直至 1986 年"逆向石油危机"后才有所修改。此后，美国政府的能源政策侧重石油政策导向、节能、环保与可再生能源开发、石油战略储备建设和海外石油供应保障等方面。

的可再生能源在美国能源生产结构中仅占8%。而值得关注的是，2005年以后，美国天然气和石油生产出现了回升，特别是页岩气和致密油等非常规油气资源的开发规模不断扩大，出现了所谓的"能源独立"。美国"能源独立"的驱动因素主要包括：油气资源基础、油气勘探开发领域的技术进步、油气需求和市场变化、能源公司的推动①。这些并不是奥巴马政府推动可再生能源政策的直接结果，但是的确在奥巴马任上发生了。

当然，美国能源发展趋势不仅夯实了美国能源安全的基础，也对美国和全球政治经济发展具有重要的影响。第一，美国能源工业的持续发展促进了美国就业、家庭收入和政府收入的增长；第二，当前美国相对低位的油气价格带动了美国化工制造业等实体经济的复兴；第三，美国油气对外依存度的下降有利于降低贸易赤字；第四，降低了美国对中东等地油气的依赖，增强了美国在全球油气供应中的优势以及左右国际油价波动的影响力，加大了其对全球能源治理秩序重构的影响。

尽管与克林顿时期爆发的新经济相比，能源独立对美国经济及其全球地位的影响还不可同日而语，而且能源独立的功劳也同样不能仅仅归因于奥巴马政府的新能源经济政策，但是毫无疑问，能源独立成为助推美国经济复苏的动力，因此也成为奥巴马政府政绩加分的幸运因素。

五　美国再工业化与出口倍增计划

金融危机以来，如何有效地刺激经济复苏和增长成了美国政府的首要问题。由于量化宽松货币政策实际的刺激作用有限，巨额国债负担也使财政政策没有足够的空间，刺激出口增长就成为拉动经济的唯一选项。而就刺激出口而言，美元贬值不利于美国吸引外国投资，不符合美国的长期利益，只有依靠提高美国的出口竞争力来实现这个目标。

---

① 中小石油公司在非常规油气资源开发中发挥了主要推动者的作用。这主要是因为在初始阶段难采、低渗和不经济性能源资源使得大能源公司避而远之，从而为中小能源公司从事这些类型的资源开发留下了较大的空间和潜在利益。而随着页岩气开采特有技术的不断进步和推广、油气需求和盈利空间的扩大，也使原来难以盈利的项目变为可盈利的项目，最终吸引大型能源公司参与并推动非常规油气资源开发，从而最终形成了能源独立的趋势。

　　2010 年 3 月，美国政府根据奥巴马在当年国情咨文中提出的出口目标，正式公布"国家出口倡议"（National Export Initiatives），核心是用五年时间使出口规模翻倍，使已经完成"金融化"的美国重新依靠制造业实现再工业化，促进经济增长，同时为美国创造 200 万个就业岗位，解决最令美国政府头疼的失业问题。

　　值得注意的是，以自由市场经济著称的美国，政府很少发布带有具体目标的经济计划①，而"国家出口倡议"不仅由美国总统直接牵头，更成立了由其直接管理的"出口促进内阁"，涉及美国大部分重要的经济部门，提出了具体实施的四个重点："再工业化"提升制造业的出口能力；帮助美国中小企业扩大对外出口，增强其国际竞争力；政府将通过金融和宣传等措施，帮助美国企业锁定、建立和赢得新兴市场；扩大双边与多边贸易谈判，减少贸易壁垒。

　　"国家出口倡议"开局不错。按照美国经济研究局国际收支表的数据，从 2010 年年初到 2011 年年底的两年时间内，美国的货物和服务出口同比增长率一直维持在两位数的水平上。但是此后就出现了持续的下滑趋势。由于从 2003 年年底到 2008 年年中美国也一直保持着两位数的出口增长，所以我们大体可以认定此次美国出口增长速度的提高很可能是危机期间出口增长急剧下降后的一种反弹。此后，受到全球经济增长减速的影响，美国的出口季调同比月度增长率大体维持在 5% 到 0 的增长区间，且波动较大。

　　当然，对于美国经济增长来说，更重要的显然不仅仅是出口，而是净出口。历史数据显示，由于美国消费对进口的依赖，美国经济在出现复苏时进口的增长速度往往大于出口的增长速度，使得美国净出口下降，最终拖累美国的经济增长。按照美国经济研究局的数据，2009 年美国的经常项目逆差虽然比 2008 年的经常项目逆差要低很多，但主要不是因为出口上升，而是在金融危机期间美国国内经济衰退，消费疲软，进口的下降速度比出口的下降速度更快造成的。随着美国经济的复

----

　　① 1993 年克林顿政府也提出过"国家出口战略"（NES）。但那只是一个由商务部牵头，多政府部门共同参与制订的一份政府与私人企业加强合作，以增强美国出口商品竞争力为目的，比较具体和全面的战略计划，没有设定具体的时限目标。

苏，美国进口的上升速度又呈现出快于出口上升速度的情况。从总体来看，对外贸易对美国经济增长的贡献开始转向中性。与此相对应，美国的进出口贸易额在此期间大体保持稳定，没有显著的方向性变化。

在出口产品的种类方面，机械和运输设备的出口依然占有绝对优势，化工产品则呈现缓慢上升的趋势。但是，美国经济的转型主要体现在服务业出口的结构上，即以运输和旅游为代表的传统服务业在美国服务业出口中所占的比重在下降，而以金融服务为代表的现代服务业所占比重上升很明显，知识产权、计算机信息和商业服务的比重虽然变化不大，但始终非常稳定，且占有非常重要的地位。在 2014 年，金融、知识产权、计算机信息和商业服务出口在美国服务总出口中所占比重之和已经达到 53%。运输和旅游这两项传统服务业所占比重为 40%，而这两项传统服务业所占比重在 1999 年则高达 50%，四项现代服务业在当时所占比重则是 44%。这 15 年中美国经济结构和国际竞争力的转型变化不可谓不大。

2012 年以来，相比暗淡的出口情况，美国进口的衰减程度更严重，甚至断续出现了负增长。与此同时，美国经济增长在国内消费需求的支持下逐渐显示出企稳的走势，消费者的信心也在不断上升。在这种情况下，进口出现停滞显然是不正常的。美国国内市场的零售额虽然也出现了波动，但是总体情况还是要明显好于断续出现负增长的进口，而零售库存也保持了稳定，制造业的出货量则大体保持了与国内零售额的同步波动。这种情况意味着美国的再工业化即使没有推动出口，至少也减轻了国内市场对进口的依赖。

但是，按照美国经济研究局的数据，截至 2014 年 7 月，美国的出口为 1980 亿美元，相比 2010 年 1 月的 1440 亿美元仅增长了 37.5%，与奥巴马当年提出的出口倍增战略目标相距甚远。对此，美国彼得森国际经济研究所的高级研究员 Freund 专门撰文进行了分析[①]。他认为要实现出口倍增需要在包括汇率水平的决定、对国际贸易体系的领导以及改善供应链的商业环境方面做出系统性的努力，而且促进出口的核心不仅

---

① Caroline Freund, "Rethinking the National Export Initiative", Peterson Institute for International Economics Policy Brief, Number PB14-7.

在于推动中小企业的出口，更要促进大企业的出口，因为美国1%的大企业贡献了80%的出口额。他指出不论对于大企业还是中小企业，受到汇率影响的相对价格都是一个重要因素。在20世纪80年代中期，美元的实际贬值就促进了美国出口的增长。而在2007—2011年，由于各国大量购买美元资产，使得美元被高估，造成了美国出口增长乏力。在WTO多哈回合处于僵局的情况下，美国应该通过双边和多边贸易协定，特别是TPP和TTIP来发挥美国在服务贸易方面的比较优势。美国的服务业占GDP的80%，占就业的70%，在近年的出口中增长很快且持续顺差，但是却仅占出口额的30%，应该大力推动。同时还应该在WTO框架下扩大美国在政府采购中的份额。而改善供应链的商业环境方面则包括促进投资、鼓励创新、降低贸易成本和提高劳动者的技能、吸引大型外国企业以及推动新能源革命[①]。

应该说，在前任数届总统的持续努力下，奥巴马政府借助美国经济转型所取得的竞争优势在一定程度上实现了美国的再工业化，但是这仅仅体现为美国对进口的依赖程度出现了一定程度的下降，却并没有如出口倍增计划所预期的那样促进美国出口的增长并助推美国经济。

六　结语

从奥巴马在任美国总统6年所实施的经济政策调整来看，虽然受到金融危机的冲击不得不实行了扩张性的财政政策，使得美国的国债负担达到了历史新高并成为威胁美国经济未来增长的隐患，但这是奥巴马政府的无奈选择，是奥巴马政府相比之前各届政府的不幸之处。但是我们应该看到，财政扩张毕竟防止了金融市场在危机期间的崩溃，而此后奥巴马政府对财政悬崖的妥善处理也为改善美国财政状况完成了一个关键的转折。当然，如何处理棘手的债务压力就不可避免地成为后任美国总统的难题。在货币政策方面，奥巴马虽然也因为长达6年之久的量化宽松而给未来留下了前所未有的不确定性，但是奥巴马政府在运用超常规

---

① Moran 和 Oldenski 在彼得森国际经济研究所的另一篇政策研究报告中也指出美国为了应对生产率下降应该采取的类似措施。

货币政策来稳定金融危机后经济形势和政府信用方面是成功的，在使用前瞻性货币政策指导和市场沟通方面来应对金融危机后出现的流动性陷阱，维持货币政策有效性方面所做出的探索是开拓性的，其影响也将是深远的。与克林顿政府相似，奥巴马执政期间也得到能源独立和美国经济结构转型对经济复苏与增长的助力，这又成了奥巴马政府的幸运之处。不过即使如此，他还没能完成出口倍增计划，扭转美国长期以来经常项目逆差的结构性顽疾，这又成为奥巴马政府的遗憾。

总的说来，奥巴马政府在经济政策方面的调整虽然给人留下的亮点不多，给人以忙于应战的被动感觉，但是总体上说却难言失败，至少是成功应对了金融危机。可能也正是这个原因，奥巴马政府中期选举的失利才主要归因于其外交政策而不是经济政策的调整。

百年好梦仍难圆

——奥巴马政府医疗改革政策评述

徐彤武①

在两届奥巴马政府的国内议程中，如果说有哪项政策始终占据着优先位置，那么非医疗改革莫属。这场改革承载着 100 年来美国人实现全民享有医疗保险的梦想，也充分体现了贝拉克·奥巴马（Barack H. Obama）总统的执政理念与政治抱负。在奥巴马政府的各项国内政策中，医疗改革的影响最广泛，意义最深远，实施过程最复杂，产生的争议最多，引发的政治博弈最激烈，导致的司法纠纷最难解，甚至其自身的命运也充满最多的不确定性。无论结局如何，医疗改革已经深深打上了奥巴马的个人印记，注定成为他政治遗产中最重要的部分。

对奥巴马政府的医疗改革进行比较全面和准确的评价，既非笔者个人学养所能及，目前也还远未到最佳时机。② 本文的目的，是根据美国最新发布的权威性数据与研究文献，对这场医疗改革的几个主要问题进行概述和初步分析。

---

① 徐彤武，北京大学国际战略研究院特约研究员。

② 按照原定计划，这场 2009 年立法、2010 年全面启动的医疗改革要耗时 10 年。由于各种因素，有些政策的实施已经被一再推迟。另外美国国会预算部门对于这场改革的结果预测一直做到 2024 年。

一 奥巴马政府医疗改革的政策目标是什么？

奥巴马政府 2009 年启动的医疗改革，是自 1912 年前总统老罗斯福提出实现全民医保设想以来美国医疗卫生体系变革的延续。[①] 奥巴马告诉美国人民，他的 7 位前任和以往 7 届国会进行医疗改革的尝试均归于失败，而这次他有信心要当美国历史上最后一位进行医疗改革的总统。[②]

本轮医疗改革的政策目标是要力求根除美国庞大的医疗卫生体系中日益严重的积弊。美国知名医疗卫生学者和执业医师伊奇基尔·伊曼纽尔（Ezekiel J. Emanuel）曾经出任白宫医疗改革特别顾问。他那本受欢迎的全面论述美国医疗改革必要性的新作，副标题对改革前美国医疗卫生体系的形容是"极其复杂、明显不公、异常昂贵、效率低下、错误百出"，这可谓言简意赅，入木三分。[③]

（一）医疗改革的背景与设定目标

美国作为当今唯一的超级大国，也是全球头号医疗卫生强国。在与医疗卫生密切相关的生物工程、制药和医疗技术领域，美国遥遥领先于其他所有国家，享有研发、技术、标准、产业和市场的优势甚至垄断地位。仅以医学研究与创新为例：1998—2008 年，美国临床医学（clinical medicine）领域的科研论文，无论是发表总数还是被引用量都高居世界前 20 个国家（地区）的榜首，其中被引用量超过美国之后 7 个国

---

① Paul Starr, *Remedy and Reaction: The Peculiar American Struggle over Health Care Reform* (Revised Edition), Yale University Press, 2013.

② "Remarks by the President during Town Hall Meeting in Elyria, Ohio, January 22, 2010", available at: http://www.whitehouse.gov/the-press-office/remarks-president-during-town-hall-meeting-elyria-ohio/, 2014-08-07.

③ Ezekiel J. Emanuel, *Reinventing American Health Care: How the Affordable Care Act Will Improve Our Terribly Complex, Blatantly Unjust, Outrageously Expensive, Grossly Ineffective, Error Prone System*, New York: Public Affairs (a Member of the Perseus Books Group), 2014.

家的总和。① 2009—2013 年，美国新增的生物科学和医学专利超过 10 万件，其中药品专利 23681 件，手术及医疗仪器专利 31466 件。②

但是，强大的综合国力并未成功地保障本国人民享有普遍、优质和低价的医疗保健服务。在所有发达经济体中，唯独美国没有建立全民医疗保险制度。在本轮医疗改革之前的 2008 年，美国有 15.4% 的人口，也就是 4630 万人没有任何形式的医疗保险。③ 即便享受医疗保险的国民，也经常会遭遇各种医疗服务质量问题，尤其是私营医疗保险公司的歧视性待遇。根据一项延续多年的国际对比研究，美国在 11 个西方发达国家中，医疗卫生服务的总体评价垫底，虽然它的人均医疗支出最高。④ 2010 年 30 个经济合作与发展组织（OECD）成员国的国民预期寿命（life expectancy），美国排行第 24 位。⑤ 实际上，若仔细阅读世界卫生组织的统计资料，可以发现美国国民的不少健康指标，如成人艾滋病感染率、15 岁以上人口肥胖率等，还不如一些发展中国家。⑥

与上述情况形成鲜明对照的是，美国的医疗卫生支出，无论是出自个人腰包还是政府预算，均高得过于离谱，是名副其实的"世界冠

---

① 根据汤森路透集团（THOMSON REUTERS）的研究，世界临床医学最发达的 20 个国家（地区）依次是：美国、英格兰、德国、日本、加拿大、法国、意大利、荷兰、澳大利亚、瑞典、瑞士、西班牙、比利时、芬兰、丹麦、苏格兰、奥地利、以色列、中国、挪威。1998—2008 年（2008 年 4 月 30 日更新），美国共发表临床医学论文 679178 篇，它们被引用的次数为 10598007 次，平均每篇被引用 15.6 次。具体数据详见：http://archives. sciencewatch. com/dr/cou/2008/08aug20CLI/，2014 - 08 - 07。

② *Battele/BIO State Bioscience Jobs*，*Investments and Innovation*，2014，pp. 11 - 12.

③ DeNavas - Walt, Carmen, Bernadette D. Proctor and Jessica C. Smith, U. S. Census Bureau, Current Population Reports, pp. 60 - 236, *Income, Poverty, and Health Insurance Coverage in the United States*：2008, U. S. Government Printing Office, Washington, DC, September 2009, p. 20.

④ 这 11 个西方发达国家是：澳大利亚、加拿大、法国、德国、荷兰、新西兰、挪威、瑞典、瑞士、英国和美国。对比研究分为五个大的方面：医疗服务质量（quality care）、医疗服务的可获得性（access）、效率、公平性以及公众健康生活状况（healthy lives）。2013 年的研究报告在总体结论上与此前数次报告并无很大出入。详见：Karen Davis, Kristof Stremikis, David Squires, and Cathy Schoen, *MIRRO, MIRROW ON THE WALL, How the Performance of the U. S. Health Care System Compares Internationally*, 2014 UPDATE, The Commonwealth Fund, June 2014.

⑤ OECD 2010, "Health care system: getting more value for money", *OECD Economics Department Policy Notes*, No. 2, p. 4.

⑥ 世界卫生组织：《2010 年世界卫生统计》（中文版），ISBN 978 - 92 - 4 - 556398 - 3。

军"。官方统计表明，美国国民卫生支出（National Health Expenditure，NHE）在最近 30 年急剧增长，至 2010 年达到 2.6 万亿美元，相当于同年国内生产总值（GDP）的 17.9%；人均支出额 8417 美元，其中用于个人的人均医疗保健支出 7934 美元。① 这个数字比发达国家平均水平高出了一倍多。奥巴马总统指出，高昂的医疗卫生支出使得每 30 秒钟就有一个美国人破产，这种情况危害美国家庭的福祉和企业的生意，推高了政府预算赤字，构成了对美国经济基础的极大威胁。所以，必须痛下决心改革。②

奥巴马政府设定的改革目标，从一开始就非常明确：首先是要基本实现所有国民都能够享受最低限度的医疗保险，这是一个最具有感召力，也最富有象征性意义的目标。其次，要在扩大医疗保险覆盖面的同时多方面地改善服务质量。最后，也是最为根本的一点，是努力降低医疗卫生支出，缓解美国家庭财务压力和中长期的联邦政府赤字。总之，本轮医疗改革的重点和政策目标可以概括为三个以字母 C 开头的英文词，即："Coverage"（医疗保险覆盖率）、"Care"（有质量的医疗卫生服务）和"Cost"（节省个人与政府的医疗卫生支出），改革方案的设计就是以这"3C"为支点的。

（二）为实现改革目标而出台的法律和整套措施

围绕既定的医疗改革目标，奥巴马政府在首个任期的头 15 个月中全力以赴、紧锣密鼓地展开立法工作，为改革打下法律基础。改革的"根本大法"是 2010 年 3 月 23 日由奥巴马总统签署生效、长达 2409 页的《患者权益保护和可负担医疗服务法》（*Patient Protection and Affordable Care Act*，PPACA），该法的一些条款由 2010 年 3 月 30 日生效的另

---

① 1980 年美国的国民卫生支出总额为 2558 亿美元，占当年 GDP 的 9.2%，人均支出额为 1110 美元（其中个人医疗保健支出 1023 美元）。见：Health，United States，2013，Table 112，Gross domestic product，national health expenditures，per capita amounts，percent distribution，and average annual percent changes：United States，selected years 1960 – 2011，available at：http：//www.cdc.gov/nchs/data/hus/2013/112.pdf，2014 – 08 – 08。

② "Remarks by the President at the Opening of the White House Forum on Health Reform"，March 5，2009，available at：http：//www.whitehouse.gov/the_ press_ office/Remarks – by – the – President – at – the – Opening – of – the – White – House – Forum – on – Health – Reform/，2014 – 08 – 08.

外一部法律《2010 年医疗卫生与教育调节法》（*Health Care and Educa-tion Reconciliation Act of* 2010）修订。无论官方还是民间，美国人习惯上把这两部法律统称为《医改法》（*Affordable Care Act*，ACA），但在绝大多数情况下他们指的都是前者。①

对应"3C"改革目标，《医改法》做出了分阶段生效的详细规定。需要特别注意的是：一些最有实质性意义的"支柱性"条款都在 2014 年元旦或更晚时间生效。

1. 扩大医疗保险的覆盖面。2008 年美国被医疗保险覆盖的人数为 2.55 亿。其中 2 亿人享受由雇主、工会或者个人购买的私人医疗保险公司的保险，另有 8740 万人享受服务 65 岁以上老年人和残疾人的医疗照顾计划（Medicare）、服务贫困人群的医疗补助计划（Medicaid）等政府医疗保险，② 这部分人口与私人医疗保险计划受益人群有一定重合。③

奥巴马政府的思路是：通过扩大私人医疗保险市场和扩展政府医疗保险计划的受益范围来提高医疗保险的覆盖率，争取在 10 年内把没有任何医疗保险的人数减少 3200 万人，做到 95% 以上的国民能够享有基本医疗保险。为此，《医改法》规定：

●将家庭医疗保险计划中成年子女（young adult）的最高受益年龄提高到 26 岁。

●为那些因既往病史（pre‐existing condition）而被私人医疗保险公司拒保的患者设立临时高风险保险计划。

●降低医疗补助计划的门槛，把主要参保标准由联邦贫困标准

---

① 本论文所依据的医疗改革法律文本均为经美国政府印刷局（GPO）验证的正式版本，其 PDF 文档可以从美国联邦卫生与公众服务部官方网站下载：http://www.hhs.gov/healthcare/rights/law/index.html。

② 在美国，政府主办的医疗保险计划（government health insurance）主要包括：为 65 岁以上老年人和残疾人服务的医疗照顾计划（Medicare），为贫困人群服务的医疗补助计划（Medicaid），军人医疗保险，为贫困家庭儿童服务的儿童医疗保险（Children's Health Insurance Program，CHIP），某些州的福利性医疗保健计划等。所有这些医疗保险计划都不排斥同时也符合其他计划条件的受益人，也就是说一个人或者一个家庭可以参加两个甚至更多政府主办的医疗保险计划，这也造成了部分统计数字的重合。

③ DeNavas‐Walt, Carmen, Bernadette D. Proctor, and Jessica C. Smith, U. S. Census Bureau, Current Population Reports, pp. 60‐236, *Income, Poverty, and Health Insurance Coverage in the United States*：2008, U. S. Government Printing Office, Washington, DC, September 2009, p. 20.

（Federal Poverty Level，FPL）的 100% 放宽至超过 133% 的水平。[①]

　　● 全职雇员超过 50 人的企业必须遵守 "雇主投保义务" 条款
（Employer Mandate），为本企业员工购买由雇主投保的医疗保险（em-
ployer – sponsored insurance，ESI），违者将面临罚款。[②]

　　● 全职雇员人数少于 50 人的小企业（small business）在为员工购
买医疗保险时可以享受联邦税务优待，对 25 人以下企业的医疗保险计
划扶持力度更大。[③]

　　● 所有公民，若非出于经济困难和宗教信仰原因，都必须遵照
"个人投保义务" 条款（Individual Mandate）参加医疗保险，违者将面
临罚款。对符合条件的经济困难公民给予医疗保险投保补贴。

　　● 各州设立网上医疗保险市场（英文原称 "Exchange"，现在统称为
"Marketplace"），以方便个人和小企业自由选择私人医疗保险计划。如果
州政府决定不设立，则联邦政府出资在该州设立并运行医疗保险市场。

　　2. 以患者的权益和需求为中心全面提高政府管理部门、私人医疗
保险计划以及各个医疗服务提供方的服务质量，特别是消除私人医疗保
险公司对投保人的各种歧视与不合理限制，增加免费的疾病预防和保健
措施。主要规定有：

　　● 以质量而非医疗服务的费用来衡量医生的服务。

　　● 禁止所有新投保的私人医疗保险计划设置最高赔付限额（life-
time limits）。

---

　　① 2014 年度这一条款的实际实施标准为联邦贫困线水平的 138%，即：成年人的个人年
收入 16105 美元，四口之家的年收入 32913 美元。截止到 2014 年元旦，共有 26 个州和首都华
盛顿（哥伦比特区）依照《医改法》扩展了医疗补助计划，联邦政府需要为此（直至 2016
年度）投入 840 亿美元。见：Executive office of the President of the United States, The Council of
Economic Advisers, *Missed Opportunities*：*The Consequences of State Decisions not to Expand Medicaid*,
July 2014, pp. 2 – 6。

　　② 《医改法》规定：全职雇员指可折算为相当于全职雇员（full – time equivalent employ-
ee）工作量的人数。另外，"雇主投保义务" 条款在经过两度延期生效之后，计划于 2015 年
元旦正式实施。

　　③ 根据白宫公布的文件，雇员在 50 人以下的企业占美国企业总量的 96%，数量约为
580 万家。依照《医改法》的规定，估计有 400 万家小企业符合享受医疗保险税收优惠待遇的
资格，联邦政府为此将在 10 年内为小企业减负 400 亿美元。参见：*The Affordable Care Act In-
creases Choice and Saving Money for Small Businesses*, available at：http：//www. whitehouse. gov/
files/documents/health_ reform_ for_ small_ businesses. pdf, 2014 – 08 – 13。

● 禁止私人医疗保险公司以投保人的既往病史为由限制或拒绝 19 岁以下青少年参保。

● 除非遭遇欺诈，否则禁止私人医疗保险公司随意终止客户保单。

● 取消私人医疗保险公司对投保人急诊医院的限制。

● 规定私人医疗保险公司所收取保费用于医疗保健服务的比例，即确定最低医疗保险赔付率（medical loss ratios）。

● 设立保护医疗保险服务消费者的专门机构，确保投保人有权利和途径投诉私人医疗保险公司。

● 通过研究计划和试点探寻提高联邦政府医疗卫生服务工作效率的途径。

● 建立国家公共健康促进委员会（National Prevention，Health Promotion and Public Health Council），在联邦层面上协调公共卫生措施，尤其是有关在国民中控制吸烟、提倡运动和平衡营养的措施。

3. 降低个人参加基本医疗保险的费用和政府的医疗卫生事业财政负担。主要规定有：

● 削减医疗照顾计划（Medicare）中的某些福利。

● 为参与医疗照顾计划中处方药计划（Plan D）的老年人提供处方药折扣补贴。

● 在所有医疗保险计划中包含免费的预防性检查项目，包括对符合条件的人群进行免费的高血压、高血脂和糖尿病筛查。

● 在医疗保险计划中为妇女提供免费的乳腺癌筛查、避孕措施等服务。

● 建立州政府审查机制，若私人医疗保险公司的年度收费标准增长幅度达到或超过 10%，就必须依照规定程序进行合理性论证。

● 强化审计和执法力度，减少浪费，打击猖獗的医疗保险欺诈犯罪。①

---

① 医疗保险欺诈犯罪的主要目标是政府主办的医疗照顾计划和医疗补助计划，欺诈得逞的重要原因是联邦政府的官僚化管理。这里有一个最新的例子：从 1999 年起医疗照顾计划为行动不便的老年人免费配备电动轮椅，迄今已花费 82 亿美元，其中大量开支被虚报冒领，目前联邦政府尚无法弄清确切损失。见：David A. Fahrenthold，"A Medicare scam that just kept rolling along"，*The Washington Post*，Sunday，August 17，2014，p. A1。

二　《医改法》的贯彻落实情况怎么样?

对照奥巴马政府医疗改革的"3C"目标,观察 2010 年 3 月至今《医改法》生效以来的落实情况,目前可以对这场宏大改革的政策效果做出若干审慎的评价。

(一)医疗保险覆盖面扩大,但与全民医保尚有差距

美国的官方统计数据和独立的非营利研究机构的调查、研究一致显示:与改革前相比,美国完全没有医疗保险的人数已经大幅度降低,这在第一个法定的网上医疗保险市场公开投保期(open enrollment)之后尤为显著。[①] 不过由于数据来源、测算方法的差异,以及医疗保险计划参保人员本身情况的持续变动和统计时滞,所有的数据都只能是近似值。

兰德公司 2014 年 4 月的一份关于美国成年人口(18—64 岁)医疗保险覆盖率的研究报告称,在 2013 年 9 月到 2014 年 3 月期间,新加入各种医疗保险计划的人数增长了 1450 万人,其中约 820 万人得益于增加的雇主投保,590 万人由于医疗补助计划的扩大而参保。同一时期有520 万人由于失业等原因丧失医疗保险,两者相抵,享受医疗保险的人数净增 930 万。[②] 这个数字非常接近公共福利基金会(Commonwealth Fund)的研究结果。这家设在纽约的非营利专业研究机构新近发表的研究报告称:《医改法》使美国成年人口中没有任何医疗保险的人数下降了 950 万人,其中 26 岁以下的年轻人(young adults)、拉美族裔人群和低收入家庭是改革的最大获益人群。[③]

《新英格兰医学杂志》网站 2014 年 7 月刊载的一项涉及 420449 份样本的大规模追踪性研究结果显示:美国 18—64 岁成年人口中无医疗

---

① 第一个公开投保期为 2013 年 10 月 1 日至 2014 年 3 月 31 日,在此期间有需要的公众可以为 2014 年度的医疗保险计划投保。

② Katherine Grace Carman and Christine Eibner, *Changes in Health Insurance Enrollment Since 2013*, RAND CORPORATION, April 2014.

③ S. R. Collins, P. W. Rasmussen and M. M. Doty, *Gaining Ground: Americans' Health Insurance Coverage and Access to Care After the Affordable Care Act's First Open Enrollment Period*, The Commonwealth Fund, July 2014.

保险者的比例，2012 年 1 月是 20.5%，2013 年 9 月为 21%，而 2014 年 4 月降至 16.3%。依据美国人口普查局对 2014 年度美国成年人口的估计数字（1.98 亿），研究团队认为：可以比较有把握地推算出已经大约有 1030 万美国人由于医疗改革而获得了医疗保险。[1]

最为乐观的计算结论出自国会预算局（Congressional Budget Office，CBO），它预测 2014 年会有 1200 万人因《医改法》的实施而获得医疗保险。2017—2024 年，年度受益人数约有 2600 万，这将使同期的美国医疗保险覆盖率提高到 89% 的水平。国会预算局也同时指出：到 2024 年时美国仍将有大约 1/9 的居民，即 3100 万人没有医疗保险。他们中间的 30% 为非法移民，其余 70% 是出于各种原因而不参加医疗保险计划的合法居民。[2]

当然，公认准确的统计数据还是来自美国人口普查局。2014 年 9 月 16 日该局发布的最新年度统计报告称：2013 年美国完全没有医疗保险的人数为 4200 万人，占总人口的 13.4%。[3] 同奥巴马政府上台前的 2008 年相比，无医保人口在总人口中的占比仅下降了两个百分点。不过，考虑到美国总人口每 12 秒钟就净增 1 人的情况，[4] 总体估算下来，说本轮医疗改革在 2014 年前就已经让大约 1000 万美国人受益，这无疑是有事实根据的。

（二）医疗服务质量有所改善，但不公平性难以消除

美国医疗卫生体系中的服务提供方以私人营利性企业为主，私立非

---

[1]　Benjamin D. Sommers, M. D., Ph. D., ThomasMusco, B. B. A., Kenneth Finegold, Ph. D., Munira Z. Gunja, M. P. H., Amy Burke, Ph. D., and Audrey M. McDowell, M. S., "Health Reform and Changes in Health Insurance Coverage in 2014", July 23, 2014, the official website of *The New England Journal of Medicine*, available at: http://www.nejm.org/doi/full/10.1056/NEJM-sr1406753, 2014-08-09.

[2]　Congressional Budget Office, *Updated Estimates of the Effects of the Insurance Coverage Provisions of the Affordable Care Act*, April 2014, p. 4.

[3]　Jessica C. Smith and Carla Medalia, U. S. Census Bureau, Current Population Reports, pp. 60-250, *Health Insurance Coverage in the United States*, 2013, U. S. Government Printing Office, Washington, DC, September 2014.

[4]　根据美国人口普查局基于 2010 年度总人口状况设立的"人口时钟"（U. S. and World Population Clock）动态统计，美国每 8 秒钟有 1 人出生，每 13 秒钟有 1 人死亡，每 38 秒钟接受 1 名国际移民，总人口每 12 秒钟净增 1 人。见：http://www.census.gov/popclock/, 2014-09-18。

营利性医疗机构或政府主办的公益性医疗机构为辅。同时，联邦和州政府管理医疗卫生事业的体制、机制极为复杂。由于多方面因素，许多服务质量方面的问题可谓积重难返，还有不少改革措施的效果目前难以评判。尽管如此，一些已经取得的成绩使一些弱势群体受益，也使改革的支持者感到鼓舞。

首先，本轮医疗改革的一个直接影响是：从前饱受诟病的私人医疗保险公司受到一定约束，它们再也无法随意找借口侵犯消费者权益了，这应当说是一个来之不易的进步。

其次，医疗卫生服务的总体质量呈现改善的趋势。联邦医疗服务研究与质量局（Agency for Healthcare Research and Quality, AHRQ）的医疗卫生服务总体质量评价体系是美国同类评价体系中最为全面和准确的,[①] 它包含三个大方面，即：医疗卫生服务的质量（quality）、可获得性（access）和不均衡性（disparities），每个大方面又有一系列特定指标。虽然还没有 2012 年以后的可靠数据，但目前有限的一些数据透露出了若干好消息。

• 质量：对比 2000—2002 年和 2010—2011 年的两组数据，可以发现在 168 项改善医疗服务质量的措施中，100 项有所进步，57 项没有变化，还有 11 项情况恶化。在改进的措施中，医院服务的质量提高最明显。[②] 事实上，许多措施在奥巴马上台前就已经采取，所以不能把这方面的所有成绩全部归功于医疗改革。

• 可获得性：2002—2010 年，在寻求医疗服务时遇到困难的美国人的比例从 24% 上升到 26.4%，而 2011 年这个比例为 26.1%，是 10 年中的首次下降。[③]

• 不均衡性：以 2010—2011 年的数据与 2000—2002 年的数据相比，对于不同种族（race）、族裔（ethnicity）、收入状况和身体残疾程

---

① 医疗服务研究与质量局（Agency for Healthcare Research and Quality, AHRQ）隶属于联邦卫生与公众服务部，自 2003 年起每年依法向国会提交关于医疗卫生服务质量和医疗卫生服务不平衡情况的报告。

② U. S. Department of Health and Human Services, Agency for Healthcare Research and Quality, National Healthcare Quality Report 2013, AHRQ Publication No. 14 - 0005, May 2014, p. 4.

③ Ibid. , p. 12.

度的人群来说，他们所获得的医疗卫生服务在质量和可获得性方面的不均衡性（不平等状况）没有明显改善，个别指标还有所恶化。[①]

（三）医疗卫生支出的可持续性仍是"老大难"问题

奥巴马政府的医疗改革到底能不能有助于遏制联邦赤字？这是一个令美国经济学家和医疗卫生专家争论不休的问题。[②] 一些有名望的专家对此持否定或极为谨慎的态度。在减少医疗支出方面，应该说《医改法》已经逐渐产生了某些积极作用。如 2010—2013 年美国人均国民卫生支出（per capita NHE）的年增长幅度减缓到 1.3%，这是 20 世纪 60 年代以来的最低值。[③] 联邦卫生与公众服务部 2013 年度医疗保险费率评估报告认为：《医改法》中关于抑制私人医疗保险公司提高保费、增加透明度和社会责任的条款已经累计为美国消费者节省了 28 亿美元。[④] 不过，医疗改革的财政效果需要相当长的时间来观察，而且未来的不确定因素很多。

不管是从当前美国公众的实际感受看，还是从美国医疗卫生体系可持续发展的财务能力看，本轮医疗改革减少居民支出负担、缓解中长期联邦财政赤字的目标恐怕很难实现。这是由于造成美国医疗卫生支出居高不下并继续增长的因素相当复杂，许多问题根深蒂固，不仅奥巴马政府束手无策，就是后继的总统班子也不大可能开出什么灵丹妙药。[⑤]

---

① U. S. Department of Health and Human Services, Agency for Healthcare Research and Quality, National Healthcare Quality Report 2013, AHRQ Publication No. 14 – 0005, May 2014, pp. 16 – 17, and U. S. Department of Health and Human Services, Agency for Healthcare Research and Quality, National Healthcare Disparities Report 2013, AHRQ Publication No. 14 – 0006, May 2014.

② 例如，在亚马逊购书网上受到较多好评（五星）、萨利·派普斯（Sally C. Pipes）的著作《奥巴马医改真相》（The Truth About Obamacare, Regnery Publishing, August 2010），被认为是代表共和党观点的书。但作者是美国知名的医疗卫生问题专家，领导着非营利智库太平洋研究所（Pacific Research Institute）。

③ Executive Office of the President of the United States, the Council of Economic Advisers, Trends in Health Care Cost Growth and the Role of the Affordable Care Act, November 2013, pp. 3 – 4.

④ U. S. Department of Health and Human Services, Rate Review Annual Report, September 2014, p. 3.

⑤ National Coalition on Health Care, The American Health System's Big Problem: Cost, September 2012, available at: http://nchcbeta. org/wp – content/uploads/2012/09/The – American – Health – Systems – Big – Problem – Cost – 2. pdf, 2014 – 08 – 11.

先看居民的医疗卫生支出。2014 年 3 月公布的一项全国性医疗改革专题民意追踪调查显示，主要选民人群（各种政治倾向、各种年龄段的白人、拉丁族裔美国人及非洲裔美国人）对于医疗改革能否减轻个人医疗卫生财务负担的意见相当一致：超过半数的人回答医疗卫生服务会更贵，只有 11%—19% 的人认为会更便宜。[①] 这种带有直觉性的看法在国会研究局的测算中得到了验证：《医改法》所规定的个人医疗保险的指标性方案——"银方案"（silver plan，即第二便宜的基本医疗保险计划档次），保费金额 2014 年是 3800 美元，2015 年微涨到 3900 美元，从 2016 年起将以每年 6% 的幅度提价，直到 2024 年的 6900 美元。[②] 其他的医疗保险品种，特别是私人医疗保险公司的那些不参与联邦或州政府主办的医疗保险市场的保险计划，涨价幅度会更高。[③] 联邦卫生部专家组的预测是：美国居民需要完全自费（out of pocket）的医疗卫生支出将保持增加趋势：2012—2013 年每年增加了 3.4%，2014 年会减少 1.5%，2015 年将增长 3%，而 2016—2022 年每年将增长 4.6%。[④]

再看政府的公共财政负担。对联邦政府预算造成巨大压力的法定支出项目（Entitlement Programs），如医疗照顾计划、医疗补助计划等，本轮医疗改革很难保证它们在可预见的未来具有财政可持续性。[⑤] 在所有政府医疗保险计划中开支最大的医疗照顾（Medicare）计划的改革便

① The Morning Consult, *The Morning Consult National Healthcare Tracking Poll*：*March* 2014, *Topline Results*, p. 4, available at：http：//themorningconsult. com/wp – content/uploads/2014/03/MC_ March –2014 –Tracking –Poll, 2014 –08 –12.

② Congressional Budget Office, *Updated Estimates of the Effects of the Insurance Coverage Provisions of the Affordable Care Act*, April 2014, p. 6.

③ National Conference of State Legislatures, "Health Insurance：Premium and Increase", Updated March 2014, available at：http：//www. ncsl. org/research/health/health – insurance – premiums. aspx, 2014 –08 –20.

④ U. S. Department of Health and Human Services, CMS Office of the Actuary, A Briefing with CMS' National health Expenditure Accounts Team, "National Health Expenditure Projections 2012 – 2022：Slow Growth until Coverage Expands and Economy Improves", September 18, 2013, Washington, D. C. , available at：http：//www. healthaffairs. org/events/2013_ 09_ 18_ health_ spending_ projections_ through_ 2022/, 2014 –08 –14.

⑤ Congressional Budget Office, *Options for Reducing the Deficit*：*2014 to 3023* , November 2013, pp. 181 –252.

是对这种情况的最好诠释。

《医改法》中关于医疗照顾计划的条款约有 165 项，它们涉及降低支出、增加收费、改善服务、打击欺诈、研究建立新的支付机制等一系列开源节流措施。初步研究显示，改革使医疗照顾计划开支快速增长的势头得到遏制。根据联邦医疗照顾计划基金托管理事会（Medicare Board of Trustees）2014 年度报告，① 2013 年该计划受益对象有 5230 万人（其中含 880 万残疾人），总支出 5830 亿美元。受益对象的人均成本连续第二年基本保持稳定。医疗照顾计划内的住院保险基金可望支撑到 2030 年，这比此前测算的基金枯竭期限延长了 4 年。75 年跨度的长期预测数据也显示住院保险基金赤字有望从 1.11% 下降到 0.87%。但是，在现行法律框架内，医疗照顾计划支出所占国内生产总值（GDP）的比重将从 2013 年的 3.5% 增加到 2040 年的 5.6%，到 2088 年更升至 6.9%。所以，联邦基金托管理事会郑重建议国会尽快考虑制定新的法律，以求彻底化解潜在的远期财务危机。②

另外，根据联邦政府预测，由于人口增长和老龄化③、落实《医改法》所需的巨额投入等原因，④ 美国的国民卫生支出在 2014 年将增长 6.1%，2015—2022 年的年增长率为 5.8%，均高于同期国民经济发展

---

① 该理事会依据《社会保障法》（*Social Security Act*）设立，成员共 6 人，其中 4 人为美国联邦政府高级官员，他们分别是财政部长（担任理事会主委）、劳工部长、卫生与公众服务部长和联邦社会保障专员（Commissioner of Social Security）。另外两人为经过总统任命、参议院批准的公众代表。联邦卫生与公众服务部所属的医疗照顾和医疗补助计划服务中心（Center for Medicare and Medicaid Services，CMS）为理事会秘书处。

② *2014 Annual Report of The Board of Trustees of the Federal Hospital Insurance and Federal Supplementary Medical Insurance Trust Fund*，July 2014，pp. 1 - 9.

③ 联邦商务部人口普查局预测：2012—2050 年，美国总人口将从 3.14 亿增加到 4 亿。到 2030 年超过 20% 的美国人将是 65 岁或 65 岁以上老年人，这个比例在 2010 年是 13%，1970 年仅有 9.8%。见：U. S. Department of Commerce，Economics and Statistics Administration，U. S. Census Bureau，Jennifer M. Ortman，Vitoria A. Velkoff，and Howard Hogan，*An Aging Nation：The Older Population in the United States：Population Estimates and Projections*，May 2014，pp. 2 - 3.

④ 根据国会预算局（CBO）测算，2015—2024 年，联邦政府为实施《医改法》条款还要投入 13830 亿美元。这虽然比原先的预测节省了 1040 亿美元，但仍然是一笔不菲的支出。见：Congressional Budget Office，*Updated Estimates of the Effects of the Insurance Coverage Provisions of the Affordable Care Act*，April 2014，p. 13。

水平。到 2022 年，国民卫生支出占美国 GDP 的比重将达到 19.9%。[①]
联邦政府对于医疗照顾计划等主要医疗保险计划的净支出额，2014 年
为 8370 亿美元，预计至 2024 年将增长近一倍，达到 1.577 万亿美元。[②]
国会预算局最新的长期预算形势评估报告指出，2039 年联邦政府为社会
保障计划（Social Security）、主要的政府医疗保险计划以及《医改法》
框架内的各种补贴所进行的支出将猛增至 GDP 的 14%，大大超过此前
40 年 7% 的比例。这势必与其他增长的支出一起推高联邦政府的预算赤
字和公共债务，产生一系列极为严重的负面后果。[③] 美国联邦政府和地
方政府目前已经债台高筑，[④] 巨额的国民卫生支出如何能够得到真正的
控制？这恐怕是本轮医疗改革根本无法回答的问题。

三　推进本轮医疗改革的主要障碍有哪些?

奥巴马政府的医疗改革，推进起来如同逆水行舟，极为艰难。改革
启动之后，主要面临着民意、政治、行政和司法四大方面障碍。

（一）民意障碍：多数公众反对或不理解医疗改革

美国是精英统治集团掌权的民主国家，虽然政策过程未必能够充分
反映民意，但白宫主人历来不会忽视公众对于公共政策的态度。美国绝
大多数民意调查的结果中比较一致的一点是：多数公众对《医改法》
持负面态度，这也许是经常自诩出身草根的奥巴马总统最不愿意看
到的。

----

① U. S. Department of Health and Human Services, CMS Office of the Actuary, A Briefing with
CMS' National health Expenditure Accounts Team, "National Health Expenditure Projections 2012 –
2022: Slow Growth until Coverage Expands and Economy Improves", September 18, 2013, Washington, D. C. , available at: http: //www. healthaffairs. org/events/2013_ 09_ 18_ health_ spending_
projections_ through_ 2022/, 2014 – 08 – 14.

② Congressional Budget Office, *Updated Budget Projections*: 2014 to 2024, April 2014.

③ Congressional Budget Office, *The* 2014 *Long – Term Budget Outlook*, July 2014.

④ 截止到 2014 年 9 月 30 日（2014 财务年度截止日），美国联邦政府的公共债务总额已
经超过了 17. 824 万亿美元，再次越过国会规定的法定债务总额（Statutory Debt Limit）。见:
U. S. Department of Treasury, Bureau of the Fiscal Service, "Monthly Statement of Public Debt of the
United States, September 30, 2014", available at: http: //www. treasurydirect. gov/govt/reports/
pd/mspd/2014/opds092014. pdf, 2014 – 10 – 09。

美国最大的医疗卫生领域非营利研究机构凯泽家庭基金会（Henry J. Kaiser Family Foundation）从《医改法》通过的次月就基本上按月展开全国性民调。2014 年 7 月的民调结果表明：支持和反对《医改法》的公众比率为 37% 对 53%；支持者的比率保持稳定，而反对者的比率明显上升。不过，60% 的公众依然希望国会能够采取措施完善《医改法》而不是将其废除。① 2014 年 9 月，支持和反对《医改法》的双方公众比率分别变为 35% 和 47%，对比历史数据可知，反对方 12% 的优势与 2011 年秋季的某些时点基本相同。②

美国著名舆情研究机构皮尤研究中心（Pew Research Center）在《医改法》问世 4 年之际所进行的民意调查结果是：支持和反对《医改法》的公众之比为 41% 对 53%。不过，多数反对者希望当选官员能够尽可能使《医改法》发挥效能，只有少数人乐见《医改法》失败。同时，美国人对于医疗改革的重视程度迅速降温，密切关注相关信息的公众比率从 2009 年 11 月国会众议院通过医疗改革法案时的 51% 跌落到2014 年 3 月之后的 23%。③ 在凯泽家庭基金会 2014 年 11 月中期选举前夕进行的民意调查中，仅有 8% 的选民认为医疗改革问题是最为重要的选举议题，半数选民甚至对国会议员竞选中有关医疗改革议题的辩论表示"厌烦"。④

《华盛顿邮报》提醒读者：在解析美国的民调数据时，需留意公众意见中自 20 世纪 60 年代起就具有的"象征性保守派"（symbolic con-

---

①　Henry J. Kaiser Family Foundation，"Kaiser Health Tracking Poll，July 2014"，available at：http：//kff. org/health－reform/poll－finding/kaiser－health－tracking－poll－july－2014/，2014－08－10.

②　Henry J. Kaiser Family Foundation，Liz Hamel and Jamie Firth and MollyannBrodie，"Kaiser Health Tracking Poll：August－September 2014"，September 09，2014，available at：http：//kff. org/health－reform/poll－finding/kaiser－health－tracking－poll－august－september－2014/，2014－11－06.

③　PewResearchCenter，"ACA at Age 4：More Disapproval than Approval，but Most Opponents Want Politicians Make Law Work"，March 2014.

④　Henry J. Kaiser Family Foundation，"Kaiser Health Tracking Poll：October 2014"，October 21，2014，available at：http：//kff. org/health－reform/poll－finding/kaiser－health－tracking－poll－october－2014/，2014－11－06.

servatives）和"实践性自由派"（operational liberals）观点并存的特点。[①] 在对较抽象的问题发表意见时，美国公众经常倾向于共和党所代表的保守派立场；而涉及比较具体的问题，尤其是民生问题时，他们又往往偏爱民主党所代表的自由派主张。实际上，这反映出实用主义哲学在美国社会里根深蒂固的影响。美国人是非常讲求实际的，对他们来说现实生活永远是判断公共政策的第一标准。也正因为如此，大多数民众并不热心于共和党人大力鼓吹废除《医改法》的主张。当然，《医改法》的民意支持度低迷，这对共和党政治家和国会中的强硬反对派来说是可资充分利用的"炮弹"。

（二）政治障碍：对立两党在国会上演"拉锯战"

最近几年美国国会中民主、共和两党成员趋于极化的党派争斗，很大程度上是本轮医疗改革所致。2009 年是改革的总体方案设计和立法时期，在两党主要分歧没有弥合的情况下，奥巴马利用民主党在国会参众两院的多数地位强势推动改革"闯关"，使本次医疗改革成为美国自1935 年建立社会保障制度以来唯一没有取得跨党派共识的重大社会改革。[②] 于是，当共和党在 2010 年 11 月的中期选举中重夺众议院控制权并缩小民主党在参议院中的席位优势后，美国政坛上的战略性妥协空间受到"报复性压缩"，党派冲突愈演愈烈。

共和党对于《医改法》的态度很明确：废除那些"不合理"的条款，最好能够完全抛弃整部法律并用本党的立法方案取而代之，这就是"废止和替换"（Repeal and Replace）立场。在实现这一战略之前，先要千方百计阻挠、拖延《医改法》的实施。有趣的是，共和党在国会

---

① Paul Waldman, "On Obamacare, opinion is locked in for a long, long time", August 1, 2014, Plum Line, *The Washington Post* website, available at：http：//www. washingtonpost. com/blogs/plum－line/wp/2014/08/01/on－obamacare－opinion－is－locked－in－for－a－long－long-time/, 2014－08－06.

② 1935 年《社会保障法》在民主党控制的国会通过时，共和党方面 64% 的参议员和 79% 的众议员表示赞成；20 世纪 60 年代的《民权法》（*Civil Rights Act*）获得 82% 的共和党参议员和 80% 的共和党众议员支持；1965 年国会表决创建医疗照顾计划（Medicare）的法案时，41% 的共和党参议员和 51% 的共和党众议员投了赞成票；1996 年克林顿总统发起的福利改革（Welfare Reform），得到了几乎所有共和党众议员，以及 98 位民主党众议员和 25 位民主党参议员支持。见："Olympia Snowe Is Right", *The Wall Street Journal*（Asia），Friday/Sunday, December 11－13, 2009, p. 12。

中过于频繁的攻势令对立双方对于到底发生了多少次围绕《医改法》的"战斗"都有争议！比较"靠谱"的记录表明：从 2011 年 1 月 19 日到 2014 年 1 月 16 日，共和党掌控的众议院共通过有关《医改法》的法案、修正案和决议 49 项，其中 6 项是主张完全废除《医改法》的法案。① 客观而论，共和党的动议并非都是政治伎俩，有些也得到民主党议员的支持，并最终成为法律。废除《医改法》中"社区生命援助服务与支持计划"（Community Living Assistance Services and Support program, CLASS）条款的立法行动就是如此。②

2014 年 7 月 30 日，国会众议院以党派立场泾渭分明的投票结果（225 票赞成，201 票反对，投反对票的仅有 5 名共和党人）通过决议，授权议长博纳（John A. Boehner）代表众议院向联邦法院起诉奥巴马总统，主要理由是白宫在实施《医改法》的过程中超越宪法所规定的总统权限，两度推迟实施法律规定的"雇主投保义务"条款。这件事可谓开创美国历史之先河：此前国会两院从来没有试图以捍卫宪法的名义经由联邦法院来挑战总统的行政权力。不过，这一政治动作是否能够真正反映民意是值得怀疑的，因为超过六成的公众并不赞同共和党议员的"折腾"（废止《医改法》或者拖延和切断落实法律所需资金），而是希望国会能够让这部法律顺利地实施并得到改善。③

2014 年 11 月 4 日举行的中期选举使共和党获得参议院多数席位，从而在国会参众两院都形成对民主党的优势，奥巴马政府继续推进医疗

---

① Byron York, "No, House Republicans haven't voted 50 times to repeal Obamacare", *Washington Examiner* website, March 15, 2014, available at: http://washingtonexaminer.com/no-house-republicans-havent-voted-50-times-to-repeal-obamacare/article/2545733, 2014-08-06.

② 这个在美国通常被称为"CLASS program"的医疗保险计划，设计服务对象是慢性重病患者或无法行动的残疾人。联邦卫生与公众服务部公开承认，由于实际需求和资源不匹配，这一计划在财务上将入不敷出，于是白宫在 2010 年秋季宣布暂缓实施相关的《医改法》条款。2012 年 2 月 1 日国会众议院以 267 票对 159 票的表决结果通过废止该计划的决定，28 名民主党议员投了赞成票。2013 年元旦，随着解决联邦政府预算困境的《2012 年美国纳税人减负法》（*American Taxpayer Relief Act of* 2012）生效，该法第 642 条（SEC. 642, REPEAL OF CLASS PROGRAM）也成为废止"CLASS program"的法律依据。

③ The Morning Consult, *The Morning Consult National Healthcare Tracking Poll: March 2014, Topline Results*, p. 7, available at: http://themorningconsult.com/wp-content/uploads/2014/03/MC_March-2014-Tracking-Poll, 2014-08-12.

改革的政治阻力陡增。当选举结果基本明朗时，共和党国会领袖迫不及待地宣布要采取行动，以便履行"废止和替换"《医改法》的承诺，至少是修改和删除那些"不合理"条款。① 但问题在于，共和党还未能提出一个全面系统的替代性医疗改革法案。而且，若是共和党真的要在国会启动废止整部《医改法》的立法程序，也必然会受到白宫和民意的双重制约，至少在奥巴马政府的最后两年任期内胜算不大。②

（三）行政障碍：《医改法》宣传贯彻不力

医疗改革屡出波折，在一定程度上也是联邦政府固有的官僚主义使然。虽然联邦政府通过多重渠道对《医改法》的重要条款进行了介绍和说明，但力度不够，效果难尽人意，至少不如畅销书作者那样能够通俗易懂地把问题谈清楚。③ 大批公众对于《医改法》中与自己切身利益直接相关的内容，比如扩大医疗补助计划后什么样的人有资格加入这项计划、"个人投保义务"条款（Individual Mandate）的具体规定、网上医疗保险市场所提供的选择性等都不甚了解，甚至对政策有严重误解。④ 2014年10月下旬，在距离第二次网上医疗保险市场公开投保期不足一个月之际，竟然仍有89%的无医保人员不知道政府规定的投保

---

① Karen Tumulty, "New majority likely to mean same gridlock", *The Washington Post*, Wednesday, November 5, 2014, p. A1; Lori Montgomery and Robert Costa, "McConnell, Boehner drawing a road map", *The Washington Post*, Thursday, November 6, 2014, p. A1; Sam Levine, "Johe Boehner, Mitch McConnell Pledged Renewed Commitment to Obamacare Repeal", November 5, 2014, *The Huffington Post*, available at: http://www.huffingtonpost.com/2014/11/05/john－boehner－mitch－mcconnell－obamacare_ n_ 6111620. html, 2014－11－07.

② 2015年6月25日，美国联邦最高法院9名大法官以6票赞成、3票反对的表决结果支持奥巴马政府医改法律中对居民个人医保补贴的条款解释。按照这一解释，无论居民所在州是否建有本州网上医保交易平台，他们都可在联邦政府医保交易平台登记入保，并可由此获得联邦政府平均每人每月260美元的补贴。

③ 由资深媒体人尼克·泰特（Nick J. Tate）著的《奥巴马医改生存指南》（*Obamacare Survival Guide*, West Palm Beach, FL 33416: Humanix Books, 2012）曾经一连数月名列《纽约时报》、"亚马逊购书网"（Amazon. com）和美国最大连锁书商巴诺书店（Barnes & Noble's）的畅销书榜单前茅。

④ 根据2014年7月进行的一项全国性民调，只有37%的公众知道根据《医改法》而获得医疗保险时，可以在不同的私人医疗保险计划中进行选择，38%的公众对于相关问题回答不出来。见：Henry J. Kaiser Family Foundation, "Kaiser Health Tracking Poll, July 2014", available at: http://kff.org/health－reform/poll－finding/kaiser－health－tracking－poll－july－2014/, 2014－08－10。

期始于当年 11 月 15 日。①

联邦法律的具体要求和医疗卫生管理体制的复杂性也使贯彻落实《医改法》的工作面临诸多挑战与风险，有些工作负荷超出了现有行政机构的能力。由于涉及的细节性、技术性问题非常之多，联邦卫生与公众服务部、联邦税务局等机构必须为了落实《医改法》增加行政资源，并且需要每年对标准性数据（如参加扩展后的医疗补助计划的收入水平）进行重新核算。饱受争议的"个人投保义务"的落实也许是一个相当典型的例子。

对于普通美国人来说，这个条款涉及三方面问题：首先，是否已经通过私人或政府的医疗保险计划参加或购买了最基本的医疗保险（minimum essential coverage），如果已经有这种保险，并且在一个公历年度中的每个月都没有中断，那么就没有任何问题。其次，如果没有最基本的医疗保险，那么如果符合法律规定的免责（exemption）条款，也无须缴纳罚款。而免责条款所列举的情况有 9 类，其中仅经济困难（hardship）类的具体情况又有 8 种。对应这些情况，当事人的出路（处理方式）又分为：仅能有资格从网上医疗保险市场（Marketplace）购买医疗保险、可以从医疗保险市场购买保险或者享受退税，以及仅能享受退税三种。最后，如果一个美国的法定居民既无基本医疗保险，又不符合法定免责条款规定，就必须（自 2015 年起）通过年度报税程序缴纳罚款，即支付"个人分担责任付费"（Individual Shared Responsibility Payment）。在 2014 年度，这项罚款的具体数额是取如下两种情况的高者：相当于个人超出家庭收入的报税门槛（tax return filing threshold）的那部分收入的 1%；或者每位成年人 95 美元，每名儿童 47.5 美元，一个家庭最高罚款额为 285 美元。② 有不少美国人，其实完全符合免责

① Henry J. Kaiser Family Foundation, Liz Hamel and Jamie Firth and Bianca DiJulio and Molly-annBrodie, "Kaiser Health Tracking Poll: October 2014", October 21, 2014, available at: http://kff. org/health – reform/poll – finding/kaiser – health – tracking – poll – october – 2014/, 2014 – 11 – 06.

② U. S. Department of Treasury, Internal Revenue Service, *Facts About the Individual Shared Responsibility Provision*: ···*what you need to know*, Publication 5156 (5 – 2014), and "Individual Shared Responsibility Provision – Exemptions", available at: http://www. irs. gov/uas/ACA – Individual – Shared – Responsibility – Provision – Exemptions, 2014 – 08 – 10.

条款的规定，但要么是不了解情况，要么是由于相关制度设计和行政程序过于复杂，干脆选择不作为，宁肯将来把罚款一交了事。

联邦政府贯彻落实《医改法》的大量工作是外包给私人承包商进行的，这不仅牵涉到承包商的选择、资金的保障，更需要严密监督对外包服务的质量，及时进行评估和改进。在这个方面，行政部门的表现不止一次受到联邦审计总署（Government Accountability Office，GAO）的批评。2014 年 7 月 31 日，审计总署官员在国会众议院听证会上作证时坦言，对于联邦政府负责建立和运营的网上医疗保险市场（网址为：Healthcare. gov）的工作，联邦卫生与公众服务部所属的分工主管机构——医疗保险计划服务中心（CMS）未能制订有效的计划和履行对承包商的监管职责，造成项目预算严重超支、进度滞后，网站建立之后又未经验证便匆忙开通，结果导致网站频频瘫痪，一连串的遗留问题恐怕要拖到 2014 年年底才能解决。① 事实上，公众对于联邦政府医疗保险市场网站的巨大不满和连串媒体劣评所造成的不利舆论氛围，是导致 2014 年 6 月奥巴马总统"毁泪斩马谡"，接受他的医疗改革爱将、联邦卫生与公众服务部长西贝柳斯（Kathleen Sebelius）辞职的重要原因。

（四）司法障碍：连串诉讼使重大措施前途未卜

自《医改法》成为联邦法律的当天起，各种围绕该法及相关政府规章（regulation）而发生的诉讼就接踵而至。白宫、联邦卫生与公众服务部和司法部为应对这些案件耗费了大量时间和法律资源。② 迄今为止，对医疗改革影响最大的案件有三个：③

1. "全国独立企业联盟诉联邦卫生与公众服务部长西贝柳斯案"

---

① United States Government Accountability Office, Testimony Before the Subcommittee on Oversight and Investigations, Committee on Energy and Commerce, House of Representatives, "Healthcare. gov, Contract Planning and Oversight Practices Were Ineffective Given the Challenges and Risks", Statement of William T. Woods, Director, Acquisition & Sourcing Management, July 31, 2014.

② 一个非常典型的例子是：《医疗改革法》中的某些规定同《公共卫生服务法》（*Public Health Services Act*）的第 340B 条款有直接联系，由此引发的美国医药业巨头与地方政府的官司一直打到了联邦最高法院。参见：U. S. Supreme Court, 563 U. S. _ (2001), Astra USA, Inc. v. Santa Clara County, Mach 29, 2011。

③ 应当强调：这些案件的涉案双方均非单独的个人或机构，所以它们是具有代表意义的集团诉讼案件。

（National Federation of Independent Business *v.* Sebelius）。原告的核心诉求是要求法院判定《医改法》中"个人投保义务"条款和扩大医疗补助计划的相关规定是否违宪。2012 年 6 月 28 日，联邦最高法院 9 名大法官以 5 比 4 的表决结果裁定，"个人投保义务"条款符合宪法，因为宪法的"税收条款"（第一条第八款第一自然段）赋予国会征税权，而《医改法》明确罚款由联邦税务局（IRS）依照税收征缴程序受理，罚款性质与税收无异。这一裁决捍卫了《医改法》的核心条款，令改革派阵营欢呼雀跃，为奥巴马当年 11 月再次赢得大选、成功连任起到了明显的促进作用。

但是，联邦最高法院同时指出：《医改法》中有关扩大医疗补助计划的条款违宪。原先的规定是：如果某个州政府不愿意扩大医疗补助计划的范围，则联邦政府卫生部长将有权扣留给该州的医疗补助计划拨款。最高法院的意见强调：在联邦体制下，州政府拥有处理本州事务的自主权，联邦政府与各州政府应当建立起合作关系。医疗补助计划本是联邦政府与州政府分担资金的计划，即便联邦政府愿意为这个计划在各州的扩充提供额外资金，也应允许各州保留其自由选择权，让各州自愿而且明白地参与其中，而不是在联邦政府切断专项财政资助的威胁下被迫同意这样做。[①]

联邦最高法院这一裁决的直接法律后果是：有 24 个州的州政府根据本州的财务状况决定，不实施《医改法》关于扩展医疗补助计划的条款。美国总统经济顾问委员会的研究报告称，这将使这些州的 570 万人在 2016 年失去医疗保险，同时丧失原本有望由联邦政府提供的 880 亿美元额外资助和由于医疗补助计划的扩展可能带来的 37.9 万个新就业岗位。[②] 其实，这 24 个州的选择也是无奈之举，因为需要州政府财政支持的警察、学校、道路、图书馆等许多必需的公共服务早已预算吃紧。

2. "联邦卫生与公众服务部长伯韦尔诉霍比·洛比公司案"（Bur-

---

① U. S. Supreme Court, 567 U. S. _ （2012）, National Federation of Independent Business *v.* Sebelius, June 28, 2012, pp. 33 – 44, pp. 45 – 58.

② Executive office of the President of the United States, The Council of Economic Advisers, *Missed Opportunities: The Consequences of State Decisions not to Expand Medicaid*, July 2014, pp. 2 – 6.

well v. Hobby Lobby Stores Inc.）。在这个起源于"民告官"的"官诉民"案件中，联邦卫生与公众服务部要求法院支持其依据《医改法》授权而制定的关于雇主为女性雇员投保的团体医疗保险必须包括多种避孕药品和服务的规定。① 2014 年 6 月 30 日，联邦最高法院 9 名大法官以 5 比 4 的表决结果认定，应当允许封闭持股的营利性公司（closely held for‑profit corporation）以宗教信仰为由豁免这项"避孕服务义务"（Contraceptive Mandate），因为这样的政府规章与美国《宗教自由恢复法》（*Religious Freedom Restoration Act of 1993*，RFRA）相抵触。多数法官认为，霍比·洛比公司是封闭持股的家族企业，就如同一个人（person）一样，应当享有充分行使其宗教信仰的自由。而"避孕服务义务"大大加重了个人行使宗教信仰权利时所承受的负担，且这种状况既无助于实现政府的正当利益（compelling governmental interest），也有违联邦法律中关于促进这种正当利益时政府所施加的限制只能是"最低限度限制"的规定。②

这一裁决看似仅仅聚焦于一个具体问题，实际上它的辐射面很广，是美国司法史上给予私人企业主最广泛的宗教自由保护的裁决，很可能引发奥巴马政府始料未及的"多米诺效应"。③ 例如，众多企业主会以此为据，理直气壮地以宗教信仰为由不履行"避孕服务义务"，大批女性雇员将失去法定的免费避孕医药服务；对女性医疗卫生权益的保障将更加复杂；落实《医改法》的行政成本必然进一步增加，等等。

---

① 根据《医改法》，联邦卫生与公众服务部（HHS）的卫生资源与服务管理局（Health Resources and Services Administration，HRSA）负责制定有关规章。2011 年 8 月规章公布，它规定：法定雇主必须无偿为女性雇员投保提供"预防与筛查服务"的团体医疗保险，这些服务应包括 20 种经过联邦食品和药品管理局（FDA）批准的避孕药品或措施，其中应含有至少 4 种紧急避孕（或终止妊娠）药品或措施。非营利性的宗教组织可以豁免此义务。参见：573 U. S. _ （2014），Burwell *v.* Hobby Lobby Stores. Inc，June 30，2014，pp. 1 - 2，pp. 8 - 9。

② 573 U. S. _ （2014），Burwell *v.* Hobby Lobby Stores. Inc，June 30，2014，pp. 1 - 6，pp. 35 - 45. 应该注意：该案件中代表联邦政府的一方原来以联邦卫生与公众服务部的部长凯瑟琳·西贝柳斯（Kathleen Sebelius）为代表，2014 年 6 月 9 日以后，由于西贝柳斯辞职，故政府代表的名字更换为新任部长伯韦尔（Sylvia M. Burwell）。

③ 对于这一裁决的分析，可参见：Erwin Chemerinsky（Dean of the UC Irvine School of Law），"The broad reach of the narrow Hobby Lobby ruling"，June 30，2014，*LA Times*，available at：http://www. latimes. com/opinion/op‑ed/la‑oe‑chemerinsky‑hobby‑lobby‑supreme‑court‑20140701‑story. html，2014‑08‑03。

　　3. "哈尔比希诉联邦卫生与公众服务部长伯韦尔案"（Halbig *v.* Burwell）。这个案件的关键是如何诠释《医改法》中关于联邦补贴的条款。原告方认为，奥巴马政府（通过联邦税务局）对于州政府未选择行动，但联邦政府在当地设立了网上医疗保险市场的 36 州居民所提供的补贴及税收优惠与《医改法》的原意相抵触，因而是非法的。2014 年 7 月 22 日，上述指控获得位于首都华盛顿的联邦哥伦比亚特区上诉法院（U. S. Court of Appeals for the D. C. Circuit）3 名审理法官中的多数（2 比 1）支持。[①]

　　令事情进一步复杂化的是，就在同一天，在宣判另外一起类似案件，即"金诉联邦卫生与公众服务部长伯韦尔案"（King *v.* Burwell）时，设在里士满（Richmond）的联邦第四上诉法院的法官做出了与哥伦比亚特区上诉法院完全相反的决定。[②] 不过，在美国联邦司法体系中，哥伦比亚特区上诉法院的声望和权威性仅次于最高法院。如果后续的审理能够维持哥伦比亚特区上诉法院的裁决，美国 36 个州中的至少数百万居民就将丧失购买医疗保险时享受的优惠待遇，这将非常可能直接拉低这些州的医疗保险覆盖率。奥巴马政府显然已经意识到情况的严重性，紧急采取了对应行动：联邦司法部于 2014 年 8 月 1 日提出申请，要求哥伦比亚特区上诉法院的全体法官复审此案。[③]

　　为什么看起来是一件利国利民好事的医疗改革做起来这么困难？究其根源，还是同美国的制度因素有关，它表现为两个层面：

　　首先，美国的医疗卫生体系过于复杂。这个"庞然大物"是以市场经济为基础、私营医疗卫生服务机构为主体、有政府主办的医疗保险计划参与其中并受到政府严格管制的体系。布鲁金斯学会的资深经济学家亨利·阿伦（Henry J. Aaron）把它称为"地球上最为复杂、

---

　　① U. S. Court of Appeals for the D. C. Circuit, No. 14 – 5018, Jacqueline Halbig, ET AL. , Appellants, v. Sylvia Mathews Burwell, in her official capacity as U. S. Secretary of Health and Human Services, ET AL. , Appellees, July 22, 2014.

　　② U. S. Court of Appeals for the Fourth Circuit, No. 14 – 1158, David King; Douglas Hurst; Brenda Levy; Rose Luck, Plaintiffs – Appellants, v. Sylvia Mathews Burwell, in her official capacity as U. S. Secretary of Health and Human Services, ET AL. , Defendants – Appellees, July 22, 2014.

　　③ 目前，该案已诉至最高法案，并已判决。见第 58 页脚注②。

杂乱拼凑、无效且昂贵的系统"。① 以这样一个系统为出发前提所展
开的改革，以及相关行政部门所设计的配套措施，也必然是极其复杂
和充满矛盾的。具有讽刺意味的是，要解决这些矛盾，就需要政府更
多地介入，而公众对政府的信任度并不高，由此形成政治上的恶性
循环。②

更加深层的原因是，由垄断资本支配的医药卫生产业利益集团牢固
地绑架了美国的医疗卫生体系。美国以往的历次医疗改革都难逃利益集
团的强大影响，奥巴马政府的医疗改革也不例外。当代美国医药卫生产
业中最有实力的利益集团是所谓的"六大家"（The Big Six），即：先进
医疗技术协会（Advanced Medical Technology Association, AdvaMed）、美
国医师协会（American Medical Association, AMA）、美国医院协会（A-
merican Hospital Association, AHA）、美国医疗保险协会（America's
Health Insurance Plans, AHIP）、美国药品研发和制造商协会（Pharma-
ceutical Research and Manufacturers of America, PhRMA）以及服务业雇
员国际工会（Service Employees International Union, SEIU）。③ 改革所遭
遇的重重障碍，在很大程度上与它们和它们操控的主流媒体对公众的
"洗脑"有关。

事实上，医药卫生产业利益集团最关心的并不是美国人民的健康，
甚至不一定是美国的根本利益，而是超额垄断利润。只要条件允许，它

---

① 亨利·阿伦对美国医疗卫生体系评价的英文是："the most complex, kludgy, and cost-
ly system on planet Earth"。见：Henry J. Aaron, "Here to Stay – Beyond the Rough Launch of the
ACA", May 7, 2014, available at: http://www.brookings.edu/research/articles/2014/05/07 –
here – to – stay – rough – launch – aca – aaron, 2014 – 07 – 19。

② Kimberly J. Morgan, "Doomed From the Start: Why Obamacare's Disastrous Rollout is No
Surprise", October 17, 2013, available at: http://www.foreignaffairs.com/articles/140179/kim-
berly – j – morgan/doomed – from – the – start, 2014 – 07 – 18.

③ 先进医疗技术协会（AdvaMed）是美国主要医疗器械和诊断设备制造商的组织，其会
员公司的产品占据了美国国内市场的90%和全球市场的50%；始建于1847年的美国医师协会
（AMA）是美国规模最大、涉及专业最多、最具专业声望和权威性的医生组织；1898年成立
的美国医院协会（AHA）是美国最主要的医院组织，有大约5000家机构会员；美国医疗保险
协会（AHIP）代表了向2亿美国人提供医疗保险计划的约1300家私营医疗保险公司的利益；
美国药品研发和制造商协会（PhRMA）是美国所有知名药品研发和生产厂商的商会团体；服
务业雇员国际工会（SEIU）是美国、加拿大和美属波多黎各服务业雇员的联合工会组织，它
的210万会员中约半数在医疗卫生服务岗位上工作。

们不惜为此抛弃道德说教，践踏公平市场法则。麦肯锡咨询公司
（McKinsey）的一项深入研究发现，1960—2006 年美国有超过 1 万亿美
元的医疗卫生支出无法用宏观经济学的因素解释清楚。换句话说，这 1
万亿美元的开销是本不应该发生的。那么，它们到哪里去了呢？其实，
这一大笔财富并未"人间蒸发"，而是通过各种渠道转化为利益集团的
收益。就拿药品来说，与欧洲发达国家相比较，美国药品的平均价格至
少高出一倍。①

　　2013 年，丹麦哥本哈根大学医学和临床药理学教授彼得·格切
（Peter C. Gøtzsche，他本人也是具有行医经历的医生）出版了他基于长
期调查研究的专著《致命药品与有组织犯罪》，书中以大量确凿事实揭
露了跨国医药公司令人触目惊心的种种劣迹，指出药品和烟草制品是两
大人造的健康杀手，无论在欧洲还是美国，药品已经成为仅次于心脏病
和癌症的第三大死亡原因。在这本书中，美国最知名的大医药公司几乎
全被点名。② 所以，当奥巴马政府试图通过立法和行政手段干预早已被
人为扭曲的美国医疗卫生服务市场的时候，不可能不引起既得利益集团
明里暗里的强烈抵制。

四　美国医疗改革的经验与教训——它对于中国"新医改"有何启示？

　　奥巴马政府的医疗改革和中国的"新医改"几乎是同时启动的。③
美国的医疗改革至今，经验和教训不可谓不多。中美两国基本国情差异
极大，但对于中国来说，美国的医疗改革仍不乏启示或借鉴作用。这里
至少可以举出如下五条：

---

①　McKinsey Global Institute, *Accounting for the Cost of US Health Care*：*A New Look at Why Americans Spend More*, December 2008, p. 20 and p. 38.

②　Peter C. Gøtzsche, *Deadly Medicines and Organized Crime*：*How big pharma has corrupted healthcare*, London and New York：Radcliffe Publishing Ltd. , 2013.

③　2009 年 3 月 17 日，中共中央、国务院联合发出《关于深化医药卫生体制改革的意见》，即"新医改方案"。这个文件的全文于 4 月 6 日经媒体向社会公布，标志着中国"新医改"的正式启航。两天以后，即 2009 年 4 月 8 日，奥巴马总统下令成立白宫医疗改革办公室，美国的本轮医疗改革也开启了实质性进程。

（一）重大社会改革必须夯实法律基础

美国医疗改革的基本路径是总统班子提出相关构想，国会制定和通过改革法案，同时修订其他相关法律，最后行政部门依法推进改革。尽管改革过程中的司法纠纷连绵不断，但《医改法》毕竟为一项重大的社会改革打下了比较全面和坚实的法律基础。

我国改革开放以来的立法工作成就有目共睹，但政府对于"红头文件"的路径依赖依然很强。在新中国成立65年之后，国家基本医疗卫生制度继续缺失全面、系统的法律支撑，这既不利于落实我国《宪法》中有关公民健康权的规定，不利于切实维护公立医疗卫生事业的非营利性、公益性，也难以保障对医疗卫生机构的财政支出，有效维护患者和医护人员的正当权益。在中央政府已经一再重申把依法治国作为治国理政基本方式的今天，在最高领导人明确提出要"确保国家发展、重大改革于法有据"之后，[①]"新医改"不应仅是凭文件运转的巨大惠民工程，它更应该成为从实现国家治理体系和治理能力现代化的高度依法构建面向21世纪的中国基本医疗卫生制度的契机。

（二）政府应高度重视改革过程中与公众的信息互动

奥巴马政府的医疗改革，在初始阶段是相当得人心的，但后来公众的支持率逐渐下滑，这为反对改革的利益集团及其代言人提供了口实。造成这种情况的一个重要原因是政府在信息传播方面的工作做得不够，对《医改法》内容的宣传、解释的力度与效果欠佳，导致许多原本应当成为受益者的美国公众对改革不甚了解，甚至在一些缺乏客观性的媒体误导下产生抵触情绪。这是奥巴马政府的一个惨痛教训。

我国"新医改"至今，所取得的成就来之不易，世界卫生组织予以高度评价。[②]但各级政府对相关信息的收集、整理、发布、传播和公众反馈意见的调研、评估与研究重视不够，许多方面做得还不如美国。

---

① 习近平：《在庆祝全国人民代表大会成立60周年大会上的讲话》（2014年9月5日），《人民日报》2014年9月6日，第2版。

② *South China Morning Post*，"Visiting WHO chief Margaret Chan sees 'great progress' in China's health system"，July 11, 2014, available at：http：//www.scmp.com/news/china/article/1552152/visiting-who-chief-margaret-chan-sees-great-progress-chinas-health-system，2014-08-30.

例如，无论是中央政府网站还是国家卫生与计划生育委员会网站，都没有像白宫和联邦卫生与公众服务部那样在显著位置设置医疗改革专栏。"新医改"这样一个关系千家万户的大事，在全社会还远未形成与之相匹配的公众关注度和正能量舆情氛围，这对于冲破利益集团阻挠、深化改革极为不利。

（三）经济承受力是医疗改革的核心问题

在长期困扰美国医疗卫生体系的所有问题中，头号难题是医疗服务费用与支出的过快上涨，它与政府和公众对于现有医疗卫生服务体系运转成本的经济承受力息息相关。

公众的经济承受力，就是医疗卫生支出在个人或者家庭总收入中所占的比例。研究发现，如果自付的医疗服务费用超过总收入的8%—10%，半数以上美国家庭就会感到困难。① 实践说明，"经济承受力悖论"是任何医疗改革都躲不开的现象：即使决策者把所有因素考虑在内，也无法满足每一个人对医疗卫生服务的要求，因为政府能接受的方案不一定就意味着每一个人都能承受，而公众可以承受的方案政府财政也许又无力负担。英国《金融时报》一针见血地指出，美国的财政赤字可以用一句话说清楚：选民所要求的公共服务超过了他们的支付意愿。②

中国的"新医改"应对公众和政府两边的经济承受力问题始终保持高度警惕。由于我国人口基数大，人口老龄化势头迅猛，医疗卫生事业基础相对薄弱，加上政府负担的债务持续增加，要稳定地维持公共财政对医疗卫生事业的可持续投入并非易事，唯一出路只能是在确保人人享有基本医疗服务的同时，科学地测算公众的经济承受力和政府财政能力之间的长期动态平衡点，并根据各个方面的变化不断加以调整。这是一项极其庞大和艰巨，但又不得不干的系统性工程。

（四）倡导社会公平与强调公民社会责任并行不悖

社会公平是奥巴马政府推进医疗改革的一杆大旗。在以此争取美国

① Clea Benson, "How Much Can America Pay for Health Care?" *CQ Weekly*, October 12, 2009, Volume 67, Number 38, pp. 2282 – 2283.

② Clive Crook, "America can square its fiscal circle", *The Financial Times* (Asia Edition), Monday, February 1, 2010, p. 11.

公众支持的同时，改革的制度设计突出强调"分担责任"的理念，通过《医改法》的"个人投保义务"和"雇主投保义务"条款，用法律形式固定了每一个公民应尽的社会责任。应当说，这样的做法在美国是史无前例的，它勇敢地触碰了美国人内心深处有关政府与选民关系的底线，即政府是否有权干预大家都认为属于公民私人事务的医疗卫生保健。在这方面，马萨诸塞州的开创性试验引人关注。

自 2007 年 7 月 1 日起，马萨诸塞州成为美国第一个立法强制公民个人和雇主投保医疗保险的州，在政府规定收入标准以下的穷人可以免费参保，其他公民的投保费用最多不超过年收入的 8%。这一举措使该州的医疗保险覆盖率在 5 年内上升到 98.1%，儿童的医疗保险覆盖率更高达 99.8%。与此同时，医疗卫生服务的质量也得到改进。[①] 马萨诸塞州的实践证明，只要合情合理，手续简便，带有强制性的投保义务法律条款有助于基本实现全民医保的目标。

我国"新医改"的出发点和目标之一也是为了实现公平正义而普及基本医疗卫生公共服务。要从制度上保障所有公民（无论是国家高级公务员还是普通农民）的参保权益，不仅应在扩大基本医疗保障覆盖面的过程中鼓励、引导和扶持城乡居民积极参保，还应当在条件成熟的地方稳妥并有步骤地试点公民义务参保，同时强化和细化一切用人单位投保医疗保险的制度。把参加医疗保险作为公民的法定义务，有助于强化公民对自己健康负责的意识，最大限度地减少公民年轻力壮时不参保，而最后年老体弱时又依赖政府和社会提供医疗救助的现象。这样做也有利于让医疗保险市场按照保险业务的客观规律健康发展，减少医疗保险市场中常见的"逆向选择"现象。[②]

（五）推广健康生活方式是医疗卫生体系的首要使命

国民不健康的生活方式是使美国医疗卫生支出高居不下的重要原因。大约 45% 的美国人患有某种慢性疾病，其中糖尿病患者接近 2400

---

① Alan G. Raymond, *Massachusetts Health Reform: A Five - Year Progress Report*, November 2011.

② 逆向选择（adverse selection）指人们在年轻健康时不购买医疗保险，而等到年老体弱时再去购买的行为。这种行为会大大增加保险公司的经营风险，同时也加重投保人的财务负担。

万。超过 2/3 的美国人死于心脏病、癌症、中风、慢性呼吸系统疾病和糖尿病，[①] 而这 5 种最常见的慢性病消耗了全美 75% 的医疗费用。[②] 如果全面改进疾病预防与健康管理，直接节省的医疗费用和间接贡献的劳动生产率等积极结果的价值将在 20 年内达到 1.2 万亿美元。[③] 奥巴马政府医疗改革的重要内容之一是采取多种措施，扭转医疗卫生体系一贯重治疗、轻预防的做法，强化疾病防控与筛查，大力提倡健康的生活方式。[④]

中国自 20 世纪 90 年代以后的高速工业化和城市化进程使人民的物质文化生活日新月异，同时不良生活方式也加速蔓延。这不仅对城乡居民健康造成极大威胁，还给本来就脆弱的医药卫生体制加载了沉重负担。这方面的大量数据可谓触目惊心![⑤] 仅以吸烟问题为例，世界卫生组织曾经多次就中国 3 亿烟民所引发的健康与社会风险发出警告，但烟草控制在中国仍然极不得力，烟草已成严重的社会公害。[⑥]

无数事实证明，在中国公众中大力提倡健康生活方式已经是一个极

---

① America's Health Insurance Plans (AHIP) Board of Director's Statement, *Now is the Time for Health Care Reform: A Proposal to Achieve Universal Coverage, Affordability, Quality Improvement and Market Reform*, December 2008, p. 4.

② Letter to President Obama, June 1, 2009 by the leaders of sectors of health care industry and the attached documents, available at: http://www.hanys.org/reform/2009 - 06 - 01_ healthcare_ spending_ growth_ rate_ letter. pdf, 2014 - 08 - 11. 请注意：这封致奥巴马总统的信及所附的改革建议代表了美国最主要的 6 家医药卫生产业利益集团对本轮医疗改革的立场。在改革启动之初，奥巴马总统与这"六大家"在白宫达成了包含利益交换内容的协议。

③ American Public Health Association, Center for Public Health Policy, *The Prevention and Public Health Fund: A critical investment in our nation's physical and fiscal health*, June 2012, p. 9.

④ Erin D. Williams and C. Stephen Readhead, *Public Health, Workforce, Quality and Related Provisions in Patient Protection and Affordable Care Act (PPACA)*, Congressional Research Service, June 7, 2010 (R41278).

⑤ 这里仅举一例：我国城市白领中 35—50 岁的高收入人群，平均"生理年龄"超过"日历年龄"10 年，也就是提前衰老 10 年。见：《卫生部中国健康教育中心：我国精英人群提前衰老 10 年》，《新华文摘》2010 年第 2 期，第 131 页。

⑥ 根据经中华人民共和国工业和信息化部苗圩部长签署、中国向世界卫生组织烟草框架公约秘书处提交的第二份缔约方报告书，中国大陆 15 岁以上人口（其中还不包括流动人口和军人）的吸烟率为 28.1%，非吸烟人口暴露于二手烟中的比例高达 72.4%，全国每年由于吸烟导致 120 万人死亡。见：《世界卫生组织烟草控制框架公约报告文书第二期（第二组问题）》，2011 年 6 月。该报告全文可从世界卫生组织官方网站下载：http://www.who.int/fctc/reporting/party_ reports/China_ 5yr_ report.pdf。

其紧迫的任务，它是比增加医疗卫生资源更加有效的改革措施，应该成为中国"新医改"的重中之重。中华文明包含了数千年的医学与养生理论与实践，这是一个远未得到充分开发和利用的巨大宝库。在中国这样发展不平衡的大国，持续不懈地向全体人民推广健康生活方式、加强疾病的防控与筛查，具有战略性的意义。美国人已经犯下的错误，中国必须设法避免，否则将要付出的代价会是巨大的。对于这个问题的重要性，怎样强调也不算过分。

五　简短的结语

奥巴马政府的医疗改革，虽然已经被打上了"奥氏医改"（Obamacare）的印记，但从本质上来说是美国执政的精英集团基于美国国情而发起的一场重大社会改革，其成败对于美国保持经济繁荣和维护国家安全具有战略意义。迄今为止，改革已经取得了一些毋庸置疑的成就。由于本文所述的各种复杂原因，本轮医疗改革能否达到预期的政策目标，推动美国最终实现全民医保的百年梦想，仍有待耐心观察。不过，奥巴马政府医疗改革的经验和教训，值得中国在认真研究的基础上汲取、借鉴。

奥巴马政府移民政策特点及其影响

姬　虹①

奥巴马就任总统以来，由于国内外形势（国外反恐战争、国内医改等）使得奥巴马在移民问题上难以有所作为，尤其是在第一任期，除了暂缓递解部分年轻非法移民外，基本上没有兑现竞选诺言。在第二任期上试图推动全面移民改革，但困难重重，步履蹒跚。2013年国会参议院通过全面改革方案，共和党控制的众议院没有通过相应的法案。2014年春夏之交，由于中美洲偷渡儿童引发的边境危机，奥巴马政府再度酝酿移民改革，结果是无功而返。

一　移民改革的背景

在移民政策上，奥巴马没有更多的新意，被形容为"现在是奥巴马的任期，却是布什的世界"，困扰他前任的非法移民问题依旧是他头痛的事情。

世纪之交以来，美国非法移民屡禁不止，人数不断攀升，曾达1200万人，由于2007年爆发的金融危机，非法移民人数一度下降，小布什就任总统后，致力于移民政策的改革，2001年7月布什在墨西哥总统福克斯的请求下，打算通过扩大客工计划的方式给予在美的三百万墨西哥非法移民以永久居留权，直至最后使其归化成为公民。但不久爆发的"9·

---

①　姬虹，中国社会科学院美国研究所社会文化室主任。

11"事件改变了一切，如何打击恐怖主义，如何加强安全防范措施、将恐怖分子拒之国门外，这些无疑是美国面临的最迫切的问题，移民问题与国土安全联系在了一起。布什任期内，2006—2007年美国经历了20年以来最关键和最激烈的移民政策大讨论，引发了移民走上街头的大规模抗议活动，由于民主党和共和党在移民问题上的尖锐对立，以客工为核心内容一揽子解决非法移民的全面移民改革方案没有成功，只通过了一个加强边境安全的法案，在美墨边境修筑700英里隔离墙，耗资12亿美元。布什8年任期，在移民问题上，给奥巴马留下了烂摊子。

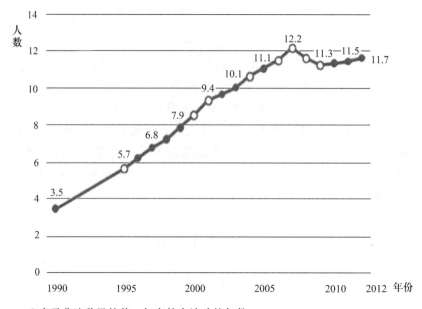

〇表示非法移民较前一年有较大波动的年份。

图1　1990—2012年美国非法移民人数（单位：百万人）

资料来源：Jeffrey S. Passel, D'Vera Cohn and Ana Gonzalez – Barrera , "Population Decline of Unauthorized Immigrants Stalls, May Have Reversed", at http：//www. pewhispanic. org/2013/09/23/population – decline – of – unauthorized – immigrants – stalls – may – have – reversed/.

奥巴马上任后，在移民问题上面临的困境是：一方面要兑现选举中对拉美裔选民的诺言，推进移民政策的改革，另一方面，面对国内外重重危机，无力涉及移民领域。在第一任期内，更多的是在移民政策上，延续布什的做法，没有实质的改变，因此有媒体批评其移民政策没有新意。① 他在延续布什移民政策方面主要措施是：（1）在美墨边境强化管理，对非法移民采取"零容忍"政策，囚禁偷渡客，并将其交予法庭审判，这个政策被称为"效率行动"，始于2005年，在边境地区联合执法，将偷渡者视为刑事犯罪，在"效率行动"计划中，任何首次在边界被发现的非法移民，均会被联邦法院以"非法入境罪"，判处6个月的监禁。（2）继续修筑耗费80亿美元的虚拟边境隔离墙，安装传感器和摄像头。2010年8月13日奥巴马签署边境安全法案，为国土安全部等机构追加6亿美元资金，用于在美墨边界地区新雇用1500名边界安全人员、购买更多的无人侦察机等设备和新建边界巡逻站。

对此，在2008年大选中大力支持奥巴马的拉美裔（拉美裔67%支持奥巴马，31%支持麦凯恩），表示出了极大的不满，拉美裔团体向奥巴马提出了"给了我们什么呢？"索取回报。②

二　奥巴马移民改革的举措

2010年亚利桑那州通过"史上最严苛的移民法"，引发包括首都华盛顿在内的至少美国70个城市举行集会和示威活动，移民问题再次浮出水面，奥巴马的主要应对政策是：

（一）加大驱除非法移民的力度

这是奥巴马任内备受争议的一个问题，他也因此被拉美裔称为"递解总司令"（deporter-in-chief）。这里需要研究的问题是，奥巴马为什么要加大驱除力度，另外什么样的人被驱除和多少人被驱除。

首先，奥巴马为什么要加大驱除非法移民的力度？奥巴马在任期间，递解的移民总数增加，被认为对美国社会公共安全造成危害的人在被递解人数中的比例达到历史最高。但是在工作场所逮捕的非法移民数却有下降。

① Spencer S. Hsu, "Little New in Obama's Immigration Policy", *Washington Post*, May 20, 2009.

② Julia Preston, "While Seeking Support, Obama Faces a Frustrated Hispanic Electorate", *New York Times*, June 10, 2012.

　　根据国土安全部的数据，从 1997 财年至 2012 财年共有 430 万人被正式递解，人数逐年增加，1997 年为 7 万人，2012 年为 42 万人，奥巴马执政前 5 年为 190 万人，基本与小布什执政 8 年持平（200 万人），[①] 另外，移民和海关执法局（Immigration and Customs Enforcement，ICE）公布报告称，2013 财年，美国政府共遣返约 36.9 万非法移民，这一数字较上一财年下滑了 10%，也是自奥巴马就职以来的首次下滑。[②]

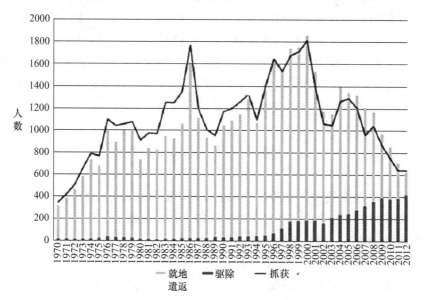

图 2　1997—2012 年移民局和国土安全部抓获、就地遣返、
驱除非法移民人数（单位：千人）

　　资料来源：Marc R. Rosenblum, etc., "The Deportation Dilemma, Reconciling touch and Humane Enforcement", at http：//www. migrationpolicy. org/research/deportation – dilemma – reconciling – tough – humane – enforcement.

---

　　① Marc R. Rosenblum, etc., "The Deportation Dilemma, Reconciling touch and Humane Enforcement", at http：//www. migrationpolicy. org/research/deportation – dilemma – reconciling – tough – humane – enforcement.

　　② Immigration and Customs Enforcement, "FY 2013 ICE Immigration Removals", at https：//www. ice. gov/index. htm.

对于遣返数据，存在两种不同的解读。一方认为，奥巴马就任后致力于边境安全为首要的移民政策，投入了人力物力，2012 财政年度，政府在移民执法上花费了大约 180 亿美元，相关的机构包括移民和海关执法局、海关和边境保护局（CBP）等。移民执法的费用超过了美国联邦调查局（FBI），酒精、烟草、枪支和爆炸物局（BATFE），毒品管制局（DEA）及美国特勤局（USSS）的 36 亿美元的总预算，因此奥巴马边境安全措施是有效的，边境抓获的非法移民数目也有下降。

另一方认为，数据有误导性。如果加上没有经过正常程序就地遣返的非法移民（return），奥巴马政府算不上递解人数最多的，创纪录要算是 2000 年克林顿政府时期，即便奥巴马是创纪录的话，也是 1973 年以来的最低纪录，比其前任小布什还要差。持这种观点的人提出了"谁是递解总司令"的疑问（Who's the Real Deporter – In – Chief：Bush or Obama?）①，以此批评奥巴马边境安全政策不力，并认为新的政策限制了国内执法，导致递解人数减少。

奥巴马执政时期，移民与海关执法局允许执法人员行使"检控裁量权"（prosecutorial discretion），这实际上是一种"选择执法权"，将有限资源重点用在递解那些对国家、社区和边境构成危险的人士身上。反对人士认为，此举使得很多工作场所的非法移民得以逃脱递解。也有人认为，国土安全部把应该归为就地遣返的人算入了正式递解，造成了数字上的误导，使得边境抓获人数从表面上下降了。②

对于以上两种说法，比较客观地说，在有着不同声音的移民改革背景下，奥巴马走了一条中间道路，采取强硬手段遣返非法移民，惩罚雇佣非法移民的雇主，但并未下令逮捕这些非法移民。同时推行"社区安全"计划，将遣返的对象定义为那些危害公众安全而且已经被定罪的刑事犯、多次违反移民法或者最近非法进入美国的人。奥巴马以此应

---

①　"Who's the Real Deporter – In – Chief：Bush or Obama?" *The New Republic*，April 17，2014.

②　Andrew Stiles，"Obama Administration Inflating Deportation Numbers，Misleading classifications make it look like traditional deportations are up. They're not"，National Review Online，February 10，2014，at http：//www. nationalreview. com/article/370784/obama – administration – inflating-deportation – numbers – andrew – stiles.

对共和党的进攻，在加强边境安全方面做足文章，另一方面顾及拉美裔和移民改革团体的呼声，把遣返对象着重定义为有犯罪记录的人，而不是一般非法移民。

2009—2012年，有犯罪记录的非法移民被遣返人数以每年18%的速度增加，2012年48%的被遣返的是有犯罪行为的。① 2013年这个数字达到59%。②

奥巴马两面下注的结果，使双方都没有满意，共和党认为他是变相大赦，对已经在国内的非法移民熟视无睹，移民团体则指责他拆散非法移民家庭，使骨肉分离。

（二）部分解决年少非法移民的问题

2012年6月15日美国政府宣布，停止遣返儿童时期进入美国的守法年轻非法移民，并向他们发放工作许可证，具体条件是在2012年6月15日该政策宣布时不满31岁，并在16岁之前就进入美国。此外，他们必须已在美国连续居住5年以上，正在上学或已取得高中以上文凭，或在美军中服过役，没有重罪记录，不被认为对国家安全或公共安全构成威胁。获得两年工作许可后，以后还可延期。同日奥巴马宣布该项目（Deferred Action for Childhood Arrivals，DACA）"不是大赦，也不是豁免，不通向绿卡和公民身份"，只是"暂缓递解"。③

就内容而言，这实际上是被国会搁置多年的《梦想法案》的一部分。《梦想法案》全名为《非美籍未成年人发展、救济和教育法案》（*The Development，Relief and Education for Alien Minors Act*），首字母组合正好是"梦想"一词，自2001年被提出以来，多次在国会没有通过。2007年10月首次在参议院作为单独提案提出，《梦想法案》（*Dream Act*，S. 2205）拟给予部分非法移民的子女绿卡，这些人可以申请助学

---

① Marc R. Rosenblum, etc., "The Deportation Dilemma, Reconciling touch and Humane Enforcement", at http：//www. migrationpolicy. org/research/deportation – dilemma – reconciling – tough – humane – enforcement.

② Immigration and Customs Enforcement, "FY 2013 ICE Immigration Removals", at https：//www. ice. gov/index. htm.

③ The White House, "Remarks by the President on Immigration", June 15, 2012, at http：//www. whitehouse. gov/the – press – office/2012/06/15/remarks – president – immigration.

贷款和享受本州居民优惠学费等，最终有机会获得公民权，而条件是16 岁以前移民，在美国已经居住 5 年以上，高中毕业，上完两年制大学或服过兵役，当时估计满足条件的人数在 10 万人左右。该法案是2007 版移民法案的一部分，被认为是争议最少的部分，因为大多数人认为如果惩处偷渡的话应该针对的是家长，孩子是无辜的，但该法案依旧被否决。2010 年 12 月 8 日众议院以 216 票对 198 票通过《梦想法案》后，却在同月 18 日以 5 票之差梦断参议院，《梦想法案》再度胎死腹中。

根据皮尤中心的估计，奥巴马"暂缓递解"的措施，大概使 170万人受益，其中 85% 的人是拉美裔。[1] 在 2012 年大选不足半年的时候，奥巴马此举用意明显，就是吸引拉美裔选民的选票，而从后来的结果来看，效果不错，在所谓的战场州奠定了奥巴马的胜利。

该项目 2012 年 8 月开始实施，至 2014 年 7 月，共有 681189 人提出申请，其中 587316 人获得批准（86% 的通过率），被拒率不足 4%（25029 人），余者还在审理过程中。根据此前推测，在 170 万受益者中，目前有 120 万人符合申请标准，其余是潜在申请者，因此当前的申请率是在 55% 左右。从申请者地域分布看，与非法移民集中地相符，亚利桑那申请率 66% 、得州 64% 、内华达 61% 、科罗拉多61% 、北卡罗来纳 60% 。从申请者的原国籍看，洪都拉斯为 68% 、墨西哥 62% 、危地马拉 45% 、萨尔瓦多 44% 、哥伦比亚 34% 、韩国 24% 。[2]

尽管与 1100 多万非法移民人数相比，68 万的"暂缓递解"受益者只是微不足道的一部分人，但对于个人而言，这是人生中的转折点。在受访的受益者中，有 60% 的人保住了目前的工作，57% 的人拿到了驾

———————

　① "Up to 1. 7 Million Unauthorized Immigrant Youth May Benefit from New Deportation Rules", August 14, 2012, at http：//www. pewhispanic. org/2012/08/14/up - to - 1 - 7 - million - unauthorized - immigrant - youth - may - benefit - from - new - deportation - rules/.

　② Jeanne Batalova, "DACA at the Two Year Mark", August 2014, at http：//migrationpolicy. org/research/daca - two - year - mark - national - and - state - profile - youth - eligible - and - applying - deferred - action.

照，49%的人第一次拥有了银行账户。①

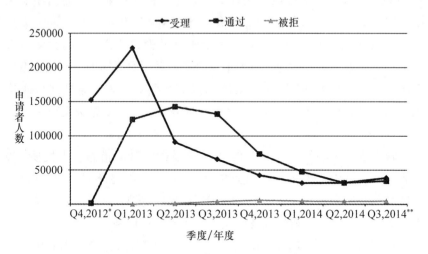

图3 2012年第四季度至2014年第三季度"暂缓递解"申请人数

资料来源：Jeanne Batalova，"DACA at the Two Year Mark"，August 2014，at http：//migra-tionpolicy. org/research/daca – two – year – mark – national – and – state – profile – youth – eligible – and – applying – deferred – action.

由于此次暂缓遣返令是以行政命令的方式执行的，没有通过国会立法，从长远看，该项目前途未卜，潜在的申请者（年龄或学历未达标）是否能顺利申请，首批拿到工作许可的受益者，2014年有2.5万人进行了延期，将来如何，难以预料。此外，就全国而言，55%的申请率不算高，比政府预期的要低，主要原因是很多年龄符合的人，学历不够，有些人因为缺乏465美元的申请费而无法申请。总之，"逐梦者"的前途还是与移民改革紧密联系在一起。

（三）推动全面移民政策改革

2013年1月29日奥巴马在内华达州拉斯维加斯市Del Sol高中发表讲话，呼吁国会采取行动，开展全面的移民政策改革，一劳永逸地

---

① Jeanne Batalova，"DACA at the Two Year Mark"，August 2014，at http：//migrationpoli-cy. org/research/daca – two – year – mark – national – and – state – profile – youth – eligible – and – applying – deferred – action.

解决美国境内大约 1100 万非法移民的问题，并提出移民改革的框架：继续加强边境安全、给予非法移民以最终公民权的途径、改革移民政策体系，以适应 21 世纪新环境。① 这时距他宣誓成为新一任总统仅仅一周。

奥巴马之所以在第二任期一开始就提出移民改革的设想，原因有两点，第一是兑现对拉美裔许下的诺言。如前所述，奥巴马在第一任期对移民问题没有过多涉及，反而因加大驱除非法移民遭到拉美裔的反感，在力求连任的竞选中，拉美裔的选票将起到重要作用，有舆论认为，"拉美裔选票决定奥巴马的生死"，② 2012 年 4 月 14 日奥巴马在哥伦比亚参加美洲峰会时开出竞选支票，承诺将在当选连任后第一年，即推动全面移民改革，以通过重大移民法案，6 月又下令暂缓驱除年轻非法移民，得到拉美裔的欢迎。再打移民牌，确保了奥巴马的连任，这也是奥巴马选择在内华达州发表其移民改革设想的原因。2012 年奥巴马在内华达州以 6.7 个百分点取胜，得益于拉美裔 70% 的支持率，内华达在以往大选中都是超强的摇摆州，奥巴马两度取胜（2008 年高出对手 12.5%），得益于十年间该州拉美裔人口的增加。2000 年拉美裔人口占全州人口的 19.7%，十年后占到全体人口的 26.5%，人口几乎翻了一番，选民占了总选民的 18%。③ 内华达州是美国拉美裔人口增加的一个缩影和典型代表，表 1 可以看出拉美裔选民比例逐年增加，2012 年拉美裔选民占到全国选民总数的 10% 左右，成为两党都不敢轻视的力量。

---

① "Remarks by the President on Comprehensive Immigration Reform", January 29, 2013, at http://www.whitehouse.gov/the-press-office/2013/01/29/remarks-president-comprehensive-immigration-reform.

② Alex Koppelman, "Obama's Immigration Shift: Good Policy, Better Politics", *New Yorker*, June 15, 2012.

③ Mark Lopez, etc., "Latino Voters in the 2012 Election", November 7, 2012, at http://www.pewhispanic.org/2012/11/07/latino-voters-in-the-2012-election/. Ruy Teixeira, etc., "The Obama Coalition in the 2012 Election and Beyond", December 2012, at http://www.americanprogress.org/issues/progressive-movement/report/2012/12/04/46664/the-obama-coalition-in-the-2012-election-and-beyond/.

表1　　　　　　　　　　　　拉美裔选民比例

年度	占全国选民的比例（%）	占投票人数的比例（%）
1996	6.1	4.7
2000	7.1	5.4
2004	8.2	6.0
2008	9.5	7.4
2012	10.8	9.4

资料来源：U. S. Census Bureau, "The Diversifying Electorate—Voting Rates by Race and Hispanic Origin in 2012", May 2013, athttp：//www. census. gov/prod/2013pubs/p20 - 568. pdf.

第二，共和党方面因大选失利，反思其移民政策，似乎出现了两党一致要求改革的契机。2012 年大选后不久，共和党就意识到，失去拉美裔的支持是大选失利原因之一，症结就是移民政策改革。有民调显示，如果共和党支持移民改革，估计就能得到 42% 的拉美裔支持，那么在奥巴马对阵罗姆尼的选举中，将会是另一番结果。[1] 来自佛罗里达的共和党众议员 Mario Diaz - Balart 认为，长期以来，两党把移民问题作为政治楔形问题，现在是该两党坐下来，寻求解决的时候了。[2] 众议院共和党第二号人物坎托发表谈话，支持《梦想法案》，支持给予年幼来美非法移民以合法逗留的权利，2010 年时他对该法法案投了反对票。[3] 极力推进移民改革的共和党参议员麦凯恩认为导致这种变化的原因就一个词，"选举"。[4] 与 2007 年布什版移民改革不同，此次改革亲共和党的美国商会、宗教保守派（如福音派，现在福音派的 15% 成员

①　Brian Bennett, "Poll：GOP can woo Latino voters with shift on immigration", *Los Angeles Times*, January 23, 2013.

②　Brian Bennett, "Some Republicans call on party to embrace immigration reform", *Los Angeles Times*, November 17, 2012.

③　David Grant, "Immigration reform：Amid GOP reservations, signs of flexibility", *Christian Science Monitor*, Feb. 05, 2013.

④　Michael A. Memoli, "Bipartisan group sees change in politics on immigration reform", *Los Angeles Times*, January 28, 2013.

是拉美裔）①、大公司（如 Facebook 和谷歌等多家科技公司合作成立名为 FWD. us 的政治权益组织，推动有利于保持美国竞争力的政策。该组织首要的工作是推动美国移民法案的改革），都表示了支持。

从 2013 年 1 月起，来自参议院两党的各 4 位议员（俗称 8 人帮）就对改革细节进行讨论，最终于 4 月 16 日提出了《2013 年边境安全、经济机会、移民现代化法案》（*Economic Opportunity , and Immigration Modernization Act of 2013* ）。该法案的主要内容有：（1）有关合法移民制度的变化。在亲属移民方面，本法案生效实施 18 个月之后取消美国公民为其外籍兄弟姐妹申请移民的类别，绿卡抽签制度将在 2015 年取消。对于高科技特殊人才、杰出教授和研究人士、跨国公司高级主管和经理等移民申请没有名额限制，为想在美国开公司的外籍人士设立一个新的企业家类别签证。此外 H－1B 签证的数量被提高到每年 11 万个，有美国硕博学位的留学生签证提高到 2.5 万个。H－1B 签证数量上限可以根据经济发展和失业率降低，最高可上调到 18 万个。同时设置三年期的 W 签证，允许那些低技能工人进入美国工作。W 签证将从 2015 年 4 月 1 日开始实施，签证数目开始为 2 万个，然后升至每年 3.5 万个、5.5 万个和 7.5 万个，此后根据经济需求进行调整，上限为 20 万个，下限为 2 万个。（2）非法移民通过登记为临时移民身份走向合法化之路。但必须符合以下条件：2011 年 12 月 31 日之前在美国居住，而且没有离开过美国；每位成年人须支付 500 美元罚款并交税或补税；没有犯罪记录，不属于那些有不得进入美国的理由，如危害国家安全、公共卫生，刑事犯罪等。临时移民身份有效期为六年，只要没有违法犯罪，再交 500 美元申请费后，可以申请延期。十年后，拿到临时移民身份的人可以在美国工作，也可以到美国之外旅行。并具备一定条件，即一直在美国居住，支付临时身份期间所有的税款，在美国有工作，掌握英文，交纳一千美元罚款，可以申请绿卡。（3）加强边境安全的变化。为边境安全投入巨额资金，包括新增 3500 名边境巡逻执法人员，完成 700 英里的边境隔离网以及无人机和电子监控设备的使用，旨在对

---

① "Rising diversity in evangelicalism shifting immigration debate", *Washington Post*, April 18, 2013.

美墨边境地区进行有效控制，对 90% 的非法入境者进行逮捕。①

从以上草案可以看出，内容面面俱到，是各方妥协的结果，除了给予非法移民最终公民身份外，吸引高科技人才是此次改革的亮点，在这方面，两党没有分歧。6 月 27 日参议院以 68 票对 32 票的表决结果通过移民改革法案，基本上是遵循上述草案，只是在加强美墨边境安全方面，追加了 460 亿美元的资金用于应对边境的非法越境，也提出了使现在美国的非法移民通过 13 年最终成为合法公民的路径。2013 年版参议院改革方案与 2007 年版参议院改革方案内容有一致之处，区别是 2013 年参议院通过了法案，2007 年参议院在程序性投票中就没有得到 60 票。

尽管移民法案在参议院获得通过，但其在共和党人占多数的众议院受到抵制，国内外问题如叙利亚化武问题、"棱镜门"事件、美国政府关门等问题，多少起了牵制作用，使得本来十分被看好的 2013 年移民改革，在上半年轰轰烈烈，下半年就偃旗息鼓了。

三　边境危机引发的移民问题争论

2013 年 10 月至 2014 年 7 月底，美国美墨边境出现了大规模的儿童偷渡高潮，此次偷渡的特点一是人数多，2014 财年约有 66000 名（该财年到 2014 年 9 月底结束），其中 2014 年 6 月就有 10600 名儿童"闯关"；二是这些儿童是只身而来（unaccompanied alien children），0—17 岁，没有父母陪伴；三是主要来自三个国家，即洪都拉斯、萨尔瓦多和危地马拉。

偷渡儿童问题引发的边境危机，在美国产生了不小的政治地震，边境安全和移民问题再次成为民众关注的问题。70% 的受访者认为如递解回国有危险，应该给予偷渡儿童以难民待遇留在美国。② 对移民问题的关注度也从 2014 年年初的 3% 上升到 7 月的 17%。

---

① https：//www. congress. gov/bill/113th – congress/senate – bill/744.

② Public Religion Research Institute, "Nearly 7 – in – 10 Americans See Unaccompanied Children at Border as Refugees, Not Illegal Immigrants", July 2014, at http：//publicreligion. org/research/2014/07/july – 2014 – unaccompanied – minor.

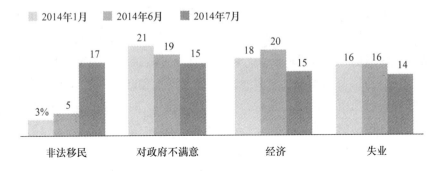

图4　美国民众最关注四大问题（单位:%）

资料来源：Gallup，"One in Six Say Immigration Most Important U. S. Problem"，July 16，2014. At http：//www. gallup. com/poll/173306/one – six – say – immigration – important – problem. aspx.

　　但对偷渡儿童的抵制情绪也同时存在，按照美国政府流程，独自偷渡的孩子要先经过国土安全部门的检查，然后再移交难民安置办公室。他们会被安置在收容所并接受调查，看他们在美国是否有亲属或者监护人，但移民案件的处理有时候需要几年。这次偷渡潮主要集中在得州的格兰德河流域（Rio Grande Valley），当地的收容所能力有限，联邦政府动用了三个军事基地来收容，还是不够，一些偷渡者被转运到其他州的庇护所，引发当地的抗议活动。抗议的原因主要是一方面民众对偷渡儿童有同情心，但另一方面又害怕引发更频繁的偷渡潮，害怕移民带来传染病以及引起治安问题，同时也不满增加庇护所等加重地方公共财政开支。2014 年 7 月 1 日在加州莫瑞塔市（Murrieta），抗议者拦截了两辆满载来自中美洲非法移民的巴士，这些人由得克萨斯州转运至加州圣地亚哥边境巡逻站，抗议者举着"滚回老家"的牌子。当地市长表示，移民是个全国性的问题，为什么要让小小的莫瑞塔走在前面？①　此外，在亚利桑那州等地也出现过类似的抗议，阻止当地接受偷渡儿童。

　　如何应对偷渡儿童潮，如何处理边境危机，美国两党展开了激烈争

---

①　Ed Payne，"Showdown over immigration：This is an invasion"，CNN，July 3，2014.

辩。奥巴马 2014 年 6 月 30 日就边境安全和移民改革发表讲话，敦促国会承诺如果国会没有行动的话，他将在夏季结束之前，用行政命令的方式单独进行移民改革，① 7 月 8 日向国会申请 37 亿美元紧急拨款，加大边境执法力度，加快遣返进度，以应对这一"边境人道主义危机"。奥巴马在会见拉美三国总统时表示虽然对偷渡儿童抱有"极大的同情"，但没有正当理由的偷渡儿童将会被遣送回国。② 并且与拉美三国协商，通过提供援助的方式，在源头上阻止非法移民。

对于边境危机，国会共和党议员指责奥巴马的移民政策是导致未成年非法移民骤增的重要原因，其移民政策错让中美洲的妇女和儿童认为，他们会被允许待在美国。政府必须传递更为清楚的信息，让他们知道这些新到来的非法移民将被遣返。共和党参议员泰德·克鲁兹进一步提出立刻停止对"暂缓递解"项目的拨款，而且进一步挑战奥巴马，一是拟以滥用权力的罪名弹劾总统，二是把政府拨款与移民问题联系以来，用政府关门相威胁，将边境危机转化成了党派之争。

2014 年 8 月 1 日晚，在国会例行的夏季休会前，众议院以 223 票同意、189 票反对的表决结果通过了一项 6.94 亿美元的紧急拨款议案，以处理边境移民问题，这与奥巴马此前提出的 37 亿美元财政缺口相差甚远。8 月 28 日，奥巴马在记者会上尽管依旧提出，"我将尽我所能地采取措施以确保这个系统能更好地运作"，但也承认他过去立誓要在夏季结束时采取行动的那个目标日期可能会错过，"有些事情确实会影响截止日期。我们只能以尽可能系统的方式进行工作以完成这一目标"。③ 未提出单独行动的具体日期，实际上暗示将推迟行动。9 月 8 日白宫宣

---

①　"Remarks by the President on Border Security and Immigration Reform"，June 30，2014，at http：//www. whitehouse. gov/the － press － office/2014/06/30/remarks － president － border － security － and － immigration － reform.

②　David Jackson，"Obama talks border issues with Central America leaders"，*USA TODAY*，July 25，2014.

③　"Statement by the President"，August 28，2014，at http：//www. whitehouse. gov/the － press － office/2014/08/28/statement － president.

布，奥巴马总统决定在中期选举之前，不用行政命令处理非法移民问题，① 国内舆论一片哗然。奥巴马在移民问题上，一会儿决意独断独行，高调宣布在夏天结束前将单独行动，一会儿又食言，表示短期不采取行动，这种出尔反尔行为的原因是什么？

首先，与中期选举密切相关，屈服于民主党内压力。2014 年中期选举迫在眉睫，共和党志在夺回参议院的控制权，而且至少在以下 9 个被视为战场州中获得 2 席，才能保障胜利。② 这 9 个州是阿拉斯加、北卡罗来纳、阿肯色、新罕布什尔、艾奥瓦、肯塔基、路易斯安那、密歇根、科罗拉多州，这些州中两党争夺激烈，不分上下，移民问题成为共和党攻击民主党候选人的靶子，如新罕布什尔州民主党参议员 Jeanne Shaheen 因在 2010 年支持通过《梦想法案》，受到对手攻击。部分民主党人反对总统就移民问题单独行动，主张还是由国会进行移民改革，否则将危及民主党议员的连任，尤其是在移民改革呼声不高的上述州。奥巴马尽管极力推动移民改革，但也不敢冒政治风险，贸然行动会危及上述民主党候选人的竞选。③ 所以有媒体认为，奥巴马是在"打造政治遗产，还是为了民主党下个选举"的抉择中，④ 做出了推迟改革的决定。

奥巴马这样做，无疑将惹怒拉美裔选民。移民问题是拉美裔关注的主要问题，2012 年奥巴马选举前推出了暂缓递解令，对拉美裔是个鼓舞，当年他们给予奥巴马以 71% 的支持率。推迟改革，对拉美裔选民有何影响？这也是奥巴马和民主党掂量的问题，结论是影响有限。主要理由是在上述 9 个州中拉美裔选民比例小，除了科罗拉多州外，其余比例都在 5% 以下。

---

① "Press Briefing by Press Secretary Josh Earnest", Sept. 8, 2014, at http://www. whitehouse. gov/the – press – office/2014/09/08/press – briefing – press – secretary – josh – earnest – 982014.

② "New polls narrow the list of Senate battlegrounds", *Los Angeles Times*, September 08, 2014.

③ "Obama Weighs Risks and Rewards on Immigration Action", *Time*, Sept. 2, 2014.

④ "On immigration, will Obama shape his legacy or the next election?" *LA Times*, Aug. 30, 2014.

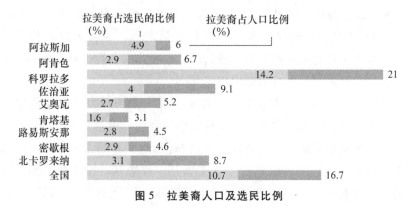

图 5　拉美裔人口及选民比例

资料来源："In tight Senate races, immigration could still be a priority issue", *Los Angeles Times*, September 20, 2014.

此外，拉美裔中期选举投票率远低于总统选举，在上述州中，拉美裔投票率 2010 年与 2012 年比，密歇根州低 43.5%，科罗拉多州低 39%①，换句话说，奥巴马即便食言，对拉美裔的投票率也没什么影响，至多使拉美裔感到受欺骗，空欢喜一场，对选举没什么危害。

其次，民众心理。根据 2014 年 9 月 4—7 日《ABC/华盛顿时报》民调，对奥巴马叫停移民改革，只有 31% 的人认为他处置得当，59% 的人对他处理移民问题持反对态度，这个数字与 2013 年春天相比，上扬了 18%，当时移民改革前景很好。此外，根据《NBC/华尔街时报》民调，对于移民改革，与 2013 年 8 月相比，强烈反对给予非法移民以公民权的比例上升了，强烈支持给予公民权的比例下降了，更多的人认同共和党提出的边境安全是移民改革的前提。

民众心理的变化，主要还是担心移民改革，会引发更大的非法移民潮，产生社会危机。7 月 Reuter/Ipsos 的民调显示，70% 的人认为非法移民威胁美国传统的信念和习俗，63% 的人相信非法移民对美国经济是个负担。② 民众对于非法移民一直持有矛盾心理，在社会生活中离不开

---

① "Obama's immigration delay might not have been raw politics. But it was raw math", *Washington Post*, Sept. 8, 2014.

② "Americans worry that illegal migrants threaten way of life, economy", *Reuters News*, Aug. 7, 2014.

非法移民，但又害怕非法移民挤占社会公共资源，遇到突发事件（如偷渡儿童潮）影响，反对非法移民就会出现情绪性的增长。2014 年夏天民调中移民问题一度成为民众关注的第一问题（超过了经济和医保），南加州等地出现的抗议示威，阻碍运输非法移民的汽车等事件就是这种心理的表现。

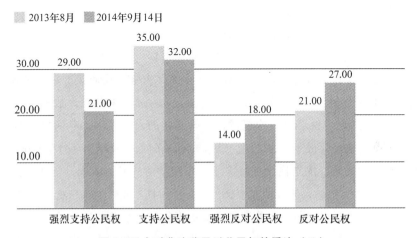

图 6　民众对非法移民以公民权的看法（%）

资料来源："Immigration reform just went from extremely unlikely to impossible", *The Washington Post*, Sept. 10, 2014.

民众心理的变化，也是奥巴马延迟用行政手段推动移民改革的步伐的重要原因，为的是避免在中期选举中把选民向共和党一边推。

四　移民政策变化对中国大陆移民的影响

根据 2010 年美国人口普查的数据，当前华裔人口为 334 万人，这个数据包括那些认为自己种族是中国人或是"台湾人"的在美人群，而且是单一族裔，如果算上混血的话，总数超过 400 万人。华裔人口中绝大多数（64%）出生在外国，土生华人只有 36%，出生在外国的华裔中近 40% 是出生在中国大陆。①

　　近年来中国大陆移民美国人数增长比较快，成为墨西哥之后第二位的移民国家，2013 年共有 71798 人获得了绿卡，占当年绿卡总数的 7.2%，②此外赴美留学人数也在上升，2012—2013 学年中国留学生共有 23.6 万人，占国际学生总数的 28.7%，年增长率 21.4%，③ 留学生是潜在的移民。奥巴马任内的移民政策对中国大陆移民美国的影响，主要表现在以下几个方面：

　　第一，美国移民政策倾向高科技人才，可能会加剧中国留学生的滞留率。2013 年美国移民政策改革，开始向有"才"之人大幅度倾斜，尽管 2013 年版改革没有成功，但放宽高科技移民是未来移民政策改革的方向。美国每年接受 14 万名职业移民，移民法规定每个国家的移民人数不得超过总配额的 7%，也就是 9800 个名额，中国这样的人口大国，申请职业移民即便获准，也要等很多年的排期。根据美国国务院 2014 年 9 月公布的排期，职业移民中的第二优先款（有特殊才能和高学历的专业人士，全球人数 4 万），中国大陆申请人的排期在 2009 年 10 月 8 日。此外，未来将大幅增加 H1 – B 类工作签证的数量，尤其是增加的工作签证名额将签发给美国学校毕业的科学、技术、工程及数学专业学生，这将对中国有影响，因为这是中国学生扎堆的专业。2001—2011 年，中国大陆学生共计获得了 39165 个博士学位，其中上述专业为 36213 个，其他专业的 2952 个。④

　　第二，减少亲属名额的影响。由于美国不愿意增加现有的每年移民总数，如向高科技人才倾斜的话，必将减少其他类别的移民，如亲属移民，亚裔如华裔，亲属移民占了很大比例，目前等候排期的人很多，

　　① "The Asian Population: 2010", 2010 Census Briefs, March 2012, at http://www.census.gov/2010census/data/.

　　② Office of Immigration Statistics, U. S., "Lawful Permanent Residents: 2013", May 2014, at http://www.dhs.gov/publication/us – lawful – permanent – residents – 2013.

　　③ Institute of International Education, "Educational Exchange Data from Open Doors 2013", at http://www.iie.org/Research – and – Publications/Open – Doors/Data/Fact – Sheets – by – Country/2013.

　　④ The National Science Foundation, "Doctorate recipients, by citizenship and broad field of study: Selected years, 1981 – 2011", Science and Engineering Doctorates: 2011, TABLE 18, at http://www.nsf.gov/statistics/sed/2011/data_ table.cfm#25.

2014 年 9 月时亲属移民中的第 4 类（兄弟姐妹移民）排期是 2002 年 1 月 1 日。如终结现行兄弟姐妹移民类别，对华裔家庭影响很大，为此华人社团提出了抗议。

　　第三，收紧投资移民配额。在美国移民分类下，职业移民中有一类是投资型人才，被称为 EB－5 签证持有者，在美国失业率较高的或农村等欠发达地区进行至少 50 万美元以上的投资，或者城市等经济较发达地区投资至少 100 万美元，并创造 10 个全职的美国工人就业机会，从而获得绿卡的人成为"投资移民"，每年 1 万名。由于这个项目手续烦琐，硬性要求高，发放 EB－5 签证的数量从未达到 1 万的限额，近年来数量有所提高，2013 年，共有 8543 人取得该签证。① 中国投资移民数量增加尤其快，2005 年为 16 人，2007 年大陆投资移民是 110 人，2008 年为 360 人，2009 年为 1797 人，2010 年 772 人，2011 年 2408 人，2012 年 6124 人，2013 年 6895 人。

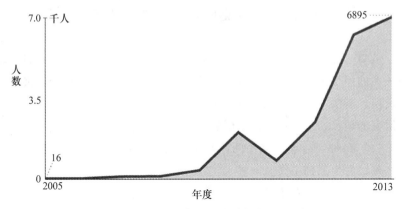

图 7　2005—2013 年中国大陆投资移民人数

　　资料来源："U. S. runs out of investor visas as Chinese overwhelm program"，August 28，2014，at http：//money. cnn. com/2014/08/27/news/economy/china－us－visa/index. html.

　　2014 年 8 月 23 日美国国务院签证办公室宣布，从当天起，将暂停受理

---

① U. S. Department of Homeland Security，"Persons obtaining lawful permanent resident status by type and detailed class of admission：fiscal year 2013"，athttp：//www. dhs. gov/sites/default/files/publications/immigration－statistics/yearbook/2013/LPR/table7d. xls.

中国人的投资移民签证申请，直到 10 月 1 日联邦政府的新财政年度开始，而其他国家的申请人将不受影响，理由是中国的配额用完了，社会各界对此解释各有不同，暂停向中国投资人发放 EB – 5 签证的具体动机尚不清楚。

第四，暂缓递解年轻非法移民的影响。2012 年在美的华裔非法移民是 21 万，占到非法移民总数的 2%，华裔非法移民以福建长乐人居多，最初以"跳船"、偷渡来到美国，多居住在纽约，在唐人街从事蓝领工作。1986 年移民法大赦了近 300 万非法移民，其中来自中国大陆的 1.1 万人也调整了身份。

2012 年实施暂缓递解后，当时估计约有 1.2 万名的华裔青年当即符合申请标准，处于符合申请人数前十位的群体，但连续两年在实际申请人数前二十位的群体里没有华裔，换句话说，就是华裔申请率非常低，低于 10%，究其原因，可能是害怕暴露同是非法移民的家人，语言不通、对该项目不理解、华语媒体也没有刻意介绍等也是其原因。

五　评估与走势：奥巴马移民改革能走多远？

从 20 世纪末开始，非法移民问题一直困扰着美国社会，人们对非法移民的担忧主要来自三个方面，首先，非法移民给美国社会带来了经济负担。其次，非法移民造成了文化分裂，使美国成为了两种文化，两种语言的国家，这种观点以亨廷顿的《我们是谁》为突出代表。最后，"9·11"事件后，非法移民问题与国土安全联系在一起，有观点认为非法移民滋生恐怖主义。

在这样的社会背景下，非法移民问题成为烫手山芋，是最近几届政府不得不解决的问题，也是移民政策改革的焦点。从总的方面看，奥巴马在非法移民问题上，与小布什的政策基本一致，就是希望通过改革，最终给予非法移民公民权，但他们都遭到了共和党保守势力的反对，小布什任内两次改革努力未果，奥巴马痛失 2013 年改革的良机。除了客观原因外，奥巴马自身政策策略上也有失当之处，其突出表现是为了迎合国会加强边境安全的要求，加大遣返非法移民的力度，这在拉美裔中影响很差。其次，2014 年夏天面临儿童偷渡潮的压力，扬言要在夏天结束前绕开国会，单独行动，但后来在党内压力下，为了中期选举和

2016 年的总统选举，又称将推迟行动，这种出尔反尔被媒体讥笑是
"政治上的不成熟"，但确实失信于拉美裔。

在奥巴马移民政策改革方面，最新的进展是 2014 年 11 月 20 日，
中期选举不久，奥巴马绕开国会，高调宣布移民新政，该新政涉及面
广，如加强边境安全，为高科技人才、高校毕业生、投资移民提供签证
方便等，其中最有争议是有关非法移民部分，政府将暂时不遣返作为美
国公民或永久居民父母的非法移民（Deferred Action for Parental Ac-
countability，简称 DAPA），这些人必须是在 2010 年 1 月 1 日之前在美
国居住，没有严重犯罪记录，得到批准的人将可以合法在美居留 3 年，
不与公民权和绿卡挂钩。同时将 2012 年暂缓递解项目受益者的年龄限
制取消，将受益者范围从 2007 年以前抵达美国扩大到 2010 年以前抵达
美国的年青人，据测算，在这两个暂缓递解项目下，约有五百万非法移
民受益。但奥巴马移民新政遭到共和党的强烈反对，共和党用拒绝向国
土安全部拨款的方式阻止移民新政，此外 2014 年 12 月 3 日，以得克萨
斯州为首的 17 个州（后增至 26 个州）起诉奥巴马政府，称奥巴马的
行政命令违反了宪法中限制总统权力的条款，2015 年 2 月 16 日得州地
区法官哈宁（Andrew Hanen）作出裁决，下令暂停执行奥巴马移民改
革新政的行政命令，理由是奥巴马"越权"，这个裁决对于奥巴马新政
实施是致命一击，按照这个临时禁令，17 日国土安全部部长约翰逊
（Jeh C. Johnson）宣布暂停原计划，次日（2 月 18 日）开始接受暂缓递
解年青非法移民（DACA）的申请，暂停 5 月 19 日开始暂缓递解美国
公民和绿卡持有者的非法移民父母（DACA）的受理。至此，移民新政
命悬一线，在奥巴马执政时间有限的情况下，很难有所发展，此外，
2014 年中期选举后，共和党控制了国会两院，通过国会有条件给予非
法移民合法逗留的可能性几乎没有。

就奥巴马任内而言，联邦政府层面移民改革成果有限，在地方
（州）的层面，除了少数州，如亚利桑那州推行严厉的移民政策外，一
些州对非法移民政策在发生变化，加州在州内推行《梦想法案》，洛杉
矶市、纽约市向非法移民发放"市民卡"，使得非法移民可以在银行开
户等，此外有十余个州和华盛顿特区允许非法移民申请驾照等，从长远
看，地方层面的松动，对民众心理变化有积极作用。

美国页岩气革命及其影响

廖峥嵘[①]

二战以来，世界经济持续增长带动能源需求逐步增长，给能源供应带来不小压力。进入 1970 年代，全球化进程启动不断加快，能源生产与消费、供应与需求之间的矛盾日益加剧，供求关系长期处于紧张状态，能源安全整体上呈现越来越脆弱的态势，导致各国不断努力寻找新的能源资源和可替代方案。

进入新世纪，美国能源开发取得一次重大突破，出现了"页岩气革命"[②]。页岩气属于"非常规"天然气，它采自页岩层，成分以甲烷为主。早在 19 世纪，人们就发现页岩中储藏着大量天然气，但限于技术条件，一直无法实现规模化开发。2000 年代中期，美国米歇尔能源公司终于取得技术突破，实现页岩气商业化开采，此后美国页岩气产量出现"井喷"。2000 年，美国页岩气产量仅占天然气产量的 1.6%，2005 年这一比例上升到 4.1%，2010 年蹿升到 23.1%，到 2012 年急升至 39%。预计未来 20 年内，页岩气占比将达到 50% 左右。[③] 对于美国

---

① 廖峥嵘，中国社会科学院和平发展研究所常务副所长。

② Paul Stevens 认为，页岩气革命指"美国国内出现的天然气供应（大增）现象"，见 Paul Stevens, "The 'Shale Gas Revolution': Developments and Changes", Chathamhouse Briefing Papar, Energy, Environment and Resources, August 2012, EERG BP 2012/04.

③ ［美］丹尼尔·耶金:《能源重塑世界》，牛玉犇、阎志敏译，石油工业出版社 2012 年版，第 293 页。

这样一个能源生产和消费结构非常成熟的经济体而言，这无疑是一场"革命性"变化，它带来了美国能源市场的"繁荣"。

页岩气技术突破又被用于开采页岩中的石油，美国石油产量也得到较大提升。美国在开发页岩气、页岩油（包括致密油）等非常规油气资源领域取得重大突破，从根本上改变了美国能源生产和消费结构，改善了美国在全球能源市场的地位，扭转了美国能源安全态势。鉴于美国在全球能源领域的主导地位，美国能源形势变化开始对世界能源形势产生重大影响，且在深化扩展中。能源也是国际经济的驱动力、国际政治的重要作用因子，美国能源态势变化也冲击到地缘经济和政治格局，其影响正在全方位释放。

一　页岩气革命的现状和发展前景

页岩气革命首先发生在美国。2000 年代中期开始，美国页岩气产量出现较大幅增长。2010 年，美国产业界页岩气投资倍增，产量年增幅进一步加大。2011 年总产量达 1800 亿立方米，相比 2006 年翻了 6 倍。进入 2014 年，美国页岩气井已超过 5 万口，但页岩气产量在美国的第一个井喷期已过，开始趋于稳定。当前页岩气占天然气总产量的比例约在 42%，未来页岩气的产量会持续增长，占天然气产量之比还会继续上升，但增幅将大为收窄。部分原因是其他油气资源（致密气和离岸气）的产量也在上升。美国能源信息署（Energy Information Administration，EIA）预计，未来美国天然气产量受原油价格等影响较大，根据参考情景，2012 年到 2040 年美国天然气产量可望增长一倍，页岩气产量将在增量中占到最大比重。预计页岩气占天然气产量的比重将从2012 年的 39% 提高到 2040 年的 53%。[①] 未来数十年，页岩气约占天然气总产量半壁江山这一格局将成为"新常态"。当然，未来美国页岩气大规模增产或者减产的可能性仍然存在，主要取决于以下因素：

其一，可再生能源技术突破。目前全球一次能源消费仍以化石能源

---

① "The Annual Energy Outlook 2014（AEO2014）", U. S. Energy Information Administration（EIA）, April 2014, http：//www. eia. gov/forecasts/aeo/.

为主体。据美国能源信息署的数据，2012 年美国一次能源消费中，天然气、石油、煤等化石燃料占比高达 80%，而可再生能源占比为 9%。页岩气革命主要改变的是化石能源格局，对整体能源消费结构的影响有限。未来只有可再生能源领域实现重大技术突破，方可能撼动一次能源整体消费格局，进而冲击页岩气的产量。

其二，化石能源领域的价格调节。石油和天然气贸易已经高度市场化、国际化，国际油价与天然气价格相互影响。页岩气革命带来的美国天然气价格大幅下挫部分影响了国际油价 2010 年以来的下行走势。而国际油价的下行又使得美国针对页岩气的新投资面临成本挑战。2014 年 6 月以来的国际油价持续下跌，半年时间跌幅超过 50%，引发市场关于美国页岩气是否已届盈亏平衡点的激烈讨论。据美国彭博社 2014 年 11 月报告，当前油价水平（每桶约 60—70 美元）会降低美国页岩气产量增幅，但不会使企业完全停产，部分页岩气大企业仍能赢利。[①] 进入 2015 年年初，油价在低位振荡未已（布伦特原油价格在每桶 50 美元关口徘徊），美国页岩油企业债务状况恶化，不排除部分企业破产的可能。未来国际油价走势成为影响近期美国页岩油产量的一个因素。此外，美国页岩气的开发成本仍略高于传统天然气，美国天然气价格的低迷使得部分页岩气供应商停业。从目前的趋势来看，页岩气的产量可能逐步下降，许多企业转而开始研究开采页岩油。当然，页岩气产量下降所造成的天然气价格上升将再度促进页岩气开采。

其三，环保疑虑成为进一步投资开发页岩气的"地面风险"之一。开采页岩气使用的水力压裂技术需要大量用水，且需加注有害化学成分。虽然美国的开采一直处于严格监管下并且对再循环水和废水进行了无害化处理，但其环境影响一直存在争议，公众疑虑从未消除。北美、欧洲的环保组织大声呼吁禁止水力压裂开采活动。政治人物出于选票考虑也必须回应选民的呼吁，在环保和能源安全之间进行选择。这些都会影响到企业投资行为。因此扩大页岩气开采规模存在不小阻力。[②]

---

① 《美国页岩油成本比你想象的更低》，华尔街见闻，2014 年 10 月 18 日，http：//wall-streetcn. com/node/209572。

② "The Shale Gas Revolution, January 2012", RSM Albazie& Co., http：//www. albazie. com/global－challenges/shale－gas－revo－jan－2012.

美国页岩气革命复制到其他国家或者地区的前景尚不明朗。据预测，世界页岩气资源量为 456 万亿立方米，不亚于常规天然气资源。页岩气资源主要分布在北美、中亚、中国、中东、北非、拉丁美洲以及苏联等地区。目前，有望复制页岩气革命的国家主要是美国的邻居加拿大。加拿大与美国的地质构造接近，页岩气资源也十分丰富，且资源分布面积广、涉及地质层位多，主要分布在西部盆地地区。加拿大是继美国之后世界上第二个对页岩气进行勘探开发的国家，页岩气生产已有数十年的历史。美国能源信息署与先进资源国际研究所 2013 年 6 月联合发布的报告称，已经有十几个国家开展了页岩气的实验性打井，但是实现商业化开采的仅有美国和加拿大。北美洲以外，仅有中国有一定商业化开采量，但规模非常小，截止到 2012 年，中国的页岩气产量占天然气总产量之比不到 1%，相比之下，加拿大占到 15%，美国则占到 39%。[①]

欧洲页岩气主要集中在英国的威尔德盆地、波兰的波罗的盆地、德国的下萨克森盆地、匈牙利的 Mako 峡谷、法国的东巴黎盆地、奥地利的维也纳盆地以及瑞典的寒武系明矾盆地等。其中，英国和波兰是欧洲页岩气前景最好的国家。阿根廷的页岩气技术可采资源量为 21.9 万亿立方米，位居世界第三，是南美天然气开发利用前景最好的国家。澳大利亚 Beach 石油公司在大洋洲 7 个盆地中发现了富有机质页岩，前期评价的资源潜力大，计划对库珀盆地的页岩气进行开发，已在新西兰获得单井工业性突破。[②]

页岩气开发已经在世界范围内获得广泛回应。有美国的成功在先，其他国家可以不必在煤层气、致密砂岩气等非常规气种之间艰难选择，虽如此，迄今未有第二个国家出现美国那样规模和影响的页岩气革命。而未来能否出现第二个页岩气井喷国，仍然是未知数。其原因是多方

① "North America leads the world in production of shale gas", October 23, 2013, Today in Energy, US energy information agency, http：//www. eia. gov/todayinenergy/detail. cfm? id = 13491. "North America leads the world in production of shale gas", U. S. Energy Information Administration, LCI Energy Insight, Canada National Energy Board, and Facts Global Energy, http：//www. eia. gov/todayinenergy/detail. cfm? id = 13491&src = email&sf18662745 = 1.

② 张凡：《世界页岩气勘探开发一览》，《中国矿业报》2013 年 2 月 18 日。

面的。

美国产生页岩气革命有其特定条件：技术创新能力、政府政策支持、企业家精神、私人土地和矿产权利归属、2000 年代美国天然气价格的上升、市场结构、地质条件有利、充足的水供应、天然气管道基础设施和大量的其他因素。页岩气革命的关键在于将开采成本压低至使其具有商业价值。商业化开采要取得成功，绝非政策支持那样简单。研究表明，政府的作用在于提供政策和市场环境，激发市场机制的活力，使得企业的研发和开采工作有利可图，方可实现持续开发。这些条件在其他地区可能难以全面具备，而且往往还是软肋。

美国的技术难以适应不同地质条件的要求，新技术开发需要大量资金投入。天然气供应事关民生，不少页岩气储量丰富的国家仍然对天然气价格实行控制，这一控制价往往低于市场价。美国页岩油气产量大增降低了市场价格，这些因素都会影响其他国家、企业对页岩气开发的投入。此外，早在米歇尔能源公司实现页岩气商业化开采之前，钻探工作对环境的影响就已经置于法律的严格监管之下，唯其如此，美国才敢宣称其开发的环境成本是可控的。而其他许多国家缺乏美国这样的法制环境，很难有效控制环境影响，难以实现可持续开发。

而市场化机制和法制环境比较接近美国的欧洲，则存在更多障碍。英国皇家国际事务研究所专家保罗·斯蒂文斯认为，对于欧洲地区的页岩气可采储量存在巨大争议，初期的乐观估测被一再修订。欧洲人不仅担心水力压裂的环境影响，还担心页岩气的温室排放效应：页岩气最后替代的不是煤而是可再生能源。对投资人来说，在美国以外的其他地区投入页岩气开发的不确定性仍然相当高。[1] 法国可持续发展与国际关系研究所报告认为，欧洲不太可能重复美国非常规油气开采规模，欧洲页岩资源规模存在不确定性。按照一种适中的发展情景，2030 年到 2035 年期间，欧洲页岩气开采大约为几百亿立方英尺，占欧洲天然气需求的 3%—10%。因此，欧洲化石燃料进口依赖将继续增加，其化石燃料价格将仍在很大程度上取决于国际市场。在 2030 年到 2035 年期间，页岩

① Paul Stevens, "The 'Shale Gas Revolution': Developments and Changes", Chathamhouse Briefing Papar, Energy, Environment and Resources, August 2012, EERG BP 2012/04.

气开采不会对欧洲的宏观经济或竞争力产生巨大的影响。

二　页岩气革命对美国形成重大利好

页岩气革命给美国社会带来了不小冲击，更深远的影响还有待时间检验。目前看，其影响主要体现在以下几方面：

首先，美国能源供应条件大幅改善有力支撑了美国经济强劲复苏，有利于美国重振制造业、提升竞争力。天然气价格走势取决于产量、消费量、经济增长、资源开发率等多重因素及其互动。页岩气产量的飙升使得美国的天然气价格急剧下降。2000 年至今，美国国内天然气价格已下降超过三分之二。2008 年以后，下降速度更快，里面显然有经济危机导致需求收缩的因素影响，但页岩气供应的大幅增加仍然是一个重要因素。根据美国天然气期货价格统计，2008 年的天然气均价为 8.9 美元/百万英制热量，而 2012 年（统计至 11 月 20 日），天然气均价为 2.74 美元/百万英制热量。奥巴马总统在 2012 年的总统竞选辩论中骄傲地宣称："美国人民享有全世界最低廉的天然气价格。"美国能源信息署预计，2012 年的价格可能是市场最低点，未来天然气价格会缓慢回升，但至少在 2020 年以前，将保持在相对低位。[①]

研究显示，天然气价格与工业产量之间存在显著相关关系。尤其是食品、纸张、散装化工品、玻璃、水泥、钢铁、铝等能源密集型产业，对天然气价格变化更为敏感。美国能源信息署预计，如果能源资源供应增长势头保持下去，到 2040 年，美国的 GDP 可拉高 1.2 个百分点，其中整体工业产出增加 5.1 个百分点，散装化工品和纸业的产出增加 11.5 个百分点。[②] 天然气价格大幅下降，不但压低美国生产成本，而且廉价能源还带来资本回流，有助于美国调整过度依赖金融服务业的产业"空心化"倾向，为美国制造业复兴创造条件。制造业振兴对于恢复和扩大就业至关重要。

---

① The Annual Energy Outlook 2014 （AEO2014）, U. S. Energy Information Administration （EIA）, April 2014, http：//www. eia. gov/forecasts/aeo/.

② The Annual Energy Outlook 2014 （AEO2014）, U. S. Energy Information Administration （EIA）, April 2014, http：//www. eia. gov/forecasts/aeo/.

　　天然气价格下降还产生了替代效应。更多的天然气消费代替了石油消费，不但有助于平抑油价，而且使得美国能够减少石油进口。而同时美国还有望扩大天然气出口。一出一入，有助于美国改善其过度失衡的国际收支。天然气价格下降带动整个能源消费上升，国内产能增长、制造业复兴又会带来新增税收。这可以缓解联邦政府预算压力。

　　其次，页岩气革命有助于改善美国能源安全态势。耶金认为，能源安全就是以可承受的价格获得充足的能源供应。美国既是能源消费大国，又是能源生产大国，既是能源进口大国，又具有强大出口潜力。对于这样一个利益触角伸向全球的唯一的超级大国，能源安全具有多重意义。供应渠道和能源种类的多元化、能源对外依赖程度、供应源地区的地缘政治稳定、全球和国内能源市场价格稳定、能源问题的环境影响（气候变化和清洁能源要求）都是美国能源安全必须考虑的因素。

　　页岩气革命使美国本地能源产量大幅提升。依靠成熟的开发生产技术以及完善的管网设施，美国的页岩气成本仅略高于常规气，这使得美国成为目前世界上唯一实现页岩气大规模商业性开采的国家。数据显示，得益于页岩气产量的大幅增长，2009年美国以6240亿立方米的产量首次超过俄罗斯成为世界第一天然气生产国。页岩气产量的增长同时带高了美国本土的原油产量。这主要得益于两点：其一，天然气凝析油（NGLs）产量的快速提升。页岩气与传统的天然气相比，其重组部分即天然气凝析油（NGLs）含量更高，因此NGLs也随着页岩气的增长而大幅增长。根据国际能源署（IEA）的数据，其产量从2005年的1.1亿吨增长至2010年的1.4亿吨，截止到2010年，凝析油占北美原油产量达到40%。其二，页岩油的开发迎来契机。页岩油开采可借鉴页岩气开采中普遍运用的水平井和多层压裂技术，同时页岩油也可借鉴页岩气开发的商业模式，即大量的中小型独立能源公司参与勘探、开采、运输、存储、销售等各个环节，分散风险，降低投资成本。

　　美国剑桥能源研究协会创始人丹尼尔·耶金2014年10月23日在《华盛顿邮报》上撰文指出，油价跌至2010年以来最低水平，表明全球油价迎来一个由美国原油产量持续猛增决定的新时代。根据耶金提供的数据，技术突破导致以致密油为主的页岩类轻质原油产量大幅增加，2008年到2014年其总体原油产量增长了80%。与2008年相比，美国当前日均原油产量增加了 400 万桶，仅这一增量就超过了除沙特以外的任何一个欧佩克成员国的日产量。① 根据美国能源信息署的数据，2008 年到 2013 年世界原油供给增幅仅 5%，美国占全球原油供给的比重从 10% 上升至 13.7%。国际能源署 2013 年 11 月预计，2015 年美国将超过俄罗斯和沙特阿拉伯成为全球最大产油国。

目前，由于美国并未解除实施 40 余年的原油出口禁令，美国生产的原油并不能直接投放全球市场。2013 年美国原油进口量降至 28 亿桶，相比 2005 年的峰值，降幅近 24%。随着美国原油产量不断增加，美国国内呼吁解除原油出口禁令的呼声不断增强。美国前财长劳伦斯·萨默斯等经济学家已在多个场合呼吁美国解禁原油出口。不少机构和观察人士认为，解除原油出口禁令将进一步刺激美国原油产量，压低油价，利好经济。② 出口禁令更将对国际市场产生直接冲击，改变市场格局。

在页岩气革命推动下，2013 年美国的能源净进口降至 20 年来最低水平。仅 2012 年至 2013 年一年，美国能源进口就急降 19%。③ 未来 10 年，美国不仅可以一改天然气大举进口的局面，实现全面的自给自足，还有望成为液化天然气的出口大国。美国还可以用国产液化天然气替代柴油，加上在页岩气开发中意外收获的大量页岩油，美国天然气消费长期依赖进口的局面发生逆转，同时还减少了石油进口量。1970 年代石油危机以来，"能源独立"一直是美国历届政府能源政策的中心目标。根据目前页岩油气领域取得的进展，"能源独立"不再是天方夜谭。国际能源署预测，美国 2035 年时将实现天然气净出口，石油进口可能降低到 30% 左右。仅仅在数年之前，人们完全无法预料美国会崛起为世界能源市场的主要供应方。得益于页岩油气革命，美国在全球能源格局

---

① Daniel Yergin, "Gas prices are tumbling, but that's not necessarily a good thing", Washingtonpost, October 23, 2014, http://www.washingtonpost.com/posteverything/wp/2014/10/23/gas – prices – are – tumbling – but – thats – not – necessarily – a – good – thing/.

② 郑启航、高攀：《财经观察：美"页岩革命"对全球油价影响几何？》，新华网，2014 年 11 月 02 日，http://news.xinhuanet.com/world/2014 – 11/02/c_ 1113077590.html.

③ U.S. Energy Information Administration, "Net energy imports in 2013 lowest in more than 20 years", Monthly Energy Review, April 2, 2014, http://www.eia.gov/todayinenergy/detail.cfm?id = 15671.

中的地位发生了巨大变化，能源安全态势大为改善，地缘政治优势更加巩固。石油危机以来，石油输出国组织长期与美国分享石油市场主导权。页岩气革命带来的变化使得美国有望在能源博弈中获得针对沙特、俄罗斯、伊朗、委内瑞拉等能源出口国的更大优势。这些国家中有许多与美国的关系"不对付"。约瑟夫·奈 2014 年 6 月 9 日在美国《华尔街日报》网站发表文章称，"页岩气是美国的地缘政治王牌"。

当然，能源独立的内涵是相对的，能源安全并不意味着能源完全自给自足。美国目前仍然保留了从加拿大进口少量天然气，但实现天然气"独立"对美国而言已经不成问题。石油则不同，美国国内石油产量在增长，但石油消费也在增长，美国消费的石油仍将大于生产量。美国是世界能源市场的主要玩家，无论从其国内利益，还是其全球利益来看，美国不可能完全退出能源，特别是石油进口市场。

再次，页岩气革命带来的能源结构改善有助于推动低碳经济战略，为美国的气候政策提供有力支持。页岩气革命直接带来美国能源结构发生变化。2005 年以来，美国页岩油气产量呈现爆发式增长，根据美国能源信息署的数据，2012 年，致密油的产量占美国原油总产量的 35%，页岩气占美国天然气总产量的 39%。此外，美国天然气价格持续下降，而此时原油价格依然继续上涨。EIA 数据显示，同等热量单位原油的价格（18 美元/百万英制热量）是天然气价格（2 美元/百万英制热量）的 9 倍。这促使美国选择更廉价的天然气替代原油需求。根据国际能源署（IEA）的数据，自 2006 年以后，美国原油需求量年均下滑接近 2%，从 2005 年的 9.4 亿吨下降至 2011 年 8.3 亿吨。而在美国能源消费结构中，原油消费占比已从 40% 减到 36%，而天然气从 23% 增至 27%。美国能源消费构成中有 4% 的原油被天然气取代，总计达 3930 万亿英制热量单位。

天然气是一种比石油更清洁的化石能源，也被视为化石能源向可再生能源过渡的"桥梁"。供应结构调整有助于美国政府推动其低碳经济和清洁能源战略。

石油危机以来，能源独立和推广清洁能源一直是历届政府能源安全政策的目标，但是只有到了奥巴马总统任内，当页岩气革命取得成功之后，美国的能源安全长远目标才真正看到了曙光。奥巴马与小布什能源政策的最大区别在于，奥巴马政府将能源政策纳入气候变化政策中，使低碳经济和清洁能源真正成为美国战略的中心议程。这一转变的一个重要前提，就是美国在页岩气开发和利用方面实现了革命性的突破。能源独立在即，减少碳排放也有更大回旋空间。从这个意义上，页岩气革命很大程度上改变了美国能源安全内涵，改写了美国能源政策。从一个主要能源进口国变成一个潜在能源出口大国，能源安全视角就从供应安全转移到市场安全。未来，美国将在重视中东等能源供应地域的同时，更加重视海外能源消费市场的稳定。同时，由于国内回旋空间加大，美国推销气候变化政策的力度会更大。国际合作面临更多挑战。2014 年 11月 12 日，中美经过 6 年谈判，就减排计划达成一致，双方共同发表了《中美气候变化联合声明》，美国承诺计划于 2025 年实现在 2005 年基础上减排 26%—28% 的全经济范围减排目标，并将努力减排 28%。中美协议对其他方形成巨大压力，迫使随后在澳大利亚举行的 G20 峰会不得不将气候变化议题列入议程。

当然，能源市场化石燃料价格走势下行带来的影响是复杂的。虽然存在有利于美国调整能源结构，改善能源态势的一面，但能源生产和消费受市场机制的影响很大，油气价格下跌会刺激化石能源消费，也会降低开发替代能源、清洁能源的紧迫性，影响市场对清洁能源的投资。美国政府如何在政策上进一步推动清洁能源计划，还需根据情况做出深化努力。

三　对全球能源市场的影响

页岩气革命到来，正值世界能源形势日趋紧张。21 世纪头十年油价持续上涨，原因是多方面的，但都与结构性因素相关，这给世界经济和国际能源安全形成巨大压力：

第一个推动油价持续上涨的因素是新兴市场崛起带来的全球能源需求大爆发。1973 年第一次石油危机以来，世界石油市场出现大幅震荡和价格飙升，一般都是缘于供给方发生变化导致供应中断所致。但进入新世纪，能源供求态势发生新变化，发达经济体的石油消费需求已经趋稳，并在 2008 年前后达到消费峰值，而新兴市场的需求却出现爆发式增长。2000—2010年，世界石油需求增长了12%，其中发展中国家的需求增长占了一半以上。中国自1993年成为石油净进口国，2003年至2004年，中国石油进口增幅从以前的7%急剧上升到16%。同期其他新兴经济体的能源需求也出现大幅增长。以中国、印度等新兴市场为代表的发展中国家能源需求增长反映了世界经济力量向新兴经济体转移的现实，这一趋势不可阻挡。

新兴经济体的快速发展带来的需求增长是全方位的。不但能源，而且在所有资源和大宗商品领域都形成了某种程度的供应紧张，推高了全球市场的价格水平。这又从另一方面增加了石油及能源生产和运输成本，加剧了石油价格上涨势头。

第二个推动油价格持续上涨的因素在于金融资本对石油市场的渗透和影响。全球化进入深化阶段，金融资本对世界经济各功能性领域的渗透和主导作用日益强化，这是当今一个重要的国际经济和政治现实。全球过剩金融资本大举进入能源市场，弱化了石油作为实物交易资产的特性，强化了石油作为金融交易和投资资产的特性。石油成为全球金融市场上一种重要的金融工具。石油与美元之间出现了一种负相关的联动关系，每当石油价格上涨，美元汇率就下跌，反之亦然。石油可以用来对冲美元汇率风险。2008年金融危机之后，美元曾出现贬值走势，石油价格出现上涨，部分因素正是由于投资人将美元资产转为购买石油（不是石油本身，而是围绕石油开发的金融产品）。过剩金融资本大举进入石油金融产品市场，使油价中的泡沫成分增大。世界经济和金融市场特性的这一变化，使得油价的波动更为复杂。

第三个推动油价上涨的因素仍然与供应方有关。2003年小布什政府发动第二次伊拉克战争，推翻了萨达姆政权。但是伊拉克没能实现美国所期望的稳定，成为中东一个可靠的伙伴和石油供应源，反而陷入长期的战乱和动荡，石油供应一直无法恢复到正常状态。另外，重要产油国委内瑞拉政权更迭、尼日利亚的种族冲突都造成局部的石油供应问题，也影响了市场信心。这种供应中断不是因为石油勘探和开采以及其他技术原因，而是国际政治等"地面风险"造成的。世界正在经历权力转移，全球秩序正面临诸多挑战。未来，地面风险仍然是一个无法消除的、影响和破坏全球能源和石油供应链的重要因素。

　　页岩气革命带来能源供应突破性增长，一举改变了能源供求力量对比，大大缓和了全球能源供应紧张。按照目前趋势，"石油枯竭"、"石油开采峰值"等悲观前景的出现将再次推后，相反，石油生产过剩、能源供大于求将在近中期给全球市场带来巨大冲击。近期影响主要有两方面：

　　其一，受页岩气革命和其他因素的综合影响，石油价格进入下行通道。2014 年 6 月以来，国际油价出现持续性下行趋势。6 月中旬，北海布伦特原油价格尚处于 110 美元，美国 WTI 原油价格处于 100 美元以上高位，到了 11 月初，美国 WTI 原油价格率先跌破 80 美元，11 月中旬，北海布伦特原油价格也跌破 80 美元。2015 年年初，布伦特原油价格下滑到 50 美元上下，半年时间跌幅高达二分之一。其间石油需求仍然继续保持稳定增长，也发生了影响石油输出大国如俄罗斯、伊拉克等政局稳定的乌克兰危机和中东 IS 骚乱。这些通常推动油价上行的因素均失去作用，其原因除了世界经济增长放缓的背景外，主要还是美国油气供应大增改变了市场预期和实际生态。

　　当然，近期的油价大跌有短期因素作用在里面，短期内油价下跌的速度越快，未来油价反弹的速度可能就越快，因为油价下跌能提振全球消费，刺激经济增长，进而抬升全球需求。但是，供求力量发生了变化，能源卖方市场向买方市场转变这一趋势已经形成，油价再难回高位。百元油价的时代可能需要再等一个周期。

　　油价急剧下跌已经带来新一轮关系调整。输出国是减产保价，还是降价保护市场份额，这是当前必须面对的挑战。长期看，美国与传统输出国之间围绕市场价格主导权的争夺将朝着更有利于美国的方向发展。输出国之间开始寻求联合行动应对来自美国的挑战，2014 年 11 月沙特与委内瑞拉、俄罗斯与沙特开始讨论如何联手应对油价下跌。未来能源出口国可能会被迫形成统一战线，能源市场格局将重新洗牌。

　　其二，页岩气革命的另一个直接影响就是冲击了液化天然气市场，降低了液化天然气市场价值。天然气管道运输业务成本高昂，易受地域局限。1950 年代末低温冷冻技术突破实现了天然气变成液态储存和长距离海上运输。1960 年代至 1970 年代，欧洲、亚洲成为液化天然气主要消费区。21 世纪初，石油价格持续上升促使美国、卡塔尔等天然气生产大国进军液化天然气国际贸易领域，从而催生了一个与国际原油市场并行的国际液化天然气市场，需求方都在谋求增加对液化天然气的进口来实现能源结构的多元化并改善环境。供应方则在扩大投资建设液化天然气基础设施。页岩气改变了美国的天然气市场，长期短缺变成了供应过剩，这彻底颠覆了北美液化天然气的前景。曾预测美国可能会增加进口天然气而斥巨资投入美国液化天然气再气化设施的投资者遭到重创。天然气价格骤降（世界经济危机也是因素之一）在多个市场带来天然气与油价格脱钩问题。市场甚至担心，天然气出口国可能会效法欧佩克，成立一个"天然气输出国组织"以保护出口国权益。[①]

四　地缘经济政治影响复杂深远

能源是国际政治博弈的主要标的和国际关系紧张的根源之一。由于美国是世界第一大能源消费国和主要的能源进口国以及最大的石油进口国，页岩油气供应大涨不但缓解了美国的能源紧张，改善了美国的能源安全环境，而且有助于缓解全球能源供求紧张。页岩气在全球储量巨大，美国的成功效应具有向其他国家和地区扩散的潜力，这将进一步改善全球能源供应态势，提升进口国的能源安全水平。相反，能源输出国可能面临更大战略压力。随着权力转移和能源格局深度调整，国与国之间围绕能源的地缘经济和政治竞争不但不会减弱，可能会更加激烈。在新一轮博弈中，传统的油气进口国将获得更多优势，而俄罗斯、沙特（以及中东出口国）、伊朗、委内瑞拉等高度依赖能源出口的国家将面临更大的政治经济和安全挑战。未来能源革命对各国外交政策的影响，取决于页岩油气发展的产量、可持续性以及地缘政治需要。

未来，美国对中东地区的石油依赖下降，美国能源需求将回归北美这一更加容易控制的地区，这将强化美国能源自立地位。中东地区的石油将更多流向中日韩等亚洲消费者。第二次伊拉克战争使美国在战略上

---

① Paul Stevens, "The 'Shale Gas Revolution': Hype and Reality", Chathamhouse Report, September 2010, http://www.chathamhouse.org./sites/files/chathamhouse/public/Research/Energy%2C%20Environment%20and%20Development/r_ 0910stevens.pdf.

付出沉重代价，减少在大中东地区的存在成为美国全球战略调整的先声。页岩气革命使得美国可以减少中东石油进口，这有助于加快、深化美国削减中东存在的进程。沙特阿拉伯本是美国最重要的石油进口国，但现在沙特在美国对外政策中的地位正在降低，这从美国同意放松对伊朗的制裁就可看出端倪，因为伊朗与沙特在地缘政治和能源市场上存在竞争关系。对于中东产油国而言，未来北美能源市场面临收缩，出口前景更加不稳。中东国家未来可能抓住亚洲新兴市场国家石油需求快速增长的机会，巩固和扩大对亚洲市场的出口。与此同时，中东产油国加大了对本国炼化产业投资，力图实现石油出口产品多元化，并在国外投资与其签署供油长期协议的下游炼化产业。此外，包括沙特和阿联酋等在内的阿拉伯国家，除继续提供大量的油气出口以外，也正在积极寻求核能和太阳能等新型能源的研发，进一步提高在国际能源市场中的竞争力。

页岩气革命增加了美国从政治上和经济上削弱俄罗斯在欧洲影响力的杠杆。欧洲在天然气供应方面高度依赖俄罗斯，美国天然气出口潜力大增可使欧洲增加能源安全选项。欧洲国家对俄罗斯天然气普遍比较依赖，2013 年俄罗斯向欧洲出口天然气 1615 亿立方米，占其总消费量的 30%。此外，欧洲超过 20% 的原油也从俄罗斯进口。欧洲一直谋求实现能源进口的多元化，乌克兰危机进一步刺激了欧洲摆脱对俄罗斯天然气依赖的决心。随着美国页岩气革命带来的油气产量大幅增长，美国已经超过俄罗斯成为最大的天然气生产国。美国的强劲势头对俄各大能源出口企业提出了挑战，但页岩气革命能否动摇目前欧盟与俄罗斯的能源关系格局，取决于多方面的因素。首先是美国向欧洲出口液化天然气能否实现利润。目前美国并没有足够的向欧洲出口液化天然气的加工和运输基础设施，俄罗斯在欧洲的供气早已有成熟的管道系统，每吨液化天然气能够比美国低 200—250 美元。如果无利可图，美国政府无法仅靠政策指使企业向某地出口天然气。其次，美国生产的大部分页岩气仅供国内使用，只有少量出口邻国。美国扩大出口需要面临复杂的国内政治审批程序。目前只有 4 家企业获得天然气出口资质，到 2015 年才能投产，其高昂成本迫使美国企业暂时将目标市场限制在亚洲而非欧洲。页岩气暂时还无法作为美俄争端中的贸易武器。最后，俄欧能源关系是高度互惠的，美国的供应因素只是欧洲的一根杠杆。俄罗斯能源对欧洲至关重要，反过来俄罗斯也通过向欧洲出口石油、天然气等获取巨大经济收益。欧洲与俄罗斯之间的能源贸易对双方来说都是短期无法替代的，能源依然是俄欧外交的重要一环。

　　由于天然气储存和运输等相关基础设施建设的滞后，以及目前美国天然气出口限制政策等因素，短期内欧洲依然难以摆脱对俄罗斯的能源依赖，但美国已经开始和欧洲探讨北美天然气入欧的问题。欧洲致力能源供应多元化是谋求提高其能源安全度的必然选择。如果美国油气供应增长趋势不变，欧洲从战略上考虑势必会以美国气部分替代俄国气。欧俄关系中能源纽带的作用将被弱化，这对以能源作为支柱产业的俄罗斯将是一个打击。俄罗斯为了应对美国页岩气革命的影响，可能一方面会将目光投向东方，加强同亚洲国家的能源合作，另一方面尽量稳定欧洲市场，比如向欧盟各国提供更优惠的价格折扣，与欧洲国家共同投资在欧洲建设由俄罗斯供气的燃气电站等。

五　页岩气革命对中国的影响

　　中国目前已成为第一原油进口大国。美国油气产量提升可以增加全球市场供应，有助于抑制能源价格上升，推动了近期的国际原油价格大跌，这对于中国存在有利一面。自2014年年中以来，中国国内成品油价格出现了"十三连跌"。低油价有助于降低整体经济运行成本，意义非同小可。但同时，中国也是世界第四大原油生产国，原油价格急挫对于依赖资源生产的内陆省份可能带来局部通缩压力。此外，进口油气价格下降对于国内新能源开发会产生抑制作用。非化石能源目前的开发成本较高，一旦化石能源进口价格进入低价位阶段，非化石能源的开发投资将更难实现利润，恐将抑制可再生能源开发的积极性。

　　美国能源自给率提高，或可降低中美在海外能源市场上的竞争烈度，有助缓解中美在全球多个领域的竞争态势，增加中美合作选项。中美已就引进美国技术开发中国页岩气资源进行合作，并探讨进口液化天然气。同时，美国借能源态势改善，挤压俄、伊在全球能源市场的重要地位，可能会使俄、伊对中国借重面增加，有利于中国纵横捭阖。但是，美国削弱在中东的存在，力量向亚太转移的趋势却进一步强化，对中国战略的压力和牵制增大。

美国实现能源安全，对全球能源供求稳定存在利好。到目前为止，美国在全球能源通道安全、维护地区稳定等方面做出了积极努力。一旦美国实现能源独立，是否依然维持这种努力，或多大程度上维持这种努力则很难说。这意味着中国的能源安全出现了新的不确定性，风险可能增大。为此，能源外交应当成为中国外交政策的重点。美国为减轻在中东产油区的负担，可能以中东是未来中国最大海外能源供应地为由，推动中国在政局混乱的大中东地区承担更大责任。

此外，页岩气可降低美国经济成本，提升美国的国际竞争力，增强美国能源安全地位，也可能影响到中美间的综合国力竞争态势。

中国是世界上页岩气储量最丰富的国家之一。中国正在致力于页岩气的商业化开发实验，但是未来要想取得革命性的突破存在不少挑战。

从技术层面看，中美地质构造不同，美国技术难以直接用于中国。中石油公司采用美国哈里伯顿和斯伦贝谢等公司的技术，开展 3 口水平井压裂，产量仅为直井的 1—3 倍，增产改造远未达到预期效果。美国页岩气企业 Breitling Oil and Gas 公司 CEO 克里斯·福克纳表示："没有哪种美国的操作程序能直接搬到中国，应用到这里的地质上，就能产生与在美国相同的效果。"[①] 页岩气的生产过程中，需要消耗大量的水资源，开采一口油井大约要 600 万—1900 万吨水，而且即使经过净化，所消耗的水也无法回复到饮用或者灌溉用途。对于中国这种水资源极其宝贵的国家，在大规模开发前必须谨慎评估。与美国相比，中国页岩气勘探开发在资源评价和水平井、压裂增产开发技术等方面，尚未形成勘探开发的核心技术体系，离规模化开发还有很长一段路要走。此外，中国还缺乏受过压裂法训练的技术人才，以及大规模勘探、持续打井，并能保证经济性的经验。

从制度层面看，美国的矿产是私有产权。私有产权与市场经济相结合，对于刺激米歇尔能源公司这样的大型能源企业投入技术研发，取得

---

① 中国页岩气网新闻中心：《为什么美国页岩气革命模式难以复制?》，《能源评论》2014 年 10 月 3 日，http://www.csgcn.com.cn/news/show-49753.html。

页岩气突破，发挥了决定性作用。中国矿产资源属于国家所有，开发企业以国企为主，开发行为政策性强。这就要求我们探索出一种新的机制，保证页岩气开发的经济性。同时，美国的法制以及环境监管确保了页岩气开采过程中对环境的破坏和污染控制在可承受和可控制范围内，中国应加强这方面的立法、执法和监管工作，确保在实验性开采阶段，其环保要求就达到合格标准，避免走先污染、后治理的老路。

外交篇

美国进入"韬光养晦"时代?

——奥巴马主义和美国外交转型

王缉思　兰志敏①

2009 年,贝拉克·奥巴马打着"变革"的旗号入主白宫。六年来,奥巴马政府在全球战略和一系列外交政策上进行了大幅度调整。本文探讨的主要问题是:(一)六年来美国对外关系中的哪些变化和事件将留下历史印记,值得特别关注?(二)什么是"奥巴马主义"产生的背景和特色?(三)在今后若干年内,奥巴马所代表的美国外交转型,在何种条件下能得以持续?

一　奥巴马的外交轨迹

1. 通过"巧实力"外交攻关,改善美国形象

上任伊始,奥巴马就在 2009 年 1 月的就职演说中,以总结美国先辈经验为由,提出了"依托盟友"、"靠美国榜样"、"公正"、"谦虚和

① 王缉思,北京大学国际关系学院教授、国际战略研究院院长;兰志敏,中共重庆市委研究室副主任。本文写作过程中,得到陆宁波女士、萧辉女士和赵明昊先生的大力帮助,谨在此致谢。

节制"、"谨慎使用力量"等外交理念，① 随后又通过一系列演讲进一步
拓展和阐释这些理念，使之成为"奥巴马主义"的基石。为展示其重
塑美国国际形象的决心，奥巴马上任总统后即刻宣布在一年内关闭关塔
那摩监狱②，将对外援助增加一倍等，并决心切除小布什政府遗留下来
的"战争肿瘤"，"负责任地"从伊拉克撤军和打赢阿富汗战争。

"巧实力"外交理念由美国国务卿希拉里·克林顿于 2009 年 1 月
13 日在参议院外交委员会的讲话中正式推出。希拉里·克林顿说，"外
交政策必须建立在原则与务实的基础上，而不是顽固的意识形态；必须
建立在事实和证据的基础上，而不是情绪和偏见"。她强调，"奥巴马
政府毫无疑问将把外交手段作为首要工具"，意即使用武力不是第一选
择。同时提出，"我们必须使用被称之为巧实力的政策，即面对每种情
况，在外交、经济、军事、政治、法律和文化等所有政策工具中，选择
正确的工具或组合"。③

在执政第一年，奥巴马和希拉里·克林顿在国际上相当活跃，频频
抛出"和解外交"的新举措，涉及气候变化、核安全、伊朗核问题、
朝核问题等广泛议题，以区别于其前任布什政府的僵硬面孔。2009 年 4
月，奥巴马在捷克首都布拉格发表其就任总统以来的首次海外演讲，提
出了"无核世界"目标，"作为一个核国家和唯一使用过核武器的国
家，美国有道德上的责任……我清楚承诺，美国将致力于创造一个没有
核武器的和平与安全的世界"。④ 基于这一理念，奥巴马政府首创核安
全峰会，第一届峰会于 2010 年 4 月在华盛顿召开。

小布什时期的美国将"伊斯兰激进势力"视为国家安全的主要威
胁，同伊斯兰世界的关系总体恶化了。改善在伊斯兰世界的形象，稳定
中东局势，成为奥巴马外交的当务之急。2009 年 6 月 4 日，奥巴马在
埃及开罗大学做了被称为"开创美国外交史"的演讲。奥巴马声称，

---

① Inaugural Address by President Barack Hussein Obama, January 2009, http://www.whitehouse.gov/the-press-office/president-barack-obamas-inaugural-address.

② 然而奥巴马至今没有兑现此项诺言，只是减少了在关塔那摩监狱的关押人员。

③ http://www.theguardian.com/world/2009/jan/13/hillary-clinton-confirmation-hearing-senate.

④ Remarks by President Barack Obama, April 5, 2009, http://www.whitehouse.gov/the-press-office/remarks-president-barack-obama-prague-delivered.

"殖民主义剥夺了许多穆斯林的权利与机会",并歉疚地表示美国对"9·11"事件的反应"使我们做出与我们的理想相悖的行动"。他说,美国要与伊斯兰世界"相互倾听、相互学习、相互尊重并寻求共同之处"。借此机会奥巴马向伊斯兰世界伸出了橄榄枝。①

奥巴马政府用"重启"一词来形容美国对俄罗斯政策的调整。2009年3月,克林顿国务卿在同俄罗斯外交部部长拉夫罗夫的首次会晤中,拿出一只黄色底座、红色按钮,印有"重启"(Reset)字样的塑料方块,邀请拉夫罗夫在媒体镜头前与她一同按下按钮,象征美俄关系开启了新篇章。2009年7月奥巴马上任后首次正式出访俄罗斯,是他为"重启"美俄关系而采取的一个重大姿态,标志着两国关系已走出俄罗斯同格鲁吉亚武装冲突后的阴霾,进入"峰回路转"时期。奥巴马与当时俄总统梅德韦杰夫不仅多次互通电话和信函,还在伦敦金融峰会期间举行了第一次正式会晤,并发表联合声明,称两国将"超越冷战思维",开创双边关系的新时代。

奥巴马一反历届总统在对华关系中"先交恶再修好"的先例,上台之初便对中国表现出"高期望值",鼓励中国在全球问题上承担"更大责任"。希拉里·克林顿2009年2月访华避谈人权问题,并推动中美战略与经济对话(S&ED)升级。2009年4月胡锦涛主席和奥巴马在20国集团伦敦峰会上会晤之后,国际社会的"中美共治"论(G2)泛起。2009年7月27日,在第一轮中美战略与经济对话前夕,希拉里·克林顿和美国财政部部长盖特纳联名在《华尔街日报》上以"同舟共济的美中关系"为题撰文,呼吁中美进行更深远的合作,共同帮助世界走出金融危机,声称"没有中美两国的共同参与,任何全球性难题都很难被破解"。② 这一时期美方高层在对华关系中的热情,甚至多少出乎中方的意料。

奥巴马执政之初通过外交公关改善美国形象,取得了一定成效。美国形象在西方得以转变的一个明证,就是奥巴马在上任还不足一年之际,

---

① Remarks by the President on A New Beginning Cairo University, http://www.whitehouse.gov/the-press-office/remarks-president-cairo-university-6-04-09.

② http://still4hill.blogspot.com/2009/07/hillary-clinton-and-timothy-geithner.html.

就获得了 2010 年度诺贝尔和平奖，以表彰他在"加强国际外交和世界人民之间的合作所做的非凡努力"。但是，外交言辞的效力毕竟是有限的。

2. 重返"经济优先"原则

奥巴马围绕振兴美国经济，推出了一系列"新政"：提出了包括"金融稳定计划"、"2009 年美国复苏与再投资计划"等一系列长短期结合的救市措施。在第一任期内还就削减赤字做出努力，并将医疗改革作为施政重点。

在对外战略侧重点方面，奥巴马重返其民主党前任克林顿的"经济第一"原则。2010 年年初，奥巴马在国情咨文中阐述了美国国家出口战略，表示要力争在五年内使出口增加一倍，增加 200 万个就业岗位。美国 2010 年的《国家安全战略报告》指出，美国经济复苏是国家安全战略的核心所在，必须把推动经济增长和扭转财政乱象当作国家安全的优先任务，报告称"这才是美国实力的源泉"。① 在 2015 年的国情咨文里，奥巴马特别指出中国"希望在世界发展最快的地区制定（贸易）规则"，而美国应当把展开自由公正的贸易关系的规则掌握在自己手中，把更多的工作机会从中国转移到美国。②

在将重心置于国内经济复苏的同时，奥巴马高调出席 20 国集团峰会，呼吁国际社会在维护全球金融稳定、促进世界经济复苏方面进行合作。奥巴马政府一改小布什政府对区域贸易协议谈判的消极态度，先后于 2008 年、2013 年启动"跨太平洋伙伴关系协议"（TPP）谈判、"跨大西洋贸易与投资伙伴关系"（TTIP）谈判，其意义远超经济领域。美国试图主导的 TPP，旨在全面介入亚太区域经济整合进程，为美国经济复苏寻求外在动力源泉；而 TTIP 作为"经济版北约"，将打造美欧利益共同体。这两大贸易和投资体系如能建成，将对世界经济政治格局产生重大而深远的影响。

3. 坚持从伊拉克和阿富汗撤军

在奥巴马执政期间，美国朝野占压倒性的意见认为，2003 年发动

---

① National Security Strategy 2010, http：//www. whitehouse. gov/sites/default/files/rss_ vie-wer/national_ security_ strategy. pdf.

② Obama's 2015 State of the Union address, http：//www. theguardian. com/us – news/2015/jan/20/obama – state – of – the – union – 2015 – full – text.

的伊拉克战争是当代美国犯下的最严重的战略错误之一。因此，2011年年底美军按计划从伊拉克全部撤离，没有引起很大的国内争议。

阿富汗撤军的问题更为复杂。阿富汗战争虽然不是美国所经历过的最血腥的战争，却是美国有史以来陷入的历时最长的战争，其间2300多名美军丧命，所付出的其他代价也极为沉重。虽然美国国内关于这场战争的教训争议很大，但极少有人加以正面颂扬。美军于2014年10月26日宣布在阿富汗的战斗行动结束，美国驻阿富汗基地的旗帜降下，这标志着在阿富汗的13年军事行动正式终结了。但目前还有近一万名美国军人留在阿富汗负责训练阿富汗部队和打击"基地"组织，这部分人也将于2016年全部撤离。奥巴马在2015年1月发表的国情咨文中指出："六年前，近18万美国士兵在伊拉克和阿富汗作战，今天，这一数字已降至不足15000人。"① 显然，他将此作为总统任上的一项政绩。

4. 谨慎使用武力，首开网络战先河

奥巴马政府将防止核扩散和核恐怖主义作为国家安全的首要目标。在2010年《国家安全战略报告》里，奥巴马政府摈弃了"反恐战争"的概念，不再提"先发制人"，缩小了美国反恐打击的范围，认为美国是在"与一个具体的、有形的恐怖主义网络——基地组织及其附庸作战，而不是与某种思想或宗教作战"，主张反恐战略应当"运用美国的各种力量而不仅仅是军事实力"。②

奥巴马确实是几十年来在发动地面战争方面最为谨慎的美国总统。但是，在需要使用武力解决紧迫问题时，奥巴马也毫不含糊。2011年5月2日，奥巴马下令美军突袭隐藏于巴基斯坦的"基地"组织头目本·拉登。击毙拉登被视为奥巴马反恐政策的最大成功。美军在反恐行动中多次使用无人机，于2012年6月用无人机在也门炸死"基地"组织二号人物阿布·叶海亚·利比，对"基地"组织造成沉重打击；2013年11月，美军又用无人机射杀了巴基斯坦塔利班头目贝图拉·马

---

① Obama's 2015 State of the Union address, http：//www. theguardian. com/us‒news/2015/jan/20/obama‒state‒of‒the‒union‒2015‒full‒text.

② National Security Strategy 2010, http：//www. whitehouse. gov/sites/default/files/rss_ viewer/national_ security_ strategy. pdf.

哈苏德。

在 2011 年的利比亚战争中，美国坚持让法国、英国等其他北约国家和阿拉伯联盟国家冲在前面。奥巴马政府宣称，利比亚战争仅让美国花费了十多亿美元，而伊拉克战争的开支则超过了 1.1 万亿美元，并且美国军队在利比亚战争中"没有搭上一条生命"。因此，这次行动为美国开创了一个海外武装干涉的新模式，被奥巴马政府称为"日后与世界打交道的方法"。①

在应对由极端势力控制的"伊斯兰国"崛起的挑战时，奥巴马政府表现得左右为难。一方面，2014 年美军对叙利亚及伊拉克境内的"伊斯兰国"目标进行了空袭，进而宣布同"伊斯兰国"属于"交战状态"；另一方面，美国绝不愿像十几年前陷入阿富汗或伊拉克战争那样，派出地面部队承受巨大伤亡。

面对宿敌伊朗，奥巴马政府也没有真正准备用战争解决问题，而是秘密发动了网络战。被称为"奥运会"（"Olympic Games"）的一项行动，是 2011 年前后美国与以色列合作对伊朗核设施发动网络攻击的秘密计划。在白宫战情室，当每一次新网络武器投入使用时，奥巴马都会亲自参与评估其对伊朗核计划的损害，"这些会议往往以总统授权进行下一步行动的研究而结束"。换句话说，在对伊朗发动的网络战中，所有的重大决定都是由总统本人做出的。②

美国发展网络战能力是经过精心部署的。2010 年 5 月，美军建立网络司令部（Cyber Command），其总部设在华盛顿附近的马里兰州米德堡军事基地。网络司令部隶属美国战略司令部，统一协调美军与电脑网络有关的行动，以防御和打击敌对国家和黑客的网络攻击。

2014 年 5 月 19 日，美国司法部宣布以"网络窃密"罪名起诉 5 名中国军人。近年来，美国政府一直指责中国"网络盗贼"威胁了美国的国防秘密，损害了美国公司的竞争力，并造成美国工人失业。2014 年 12 月，美国政府宣称位于洛杉矶的索尼影视娱乐公司遭黑客攻击，

① David E. Sanger, *Confront and Conceal: Obama's Secret Wars and Surprising Use of American Power*, New York: Crown Publishers, 2012, pp. xiv - xv.

② Ibid., p. xv.

认定此次攻击为朝鲜政府所策划，并将其定性为"首次由国家政权发动的针对美国本土的重大计算机网络攻击事件"。不过，奥巴马最终放弃了对朝鲜军方设施、计算机网络服务器以及通信网络发动"警示性攻击"的方案。

5. 缩减国防预算，调整军事战略

奥巴马执政后，为保证经济增长，适应从伊拉克、阿富汗撤军后的情况，美国国防预算和海外驻军连年缩减。美国国会2014年年底通过的2015财年国防预算法案，规定国防经费为5850亿美元，与上一财年相比减少480亿美元，其中海外战争行动费用缩减164亿美元。法案包含白宫所要求的打击"伊斯兰国"的约50亿美元拨款。

在缩减军费的同时，奥巴马政府也对军事战略做出了相应调整。奥巴马政府对网络安全、移民、传染病防治和气候变化等非传统安全领域的重视程度远超小布什政府，努力在应对传统安全威胁和非传统安全威胁之间寻求平衡。面临预算紧缩等压力，奥巴马出台了一项"新军事战略"，其核心内容之一是大幅缩减未来的国防预算和部队规模，进一步实现美军的集约化和精致化。美国国防部2010年发表的《四年任务与使命评估报告》，提升了非常规战争在美国家安全战略中的地位，并就如何打赢非常规战争进行了谋划和设计。五角大楼削减了多项大型武器研发和购买项目，而加大了对特种战、网络战，情报、监视和侦察能力的投入。这表明美军事战略重点已由传统的以打大规模常规战争为主，转向兼顾应对恐怖主义和小规模局部战争。新战略放弃了美军持续了几十年的"同时打赢两场战争"的战略原则，要求美军在具备进行一场大规模常规战争能力的同时，在另一场突发的冲突中发挥"干扰破坏"潜在敌人的作用，使美军由原来的"1+1"战略转型为"1+"战略，更多关注网络战争和打击恐怖主义。[①]

6. 推动全球治理的机制化变革

在奥巴马政府的"转型外交"中，重要的一环就是重铸全球治理机制。在执政初期，奥巴马就推出"共享世界"、"分担责任"、"权力

---

① Department of Defense, *Sustaining U. S. Global Leadership : Priorities for 21st Century Defense*, January 2012, http://www. defense. gov/news/Defense_ Strategic_ Guidance. pdf.

不再是零和游戏"、"任何旨在让某一国家或某一群体提高地位的世界秩序都将注定失败"等理念。

对美国而言,维护当前国际体系的可持续性不仅是美国全球霸权地位的重要表征,更是其实际战略利益之所在。当今国际秩序建设不能完整地反映国际力量格局的变迁,也不能适应全球治理的需要。面对此种境况,美国不能不对原有的国际机制进行改革,以让渡部分权力的方式来迎合新兴大国的利益诉求。奥巴马在 2010 年《国家安全战略报告》中指出,新兴大国权力的增长是与其责任的增加相伴随的,"寻求更大话语权与代表权的新兴大国将需要承担更大的责任,以应对全球挑战"。美国的若干举动,如实际上用"20 国集团"代替了西方"八国集团",同中国达成气候变化共同宣言等,均表达了这样一种意愿。

7. 将地缘政治重心转向亚太地区,企图为中美关系制定规则

在美军撤出伊拉克和阿富汗、中国同日本及少数东南亚国家的海洋领土争端趋于激烈的背景下,奥巴马 2011 年 11 月在 APEC 峰会上高调亮出"转向亚洲"战略。随后公布的《美国新军事战略报告》表明,美国将缩减陆军规模,减少在欧洲的军事存在,转而加强在亚太地区的军事存在。由于"欧洲已经是安全的生产者,而非消费者",中东地区虽是美国重大关切但多年来投入了过多的军事资源,因而抽身欧洲、稳定中东、强化亚太成为奥巴马政府全球战略重心调整的三大支柱。① 这是一项涵盖外交、经济、安全等多元素的综合政策。

按杰弗里·贝德(奥巴马第一任期时任国家安全委员会亚洲事务高级主任)的说法,美国在亚洲地缘战略的主要挑战是"如何对之前十年中国的突然崛起做出反应"。② 2009 年 11 月奥巴马访华并未取得美方预期的成果,随后中美两国在哥本哈根气候大会上围绕中国人权问题发生激烈争论,奥巴马团队开始受到国内政治压力。从 2010 年年初开始,奥巴马政府对华政策开始转为强硬,相关的举措包括批准对台军售、奥巴马会见达赖喇嘛、在人民币汇率问题上施压等。

---

① Department of Defense, *Sustaining U. S. Global Leadership : Priorities for 21st Century Defense*, January 2012, http://www.defense.gov/news/Defense_ Strategic_ Guidance.pdf.

② Jeffrey A. Bader, *Obama and China's Rise : An Insider's Account of America's Asia Strategy*, Washington D. C. : Brookings Institution Press, 2012, pp. 2 – 3.

　　奥巴马政府对华政策"高开低走"，原因在于其决策部门在经贸合作、国际安全、全球治理等领域对中国由"高期望"变为"失望"。美国《纽约时报》资深记者桑格谈到，2009 年之后美方认为中国变得"过于自信"、"咄咄逼人"，使奥巴马放弃了初期的和解姿态，欲"在亚洲核心地带建立起'电网'（electric fence，指美国构筑的亚太防御体系），以便能够在中国进行过分的领土声索时予以回击"。① 还有美国舆论认为，所谓"两大国共治"（G－2）的概念的谬误，在于它假定中美之间存在一定程度的相互信任，但 2011 年年初希拉里·克林顿最终放弃了这一幻想。② 2012 年 3 月，中国学者王缉思与美国学者李侃如共同发表了题为《中美战略互疑：解析与应对》的研究报告，指出中美双方在长远意图方面的互不信任不但没有减少，反而在进一步加深。③

　　根据贝德的描述，奥巴马执政后逐渐确立起美国对华战略的"三原则"，一是欢迎中国崛起，即"美国不应把中国视为一个必然的敌人，而是视之为可以合作解决全球性关键问题的潜在伙伴"；二是要使中国崛起被约束在"国际法和国际规范的框架内"，这些规范包括不应凭借武力或武力威胁解决国际争端、航行自由、保护人权、国际金融和贸易规则等；三是要"确保中国的崛起有利于亚太地区的稳定而不是相反"，因此美国应加强与日本、澳大利亚等盟友的关系，积极参与亚太地区各类多边机制，促成 TPP 等新贸易体系。④

　　贝德的描述基本属实。在第二任期的 2013 年和 2014 年，奥巴马政府对亚太地区的外交"中规中矩"，既接受了中国关于建立"新型大国关系"的建议，同习近平主席和中国高层保持密切接触，也没有忽略与日本、韩国、澳大利亚、东盟各国的盟友或伙伴关系。奥巴马面临的

　　① David E. Sanger, *Confront and Conceal: Obama's Secret Wars and Surprising Use of American Power*, Crown Publishers, 2012, p. 374.

　　② Ibid., p. 379.

　　③ Kenneth G. Lieberthal and Wang Jisi, *Addressing U. S. – China Strategic Distrust*, March 2012. http://www. brookings. edu/research/papers/2012/03/30 – us – china – liebertha. 中文版参阅王缉思、李侃如《中美战略互疑：解析与应对》，社会科学文献出版社 2013 年版。

　　④ Jeffrey A. Bader, *Obama and China's Rise: An Insider's Account of America's Asia Strategy*, Washington D. C. : Brookings Institution Press, 2012, pp. 69 – 71.

一个困境在于他第二任期的外交团队（尤其是负责亚太事务的团队）被视为明显弱于之前的团队，无论在华盛顿决策圈内还是在亚太各国政府官员眼里都是如此。这在一定程度上影响了奥巴马政府的"亚太再平衡"战略调整。

    8．美俄关系恶化，地缘政治回归？

    阻碍美国外交决策者把眼光转向亚太地区的更重要的因素，是2013年以来由乌克兰危机引起的俄罗斯同西方关系的恶化，以及2014年以"伊斯兰国"为代表的宗教极端主义的异军突起。

    奥巴马政府认为，2012年普京重回俄罗斯总统职位后，不仅加紧对国内媒体和网络的管控，而且对美国的间谍活动达到了苏联时代的水平。美国舆论怀疑普京借助其在乌克兰的"侵略行为"和对西方的强硬态度来巩固国内统治，并对俄罗斯国内维稳的一些举措提出异议。在可预见的将来，俄同西方的政治分歧和发展模式差异不会弥合，反而可能扩大。

    在美俄关系紧张、中美关系不够稳定、伊朗和中东其他问题处于胶着状态的背景下，奥巴马政府内外出现了"传统地缘政治回归"的议论。美国资深外交问题专家沃尔特·罗素·米德的观点在保守派中具有一定的代表性。米德认为，中国、伊朗和俄罗斯一心要建立各自的地缘势力范围，并且正在联手打造一个日益强大的"非民主国家轴心联盟"。它们决心终结冷战后的全球秩序，打击其背后的主导力量——美国。米德进而认为，美国必须重新思考其乐观主义的观点，即期待不断崛起的非西方国家可以被说服加入西方世界，并且遵守西方的游戏规则。米德建言，面对这些地缘政治方面越来越危险的对手，美国必须有一项明确的地缘战略，联手欧亚大陆外围的日本、印度和欧洲国家，围堵他所指的"轴心同盟"。[①]

    米德的观点受到了更接近奥巴马战略思想的学者约翰·艾肯伯里等人的反驳。艾肯伯里认为，中国和俄罗斯确实都在试图建立自己的势力

[①] Walter Russell Mead, "The Return of Geopolitics: The Revenge of the Revisionist Powers", *Foreign Affair*, May/June 2014, http://www.foreignaffairs.com/articles/141211/walter – russell – mead/the – return – of – geopolitics.

范围，但它们明确知道，推翻西方主导的国际秩序是不现实的。中俄既没有一个替代现存国际秩序的宏大蓝图，也无法为世界各国的经济或政治走向提供任何不同的道路与方向。因此，美国应继续加强自由主义国际秩序，努力将中国、俄罗斯、伊朗等国融入现存秩序中。①

究竟是回归传统的地缘政治博弈手法，孤立和围堵中、俄、伊朗等美国眼中的"异类"国家，还是试图"拉它们入伙"，并在此进程中影响它们的国内政治进程，是美国战略界近年来争辩的中心议题。在这一背景下，2014年年底美国宣布同古巴改善关系，具有深远的战略内涵。

二　奥巴马主义的背景和特征

前文分不同领域和问题，描述了六年来奥巴马在对外关系中的新理念和新举措。二战后美国历届政府的外交原则，多被冠之以某某总统命名的"主义"。② 作为一种外交理念和原则的"奥巴马主义"，应当如何表述和分析，还需要考虑美国外交的国内和国际背景。

1. 外交始于国内

奥巴马政府的外交思想和外交战略，建立在国内政治发生重大变革的基础之上。2008年的总统和国会选举，伴随的是美国金融危机的加深，以及公众对华盛顿政客和华尔街大亨肆意侵占公共空间的强烈愤懑。私人资本过度扩张导致金融动荡绝非偶然，小布什政府代表的保守浪潮撞到了岸边巨岩，强劲的政府干预势在必行。奥巴马当选的最大意义，是竖起了一个风向标，标志着美国保守势力和思想的退潮，相对自由开放的思想和扩大覆盖面的公共政策正在涨潮，美国历史上一个新的轮回开始了。

奥巴马登上历史舞台之后最大的国内考验是，在金融动荡、经济滑坡、失业率空前、贫富悬殊加大的情况下，能否振兴经济、增加就业、

---

① G. John Ikenberry, "The Illusion of Geopolitics: The Enduring Power of the Liberal Order", *Foreign Affair*, May/June 2014. http://www.foreignaffairs.com/articles/141212/g – john – ikenberry/the – illusion – of – geopolitics.

② 其实，这里的"主义"（doctrine），并非一种意识形态，如自由主义（liberalism）里的 ism，翻译为"原则"更为贴切。本文姑且沿用传统说法。

扩大社会保障；最大的国际考验是，在全球经济面临衰退的多事之秋，能否继续成为世界经济的火车头，恢复失去的权威和软实力，维持美国的"领导地位"。四年之后的 2012 年奥巴马竞选成功，得以连任，说明他的内外政策得到大多数选民的认可。

奥巴马政府的外交战略，同它重整旗鼓的国内发展战略是相配套的。奥巴马提出的经济振兴和社会变革计划，包括大规模节能环保型的基础设施建设，加大研发投入、开发清洁能源，改进学校硬件设施，在国内推广宽带网络应用，给 95% 的家庭减税，扩大医疗保险覆盖面、减少财政赤字等，都需要极大魄力和大量资金。把复兴经济放在首位，意味着把主要精力投入国内，过长的国外战线必须收缩，国防军费也需要相应缩减。

接近奥巴马的美国人士认为，他的外交思想以传统现实主义为特征，即重视大国合作和实力均衡。奥巴马曾向美国《新闻周刊》的国际版编辑法里德·扎卡里亚透露，他最推崇的是老布什时期的美国外交。奥巴马政府外交的四大基本议题是全球金融稳定与经济复苏、能源与气候变化、国家安全、民主与人权。其中最重要的调整是美国战略的主要关注点从以反恐、防扩散为中心的军事安全议题，转移到以维护全球金融稳定、促进世界经济复苏为中心的经济安全议题。唯有在复苏经济、增加就业上有"大手笔"表现，才能维持美元的强势，恢复美国的贸易竞争力，显示美国经济模式的优势，从而维护美国的领导地位。

奥巴马执政的前六年里，美国的经济实力、军事实力、技术实力、高等教育水平等"可衡量的指标"继续上升。例如，美国在开发新能源、可再生性能源方面取得了引人注目的进步，页岩油、页岩气的开发，使美国的能源自给率已超过 80%，并且还有大量出口天然气的潜力。截至 2014 年，美国的石油产量已超过沙特阿拉伯，天然气产量已超过俄罗斯，成为世界最大的能源生产国，而且不大可能被反超。美国的"再工业化"、"制造业回归"、"出口倍增"等战略设想，都有实现的可能。

美国的国内发展战略和政治生态正在发生深刻的变化，其总趋势有利于美国重振经济，纠正社会发展的失衡。但是，国内政治左右"极化"的趋势并无好转，两党相互攻讦、相互掣肘、相互否决，严重制约了经济革新与社会进步。美国国内贫富悬殊继续加大，中产阶级的生活水平并未随着经济复苏得到明显提高，社会福利缺口巨大，贯彻全民医保方案困难重重。金钱操纵政治的弊端进一步暴露，而且没有任何可行的整治方案。随着新移民的大批涌入，种族矛盾重新浮出水面。凡此种种弊端，都不可能在未来几年得到明显纠正。

近年来，"美国衰落论"又一次上升，而"唱衰美国"论调最响的是美国人自己。就可比的硬实力指标而言，新一轮的"美国衰落"论根据的主要是将美国同中国等极少数国家的经济发展速度相对比。美国经济占世界经济的比重从 2000 年的约 30% 跌落到 2014 年的约 22%，下降了 8 个百分点。在同一时期，中国国内生产总值占世界经济的比重，则从约 4% 跃升至约 12%，上升了 8 个百分点。也就是说，美国在世界经济中所占的份额是被中国"吃掉了"。近年来美国同欧盟主要国家、日本、俄罗斯等国的经济增长率相比，有明显的上升趋势。

虽然从世界各大国硬实力消长和自身发展的角度看，美国并没有走向国力衰落的不归之路，但美国对全球事务的影响力明显下降，却是不争的事实。究其原因，一是美国的欧洲盟友实力受损，日本经济长期低迷，西方整体力量及在国际事务中的影响力下跌。二是中国等新兴大国力量和国际影响的快速上升。三是在网络化时代国家权力分散下移，全球治理问题日益复杂，美国在反恐、气候变化、网络安全等问题上掌控国际规则的能力受到削弱。四是美国集中精力于国内事务，干预外部事务的信心和动力减弱。近来美国经济势头强劲，更多依靠的是内需而非国际市场，更加强了美国的"内向"趋势。

2. 奥巴马主义的特征

2001—2008 年执政的小布什政府，推出被概称为"布什主义"（Bush Doctrine）的安全战略，其核心内容是：（1）以反恐、防扩散为中心的国家安全压倒其他一切考虑；（2）视伊斯兰激进势力为主要敌手，企图通过"民主化"，在伊拉克、阿富汗等伊斯兰国家实现"国家重建"；（3）重视大国协调，试图建立"有利于自由的权力平衡"；（4）扩大美国军事优势，采取先发制人的手段，企图达到"绝对安全"；（5）单边主义倾向明显，企图弱化和摆脱国际制度的约束；

（6）贸易保护主义和反移民倾向抬头。布什主义的国内基础，是右翼保守势力在国内政治舞台上占据了中心地位。①

"奥巴马主义"最早于2009年年初就出现在哥伦比亚广播公司对奥巴马处理关塔那摩监狱囚犯问题的评论中。② 美国评论家丹尼尔·德雷兹纳认为，奥巴马主义受到法国思想家孟德斯鸠的影响。孟德斯鸠的政治思想，可以总结为"无意义的冲突会削弱必要的冲突"，意即美国外交应当有所取舍，集中精力于紧迫而重要的问题。③ 此后，直接或间接论述奥巴马主义的评论，至少有几十篇。

不少评论都指出，奥巴马主义是对布什主义的反动，其要旨是：突出经济优先的原则，在言论和实践中都强调多边主义和巧实力（或软实力），努力改善美国的国际形象，注重国际机制建设和全球治理问题。这些无疑都是奥巴马主义的特色。但是这些特色也同他的民主党前任奉行的"克林顿主义"一脉相承，与其说是"奥巴马特色"，还不如说是"美国民主党特色"。至于奥巴马强调理想目标与现实利益的统一，批评小布什政府以武力更迭他国政府、秘密设置"黑狱"等行径与"推进民主"的目标背道而驰，反对用僵硬的意识形态指导外交政策，就连民主党的特色都谈不上，因为美国两大政党都宣称信奉现实主义和理想主义相结合的原则。

奥巴马奉行的简明外交原则，用他本人的话来说，叫做"不干蠢事"（Don't do stupid stuff，缩写为DDSS）。④ 美国CNN的一则评论认为，"不干蠢事"这句很通俗的话，就是奥巴马主义的精髓："这听起来像是家长对初次去参加社交晚会的十几岁孩子的告诫，但却是美国总统指导外交政策的一项重要原则。"⑤

奥巴马所鄙弃的"蠢事"，首推小布什政府发动的伊拉克战争。同

---

① 参见王缉思主编《布什主义的兴衰》，世界知识出版社2012年版，第1—21页。

② Marc Ambinder, "Decoding the Obama Doctrine", CBS News, April 3, 2009, http://www.cbsnews.com/news/decoding-the-obama-doctrine.

③ Daniel Drezner, "Explaining the Obama doctrine", *Foreign Policy*, April 20, 2009, http://foreignpolicy.com/2009/04/20/explaining-the-obama-doctrine.

④ 奥巴马本人还用过更粗俗的说法，叫"Don't do stupid shit"。

⑤ Jim Acosta, "The Obama Doctrine: Inarticulate or disengaged?" August 14, 2014, http://edition.cnn.com/2014/08/13/politics/obama-doctrine.

他的第一任国务卿（也是他在民主党内的长期竞争对手）希拉里·克林顿不同，奥巴马 2003 年任参议员时就反对伊拉克战争，所以在结束这场战争、消除其后患方面毫不含糊。他在 2014 年 5 月 28 日的西点军校讲话中说，"自二战以来，我们所犯错误里代价最高的一些错误，不是来自于我们的自我克制，而是来自于我们鲁莽地进行军事冒险的意愿"。① 奥巴马解释说："如果全球性问题对美国并未构成直接的威胁，当某些危机激发了我们的道德责任，或者使全世界滑向更危险的方向——但并不直接威胁到我们的时候，出兵的门槛必须提高。在这类情况下，我们不应该单独行动。相反，我们必须动员盟邦和伙伴采取集体行动。我们必须扩展我们的干预方式，比如深度外交、制裁、国际法；同时在正当、必要和有效的情况下，采取多边军事行动。在这类情况下，我们必须与其他力量合作，因为在这类情况下采取集体行动才更有可能成功，更有可能持久，同时比较不容易犯代价高昂的错误。"②

一些奥巴马的批评者指出，所谓"不干蠢事"，实质上是一种无所作为的保守思想。③ 但是按照奥巴马的说法，美国并没有放弃它的全球领导地位，而只是"从背后领导"（lead from behind）。换言之，奥巴马主义的精髓在于"克制"（restraint）和"收缩"（retreat），以及动员联盟国家和伙伴国家采取集体行动，分担风险与责任。

正如奥巴马所言，在美国没有遭受直接威胁的时候，"出兵的门槛必须提高"。即使确实需要动武，比如在利比亚战争中，在打击叙利亚境内的"伊斯兰国"极端势力时，美国也不出动地面部队，只进行空中打击，特别是越来越多地使用无人机以减少美军伤亡。对乌克兰危机、叙利亚内战，对中非共和国、马里、南苏丹的战乱，美国一直没有出兵的打算。在伊朗核问题、朝核问题上，美国显然有军事打击的预

---

① http：//www. washingtonpost. com/politics/full－text－of－president－obamas－commence-ment－address－at－west－point/2014/05/28/cfbcdcaa－e670－11e3－afc6－a1dd9407abcf_story. html.

② 《奥巴马西点军校演讲全文：美国比任何时候都更强盛》，http：//www. guancha. cn/america/2014_ 05_ 31_ 234035. shtml。

③ David Rothkopf, "Obama's'Don't Do Stupid Shit'Foreign Policy", http：//foreign-policy. com/2014/06/04/obamas－dont－do－stupid－shit－foreign－policy.

案，但并未实施。在所有这些已经或者可能出现军事冲突的情景中，奥巴马政府都坚持使用外交、经济制裁、国际压力等手段，尽量避免采取直接军事行动。

"不干蠢事"还意味着未来不能同中国等新兴大国对抗。[①] 在中日钓鱼岛争端中，奥巴马政府一方面坚持钓鱼岛处于日本行政管辖之下，因而应在美日安保条约的防御范围内，暗示如果中国使用武力攻打钓鱼岛，美军将会介入；另一方面，华盛顿又声称在钓鱼岛的领土归属问题上美国不持立场，竭力防止日本倚仗美日军事同盟挑起同中国的冲突，逼迫美国卷入东亚地区的军事对抗。奥巴马政府在加强针对中国的军事部署的同时，又努力加强同中国军方的接触与合作，希望通过完善危机管控机制，尽可能降低同中国发生战争或战略碰撞的危险。

奥巴马为自己的"不干蠢事"原则辩护的最大理由是刚刚经历了两场令美国筋疲力尽的战争之后，国家需要休养生息。同时，奥巴马政府也重新评估了在中东等地区强力推动"民主化"的可行性和后果，将振兴国内经济作为执政第一要务，作为需要稳定的世界秩序的保障。稳住中东乱局，缓和同伊斯兰世界的矛盾，是奥巴马上台时的初衷。

但是，从2011年"阿拉伯之春"推翻埃及穆巴拉克政权，到2014年"伊斯兰国"的异军突起，打乱了美国稳定中东的长远构想。美国军事占领阿富汗和伊拉克之后，实行了事实上的直接统治，强行推行"民主选举"，这是美国对外关系史上前所未有的行动，结果却事与愿违。奥巴马政府和许多美国战略家逐渐认识到，西方民主法治在那些国家"水土不服"，那里的部族、教派纷争和伊斯兰观念远非美国所能掌控、"改造"，而伊斯兰国家"民主化"的结果，很可能是伊斯兰激进势力而非亲西方势力掌权。因此，美国虽然没有放弃它以自己的价值观改造世界的幻想，但在实践上已经更多地强调世界秩序的稳定。这是"不干蠢事"的另一层心照不宣的含义。

---

① Robert E. Kelly, "Is there an Obama Doctrine", *Foreign Policy*, September 22, 2014, http://thediplomat.com/tag/obama - doctrine.

三　美国"韬光养晦"到何时？

从奥巴马执政六年来的外交实践及其指导思想和理念来看，美国的确实现了一种外交转型，可以说进入了一个美国特色的"韬光养晦"阶段。[①] 中国学者赵明昊早在 2012 年就撰写了题为《美国进入韬光养晦时代？》的评论，他指出，"总的看来，美国的大战略已进入注重恢复国力、审慎使用武力、平衡运用各种国家安全手段、强调责任分担的'战略克制'时期。然而，无论是哪一种大战略主张都没有放弃对美国'全球领导'的追求，'美国的大战略必须理解权力的局限，同时仍要担负我们的领导责任'"。[②]

奥巴马政府的战略克制和战略收缩，决心"不干蠢事"，确实同 20 世纪 80 年代里根执政以来历届美国政府的对外战略有明显的区别。这一外交转型的主要原因，归纳起来有六条。第一，2008 年的金融危机重创了美国经济，美国国内因社会财富分配不公所产生的政治矛盾和民众的不满情绪达到高峰，国家和社会亟须恢复信心。对外军事扩张不得人心，而拓展海外经济利益正当其时。第二，2001 年以后的阿富汗战争、伊拉克战争和令人疲惫不堪的各类国内外反恐措施得不偿失，美国军人和平民都需要休养生息，美国国民厌恶战争和无休无止的海外干涉。第三，奥巴马政府的执政理念和外交思想在美国属于"中间偏左"，继承了过去历届民主党政府的衣钵，努力同小布什政府划清界限。虽然在 2010 年和 2014 年的两次国会中期选举中，民主党都丢失了一些政治地盘，但两党政治争斗的焦点是国内问题而非对外政策问题，

---

① "韬光养晦"的一个通俗的英文译法，是"keep a low profile"。美国报刊中有不少关于奥巴马"韬光养晦"的议论，如：Neil Munro, "Obama Attempts To Keep Low Profile On War, Taxes And Amnesty", The Daily Caller, September 24, 2014, http：//dailycaller. com/2014/09/23/analysis – obama – attempts – to – keep – low – profile – on – war – taxes – and – amnesty；Jim Kuhnhenn, "On high – profile issues, Obama keeps a low profile", March 12, 2011, http：// news. yahoo. com/obama – keeps – low – profile – high – profile – issues – 20110312 – 013351 – 449. html.

② 赵明昊：《美国进入韬光养晦时代？》，《东方早报》网站，2012 年 12 月 5 日，ht-tp：//www. dfdaily. com/html/51/2012/12/5/905433. shtml。

奥巴马基本上可以按照既定方针处理国际问题，而没有受到太大的国内
政治干扰。第四，近十几年来美国在若干伊斯兰国家强行推进的"民
主进程"受到挫折，世界政治和各国发展模式走向多元化，美国的政
治和意识形态扩张的阻力增大。第五，以中国为代表的新兴大国在世界
经济和政治中的影响扩大，使美国刮目相看，重新思考全球战略平衡和
世界秩序稳定问题。第六，奥巴马执政以来所发生的地区冲突、极端势
力异军突起，以及所谓"地缘政治回归"现象，尚未从根本上损害美
国的国家安全和经济利益。无论是出于什么原因，"9·11"那种规模
的恐怖事件，其后没有在美国发生过。中国、俄罗斯或任何一个国家，
都没有对美国的安全利益造成直接的、颠覆性的威胁，也没有结成反美
国际同盟的现实可能。

一些评论家认为，奥巴马所代表的民主党在 2014 年的中期选举中
失利，他本人的国内声望也已跌落，使他提前成为"跛脚鸭"。但是奥
巴马本人对此嗤之以鼻。他声称自己在执政的最后两年不必再过多考虑
选举政治，而是可以更加专心致志于贯彻自己的政策意愿。① 有美国外
交专家指出，许多美国总统都是在自己的"遗产"岁月里实现外交宏
愿的。奥巴马现在可以将更多的时间和精力投入外交事务，而在内政方
面，来自国会和特殊利益集团的阻力会使他望而却步。② 可以预料，如
果国际上没有发生完全出乎意料的事件，奥巴马将会继续试图稳定中美
关系，对俄罗斯"斗而不破"，压制中东的极端势力但不出动地面部
队，减少但不完全停止对伊朗的制裁，争取缓解巴以冲突，倡导气候变
化问题上的国际协议和规范，争取同日本等国签署 TPP 协议，推进同
欧洲国家的 TTIP 谈判，改善同拉美国家的关系，等等。简言之，按既
定方针办。

无论奥巴马个人的政治倾向和个人好恶如何，他作为美国总统必须
遵守美国的"道统"。比如，他的多数外交政策演讲都强调美国义不容
辞地注定要"领导世界"，坚持"美国例外论"（American exceptional-

---

① Justin Sink, "Obama spurns lame – duck label", *The Hill*, November 24, 2014, http：//
thehill. com/homenews/administration/225056 – obama – spurns – lame – duck – label.

② Robert E. Kelly, "Is there an Obama Doctrine", *Foreign Policy*, September 22, 2014, ht-
tp：//thediplomat. com/tag/obama – doctrine.

ism），否认美国已经或者即将衰落，认为美国仍然是世界上最强大的国家；世界上的盟国和伙伴需要美国留在它们所在的地区，美国将加强而非削弱现有的安全同盟；美国不想无限制地使用武力，但如果出现动武的必要，他的政府会毫不犹豫、毫不留情地打击对手，即使是单干也在所不惜；美国的自由价值观是立国之本，在国际事务中要坚持自己的价值判断，支持民主力量，反对侵犯人权。凡此种种，向来是美国历代领导人坚守的政治底线。

美国不会放弃它的全球霸权图谋，但其谋求霸权的方式正在发生变化，既有力不从心的一面，也有自愿收缩、"心不从力"的一面。在奥巴马执政的最后两年里，在坚持上述"道统"的同时，也许还会继续"韬光养晦"下去。问题在于，美国全球战略的上述调整是奥巴马两个任期内的特殊行为方式，还是代表了致力于大国合作、维护现存国际秩序的一种长远趋势？

要回答这个问题，需要从美国国内和外部世界两个维度去分析。在国内，奥巴马外交政策的批评者以传统的共和党右翼或其支持者居多，背后则有军工利益集团、宗教保守势力、垄断财团等强大势力。他们对奥巴马的抨击集中在五个方面：一是现任总统的所作所为，实际上放弃了美国在世界上的领导地位和领导责任，居然把美国降低到同其他大国平起平坐的地位，尤其是对中国和俄罗斯过于软弱。二是过分强调了气候变化等非传统安全和全球治理问题，没有抓住国际政治的要害——大国的地缘争夺，听任中国在西太平洋、俄罗斯在乌克兰及其附近地区"欺负小国"，震慑美国的盟国。三是压低国防经费，在网络安全、太空安全等领域没有抓住主导权。四是在中东问题上进退失据，如一开始夸下海口要把叙利亚总统巴沙尔赶下台，后来又拿不出办法，反而让"伊斯兰国"等激进势力坐大。五是不敢大胆同"专制政府"交涉这些国家的人权问题，背离了美国的理想主义原则。

不难看出，上述对奥巴马政府外交政策的批评，有不少相互矛盾之处，而且将战略同策略问题混在一起，出于党派争斗的动机多，建设性意见少。至少在现阶段，这些反对意见尚难动摇奥巴马的外交路线。但是两年之后，无论是民主党继续掌管白宫，还是一位共和党总统上台，肯定都要修正奥巴马主义。即使不是完全放弃"韬光养晦"，至少也需要显得更加积极，更加强硬，更加敢作敢为，而几乎不可能比奥巴马更为低调。不过，奥巴马的继任者不大可能否定他"不干蠢事"的中心理念，即不到万不得已之时，不去发动阿富汗战争、伊拉克战争这种规模的地面战争，不会回归到小布什时期新保守主义的老路上去。至于同中国或俄罗斯直接交战，就更匪夷所思了。将主要精力放在国内经济发展、社会公平、科技教育而非对外扩张，大概也会是美国未来一段时间的战略取向。

奥巴马及其继任者难以定夺的一个重大战略问题，关系到"亚太再平衡"的战略调整。部分美国战略家和国际舆论不满于奥巴马政府"转向亚洲"（Pivot to Asia）的想法，认为欧洲同美国的政治文化联系远远重于亚洲；犹太裔和宗教色彩浓厚的美国人，也把大中东地区（尤其是以色列）视为核心关注。另一部分战略家和国际舆论却指责奥巴马政府对迅速崛起、对美构成日益严重挑战的中国采取过于"宽容"的态度，"养虎为患"，应当及时调整亚太政策，实现经济和安全重心转移。

在国际层面，美国是否继续"韬光养晦"受到多重因素的影响。首先，美国要劝说其盟国为了它们的自身利益而冲锋陷阵（比如在打击"伊斯兰国"问题上），美国站在背后指挥，这是很难做到的。《金融时报》专栏作家吉迪恩·拉赫曼（Gideon Rachman）指出，冷战时期美国承担了北约军事预算的一半左右，而今天这一比例高达四分之三。北约 28 个成员国里，只有美国、英国、爱沙尼亚、希腊四个国家的国防预算达到了各国所承诺的国内生产总值 2% 的水平。其中的英国军事预算很快就要低于 2%，军队总人数降低到 8 万人左右。难怪普京可以藐视北约，肆无忌惮地对乌克兰进行军事干涉。① 其次，不少观察家担心，由于中美两国实力此消彼长，美国又想"迁就"中国的"野心"，多数东亚国家可能在中美之间"脚踩两只船"，甚至最终倒向中国一边。再次，美国在中东的盟国如沙特阿拉伯、土耳其等，要么缺乏

---

① 转引自 George Will, "NATO's Moment of Truth: Will the organization stand firm in the face of Putin's aggression?" http://www.nationalreview.com/article/387274/natos – moment – truth – george – will。

军事能力，要么想把极端势力的祸水引向他方。总之，不少战略家担心；如果美国继续"韬光养晦"而不挑头同敌手对抗，最终会自食其果。

各国的政治家、学者专家和公众都有一种倾向，即把美国当做一个战略目标明确、战略计划长远、战略思想成熟、政策手段强硬而老谋深算的国家。人们往往忽略的是，从历史长河来看，美国战略的目标、计划和政策是随着外界环境而变化的。即使在美国实力处于顶峰的20世纪50年代到60年代初期，以及冷战后的克林顿时期，美国也无力规划或掌控国际形势的发展方向。美国的所谓"大战略"谋划，同其他国家的战略谋划一样，只能根据世界这样一个不断变动的"大棋局"和自己手中所掌握的一些"棋子"，设想行动的原则。它所做的战略决策，更像是"顺势而为"、"乘虚而入"，甚至时而被国际事件推向有损于其长远利益的错误方向。

例如，假设没有"9·11"世贸大厦被摧毁，就没有阿富汗和伊拉克两场战争；假设没有2011年年初突发的"阿拉伯之春"，就没有美国逼迫埃及总统穆巴拉克下台，以及西方用武力推翻卡扎菲政权的举措；假设没有2014年年初的乌克兰内乱，就没有后来的美俄关系紧张。在上述事件中，美国（作为一个国家行为体）与其说是谋划者、策动者、操纵者，不如说是应对者和各个应对方的协调者。美国的强项在于它对各类突发事件均有一些应对预案，对信息能够及时掌控，迅速调动国内外政府与社会资源，力图将被动转为主动。

奥巴马主义和美国的外交转型在多大程度上能够得以延续，主要取决于世界大势，也取决于突发事件和美国以外的行为体的所作所为。美国的国内政治、经济发展和战略目标，只决定了它想做什么，有能力做什么；而实际上它将要做什么，更多地决定于外部世界将如何发展，以及外部行为体将对美国做什么。也就是说，外部世界和美国本身共同决定了美国全球战略的可塑性。在这一意义上，中国的战略定位和对美政策可谓举足轻重。

后危机时期美国全球
经贸战略及其影响

　　长期以来，美国全球经贸战略的目的是，调动和开发全球资源为美国的"国家利益"服务。华尔街金融风暴迫使美不得不调整对外经贸战略，危机中把重心放到拓展国际市场，以恢复美国经济，后危机时期重心由市场争夺转向规则制定，以重塑美国经济霸权。为此，奥巴马政府极力推进"跨大西洋贸易与投资伙伴关系"即 TTIP 和"跨太平洋伙伴关系协定"即 TPP 构建，以经贸"两洋战略"操控全球经贸规则制定权，构建以美国为主导的国际经济新秩序。

一　战略目标与措施

　　战略上，美全球经贸战略旨在打造以北美自贸区为主体、经贸"两洋战略"为侧翼、区域合作为辅助的全球经贸大棋局；战术上，由金融危机时的国际市场争夺为主转到后危机时期的国际规则制定，由传统的自由贸易、公平竞争为主转向面向 21 世纪的高规格、全方位竞争；做法上，恢复美国经济实力和全球经济霸权地位，全面掌控国际经贸规

　　① 陈凤英，中国现代国际关系研究院研究员/博士生导师；孙立鹏，中国现代国际关系研究院美国研究所博士。

则制定权，维护现行国际经济秩序，将中国等新兴市场纳入其中。故此，美国全球经贸战略调整与布局既有现实经济利益诉求，更有长远战略思考。

（一）借助 20 国集团机制赢得国际经贸合作，拓展全球市场空间，摆脱国内经济"大衰退"困局，恢复和重振美国经济。这是第一任期内奥巴马政府全球经贸战略的首要任务。众所周知，华尔街金融风暴将美经济推入"大衰退"泥潭，时间长达一年半。美商务部经济分析局统计，金融危机使美经济出现二战以来最严重滑坡，居民财富损失超"大萧条"时期，国内生产总值（GDP）规模（按不变价格）累计萎缩 5.1%，私人部门失去 880 万个就业岗位。[①] 危机导致美政府债台高筑、财政赤字飙升、失业率高企，使社会两极分化、政治生态极化。至今，虽然美国经济复苏持续 5 年，但结构调整远未结束，宏观数据持续向好，但微观经济尚未恢复健康，经济实力和国际影响力明显下降。

从经济规模看，国际货币基金组织（IMF）按不变价格计算，2008—2013 年美国的 GDP 只增 6.3%，人均 GDP 仅涨 2.3%，远低于世界平均水平，美经济占世界经济的比重由 2008 年的 25.5% 降到 2013 年的 22.3%。[②] 从制造业看，奥巴马政府虽借助"能源独立"力推"再工业化"，出台《美国制造业振兴法案》、"购买美国货"、降低制造业税收负担、吸引美海外企业回巢等一系列鼓励政策，以促进美国制造业复兴，但 2008—2012 年美国的制造业依然萎缩 1.2%。特别是，2010 年美居然丢掉了已经把持百余年的全球制造业第一大国地位。从经济结构看，近年经济形势虽然企稳，复苏势头也好于欧日，但持续发展仍面临高债务与巨额财赤，以及非充分就业等拖累，而"第三次工业革命"初露端倪，但尚未形成可拉动经济增长的整体力量，"能源独立"虽取得巨大进展，但大规模产业化和新支柱型产业尚未形成，财政和货币等刺激政策已用尽。结果，2013 年年底美产出缺口占 GDP 比重仍达 4.1%，到 2016 年或恢复至危机前水平，2018 年才能基本弥合

---

① Economic Report of the President, March 2014, p. 21.
② 根据 IMF《世界经济展望》报告 2014 年 10 月版数据库资料计算而成。

产出缺口。① 这是衡量美经济是否回归常态的重要指标，其缓慢弥合说明结构调整将是一个漫长过程。从人口老龄化看，婴儿潮一代已进入退休年龄，2012—2032 年美适龄工作人口年均增长将降至 0.3%，② 这无疑将降低美长期潜在经济增长率。从国际贸易看，奥巴马政府虽力推"五年出口倍增计划"，但美货物贸易出口占世界的比重不增反降，由 2009 年的 8.9% 降到 2013 年的 8.6%。

　　鉴于此，在第一任期内，奥巴马政府将全球经贸战略调整重心放到借助 20 国集团（G20）机制，一方面以"真诚"合作姿态获取国际广泛支持，遏制危机蔓延，减缓危机冲击，另一方面通过"再工业化"、鼓励出口、保护主义等，强压新兴经济体开放市场，拓展国际经贸空间，以拼出口、创就业减缓经济衰退，重振美国经济。在这一时期，奥巴马政府的全球经贸战略更具"同舟共济"特征，合作意愿上升，姿态相对低调，方式具包容性。在多边层面，奥巴马政府非常重视 G20 平台，更关注与中国等新兴经济体合作，甚至以承诺国际货币基金组织（IMF）等国际机构改革，给新兴市场更多代表性和话语权，由此获取经贸利益；在双边层面，美更关注中美经贸关系发展，将中美战略经济对话机制升格为战略与经济对话机制，借此拓宽双边合作与对话渠道，同时通过强压人民币升值，以及对华实施更强硬保护措施，提升美企业竞争优势，平衡中美经贸关系；在亚太地区，以"重返亚太"战略为先导，以 TPP 为手段，打乱亚太区域合作架构，以此全面渗透亚太市场，夺回区域经贸整合主导权，分享亚太经贸繁荣成果，带动美本土经济复苏，主导区域经贸规则制定。应该说，在这一时期奥巴马政府的全球经贸战略推行得相当顺利，成果颇丰。特别是，危机中"金砖国家"等新兴市场在 G20 机制内不计后果全力以赴地帮助美克服金融经济危机，以空前的财政刺激和宽松的货币政策，引领世界经济止跌回升，与美展开全方位合作，使美经济先于欧日复苏。

　　（二）应对新兴经济体群体性崛起，阻止国际经贸格局重心东移势头，挽回并稳固美全球经济霸权地位。随着"金砖国家"等新兴大国

---

① 根据 IMF《世界经济展望》报告 2014 年 4 月数据库资料计算而成。

② Economic Report of the President, March 2014, p. 35.

先后崛起，世界经济发展呈"东高西低"态势，国际力量格局显"南升北降"趋势，世界经济和金融格局今非昔比，美已很难独霸世界。尤其是，随着经济全球化的深化，新兴经济体积极参与全球产业链分工，其经济发展明显加快，全球经贸重心由大西洋两岸向太平洋地区转移。金融危机前，上述格局变迁并未威胁到美在国际政治和经济领域的绝对领导权，因为新兴经济体基本上遵循由美制定的国际经济规则。而美对新兴市场主要采取"引导融入"战略，以"华盛顿共识"压新兴经济体进行改革开放，加入世界贸易组织（WTO）等国际组织，使新兴经济体在经济上高度依附美国，由此攫取更多实质经济利益。

　　然而，自金融危机以来，新兴经济体加速崛起，主动参与全球经济治理，对美经济依存渐渐减弱。相反，美与新兴经济体的相互依赖加深，而且新兴经济体之间经贸合作蓬勃兴起，由此对美经济霸权地位构成某种挑战乃至威胁。虽然金融危机对新兴市场经济有冲击，但在中国等"金砖国家"引领下新兴经济体经济很快恢复增长，并且成为全球经济增长的主要引擎，全球发展重心加速东移，新兴经济体在反危机中表现特别出色，国际影响力明显上升。危机中，新兴经济体力挽狂澜，以强刺激拉动自身经济发展，并以扩大内需和开放市场，帮助发达国家经济复苏。据IMF统计，2008—2012年新兴市场与发展中国家对世界经济增长的贡献率达到77%（按美元汇率），如按购买力平价（PPP）计算则为74%。2014年，即使新兴市场与发展中国家经济增速普遍放缓，但按美元汇率计算，对世界经济增长的贡献率依然达到54.4%（包括亚洲"四小龙"和墨西哥，IMF将其列入发达经济体）。同时，新兴市场与发展中国家经济在世界经济中的地位持续上升。据IMF统计，按美元市场汇率计算，新兴市场与发展中国家占世界经济的比重由2000年的23.6%上升到2012年的41%（包括亚洲"四小龙"）。① 如按2011年世界银行国际比较项目数据（以购买力平价），早在危机前的2007年，新兴市场与发展中国家经济规模已超全球产出的一半，且超越势头还在继续，到2011年其占全球产出的比重增到57%（不包括亚洲"四小龙"等被列入经济合作与发展组织（OECD）的11个新兴经

---

① 根据IMF 2013年10月《世界经济展望》报告数据库数据整理。

济体）。IMF 数据显示，2007—2014 年新兴市场与发展中国家的经济增速是发达国家的 9 倍。① 事实上，金融危机成了新兴经济体追赶发达国家的战略机遇。在国际贸易中，新兴市场与发展中国家所占比重已从 25 年前的 15% 上升到 40%；② 在全球直接投资（FDI）流入中，发展中国家与转型经济体所占比重由 2007 年的 32% 升到 2013 年的 61%，打破了危机前全球 FDI 主要流动于大西洋两岸的传统。③ 可见，世界经济与国际贸易格局正在发生着时代性变化，全球经贸发展重心确实在向新兴经济体转移，而这一趋势还将继续。据 OECD 预测，随着中国、印度和亚洲其他经济体经济持续快速增长，在未来半个世纪中，全球地缘经济中心将继续向新兴市场转移，OECD 成员在全球贸易中的比重将由 2012 年的 50% 下降到 2060 年的 25%。④ 对美等发达国家而言，这应该是一个难以接受但无法扭转的发展趋势。

危机已经过去 6 年，美则发现自身的经济实力开始削弱，其发展模式也遭国际社会质疑，全球领导地位正前所未有地受到来自新兴经济体的挑战，二战后由美国设计的全球经济秩序正遭"金砖国家"挑战，后者正紧锣密鼓筹备"金砖国家开发银行"，亚洲则正在构建由中国倡议的亚洲基础设施投资银行等的挑战。鉴于此，在第二任期内，奥巴马政府开始调整全球经贸战略，重心由危机中的争市场、创就业、救经济转向危机后的定规则、建秩序、夺回主导权，稳固全球霸权，试图制止并扭转对其不利的发展态势和力量格局变迁，全面掌控后危机时期的国际经贸秩序主导权，挽回并加强美全球经济霸权地位。布热津斯基甚至强调，要构筑"扩大的西方"，用以应对"新兴的东方"。

（三）以构建经贸"两洋战略"打破现行多边或区域经贸合作架构，夺回全球经贸规则制定权，恢复以美为主导的西方自由市场经济秩序。金融危机严重冲击自 19 世纪以来西方中心与发展中国家外围的国际经济体系，全球经贸格局开始由量变到质变的进程。能否在后危机时期谋得发展先机、再度引领国际经贸规则制定，直接关系到稳固美国经

---

① 根据 IMF《世界经济展望》报告 2014 年 10 月的数据库数据整理。
② 根据 WTO《2012 年世界贸易与 2013 年前景瞻望》报告 2013 年 4 月的数据整理。
③ UNCTAD, Global Investment Trends Monitor, NO. 15, Jan. 28, 2014.
④ OECD, Shifting Gear: Policy Challenges for Next 50 Years, July 2014.

济霸权问题。回顾历史，二战后美积极推行自由贸易政策，凭借巨大经济优势和产业竞争力，构建起以布雷顿森林体系为核心的国际经贸秩序，以此促进美贸易与投资，实现了经济繁荣；20 世纪 80 年代，西欧与日本经济快速崛起，美为此调整经贸战略，推行所谓"公平贸易"战略，强调对等、公平、规范化、法律化。以《1988 年综合贸易法》和"301 条款"为法律依据，保护自身经济竞争优势，强制性打开欧日市场，维护全球经贸主导权。

　　然而，2008 年的金融危机加速中国等新兴大国崛起，其国际影响力和竞争性显著上升。一方面，"金砖国家"等新兴大国参与全球经济治理能力增强，要求在国际机构提升代表性和话语权的诉求强烈；另一方面，这些国家开始着手构筑符合自身需要的经贸合作机制安排。如："金砖国家"不但启动"应急储备机制"，构建自己的开发银行，而且在国际机构中开始用一个声音说话；在亚洲，中国倡议由 22 个国家参加的亚洲基础设施投资银行（亚投行）在短短数月内宣告成立，并将互联互通和基础设施建设确定为新的合作领域；在全球，金融危机催生 G20 合作机制，取代七国集团（G7）成为全球经济治理主要平台。后危机时期，这些经济体在国际经济中将扮演越来越重要的角色，它们希望改革现行国际经济体系，如 IMF、世行等，提升话语权和代表性，尤其对美国会拖延 IMF 份额改革强烈不满，甚至希望通过强化自身合作，倒逼 IMF、世行等加快改革进程。凡此种种都给美奥巴马政府形成巨大压力，对美主导的全球金融经济体系构成严重挑战。

　　有鉴于此，后危机时期奥巴马政府必须相应调整全球经贸战略，重点放到构建面向 21 世纪的经贸"两洋战略"即 TPP 和 TTIP，抑止新兴经济体在现行国际经济体系外建立某种"排西方"性金融——经贸安排，以此扭转现行不利于西方的国际经贸发展态势，夺回国际经贸规则制定权，维护美在全球经济治理的主导权。无疑，奥巴马政府已明显感到，随着越来越多的新兴经济体加入 WTO，美已很难通过 WTO 制定有利于美国的经贸规则。特别是，现行诸多国际经贸规则，如知识产权保护、劳工环保标准、政府采购、服务贸易等，已难有效保护美国的利益。另外，无论在 WTO、IMF、世行等国际机构，还是在 G20 或亚太经济合作组织（APEC），美深感力不从心，自感孤掌难鸣，行动上受新兴大国牵制。对此，奥巴马政府极为不满，认定中国等"金砖国家"已成全球经济规则制定的"搅局者"，必须在无"金砖国家"等新兴大国的情况下，与"志同道合"的亚欧传统国家一起，重塑由美主导的全球经贸新规与新秩序。当然，奥巴马政府非常清楚，后危机时期国际竞争重心已由市场争夺转向规则制定，因为"得规则者得天下"。美当局必须运筹帷幄、纵横捭阖，在新一轮国际经贸秩序调整中下好先手棋，赢得规则制定的战略先机，从自由贸易、公平贸易向规则贸易转变。因此，构筑起一整套面向 21 世纪、高标准、符合美国利益的国际经贸规则，是美全球经贸战略转型的现实需要。

在亚太，奥巴马政府赋予 TPP 以"可持续的 21 世纪贸易框架"重任。伴随"重返亚太"战略构想的不断推进，美宣布加入由智利、新加坡、新西兰、文莱于 2005 年建立的"跨太平洋战略经济伙伴协定"（后改为"跨太平洋伙伴关系协定"，即 TPP）。由于美国的介入，该协议俨然成为美主导亚太经贸秩序的主平台。在谈判内容上，除传统的制造业、农产品、纺织品、服务贸易、投资等议题外，与市场准入有关的内容涉及原产地规则、技术贸易壁垒、卫生与植物卫生措施、海关程序、竞争政策、智能财产权、电子商务、政府采购、透明度、劳工、环境等领域。美贸易代表办公室强调，TPP 旨在"打造 21 世纪标志性贸易协定，为全球贸易制定新标准，容纳新一代议题，提升参加国国际竞争力"。① 奥巴马总统明确表示，"TPP 可资成为未来亚洲乃至世界贸易协定的样板，它将全面涵盖此前协定未曾触及的整套问题，兼容各种市场规则，提高劳工权利和环境保护标准"。②

在欧洲，美将 TTIP 视作抢占后危机时期国际经贸规则的制高点，以期重塑 WTO 等多边经贸合作架构。奥巴马总统直言，TTIP 是他第二任期的核心经济议程。他相信，"我们有很大概率达成双方都需要的那类协定、并向世界其余地区释放一个信号。在贸易谈判多年陷于僵局之后，美国和欧盟必须抓住这个机会展现出领导力，向人们证明我们能够

---

① Outlines of the Trans – Pacific Partnership Agreement, USTR, http//www. ustr. gov/ about – us/press – officce/2011 /november. Retrieved at June 16, 2013.

② Remarks by President Barack Obama in Meeting with Trans – Pacific Partnership, Hale Koa Hotel, Honolulu, Hawaii, November 12, 2011, http：//www. ustr. gov.

做出艰难的抉择"。这就是奥巴马总统启动 TTIP 的决心和宣言。的确，美赋予 TTIP 重要使命——联手欧洲最终构建起跨大西洋经济联盟，恢复西方自由市场经济体系，以应对东方"国家资本主义"挑战，遏制新兴市场群体性崛起。奥巴马政府希望，最终建成的 TTIP 应该包罗万象，除减免关税外，还涵盖消除非关税壁垒，如市场准入、技术标准、知识产权、公共采购、劳工标准、环境问题、监管法规和市场规则等。同时，美希望通过 TTIP 谈判达到与欧洲在经济上的高度整合，增强美欧在全球经济治理与国际经济规则制定方面的合作，共同营造属于美欧的"大西洋世纪"。

　　诺贝尔经济学奖得主施蒂格利茨则一针见血地指出，美欲利用 TPP 和 TTIP 建立操纵贸易机制。美与欧洲以及美与亚太一些国家建立自由贸易区的谈判，并不是为了建立真正的自由贸易体系，其目的是建立一种操纵贸易的机制，为长期主导西方贸易政策的特殊利益服务。美贸易代表办公室代表弗罗曼如是说，TPP 致力于使有意愿达成高水平贸易的国家进入一个共通的平台上，以便促进贸易，实现地区融合。奥巴马总统在 2014 年的北京 APEC 领导人非正式会议期间公开表示："TPP 意味着囊括世界上 40% 的经济体，我同这些谈判方的领导人进行了会谈，我们要将这件事做成，令 TPP 成为 21 世纪贸易的新楷模。"可见，美经贸"两洋战略"的真实目标是撇开 WTO，夺回经贸规则制定权，同时通过 TPP 和 TTIP 重构全球经贸新格局、交易规模和市场准入，从制度上保障和强化美元的国际主导货币地位。随着美经贸"两洋战略"推进，其所制定的新贸易规则和市场准入制度很大程度上将新兴经济体排斥在外，通过增加贸易和投资壁垒削弱后者竞争力，压缩其在全球贸易与投资领域的发展空间。

　　值得关注的是，一旦美经贸"两洋战略"最终得以落实，TPP 与 TTIP 互动性将增强，美将同时推进"重返亚太"和"大西洋联盟"战略，由此引发全球地缘政治格局巨大变化，"金砖国家"等新兴大国或将再次被边缘。因为，美将通过 TPP 和 TTIP 协议，构建起以美为轴心、横跨太平洋和大西洋的两洋超规模自贸区，除"金砖国家"外的主要新兴经济体或囊括其中，"金砖国家"将被排除在新的全球经贸治理架构外。尤其是，TPP 和 TTIP 最终将构筑起以高规格、宽领域的市场准入屏障,"金砖国家"因无法加入而被排斥在外,除"贸易转移"带来的经济不利影响外,在制定全球竞争规则中被边缘。特别是,美与欧洲构建的 TTIP 打压"金砖国家"目标明确,明显收窄"金砖国家"合作空间,抑制"金砖国家"国际影响力。当然,上述意图成功概率尚待观察,真正实现的可能性较小,毕竟今天的"金砖国家"经济实力明显增强,加之 TPP 和 TTIP 在技术性问题上谈判难度大,很难一蹴而就,而美国国内政治生态变化同样牵制经贸"两洋战略"实施。但是,奥巴马政府将其作为政治目标,推进力度大,达成协议只是时间问题。国际社会尤其"金砖国家"必须对上述动向高度警惕,未雨绸缪下好南南合作这盘先手棋。

二 对中国影响与对策思考

危机中,美借重中国在新兴经济体尤其在"金砖国家"中的影响力,搭起 G20 合作机制,以减轻危机冲击与经济衰退程度。这期间,美对华经贸战略主要通过战略与经济对话机制,基调为以合作谋利益,以竞争保优势,经历了短暂的同舟共济"蜜月期"。后危机时期,美开始以"亚太再平衡"和经贸"两洋战略"挤压中国外部经贸发展空间,重心由市场争夺转向规则之争,方式由危机中的合作与竞争转向竞争与合作,以"务实合作为基、战略遏制为本",利益碰撞与经贸摩擦日渐频繁,经贸关系大方向不变,合作仍是主流,竞争趋于激烈,规则之争是焦点,摩擦更易高发,应对需要创新思维、创新战略与政策。

(一)中美经贸力量格局变迁,发展重心向中方倾斜,美担忧影响乃至威胁其全球霸权地位。金融危机使中美经贸力量对比发生预想不到的变化,中国经济总量加速崛起,美国经济总量相对减弱,中国从规模上实现弯道超车效应,对外经贸合作全面拓展,经济外交频频出手,令奥巴马政府应接不暇,甚至寝食难安。

据 IMF 以人民币不变价格统计,2007—2013 年中国经济规模扩大67.5%,以美元汇率统计则猛增 170%,增量达到 59645 亿美元,占全球产出的比重由 2007 年的 6.2% 上升到 2013 年的 12.7%,对世界经济增长的贡献率达到 33.4%,成为名副其实的全球最大引擎。同期,美国经济规模只增长 5.6%，增量为 22904 亿美元，占全球产出的比重由 2007 年的 25.5% 降到 2013 年的 22.4%，对世界经济增长的贡献率只有 12.8%，退居中国之后为第二引擎。[①]

其间，中美经贸力量格局发生了若干令奥巴马政府难以接受的量变：首先，2010 年中国制造业产值超过美国，成为世界第一制造业大国。这从数量上开始动摇自 1870 年美国取代英国成为世界第一制造大国地位。[②] 国际社会将这一事件视为世界制造业最重要的历史性改变。根据联合国经济数据，2007 年中国制造业产值仅为美国的 62%，到 2012 年上升到美国的 126%。关键是，这一变革趋势还在继续，且"中国制造"开始由一般商品向中高端制造进军。

其次，2013 年中国取代美国成为世界第一货物贸易大国。据 WTO 统计，2008 年中国的货物贸易额比美国少 9060 亿美元，2011 年缩小到 1000 亿美元，2013 年则超过美国 1500 亿美元，占全球货物贸易比重增至 12.1%。[③] 这仅仅在短短几年中发生，它使奥巴马政府先后拱手让出世界制造业、货物贸易的第一把交椅。当然，美方非常清楚，"中国制造"或"中国出口"确切讲是美跨国公司等在华投资和生产的结果，且质量和技术含量远不及"美国制造"，但给奥巴马政府造成巨大的心理压力，当然从面子上也下不了这个台阶。这也是奥巴马政府力推再工业化，甚至要"美国生产，中国消费"的缘由所在。

再次，2014 年中国 GDP 规模按 PPP 计算超过美国，成为世界最大经济体。IMF 根据世界银行国际比较项目的 PPP 统计，2014 年的中国经济规模超过美国，两国 GDP 分别为 17.6 万亿美元和 17.4 万亿美元。无疑，这只是一种统计方式而已，不能说明中国经济发生何种变化，尤其对中国居民生产水平的影响几乎为零。因为，以美元汇率法统计，2014 年中国与美国的 GDP 分别为 10.355 万亿美元和 17.416 万亿美元，中国 GDP 规模依然只相当于美国的 59.5%，但 2007 年只相当于美国的

---

① 根据 IMF 2014 年 10 月《世界经济展望》报告数据库资料整理。

② 资料来源：联合国、美国制造业生产力和创新联盟（MAPI）。世界银行的数据是，2010 年美国仍居第一位，但领先中国的优势十分微弱。

③ Wayne M. Morrison, *China's Economic Rise: History, Trends, Challenges, and Implications for the United States*, CRS Report RL33534, July 9, 2014, p. 8, p. 17.

24.2%，增量非常可观。如按人均 GDP 计算，中国远落后于美国。以 2014 年为例，以美元汇率计算中国人均 GDP 只有美国的 13.8%，即使以购买力平价计算也只有美国的 23.6%。对此，美官方虽心知肚明，这仅仅是统计方式不同而已，但西方舆论还是哗然，甚至挖空心思找中国经济问题，嘲讽中国经济效率低下。的确，中国经济粗放发展，浪费了不少宝贵资源，但要知道，华尔街金融风暴卷走的是几乎相当于 2007 年美全年的 GDP 规模，其效率实在"太高"。众所周知，中国经济规模超美只是时间问题，未来两国之争在质量、技术和规则上，只能路遥知马力，关键是谁笑到最后，博弈将愈演愈烈。

最后，中国对外经济关系由经贸拓展到金融合作。过去一年中，中国以创新精神积极筹划周边和区域经贸合作，支持建立"金砖国家"发展银行和"应急储备机制"，出资筹建亚投行，设立丝路基金等，与多国建立货币互换、拓展人民币离岸市场，人民币国际化进程明显加快，主动捐款于国际机构和地区组织，以负责任大国的姿态创新理念、创新渠道、创新模式，开始大踏步走向周边，走向亚太和世界，令世人刮目相看，使奥巴马政府望尘莫及。

（二）以"亚太再平衡"和经贸"两洋战略"，从全球和区域层面遏制中国拓展国际空间和提升国际影响力，以打乱中国"走出去"和民族伟大复兴战略进程。鉴于上述力量格局变迁，奥巴马政府感到来自中国的巨大挑战，认为只靠美国一家已经无法应对中国，甚至感到力不从心。故此，奥巴马政府希望通过与欧盟、日本等发达国家一起，联合亚太某些新兴经济体，共同制定一整套全球/区域经贸竞争新规，以此规范中国经贸行为，限制中国在经济全球化中"搭便车"，迫使中国承担更多国际责任。这是美倾力构建其经贸"两洋战略"的重要任务与目标。美大律师加里·霍力克曾这样转述奥巴马总统的话，"如果美国不为亚洲确立游戏规则，那么中国就会"。

在亚太，奥巴马政府正在积极促成 TPP 尽早签约，希望将其树为亚太区域合作的新标杆，试图降低小国对中国的经济依赖，制衡中国在该地区的影响，配合美"亚太再平衡"战略，强化与亚太盟友关系，形成由美主导的区域经济一体化和地区安全合作架构，全面掌控亚太整合的主导权。奥巴马政府将 TPP 门槛提高，包括全面零关税、知识产权保护、国企、环保、劳工权利等，标准高于 WTO，制约中国意图昭然若揭。美希望加深同亚太地区经贸合作，进而实现"重返亚太"战略目标。中国面临市场需求、区域合作和贸易标准等新的严峻挑战。另外，鉴于受区域原因限制，美国均不在现行亚洲经贸合作架构内，如"10 + 1"、"10 + 3"和"区域全面经济伙伴关系"（RCEP），且亚洲地区在"10 + 3"架构下的金融合作日趋紧密，如"清迈协议"框架下的货币互换等，已对美元在亚洲地区的独霸地位构成威胁。因此，奥巴马总统在第一任期就提出"重返亚太"战略，甚至宣布自己是 21 世纪的亚太总统，表示对日、菲、澳等盟友的高度重视，一些国家借此开始有恃无恐，对中国进行挑衅，挑起一系列区域争端。从中，美既加强与盟友关系，又扩大在亚太存在，并可遏制中国影响，亦能打乱中国区域经贸合作阵营，达到一石多鸟目的，坐收渔利。

在欧洲，美希望通过建立 TTIP，联手欧洲遏制与规范中国经济全球化进程。奥巴马总统认为，通过大西洋两岸的自由与公平贸易，可为美创造数百万就业机会，同时可与欧洲一起对华进行更广泛的规则制约。美强调以高标准设计 TTIP，试图以 TTIP 重塑全球经济治理架构，并以西方主导的自由化与全球化，对中国和整个世界在经贸、金融、资本市场、市场准入、高新技术、新能源、农产品等，制定新的规范、规则与规定。试想，一旦 TTIP 谈判成功并签约，无论是美恃强抛开 WTO 另起炉灶，还是重回 WTO 框架，对中国制约力度均将大大提升。

在非洲，美加强同"希望非洲"合作。目前，非洲是世界经济增长的新希望，全球 10 个经济增长最快的国家有 6 个在非洲，未来非洲市场的壮大和发展蕴藏着无限的潜力和机遇。奥巴马政府深感，中国领导频访非洲，与非洲举办相关领导人峰会，促进与非经贸合作，而美在推动同非洲经贸合作方面已经落后。作为美首位黑人总统，奥巴马被非洲国家抱以厚望，希望其在任期间改善美非经贸关系。但在第一任期内，奥巴马政府鲜有作为，忽略经济快速发展的非洲对美战略重要性，饱受国内党派和有关国家的诟病，非洲反而成为美全球战略中最薄弱的一环。在第二任期内，奥巴马总统以前所未有的紧迫感，加强同非洲经贸合作，力求弥补前期不足，亲访非洲试图与中国一博，并借非洲经济崛起，拓展合作空间。这既可挤压中国在非洲空间，也是奥巴马的政治

"补课"，以及对美全球经贸战略的增项。

在拉美，中拉经济关系近年来明显加深，使美感到前所未有的压力。"后院"不保的紧迫感迫使美加速调整对拉美战略，以确保其在美洲地区的经济霸权。奥巴马政府明确提出，"重塑美国在美洲的地位，建立一个新的美洲联盟"构想，强调"孤立发展的旧模式已不能适应区域经济一体化的趋势，必须予以摒弃。西半球国家应深化经济关系，实现共同繁荣"。[①] 其目的在于收复政治"失地"，争取有所作为，推进美在该地区的经济战略，营造经贸合作氛围，遏制中国在拉美的存在。战术上，美以双边安排替代区域自贸区建设，加快 FTA 战略，促进贸易发展。在第二任期内，奥巴马政府先后促成哥伦比亚、巴拿马 FTA 生效。目前，与美签订 FTA 的 20 个国家中有 11 个来自拉美地区，对推进美拉经贸关系起到重要桥梁和纽带作用。同时，美以主导 TPP 为契机，大力推进"主导亚洲、辐射拉美"的全球经贸战略，试图达到一石二鸟的战略目标，以主导亚洲和美洲区域经贸合作，进而挤压中国外部空间，实现世界经济霸权的重塑。

综上所述，第二任期的美对华经贸战略将体现，在合作与竞争中以竞争为重，在市场与规则之争中以规则为重，通过经贸"两洋战略"，重塑全球经贸规则，将中国纳入由其主导的全球经济治理新架构。需要关注的是，如果说美以 TTIP 展开新一轮没有新兴经济体参与的全球规则谈判，即没有 WTO 成员参加但针对 WTO 的谈判，那么美以 TPP 方式在亚太展开的新一轮经贸规则谈判，是另一场没有中国参加但针对中国的谈判。西方舆论普遍将上述做法称为"ABC"，即"中国除外"。

（三）美全球经贸战略调整对中美经贸关系影响深远。一是给中美新型经贸大国关系平添麻烦，加大中国参与全球化战略成本。面对美咄咄逼人的全球布局和经贸"两洋战略"，无论在亚太还是全球中国都将与美主导的 TPP 和 TTIP 短兵相接，给中国外部经贸环境构成巨大挑战和威胁。首先，中国是美 TPP 和 TTIP 事实上的"缺席"谈判对手，是奥巴马实施经贸"两洋战略"的主要遏制目标。奥巴马政府有意将中

---

① http：//www. whitehouse. gov/the－press－office/2012/04/14/remarks－president－barack－obama－prepared－delivery－summit－americas－opening/（上网时间：2014 年 9 月 19 日）。

国排斥在新一轮谈判之外，无论在亚太地区还是大西洋两岸，其行将出台的经贸标准和规则，都与中国"走出去"战略有着千丝万缕的关联。美希望与亚太和欧盟成员等在"面向 21 世纪的谈判"框架内达成相关协议，以此对中国形成强大的全球性制约。一旦其经贸"两洋战略"谈判进程结束，美将反过来集中精力与中国进行谈判，这时美就拥有绝对谈判优势，无论中国选择加入或不加入，都会在区域和全球经贸谈判进程中处于被动局面。

二是对于中国与 TTIP，TPP 的威胁更直接且更大。美借 TPP 作为"亚太再平衡"战略的重要推手，遏制中国在亚太地区的影响力目的明确，同时在中国周边形成不利于中方的区域合作安排，对其周边经贸乃至安全构成巨大威胁。美希望 TPP 向 APEC 成员开放，其中包括中国的台湾地区，由此给台海经贸合作带来麻烦。另外，美希望通过 TPP 和 TTIP，打造"高标准"21 世纪标志性经贸协议，以此巩固并提升美国际竞争力，最大限度弱化"中国制造"的后发优势。策略上，美以"先排除、后诱压"，再逼中国"就范"于美制定的竞争新规则；战略上，美借 TPP 将亚太一分为二，即由美领导的"自由阵营"和以中国为主的"国家阵营"，通过提倡自由市场经济，遏制所谓的"国家资本主义"，最终营造"西风压倒东风"之态势。

三是加大中国在区域和全球经贸合作的战略成本。通过构建经贸"两洋战略"框架，联手欧洲和亚太一些国家，美将轻而易举夺回全球和区域经贸规则制定权，借此制止中国经济搭全球化"便车"，同时可规避中国在谈判中的所谓"搅局"，削弱中国企业海外竞争优势，最终牵制中国经济崛起。奥巴马总统坦承，TPP 和 TTIP 框架不包含中国，是让中国感受"遵循国际标准压力"。知识产权、劳工标准、国企规则等将由美国"私人订制"，反过来压中国"全盘"接受，并置中国于区域和全球经贸合作中的不利境地。但是，在全球化大背景下，无论美如何折腾，都难遏制中国的全球化步伐，更不可能将中国孤立于亚太和全球合作之外。要知道，当今世界经济已经形成以美为首的发达经济和由中国引领的新兴经济组成的两大板块。而在经济全球化大环境下，全球经济已经形成"你中有我，我中有你"，且"一荣俱荣，一损俱损"的大格局，所有离开中国参与的区域或全球经贸安排，都是不完整和缺乏活力的。

（四）中美经贸关系合作依然是主流，大有作为的重要战略机遇期不变。当今，中美经贸关系是美全球经贸战略的核心内容，同样也是中国对外经贸战略的重中之重。最近，中共中央外事工作会议对未来世界发展作出五个不变大判断：世界多极化向前推进的态势不会改变；经济全球化进程不会改变；和平与发展的时代主题不会改变；国际体系变革方向不会改变；亚太地区总体繁荣稳定的态势不会改变。未来，中美经贸关系需要在战略机遇期不变这一大战略下稳妥运作，化危为机，转危为安。

后危机时期，美经贸"两洋战略"是中国外部环境面临的最大挑战，但依然有回旋余地，需要积极应对才是上策。应该看到，中国已是世界第二大经济体，又是主要大国中发展势头最强和活力最旺盛的，且开启了全面深化改革和依法治国的新航程。未来，新常态下的中国经济仍将对世界经济提供巨大的正能量，而世界经贸合作不能没有中国，中国需要世界市场，尤其需要驾驭和管理好与美经贸关系。

一是经贸关系是构建中美新型大国关系的压舱石。作为世界第一和第二大经济体，中美经贸关系至关重要，具有全球影响力，可谓举足轻重，牵一发动全球。据 IMF 统计，2014 年中美经济占全球产出的35.8%，对世界经济增长的贡献率合计52.8%（按美元汇率），到2019年两国经济占全球产出的比重将增到37.1%，对世界经济增长的贡献率将保持在41.6%。事实上，当今世界经济基本形成一种中美兴则全球稳的发展格局。故此，从全球层面看，中美经贸合作将全面影响全球化进程，无疑将影响世界经贸发展，从双边关系看，中美经贸关系发展，应是构建中美新型大国关系的基石。

二是共同管控全球风险，中美两国责无旁贷。今天，金融危机尾部风险若即若离，世界经济复苏依然乏力，全球贸易保护主义盛行。中美加强经贸合作，管控全球金融风险，保障世界经济强劲、均衡和可持续增长，是中美战略与经济对话的重要目标。首先，两国要继续共同建设好、维护好 G20 合作平台。其次，要盘活现有全球经济合作机制，充分利用 IMF、世行、联合国等国际机构，加强全球经济治理合作，保障世界经济稳定发展。这是时代赋予中美两国的历史使命。危机中，中美同舟共济，共克时艰，为避免全球经济陷入"大萧条"功不可没；危机后，切忌"过河拆桥"，展开恶性竞争，甚至反目成仇。为使 21 世纪成为人类历史上第一个和平、发展、合作、共赢的世纪，两国需要捐弃前嫌，求同存异，包容互鉴，创新思维，为构建新型大国关系夯实全球层面的经济基础。

三是实现亚太经济一体化，中美两国义不容辞。中美两国有幸共处这一欣欣向荣的地区，合作空间无限宽广。该地区集美、日、加、澳等发达国家，又有中、印、"四小龙"、东盟等新兴经济体，地域辽阔，人口众多，市场庞大，资源丰富，经济互补，活力充沛，潜力巨大，可以任凭两国拓展各自发展空间，挖掘合作潜力。何况，亚太地区现行合作机制基本具备，如 FTAAP 构想、RCEP 框架、TPP 谈判，以及多个双边自贸区安排，可供两国重组区域经贸合作安排。然而，各类区域安排不应具有明显的排他性。未来，需要借用 APEC 平台建立起包括亚太所有经济体的 FTAAP，将该地区各类次区域或双边签署的自贸安排均纳入其中，尤其是 TPP 和 RCEP，以此促进 APEC 区域合作进入一个新阶段，并以 FTAAP 为主渠道，最终构建"亚太大家庭"。毫无疑问，TPP 和 RCEP 的整合路径具有极强的竞争性，但又是非完全对立的关系。在推进贸易与投资自由化和经济技术合作中，二者有着相同目标，尤其在市场准入、成员和合作机制等方面存在多重交叉，在关税、非关税贸易措施，以及与贸易投资有关的边境内议题，如原产地规则、知识产权、技术标准等制度性安排方面，均涉及成员自身法规制度的协调与改革。毕竟，APEC 有 21 个成员，贸易和经济分别占世界的 46% 和 57%，人口占全球的 40%。一旦达成 FTAAP，将超过 TTIP，成为全球最大的区域合作机制。总之，构建 FTAAP 不能另起炉灶，需考虑到区域内所有自贸安排，以最有影响的 RCEP 和 TTP 为基础，因为它们涵盖 APEC 多数成员，可将中国的台湾和香港纳入，南亚大国印度也在其中，最终真正形成一个统一的全球最大自贸区，以创新区域合作机制，实现亚太地区经济持续强劲均衡发展，作为全球大国的中美责无旁贷。

前美驻华大使骆家辉认为，中美经济的强烈相互依存性不可改变且不可倒退。试想，40 多年前尼克松总统访华实现"跨越太平洋握手"时，中美贸易不足 1 亿美元，今天两国每天的贸易额接近 15 亿美元。

尤其，中国已是全球债权人、投资者和消费者，使两国经贸关系正发生着质的变化。两国关系日益相互依存，高度互补，需要两国领袖有创新理念、创新战略、创新举措，共同开拓新的合作领域，高瞻远瞩并脚踏实地开创新型大国关系。

美国亚太再平衡战略及其评估

倪　峰[①]

　　亚太再平衡战略是奥巴马政府执政以来推出的重大对外战略举措之一。尽管在提法上美国政府几经变更，从"重返亚洲"，到"转身亚太"，再到目前的"战略再平衡"，但其核心含义始终如一，就是在国际力量格局发生深刻变化，美国遭受两场战争和金融危机重创不得不进行战略收缩的大背景下，将相对有限的资源集中投放到对美国未来发展最为至关重要的亚太地区，维持其在这一地区的主导权，分享这里因经济高速增长带来的红利，应对以中国为代表的新兴大国群体性崛起。

　　从美国全球战略的发展过程来看，重视亚洲并不是从奥巴马开始的，二战后，美国在这里拥有众多的基地，大量的驻军，并建立了以美日、美韩、美澳同盟为核心的双边同盟体系。冷战结束后，从老布什到克林顿总统，也未忽略过亚太地区。而此次再平衡战略与以往相比最突出特点在于，首先，亚太政策在美国全球战略中的权重上升到前所未有的位置，成为其主攻方向。其次，此次再平衡表现出前所未有的整体性，在政治外交、经济和军事三个方面全面铺开，齐头并进。第三，在再平衡战略实施的过程中，美国不仅充分挖掘它在这一地区的"存量"资源，如加强传统盟友日本、韩国、澳大利亚的关系，而且还在扩大

---

　　①　倪峰，中国社会科学院美国研究所副所长、研究员。

"增量"方面做足了功夫，这其中包括改善与东盟国家的关系、进一步加强与印度的战略合作，并推动美国—缅甸关系实现突破。第四，在实力相对不济的情况下，美国充分地施展所谓的"巧实力"，在手段上推陈出新，其中包括打规则牌，改造地区合作机制，充分利用中国与周边国家之间存在的问题，介入争端把水搅浑。美国所有这一系列举动，正在亚太地区持续发酵，深刻地影响着中国的周边环境。

一　再平衡战略推出的背景

美国对外战略调整的内在需求和亚太地区结构的发展演变是奥巴马政府推出"再平衡"战略的基本背景。奥巴马政府的前国家安全顾问多尼隆就制定这项战略的背景作了这样的解释：这项战略之所以如此重要是因为"美国的未来从未如此紧密地与亚太地区新兴的经济、战略以及政治秩序相联系"，"当下正是亚洲的转型期"。奥巴马政府这样做是为了"确保连锁式的危机不会阻碍长期战略的发展，应对更高层次的挑战和机遇"。[①] 具体来说，有以下三大因素导致奥巴马政府推出这项新战略。

1. 上届美国政府的失误与奥巴马政府的"纠偏"

奥巴马的前任小布什执政 8 年，全球战略的核心是反恐，资源投放最多的是中东地区。自美国在 2001 年发动"全球反恐战争"以来，美国的国防预算从 3040 亿美元猛增到 2008 年的 6160 亿美元。10 年来，美国的反恐开支每年达 750 亿美元。仅阿富汗和伊拉克的两场战争，就已经耗费了约 1.3 万亿美元，而且估计后续费用会更加惊人。根据 2012 年 1 月 5 日发布的新军事战略报告，在 10 年战争中死亡的美军士兵达到 6200 人，另有 4.6 万人受伤。[②] 两场战争已成为消耗美国软硬实力的巨大黑洞。与此同时，美国对亚太地区有所忽视，小布什政府的官员多次缺席这一地区重要的多边活动，美国的影响力也有所下降。为

---

① Remarks By Tom Donilon, National Security Advisory to the President, "The United States and the Asia – Pacific in 2013".

② "Sustaining U. S. global leadership: priorities for 21st century defense", http://www. defense. gov/news/Defense_ Strategic_ Guidance. pdf.

此，奥巴马政府上台后不久就表示要纠正前任政府的做法，其中包括要结束两场战争，将更多的资源和战略关注投向亚太地区，正如希拉里在《美国的太平洋世纪》一文中指出的那样："21世纪美国的外交和经济防线并不在于中东和欧洲，而在于在亚洲"，为此，美国要把外交、经济、军事安全和价值观传播的重点全面向亚洲转移或倾斜。她还强调，"从奥巴马政府上台的第一天起，这就是我们的首要任务"。①

2. 地缘经济原因

冷战结束后，亚太地区成为整个世界经济最富于活力的地区。而在金融危机的背景下，亚太地区的经济发展更是成为世界经济低迷中的亮点。从经济和金融中心区来看，亚太地区经济成长最快，伦敦、法兰克福金融中心与东京、上海、香港、新加坡相比也是变得比过去逊色了，而不是愈发的光彩。世界能源通道、原料通道、产品通道，都逐渐集中在亚太地区。约瑟夫·奈认为，早在1750年，亚洲人口约占世界的五分之三，总产出占全球的四分之三。20世纪初，即西方工业革命之后，亚洲在世界总产出中的贡献缩减到五分之一。然而，到2050年，亚洲的经济水平预计会重回其在300年前的水平。而随着亚太地区逐渐成为21世纪全球战略与经济重心，东亚又将成为美国外交战略的重心。② 在此背景下，美国与亚太地区的经贸关系持续高速发展。目前，美国与亚洲的贸易额已远远超过与欧洲的贸易额，而且这一差距仍在持续扩大。2010年亚太经合组织各经济体购买了美国全部出口商品的61%以及美国私营服务出口总额的37%以上，为美国创造了500万个工作岗位。在金融危机的背景下，亚太对美国出口翻番和创造就业机会更是至关重要。从美国的利益来讲，它需要在经济发展最有活力的地区占有一席之地。

3. 应对中国的崛起

奥巴马上台后的三件大事使美国战略界再度反思对华战略。一是在

<hr>

① Hillary Rodham Clinton, *America's Engagement in the Asia - Pacific*, October 28, 2010, http://www.state.gov/secretary/rm/2010/10/150141.htm.

② ［美］约瑟夫·奈（Joseph S. Nye）：《奥巴马的太平洋中心》（Obama's Pacific Pivot），2011年12月6日，http://beta.project - syndicate.org/commentary/obama - s - pacific - pivot。

金融危机的背景下中美实力对比正在发生巨大变化，中国的经济总量已从 2000 年美国的八分之一快速发展到目前接近 60%，成为世界第二大经济体，而且增长势头依然强劲。在美国人眼中，中美之间"霸权国"与"挑战国"的特征更加凸显。二是中国军事现代化的迅速发展同美国 10 年来首次大幅削减军费的收缩动作形成反差。近年来，随着中国经济实力和科技实力的不断增强，国防与军队建设也在实现同步协调的发展，研制了一批先进的武器装备。虽然这些武器装备完全是为了中国防御性国防政策的需要，但是却引起了西方国家，特别是美国的高度警觉与渲染，称中国在部署具有威慑性的强大"反进入/区域拒止"部队。三是随着实力的快速增长，中国对周边的辐射力和吸附效应正在不断增长，中国已成为绝大多数周边国家最大的贸易伙伴。目前中国与东盟的贸易额是美国与东盟之间的两倍。美国在这一地区有 5 个盟国，分别是日本、韩国、澳大利亚、泰国和菲律宾，中国是除菲律宾外其他 4 个国家最大的贸易伙伴。这种地区经济格局的演变，在很大程度上突破了原有地区安全格局的制约，推动该地区安全与经济二元格局的形成，即这一地区许多国家的主要经济伙伴和主要安全关系相分离。这使美国感到，如果不做反应，可能会被逐出亚洲。为此，一位美国军方学者写道："二战后的国际秩序取决于三个因素：美国的联盟、没有对手的海上优势及稳定的均势。所有这些都受到中国日益增强的力量和意图的挑战。"[①] 所以美国亟须回来与中国竞争地区影响力。

二　美国如何实施再平衡

自 2009 年 7 月希拉里在泰国曼谷机场宣称"美国回来了"开始，美国实施亚太"再平衡"战略已超过 6 年，总体来看，这是一项集合政治、军事与经济的多层次的综合战略，重返的规模、实施的全面性都大大超过以往，在政治外交、经济和军事安全三个方向上同时展开，齐头并进。

---

① ［美］莫汉·马利克：《美国和中国危险的地缘政治纸牌游戏》，《国家利益》双月刊网站，2014 年 6 月 18 日。

1. 美国政治外交上高调"重返"，实施"前沿部署外交"

第一，美国政府高官频繁访问亚太地区。奥巴马自称是美国首位"太平洋总统"，反复强调美国是"亚太国家"，从 2009 年到 2014 年，他 6 次出访亚洲，足迹遍布亚洲几乎所有重要的国家。国务卿希拉里上任后的首次出访就选择亚洲，足迹遍布几乎所有的亚太国家。希拉里反复强调，21 世纪是"太平洋世纪"，"太平洋世纪"必定是"美国世纪"。随着伊拉克战争走向结束、美军在阿富汗开始向阿方转交安全职责，美国的外交重点正在发生变化。而随着亚太地区逐渐成为 21 世纪全球战略与经济重心，也将成为美国外交战略的重心，美国外交在未来十年最重要的任务就是在亚太地区增大投入。

第二，美国增加与东盟的互动。小布什政府曾经一度忽视东盟，国务卿赖斯两次缺席东盟地区论坛。奥巴马政府改变了前任对东盟的政策态度，于 2009 年 7 月派国务卿希拉里参加东盟外长扩大会议，与东盟签署了《东南亚友好合作条约》，这为后来美国参加东亚峰会扫清了障碍。2011 年 11 月美国正式参加了东亚峰会。通过参加东亚峰会，美国希望影响东亚峰会的议程，进而推动东亚峰会成为地区政治和安全对话的主渠道，并增强其解决问题的能力。2009 年 11 月，首次美国—东盟领导人峰会在新加坡举行，到目前为止已举办了 5 次。另外，美国还参加了东盟国防部长扩大会议，正式成立美国驻东盟外交使团并派出首任常驻代表。2009 年 7 月，国务卿希拉里与湄公河下游国家外长举行会议，启动了湄公河流域行动计划，与湄公河下游国家展开更频繁的合作。与此同时，奥巴马政府改变了对缅甸的政策，2011 年 11 月 30 日和 2012 年 11 月 19 日，希拉里和奥巴马分别对缅甸进行了历史性的访问，被外界普遍视为美国"外交政策的赌博"，而希望获得的"红利"之一就是"削弱中国在该地区的影响力"。

第三，鼓励其他新兴大国与中国竞争以制衡中国，这主要是印度。美国在全球战略中视印度为"亚洲战略的平衡器"，企图使印度成为围堵中国崛起战略的一枚棋子，通过中印对立达到一箭双雕的目的，进一步维护其在亚太事务中的主导权。2010 年 6 月，在美印举行战略对话期间，希拉里鼓动印度"不仅要向东看，而且要发挥领导作用"。2010年 10 月，奥巴马访问印度，美国第一次公开表示支持印度成为联合国常任理事国，并宣布美印建立全球战略伙伴关系。2012 年 6 月，时任美国防部长帕内塔在访印时宣布，美将与印度政府一起为增强和扩展双边国防合作做出新的努力，随后美印签署《军事贸易和技术合作计划》。美印双方就区域安全问题定期保持高层磋商，在多边领域的合作也越发积极，如扩大与东盟的联系，与日本开展三边会谈等。2013 年 11 月，美助理国防部长阿什顿·卡特在美国《外交政策》杂志刊文称，印度在美国的亚太再平衡战略中发挥重要作用，随着美印关系的不断加深，美方将从印度方面收益。2014 年 5 月，印度举行大选，人民党领导人莫迪胜出，美国不顾过去对莫迪的非议主动与之套近乎，奥巴马在第一时间就致电莫迪，并邀请莫迪尽早访美。奥巴马表示，期待与莫迪密切合作，以实现美印战略伙伴关系的承诺。

第四，积极介入区域纠纷，离间中国与周边国家的关系。其中最突出的当属钓鱼岛问题和南海问题。钓鱼诸岛自古以来就是中国的领土，被日本非法占有。二战后，钓鱼岛及附属岛屿（以下简称钓鱼岛）本应在雅尔塔体制下归还中国。但因冷战需要在美国单方面主导的旧金山体制下形成钓鱼岛争端。对这一争议，美国长期保持沉默，不愿意得罪中日任何一方。然而，2010 年 9 月钓鱼岛"撞船事件"发生后，包括希拉里在内的美国官员公然声称钓鱼岛适用于《美日安保条约》。2012 年以来，日本右翼分子和野田政府上演购岛闹剧，致使中日关系再度紧绷。就在这一敏感时刻，美国的立场和行动不断向日方倾斜，致使中日矛盾不断升级。

南海问题本是南海周边国家围绕相关岛礁归属以及海域划分存在的分歧和争端。过去的美国历届政府都在这个问题上持不介入态度。2010 年 7 月，希拉里在东盟外长论坛上突然声称："在南海自由航行、亚洲海上事务保持开放状态、在南海地区尊重国际法，这些关乎美国利益。"美国正式介入南海问题。在美国的撑腰打气下，一些声索国尤其是越南和菲律宾气焰升高，在此问题上采取了一些更具挑衅性的行动，南海问题演化成为中国—东盟关系中的巨大障碍和国际热点问题。

自 2013 年年底以来，美国对钓鱼岛和南海问题的介入进一步强化，开始从幕后走向前台。2013 年 11 月，美国国务卿克里在与到访的日本外相岸田文雄共同举行的记者会上表示，"坚固的美日关系是区域和平与安全的基石，美国将继续致力于对日本的条约义务，这一承诺包括东海"。① 2014 年 2 月，美国负责东亚和太平洋事务的助理国务卿拉塞尔在国会听证会上要求中国就九段线做出明确说明，并指出，中国在南海的模糊主权声索在本地区制造了"不确实、不安全和不稳定"。② 2014年 4 月，奥巴马访问与我国有领土海洋争端的日本、菲律宾、马来西亚三国，并作为美国在任总统首次公开宣称《美日安保条约》适用于钓鱼岛，与菲律宾签署加强防务合作协议。5 月，中国海洋石油公司在西沙群岛附近的专属经济区进行钻井勘探，越南舰船多次试图冲撞钻井平台，美国白宫和国务院官员立即表态，单方面批评中国的做法是"挑衅行为"，加剧了地区紧张局势。7 月 11 日，美国务院官员富克斯提出"南海三不"建议，即各方不再夺取岛屿与设立前哨站，不改变南海的地形地貌，不采取针对他国的单边行动。这一建议看似公平，仿佛要"公平"地约束各方的行为。然而其本身就存在"三个不顾"的错误前提，即不顾中国对南海的主权基础，不顾中国主权被侵的现实，不顾国际法的是非原则，是美国偏袒菲越，干涉中国主权以及围堵中国战略的进一步体现。

2. 经济上以 TPP 为主要抓手试图主导亚太区域合作

TPP 全称"跨太平洋战略经济伙伴关系协定"，最早于 2005 年由新加坡、文莱、智利、新西兰 4 个小国缔结，起初并未受到美国的重视。由于亚太经合组织裹足不前，而 10 + 3、中国—东盟自贸区等东亚合作机制却稳步推进，让美国不禁开始担忧自己会被排斥在亚太经济合作之外。于是，它试图以 TPP 为突破口签订一个泛太平洋的区域自由贸易协定，力求囊括 APEC 所有的 21 个成员，从而建立由美国主导的亚太经济合作体系。2009 年 11 月，奥巴马总统在日本访问期间表示美国有意参与 TPP 谈判。美国参与 TPP 的战略意图十分明显。先与已有的四个成员新加坡、文莱、智利和新西兰及潜在的三个成员澳大利亚、秘鲁

① "Remarks with Japanese Foreign Minister Fumio Kishida after their Meeting", http://www. state. gov. /secretary/remarks/2014/02/221459. htm.

② "Maritime Disputes in East Sea, Testimony by Daniel R. Russel, Assistant Secretary, Bureau of East Asian and Pacific Affairs", http://state. gov. /p/eap/rls/rm/2014/02/221293. htm.

和越南达成协定，再逐步扩大至整个亚太地区，最终达成"一个具有广泛代表性和高标准的21世纪区域贸易协议"。TPP被认为是"面向21世纪"的"高标准、全面的"自由贸易协议，它不仅规定取消或降低关税，还将覆盖金融服务业开放、国有企业、安全标准、竞争政策、技术贸易壁垒、政府采购、知识产权、食品安全、绿色增长和劳工保护等，标准之高和涵盖领域之广远超一般自贸协议。它有利于美国发挥自身优势，获取更大经济和战略优势。美国通过对TPP的主导，全面介入亚太区域经济整合的进程，第一，可阻止亚洲形成统一的贸易集团，维护美国在亚太地区的战略利益；第二，全面介入东亚区域一体化进程，确保其地缘政治、经济和安全利益；第三，重塑并主导亚太区域经济整合进程，稀释中、日等国的区域影响力。目前已有美国、日本、加拿大、澳大利亚、马来西亚和越南等12个国家参与举行了18轮谈判以及6次首席谈判代表或贸易部长会议，其中绝大多数内容已完成谈判并形成协定文本，但在国有企业、知识产权、投资、原产地原则等方面，特别是市场准入方面还存在分歧。

3. 安全上点面结合全面铺开

首先，美国加大了在亚太地区的投入。奥巴马在不同场合一再表示，"美国的预算消减不会影响到在这个紧要地区的花费"。自2011年起，美国在日本本土、冲绳、韩国、关岛、澳大利亚、菲律宾、新加坡等国家和地区紧锣密鼓地进行了军事调整和部署，美军大批最先进的武器装备调往亚洲，其中包括：美国的导弹防御系统、"猛禽"战斗机、B-2战略轰炸机、新型核动力潜艇、"鱼鹰"运输机、"全球鹰"无人侦察机、F-35战斗机以及濒海战斗舰、核动力潜艇等。美军制定了"空海一体"战略，以应对所谓中国的反介区域拒止。美国国防部部长哈格尔2013年6月在香格里拉对话上明确表示，美国在亚太地区的军事部署不会受军费削减的影响，华盛顿坚持到2020年前把60%的海军军舰部署在太平洋的计划，并已将60%的以海外为基地的空军力量部署到了亚太。未来美国将在亚太地区投入更多空中力量、地面部队以及高科技武器。[①] 另外美国还计划花费128亿美元，把关岛打造成超级军

---

① The U. S. Department of Defense, "As Delivered by Secretary of Defense Chuck Hagel".

事基地，强化第二岛链。

其次，美国进一步加强了现有的双边军事同盟体系。在这其中，美日同盟被置于首要位置，是美国与亚太地区接触的"基石"。钓鱼岛"撞船事件"发生后，美日同盟进一步得到强化。2013 年 10 月 3 日，美国国务卿克里、国防部长哈格尔在东京同日本外相岸田文雄、防卫大臣小野寺五典举行安保磋商委员会（"2＋2"）会晤，加强美军与日本自卫队的防卫合作，应对"21 世纪威胁"，支持日本解禁集体自卫权。双方定于 2014 年年底前制定新版《美日防卫合作指针》，这是 17 年来首次修改该协议。根据协议，美国将在 2014 年向日本派驻"全球鹰"无人侦察机，在京都府部署第二部 x 波段雷达，加强情报收集。而美军和日本自卫队将强化合作，包括人员培训和联合演练，特别突出"夺岛"科目，针对中国的成分不断增加。"天安"号事件发生后，美韩同盟也得到加强，两国共同宣布将原定于 2012 年 4 月进行的战时指挥权交接推迟到 2015 年 12 月。美菲军事关系也逐步加强。2011 年 11 月，国务卿希拉里访问菲律宾，承诺为菲律宾提供军事及经济领域的合作，升级两国的同盟关系，在南海主权争议问题上支持菲律宾。2012 年 1 月底，两国展开进一步磋商，探讨增加联合军事演习以及美国海军访问菲律宾港口频率的问题。2014 年 4 月 28 日，美菲签署了为期 10 年的防务合作协议，两国军事关系明显升级。美国与澳大利亚的军事同盟关系也在不断深化。2011 年 11 月奥巴马访澳期间，宣布美国将在达尔文部署 2500 名海军陆战队队员，这是越南战争结束以来美军首次增加在澳大利亚的部署。2014 年 8 月 12 日，美澳签署了一项允许两国军队更好举行联合训练和合作的协议。[①] 同时，美打造美日韩、美日澳、美日印等"美日＋X"三边对话网络，图谋建立美日印澳四边安全机制，打造"亚洲版北约"。

最后，建立和强化新型军事关系。2012 年美国新版军事战略声称，要在亚太地区"扩大多边演习的范围和参与度"，"扩展同印度、菲律宾、泰国、越南、马来西亚、巴基斯坦、印度尼西亚和新加坡的军事安

---

① 《美澳签署军事合作协议，宣称有利地区安全》，《参考消息》2014 年 8 月 13 日。

全合作、交流和演训活动"。① 这些年来，美国与新加坡、越南、印度等国的军事关系显著加强。美军的 4 艘濒海战斗舰以轮值的形式部署在新加坡。② 2014 年 8 月，美军参联会主席邓普西在访问越南时表示，"美国将尽早考虑取消对越南所采取的杀伤性武器出售禁令"。③ 目前印度已成为美国军火的第二大买家。仅在 2011 年，美军与印度进行了 50 多次重大军事活动。2013 年 4 月，美助理国务卿夏皮罗称："我们与印度在国防贸易关系上已取得巨大进步，现在我们的贸易额已经突破了 80 亿美元，而且，我们认为，在未来几年，我们的贸易额将增长更多。"当被问及出售 F - 35 隐形战机的可能性时，他称，这种战机有可能卖给印度。与此同时，美国通过高频度双边和多边军演在亚太地区展示实力。据不完全统计，自 2009 年以来美国牵头主导的联合军演在亚太地区轮番登场、此起彼伏，数以百场之多，不仅军演科目多，而且实战性和指向性十分明显。各种先进武器纷纷亮相，刀光剑影，整个亚太地区的火药味日益浓厚。

三　如何看待亚太再平衡

按照美国战略界的说法，奥巴马的亚太再平衡包含浓重的地缘战略含义，它使美国重新系统性地聚焦于亚太这一世界范围内最具经济活力，并集聚了众多军事力量的地区。④ 这一个重大战略举动，正在对亚太地区的政治、经济和安全格局产生全面和深刻的影响。

1. 亚太地区首次成为美国全球战略的主攻方向

我们知道，美国作为全球霸权利益分布于世界各地，在其战略布局中，亚太、欧洲和中东三大地区最为关键。冷战结束以来，美国战略重

① "Sustaining U. S. global leadership: priorities for 21st century defense", http://www. defense. gov/news/Defense_ Strategic_ Guidance. pdf.

② "U. S. to Deploy 1st Littoral Ship in Singapore Next Year", June 2, http://news. xinhuanet. com/english/world/2012. 06/02c - 131627418. htm.

③ 转引自贾春阳《美越军事关系向"准盟友"加速提升?》，《中国国防报》2014 年 8 月 23 日。

④ ［美］卡拉·弗里曼：《奥巴马政府的大战略：对中美关系的启示》，载王缉思主编《中国国际战略评论 2013》，世界知识出版社 2013 年版，第 45 页。

心呈现出"三级跳式"的东转态势：20世纪90年代，其战略重心在苏联和东欧地区；21世纪头十年，借"9·11"事件顺势转向西亚北非。固然，历届美国政府都对亚太地区高度关注，但将亚太地区作为美国全球战略"主攻方向"的，应当说是始于奥巴马政府的亚太再平衡。正如美国外交关系协会主席哈斯指出的那样："美国有充足的理由更深入地参与亚太地区事务。不管21世纪是否会是另一个'美国世纪'，可以肯定的是，它将是一个亚太世纪。不管这一事实会带来怎样的结果，美国确保自己扮演主要角色，是很自然和明智的做法。"① 与此同时，这一战略在实施过程中保持了相当强的可持续性。2014年1月28日，奥巴马在国会发表他担任总统以来的第五次国情咨文演讲。奥巴马在演讲中再次提到亚太再平衡策略，表示将继续聚焦亚太关系，支持盟国打造更安全和更繁荣的未来。最近，虽然深陷伊拉克、乌克兰危机，美国国务卿克里8月13日在夏威夷讲话中重申，亚太地区才是美国的外交重心，美国比任何时候都重视这一地区，今后奥巴马政府将以"双倍的努力"推进亚太再平衡战略，重点将放在可持续增长、清洁能源革命、区域合作、地区人民福祉四个方面，而这些只能在"基于规则且有机制保障的地区秩序"前提下才能实现。

随着这一主攻方向的确定，美国正在大力将资源向亚太地区配置和汇聚，其广度和深度大大超过以往。正如美国著名中国问题专家兰普顿所观察的那样："美国将注意力转向亚洲的这项再平衡政策，不是一项简单的军事政策，而是指将所有国家资源往这个方向的再平衡，包括经济注意力以及文化和外交注意力。"② 美国作为一个超级大国，它将亚太地区作为全球战略的主攻方向并全方位投入资源势必极大地影响这一地区权力结构，从而使有关国家都不得不根据环境的改变而调整其对外和周边政策。③

---

① Richard N. Haass, *Re - Orienting America*, http：//www. project - syndicate. org/commentary/haass38/English.

② ［美］兰普顿：《中美不应陷入战略猜疑恶循环》，《中国新闻周刊》2012年3月10日。

③ 《美前高官批亚太再平衡战略：军事色彩浓且遏制中国》，http：//news. 163. com/14/0610/06/9UC1KN3F00014JB6. html？f = jsearch。

　　2. 亚太地区形势更趋复杂

　　美国的亚太再平衡战略若按其字面意义来说，应以和平发展、均衡稳定为宗旨，美国应以建设性介入者的身份参与亚太事务。但事实恰恰相反。它既想搭上亚太崛起的快车，分享亚洲发展成果，又想遏制住中国的全面崛起主控亚太。这一充满矛盾的战略搅乱了亚太战略形势，使亚太局势变得紧张危险和不可预测，甚至可能导致分裂对抗，使得战略风险剧增。一位日本战略评论家曾一针见血地指出：“美国的再平衡战略并非直接为了解决地区国家的安全困境，而是防止其他国家挑战美国的领导地位。”“这一战略正使得这一地区，尤其是中美之间的权力结构和力量平衡，发生根本性变化，并且进一步加剧区域内国家的困境，让这一地区的战略环境变得更加复杂。”① 在战略再平衡实施的过程中，美国给地区的领土和主权纠纷注入了更大的动能，企图在该地区制造适度紧张，以利于掌控，但这招“险棋”已经导致冲突集中爆发和升级。同时，美国又以“维持地区稳定”为借口，扩展在亚太地区的军事部署，以便实现美国所需的“再平衡”目标，获取更多的政治和经济利益。在经济上，再平衡战略打乱了原先亚太地区尤其是东亚地区经济一体化的轨迹。自1997年亚洲金融危机之后，亚太地区经济一体化如火如荼，以中国为中心的东亚经贸网络基本形成，中日韩自由贸易区建设箭在弦上，近期东盟又倡导建立区域全面经济伙伴关系。而亚太再平衡战略实施的结果，却使亚太地缘经济失调甚至走向分裂，尤其是日益加剧的政治冲突已经对亚太经济产生了消极影响，跨太平洋战略经济伙伴关系严重冲击东盟努力倡导的区域全面经济伙伴关系，以及中日韩自由贸易区建设。

　　美国所有这一系列举动正在持续发酵，欣欣向荣、繁荣发展的亚太地区正被越来越多的纷争所困扰。正如一位美国学者指出的那样：“奥巴马政府的‘重返亚洲’战略并没有促成亚洲稳定。正相反：这个战略使该地区更加紧张和更易产生冲突。军用飞机和海军舰艇现在充斥着

① ［日］加藤洋一：《美国的亚太再平衡战略及其对地区战略环境的影响》，载王缉思主编《中国国际战略评论2013》，世界知识出版社2013年版，第77页。

亚太地区的空域和海域。"① 美国著名战略家布热津斯基称，亚太再平衡战略军事色彩浓厚，美国没有必要总是强调航空母舰和军事人员在亚太地区的新部署，这些都对外传递了"强硬信号"。就连对这一战略表示支持的军方学者，也不得不承认在美国实施亚太再平衡的大背景下亚太地区地缘政治的现实："简单地说，21 世纪初的亚太地区更像是 19 世纪末 20 世纪初的欧洲，而不是像 21 世纪年迈的欧洲。在现代历史中，亚洲的防务开支首次超过欧洲。"②

3. 中国面临的战略压力日益增大

在当前的大国里面，中国的周边环境也许是最复杂的。中国周边国家众多，一些历史遗留问题以及与一些国家的边界问题一直没有得到解决，周边还存在不少热点问题。尽管在东亚地区中国总的地缘环境并不是十分理想，但是经过中国政府的不懈努力，周边外交取得了积极成果。例如，在东北亚，朝鲜半岛"六方会谈"逐渐机制化；与日本关系也出现缓和；在东南亚，自 1997 年亚洲金融危机以来，中国与东盟在政治、经济、外交等各个领域都取得了重大进展。然而，随着美国高调"重返"亚洲的推进，中国面临的周边环境正在日趋复杂。

首先，中国周边的军事安全压力正在不断增大。目前美国正在加强包括从日本、韩国、关岛直到澳大利亚的网格化基地建设，已将 60% 的潜水艇部署在亚太，今后还将把 60% 的航母派往这一地区。与此同时，这一地区的军备竞赛呈加剧之势。

其次，中国与周边国家的关系面临日益增多的变数。在再平衡战略的过程中，美国充分利用了中国周边国家对中国快速发展普遍存在的矛盾心态。由于美国的撑腰打气，一些对中国心存疑虑或存在纠纷的国家被鼓动了起来，纷纷在一些问题上采取更具挑衅性的行动。例如，菲律宾、越南、日本等国在东海、南海问题上动作频频，并互相抱团取暖。为此，日本《产经新闻》撰文将中国比作中国战国时代的秦国，将越

---

① Robert. S. Ross, "The Problem with the Pivot to Asia – Obama's New Asia Policy Is Unnecessary and Counterproductive", http：//www. foreignaffairs. com/articles/138211/robert－s－ross/the－problem－with－the－pivot.

② ［美］莫汉·马利克：《美国和中国危险的地缘政治纸牌游戏》，《国家利益》双月刊网站，2014 年 6 月 18 日。

南、菲律宾、美国、日本、印度、澳大利亚比作"六国",鼓励这六个国家在南海问题上推行连横战略,共同对抗中国。

四 再平衡战略面临的内外牵制

亚太再平衡战略是美国为了维持其全球"领导地位"而推行的重大举措。然而,这一战略能否持续实施下去进而实现其预定目标,美国面临着诸多内外牵制。

1. 金融危机下的再平衡战略

2008 年金融危机以来美国经济在低迷中徘徊,财政赤字高企,失业率居高不下,美国政府对亚太地区资源投入有限。2013 年美国 GDP 为 16.7 万亿美元,但其国债已升至 17 万亿美元。由于 2012 年国会跨党派委员会未能就预算平衡达成协议,2013 年 3 月自动减赤机制启动,至当年 10 月已消减 1090 亿美元。2014 年 1 月起,将继续消减 900 亿美元开支。美国国务院督查办公室 2013 年 9 月发布专项评估称,实施亚太再平衡所需要的财政和人力资源投入不足,如 2012—2013 年援助亚太国家的资金比 2009—2010 年减少了 19%。[①] 据估算,美国国防预算 2013 财年消减了 370 亿美元,2014 财年可能消减 520 亿美元,在今后 10 年会比 2012 年下降约 20%。国防部副部长卡特、美国陆军作战部部长麦克休、海军作战部部长格林纳特等高官警告说,这将影响美军对新型武器的采购和相关的军事部署,美军设施的维修、基地运营和训练规模将明显缩水。2014 财年,美国空军将被迫缩短 15% 的飞行时间,今后空军将裁员 2.5 万人。目前美国海军拥有以 11 艘核动力航母为核心的 280 艘舰船,到 2020 年将减少至 255—260 艘。总之,美国对外战略的意愿与能力之间正在出现越来越大的落差。

2. 中东形势更趋复杂

"9·11"事件后的反恐战争不仅打破了中东原本就十分脆弱的地区平衡,使中东地区陷入混乱状态,而且也让美国付出了惨重代价。奥

---

① "Inspection of the Bureau of East Asia and Pacific Affairs", Office of Inspector – General, Department of State, September 2013, http: //www. state. gov/documents/organization/214515. pdf.

巴马上台之后，试图从这一地区后撤，但是美国在这一地区的麻烦远未结束，阿以和谈问题、伊核问题、阿富汗问题、伊拉克问题、叙利亚问题、恐怖主义问题此起彼伏。尤其是随着"伊斯兰国"极端武装 2014年 6 月以来攻城略地并宣布建国，中东地区从 2010 年"阿拉伯之春"开始的大变局进入了大乱局阶段，大约百年前划定的中东政治版图开始坍塌。巴以冲突再起、利比亚动乱、阿富汗大选节外生枝、伊核谈判一波三折、反政府武装泛起、伊拉克和叙利亚有可能走向分裂，剧烈动荡将成为中东的新常态。《华盛顿邮报》称："如果'伊斯兰国'在伊拉克形成气候，则意味着美国十年反恐战争和奥巴马从伊拉克撤军均将彻底失败，这比恐怖主义的威胁和危害更甚。" 2014 年 9 月 11 日，在"9·11"恐怖袭击 13 周年之际，奥巴马就其打击极端组织"伊斯兰国"发表最新讲话，称将再度派遣 475 名美军赴伊拉克，同时将对极端组织的空袭扩大到叙利亚境内。同时，也呼吁美国国会授权培训叙利亚反对派武装，并制订向他们提供武器的计划，以支持他们对抗"伊斯兰国"和叙利亚总统阿萨德的武装。奥巴马宣称，扩大对"伊斯兰国"的军事行动的最终目的，是通过全面和持续的反恐策略，"打击并最终摧毁"这一极端组织。总之，在中东地区，美国是欲罢不能、左支右绌、唯恐局势失控，战略精力被牵扯。

3. 美俄关系重现对抗

冷战结束后，美国一直面临着中俄何为主要竞争对手的两难选择。但从总的情况来看，在美国主导下通过北约挤占和压缩俄罗斯的战略空间一直是维持美国全球霸权地位的中心工作，小布什执政初期曾一度视中国为战略对手，然而，"9·11"事件之后，中美关系得到很大改善，在小布什离任之际，中美关系被形容为冷战结束以来"最好的时期"。而与此同时，美俄关系则经历了一个由热到冷的过程。在俄罗斯宣布积极支持美国的反恐战争之后，美国接纳俄罗斯加入七国集团，并支持推动了北约—俄罗斯理事会的建立，俄罗斯与西方的合作关系重新热络。然而，在小布什第二任期内，美俄关系却由于美国在俄罗斯及周边国家鼓动"颜色革命"和在东欧部署导弹防御系统而一落千丈。

奥巴马政府上台后郑重宣布"重启"美俄关系，并在"重启"精神的指导下在多个领域内加强了与俄罗斯的合作和对话。奥巴马政府的这种"重启"战略得到了俄罗斯的积极回应,这使得在小布什第二任期内曾陷入低谷的美俄关系重新回暖。然而由于东欧反导问题两国关系再度趋冷。尤其是美国对 2011 年 11 月俄罗斯杜马选举和 2013 年的总统大选横加指责,① 两国关系"重启"随着普京王者归来无疾而终。

而 2014 年年初不期而遇的乌克兰危机,使得美俄关系面临自冷战结束以来最重要的转折点,它结束了自柏林墙倒塌以来俄罗斯和西方关系中一段以合作为基调的历史,开启了这两个前冷战对手之间下一个进行高度对抗甚至直接冲突的新时期。无论对美国还是俄罗斯来说,这场迟早要来的战略较量是谁也输不起的。普京称"苏联的解体是 20 世纪最大的地缘灾难",不再掩饰其大国的雄心;而美国却难以重现冷战辉煌,色厉内荏。尽管它们之间有可能达成某种战术性妥协,但是战略僵持可能长时间持续。欧洲重新成为俄西对峙的前沿,美国将不得不加强其在欧洲的军事政治存在。例如,在 2014 年 9 月 4—5 日北约峰会上,北约成员国通过了"战备行动计划",增加北约在东欧的军事存在,其中包括永久性驻军、加强基地和基础设施建设、制定强化军事演习的方案;同时,成员国同意组建"先锋"快速反应部队,并签署了向乌克兰提供军事援助的协定。② 总之,乌克兰局势演变已使美国陷入与中俄两大国同时竞争的"大国困境"。

4. 亚太国家不愿"选边站"

对于美国"重返"亚洲,这一地区的国家普遍抱着一种矛盾的心态。一方面,它们希望把美国"请回来",以此来平衡中国快速增长的影响力,并指望美国在与华争端中为自己撑腰。另一方面,它们又都希望搭上中国经济飞速发展的顺风车,为自身谋取巨大的经济利益。现在中国已经是日本、韩国、东盟国家、澳大利亚等多数周边邻国的最大贸

① 例如,美国国务卿希拉里 2012 年 12 月 6 日在出席欧洲安全与合作组织外长会议时公开宣称俄罗斯的杜马选举既不公平也不公正,并要求俄罗斯对这次选举中的舞弊行为进行调查。3 月 4 日,普京在俄罗斯大选中无悬念胜出后,美国国务院的贺电中甚至连普京的名字都没有提,反而敦促俄政府对所有选举违规开展独立可信的调查。美参议员麦凯恩则表示:"俄大选是虚假的,普京的时日已经不多,'阿拉伯之春'已来到俄罗斯,并将持续下去,而且在某个时候还会到中国。"

② NATO Summit 2014 held in Newport, Wales, http://news. xinhuanet. com/english/photo/2014 – 09/05/c_ 133624235. htm.

易伙伴和主要相互投资伙伴，它们普遍不希望中美之间发生严重碰撞，从而被迫在其中"选边站"。一名日本记者对一次由美国亚太安全研究中心举办的，由亚太各国代表参加的关于亚太再平衡研讨会的描述，很好地反映了亚太各国对再平衡的普遍心态："人们最关心的一个问题是再平衡战略是否针对中国。虽然大多数亚太国家希望美国成为制衡中国的力量，但是没人愿意看到中美因这一战略而加剧紧张关系。在此意义上，再平衡战略引发忧虑的原因在于：其所代表的美国政策急转可能引起中国的消极反应。一位参会者说，在中美之间二选一是我们最不愿看到的结果。这也是所有参会人的共识。美国再平衡再次凸显了地区国家对大国间权力平衡变化的敏感性。"①

新加坡外长尚穆根明确指出，他注意到一些美国媒体报道出现对中国采取围堵策略等充满冷战言论的说法。他认为美国应放弃这种论调，因为那是站不住脚和逃避现实的说法。他指出中国有13亿人口，人才济济，擅于掌握新的科技，中国会进步是毋庸置疑的，中国是不可能被围堵的。他说："事实是中国必然会在经济和军事方面变得强大，我们必须面对这个事实。越早接受事实，对所有人越好。美国一旦接受了这个事实，就可以开始思考如何与中国展开合作。……关键是如何创造条件，让中国可以在国际和区域扮演建设性的角色。"他认为中美之间固然存在竞争，但竞争之余也可合作。"这是一个互惠互依的经济关系，两国可以一起做很多事。可以有竞争，也可以有合作，竞争与合作可以在一个不影响区域稳定的框架内进行。"他也表示美国若使用冷战言论会让东南亚国家感到不自在。

而对于亚太国家对美国战略东移这种矛盾的态度以及在一些具体问题上的疑虑，美国方面似乎也有所认识，美国两位有影响的东亚问题专家就撰文指出："美国'重返'亚洲的提法让这一地区的各国政府感到困惑。这一段时间我们遍访这一地区各国，所有的朋友都在问我们美国'重返亚洲'这项新政策的含义。那些从来没有质疑美国承诺的人也搞不清楚'重返'这种提法背后到底意味着什么。他们担心，在事实上

①　［日］加藤洋一：《美国的亚太再平衡战略及其对地区战略环境的影响》，载王缉思主编《中国国际战略评论 2013》，世界知识出版社 2013 年版，第 81 页。

美国并没有'离开'的情况下谈'重返',这是否意味着美国将在亚洲掀起一轮'巨浪'或'狂潮',这其中将包含有更加进攻性和具有潜在不稳定因素的政策。他们尤其担心的是,美国正在准备对中国采取更具对抗性的政策。当然,这并不意味着他们不担心中国和它的意图,但他们希望美国是一种安慰性质的存在,而不是教唆犯。"①

与此同时,美国的实力已今非昔比,这决定了其对外只能是多取少予、只取不予,"重返亚洲"主要是与地区国家争利而非让利。美国推动 TPP 谈判进展不顺,症结就在于美国坚持高要价。美国试图争夺地区合作的主导权,与东盟存在结构性矛盾,在东亚峰会发展方向上也与东盟分歧明显。

5. 美国与盟友、伙伴的矛盾

美国希望在亚太地区打造军事安全合作网络。由于其地区盟友和伙伴能力与意愿多有差异,这意味着美国亚太安全链条中实际存在易破碎环节,而且美国与相关地区国家处理因军事安全合作产生政治关系问题也在凸显。这主要体现在美国与亚太盟友和伙伴之间存在着"控制与反控制"、"利用与反利用"的矛盾。日本与周边邻国深陷历史纠葛,持续不睦,美国担心日本成为其亚太战略的拖累。安倍参拜靖国神社后,美国在历史上首次公开表示"失望"。美国对日本力图挣脱控制不无戒心。2014 年奥巴马访日时反复强调"日本要在美日同盟框架内发挥作用",实际上是给日本划定了红线。而随着东亚地区领土争端的不断升级,美国战略界日益清楚地意识到,介入中国与周边国家的领土争端,并采取具有明显偏向性的立场,不仅向有关国家发出了错误的信号,而且还大大增加了将美国自身卷入冲突的风险,最终伤及自身。美国著名智库布鲁金斯学会也在发表的一份研究报告中称,东亚海上正变得愈益危险,有螺旋式上升导致失控的危险,条约义务可能令美国纠缠其中,因为美日安保条约涵盖包括钓鱼岛在内的日本管理下的领土,而美菲共同防卫条约虽不应用于南海中的任何土地,但适用于菲律宾的船只。这些法律承诺产生了"小鬼当家"的可能性,在危机中它们需要

---

① Ralph Cossa, Brad Glosserman, *Return to Asia: It's Not (All) About China*, http://csis. org/publication/pacnet – 7 – return – asia – its – not – all – about – china.

美国支持盟友的可信性。报告指出，近期的危险之源在于声索国之间船只的碰撞和对峙，尽管还没发生命案，但或许是迟早的事情；任何层面的冲突都不符合美国利益，因为这将逼迫美国在希望搞好关系的国家间选择。①

　　总之，面对美国亚太再平衡的种种举动，只要我们坚定信心，沉着应对，以"巧实力"对"巧实力"，所带来的风险和战略压力可以逐一破解，中国的崛起不可阻挡将迟早转化为世界各国发自内心的共识。

---

① Big Bets and Black Swans, "Foreign Policy Challenges for President Obama's Second Term", http: //www. brookings. edu/research/interactives/2013/big – bets – black – swans.

奥巴马的中东政策

吴冰冰[①]

2009 年奥巴马宣誓就任美国总统后，调整反恐战略并表达与伊斯兰世界改善关系的意愿，以处理前任政府中东政策的遗产，同时通过推动巴以和谈、与伊朗接触等新思路实现其中东外交的开局。2011 年中东变局爆发，美国依照具体国情以区别对待的方式加以应对，实行一分为三的策略。2011 年到 2012 年，通过实现伊拉克撤军和击毙本·拉登，美国在反恐战略调整上取得进展，但巴以和谈和伊朗核谈判则停滞不前。2013 年奥巴马成功连任至今，虽然伊朗核问题取得了实质性的进展（2015 年 7 月 14 日在维也纳达成伊核问题全面协议），但巴以和谈未取得成果，在埃及和叙利亚等问题上政策摇摆，恐怖主义威胁更为严峻，与以色列、沙特和土耳其等传统盟友出现更多分歧，维持盟友体系难度增大。总体而言，美国仍然是在中东地区具有支配地位的唯一大国，但其在中东地区的掌控能力有所减弱。

处理前任政府的中东政策遗产

2009 年 1 月 20 日，奥巴马宣誓就任美国总统。上台伊始，奥巴马的中东政策主要集中在四个方面：推动巴以和谈、尝试与伊朗接触、调

---

① 吴冰冰，北京大学国际战略研究院特约研究员。

整反恐战略以及改善与伊斯兰世界的关系。4月6日，奥巴马第一次中东之行访问土耳其，表示要在以色列和它的邻居之间建立持久和平，与伊朗伊斯兰共和国接触，在从伊拉克撤军的同时强化对阿富汗和巴基斯坦恐怖威胁的打击，以及与伊斯兰世界建立伙伴关系。6月4日，奥巴马在埃及开罗大学发表演讲，再次就极端主义、巴以和平、伊朗核问题以及美国与伊斯兰世界的关系进行全面阐述。

奥巴马首先要面对的是前任政府中东政策留下的遗产，即如何为反恐战争收场和改善与伊斯兰世界的关系。

2008年奥巴马竞选总统的重要纲领之一就是结束伊拉克和阿富汗两场战争。从2004年到2006年，伊拉克是美军行动的主战场，而阿富汗的局势则相对平静。2007年1月，美国在伊拉克增兵，从2007年10月开始，美军在伊拉克的伤亡人数逐渐下降，2008年成为伊拉克战争爆发以来美军伤亡最少的一年。在阿富汗，从2005年开始，随着重组之后的塔利班卷土重来，美军伤亡人数逐年上升。美国反恐的重点开始从伊拉克转向阿富汗，即"逐渐从伊拉克撤出，以便强化美军在阿富汗的军事介入，阿富汗已经成为反恐战争最优先的问题"。[①]

2008年11月27日，美国和伊拉克达成协议，决定于2009年6月底之前所有美军撤出伊拉克城市，2011年美军撤出伊拉克。2009年1月1日，在美国和伊拉克签署的驻军地位协定生效首日，美国将巴格达绿区交还给伊拉克方面。2009年2月27日，奥巴马在上任后不久即宣布将在18个月内从伊拉克撤出大部分军队，结束在伊拉克的作战任务，剩余的大部分美军也将在2011年年底之前撤离。

2009年3月27日，奥巴马公布"阿富汗和巴基斯坦新战略"，为美国在该地区的军事行动设定了清晰的目标，即"破坏、瓦解并击败基地组织及其庇护所"[②]。美国此前已经决定向阿富汗增兵1.7万人，

①　Now News, "Obama's Middle East Policy: From Objectives to Practice", on Dec. 28, 2009, in https://now. mmedia. me/lb/en/archive/obamas_ middle_ east_ policy_ from_ objectives_ to_ practice.

②　The White House, "What's New in the Strategy for Afghanistan and Pakistan", on March 27, 2009, in http://www. whitehouse. gov/the_ press_ office/Whats – New – in – the – Strategy – for – Afghanistan – and – Pakistan/.

此后将再增加 4000 人，以加强对阿富汗军事和安全力量的培训。新出台的"阿富巴新战略"包括设定可实现的目标、统筹考虑阿富汗和巴基斯坦、加强阿富汗本国的军事和安全力量、综合运用军事和经济手段、扩大国际参与等新的要素。

"阿富巴新战略"的效果并不令人满意。2009 年 8 月，驻阿美军和北约最高指挥官麦克里斯特尔提交的一份形势评估报告指出，阿富汗的安全形势非常严峻，"目前的状况无法维持"①。根据美国的评估，阿富汗没有崩溃，但是出现了倒退；政府没有面临被推翻的紧迫威胁，但是塔利班的势力增大；"基地"组织在阿富汗没有恢复到"9·11"之前的规模，但保持了在边境地区的藏身之地；美军未能有效训练阿富汗安全部队。2009 年 12 月 1 日，奥巴马在西点军校发表题为《在阿富汗和巴基斯坦取得进展的途径》的讲话，推出"阿富汗新战略"，宣布 2010 年在阿富汗增兵 3 万，同时表示将于 18 个月后即 2011 年年中开始撤军。

随着美国反恐重心从伊拉克东移阿富汗，美军开始减少在伊拉克的军事存在。2010 年 8 月 18 日，最后一批美军战斗部队撤离伊拉克。8 月 31 日，奥巴马发表电视讲话，宣布美军在伊拉克为时 7 年多的作战任务正式结束。9 月 1 日，美国副总统拜登在巴格达宣布，"新黎明行动"正式取代 2003 年开始的"自由伊拉克行动"，驻伊美军已经削减到 5 万人左右，并将于 2011 年年底前撤出。

努力创造条件从伊拉克和阿富汗撤出只是奥巴马处理前任政府反恐战争遗产的一个方面，另一方面，奥巴马支持更多使用无人机等手段对恐怖分子进行打击。乔治·W. 布什在 8 年的任期内只批准了不到 50 次无人机攻击行动，而奥巴马在第一个总统任期的 4 年之内批准了 400 多次无人机攻击行动，使得利用无人机打击恐怖分子成为其反恐战略的核心。② 有鉴于此，约翰·霍普金斯大学保罗·尼采高级国际研究院院

---

① The White House Blog, "The New Way Forward, The President's Address", on Dec. 1, 2009, in http：//www. whitehouse. gov/sites/default/files/091201 – obama – afghanistan – speech – chinese. pdf.

② Daniel L. Byman, "Why Drones Work：The Case for Washington's Weapon of Choice", The Brookings Institute, on July/August 2013, inhttp：//www. brookings. edu/research/articles/2013/06/17 – drones – obama – weapon – choice – us – counterterrorism – byman.

长瓦利·纳斯尔（Vali Nasr）指出，如果说美国有一个中东战略的话，那就是通过使用无人机和特种部队继续对"基地"组织及其分支进行攻击。① 在这个意义上讲，反恐仍然是美国在中东和南亚地区政策的基石和主要目标。

乔治·W. 布什政府发动的反恐战争，在一定程度上恶化了美国与伊斯兰世界的关系。因此，奥巴马在调整反恐战略的同时，也表示要改善与伊斯兰世界的关系。2009 年 4 月 6 日，奥巴马在土耳其发表讲话，承认美国与土耳其等伊斯兰国家的关系在过去几年出现了紧张。他明确表示："美国没有而且永远不会与伊斯兰开战。"② 他还表示，美国与伊斯兰世界的关系不是基于单纯的反恐，而是要基于相互利益和相互尊重进行更广泛的接触。6 月 4 日在开罗发表的讲话中，奥巴马再次表示："我来到开罗是寻求美国与全球穆斯林关系的新开端，是基于相互利益和相互尊重，是基于美国与伊斯兰世界并非彼此排斥且无须相互竞争这一事实。相反，它们相互交叉，并分享共同的原则——正义与进步、宽容与人类尊严的原则。"③

中东外交开局：巴以和谈和伊朗核问题（2009—2010）

如果说奥巴马以调整反恐战争策略并表态改善与伊斯兰世界的关系来处理前任政府的中东政策遗产，那么在巴以和谈和伊朗核问题上展示新思路就是奥巴马中东外交开局的切入点。

奥巴马上台后在中东政策上面临的最紧迫问题就是巴以冲突。2008 年 12 月 26 日，以色列对加沙发动空袭，实施代号"铸铅"的军事行

---

① Vali Nasr, "Why Obama's Bush 2.0 Strategy for the Middle East is Wrong", in Huffington Post, on June 12, 2013, in http：//www. huffingtonpost. com/vali – nasr/why – obamas – bush – 20 – strate_ b_ 3422121. html.

② The White House Office of the Press Secretary, "Remarks by President Obama to the Turkish Parliament", April 6, 2009, in http：//www. whitehouse. gov/the_ press_ office/Remarks – By – President – Obama – To – The – Turkish – Parliament.

③ The White House Office of the Press Secretary, "Remarks by The President on a New Beginning", June 4, 2009, in http：//www. whitehouse. gov/the – press – office/remarks – president – cairo – university – 6 – 04 – 09.

动。2009 年 1 月 3 日，以军对加沙展开地面行动；1 月 18 日，就在奥巴马就职前两天，以军在加沙实施单方面停火并撤离地面部队。以色列的"铸铅"行动在很大程度上是在试探奥巴马对于巴以问题的政策底线。

奥巴马明确支持以"两国方案"推动巴以和谈，并且在推动巴以问题解决上显示出非常积极的态度，这是他与前任总统乔治·W. 布什的显著不同。2009 年 1 月 22 日，奥巴马任命乔治·米切尔（George-Mitchell）为中东问题特使，这被视为奥巴马特别关注巴以问题的信号。由于米切尔在一个黎巴嫩裔家庭中长大，因此被普遍认为在巴以问题上立场更为中立。米切尔上任第一周即访问中东地区，在以色列"铸铅"行动的背景下和中东国家领导人讨论巴以和平问题。事实上，"铸铅"行动已经使得 2007 年 12 月在安纳波利斯启动的巴以和谈再次停滞。2009 年 3 月，美国国务卿希拉里·克林顿在其首次中东之行中访问以色列，明确表示美国争取巴以各自建国以解决巴以冲突。4 月 6 日，奥巴马在土耳其发表讲话，表示"美国强烈支持两国方案的目标，一个以色列和一个巴勒斯坦，在和平与安全中共处"。①

2009 年 3 月就任以色列总理的内塔尼亚胡此前从未对巴勒斯坦独立建国公开表示过支持。4 月 16 日，到访以色列的美国中东问题特使米切尔强调美国致力于落实巴以问题"两国方案"，而内塔尼亚胡则表示，巴以恢复和谈之前巴勒斯坦方面应承认以色列的"犹太国"属性。6 月 4 日，奥巴马在开罗大学发表演讲，称巴以冲突唯一的解决方案是建立巴勒斯坦和以色列两个国家。他还明确表示："美国不接受继续建造的以色列定居点的合法性。这违反了此前的协议，威胁到实现和平的努力。是时候停建定居点了。"② 6 月 14 日，内塔尼亚胡在以色列巴尔依兰大学发表演讲，提出巴勒斯坦方面要去军事化、承认以色列为犹太

---

① The White House Office of the Press Secretary, "Remarks by President Obama to the Turkish Parliament", April 6, 2009, in http：//www. whitehouse. gov/the_ press_ office/Remarks – By – President – Obama – To – The – Turkish – Parliament.

② The White House Office of the Press Secretary, "Remarks by The President on a New Beginning", June 4, 2009, in http：//www. whitehouse. gov/the – press – office/remarks – president – cairo – university – 6 – 04 – 09.

国家，同时拒绝冻结犹太定居点建设并在巴勒斯坦难民回归问题上持强硬立场。

9月22日，在米切尔多轮斡旋未果的情况下，奥巴马推动在联大期间举行美、以、巴三方首脑会面。在美国的压力之下，11月25日，以色列宣布在10个月内不再批准新的约旦河西岸定居点项目。在巴方看来，以色列的定居点冻结令不包括已经批准的3000套定居点住宅，也不包括东耶路撒冷，不是完全冻结，因此拒绝恢复和谈。

2010年，美国加大了对巴以问题的斡旋力度。9月2日，中断了20个月的巴以直接谈判得以恢复。但在9月26日，以色列拒绝在10个月的定居点冻结令到期后继续延期，导致刚刚启动的和谈破裂。这是奥巴马在巴以和谈问题上遭遇的一个重大挫折。

伊朗核问题是奥巴马展示其中东外交新思路的第二个领域。2002年8月14日，伊朗反政府组织"伊朗全国抵抗委员会"（NCRI）在华盛顿宣布，伊朗在进行秘密核活动，包括纳坦兹和阿拉克的核设施。从2006年到2008年，联合国安理会先后通过1737号、1747号和1803号决议，不断加大对伊朗的制裁。围绕伊朗核问题，美国和伊朗的对抗趋势日益激烈。

从2009年奥巴马上台到2009年10月日内瓦会谈，美国试图推行与伊朗的"接触政策"。奥巴马上台后，开始调整对伊朗的政策。2008年12月，奥巴马在就职之前接受新闻采访时表示，美国要与伊朗展开没有先决条件的外交行动。2009年3月20日，奥巴马借伊朗新年的机会，向伊朗人民发表讲话。4月6日奥巴马在土耳其发表的讲话中提到："我已向伊朗伊斯兰共和国的人民和领导人表明，美国寻求在共同利益和共同尊重的基础上进行接触。"① 6月4日奥巴马在开罗大学发表讲话，表示包括伊朗在内的任何国家都有根据《不扩散核武器条约》和平利用核能的权利，并指出伊朗核问题仅仅是美伊关系的一部分，两国需要就双边全方位的关系展开谈判，这一谈判应该是没有先决条

---

① The White House Office of the Press Secretary, "Remarks by President Obama to the Turkish Parliament", April 6, 2009, in http：//www. whitehouse. gov/the＿press＿office/Remarks－By－President－Obama－To－The－Turkish－Parliament.

件的。

在美国方面展示出谈判意愿的时候，伊朗则经历了 2009 年 6 月 12 日的大选和大选之后的动荡，这拖延了双方接触的时间。9 月初，伊朗方面对恢复谈判的倡议做出回应，同意在 10 月 1 日就伊朗核问题举行会谈。9 月 21 日，伊朗向国际原子能机构递交信件，说明伊朗正在库姆建造福尔道铀浓缩厂。10 月的日内瓦会谈如期举行，会谈的主题从铀浓缩转到了更具体的核燃料交换问题。德黑兰核研究中心使用丰度为 20% 的浓缩铀。2009 年 6 月，伊朗外长穆塔基写信给国际原子能机构，寻求购买浓缩铀。10 月日内瓦谈判之后，美国提出建议，伊朗将 80% 的低浓缩铀交给俄罗斯换取丰度为 20% 的高浓缩铀，再将高浓缩铀交给法国制成燃料棒。

在美国看来，这是美伊两国在长年敌对之后建立互信的第一个步骤，而伊朗方面则认为交换建议使得伊朗丧失了大部分核计划的成果，因此是美国在变相否认伊朗拥有和平利用核能的权利。在伊朗看来，铀浓缩是伊朗迫使美国坐下来与伊朗展开真正谈判的关键筹码。11 月，奥巴马的策略发生变化，从以"接触"为主变为以施压为主，美国开始考虑对伊朗实施新的制裁。

伊朗决定自己进行铀浓缩，2010 年 2 月 11 日，伊朗总统艾哈迈迪 – 内贾德宣布伊朗已经提炼出丰度为 20% 的浓缩铀。3 月，以色列方面敦促美国，不应排除以武力解决伊朗核问题的选项。3 月 25 日，美国和欧盟三国开始与俄、中讨论对伊朗实施制裁的决议草案。4 月 27 日，巴西外长表示，巴西将和土耳其一道斡旋伊朗核问题。5 月 17 日，巴西、土耳其和伊朗三国达成协议，伊朗同意将 1200 公斤低浓缩铀送交土耳其，用以交换德黑兰核反应堆所需的高浓缩铀。但这一协议遭到美国拒绝。有材料显示是美国方面首先提出斡旋的要求[①]，美国原本认为这一斡旋努力不会成功，因此想通过这一举动显示伊朗是麻烦的制造者。伊朗方面接受斡旋的结果让美国非常尴尬，一方面，对伊朗实施制裁已经是美国的既定政策；另一方面，美国也不希

---

① CASMII, "Obama's letter to Lula exposes US dishonesty with Iran", May 28, 2010, in http://www.campaigniran.org/casmii/? q = node/10205.

望巴西等新兴大国参与到伊朗核问题中来，因此对于斡旋结果美国只能加以拒绝。6月9日联合国安理会通过制裁伊朗的1929号决议，巴西和土耳其投了反对票。

中东外交新挑战：应对中东变局(2011—2012)

2010年12月17日，突尼斯一个小贩自焚，随后引发全国性抗议示威，席卷多个阿拉伯国家的中东变局由此开始。由于突尼斯政府是美国的盟友，美国在这个问题上的表态比较谨慎。2011年1月12日，国务卿希拉里·克林顿在访问中东期间就突尼斯局势发表讲话，称"我们不选边站"。她还表示美国希望可以和平解决突尼斯危机，因为美国与突尼斯的关系有很多非常积极的方面。① 1月13日，在多哈举行的"未来论坛"上，希拉里·克林顿表达了对中东地区局势的担忧，称"该地区的基础正在陷入沙中"。她表示美国无法解决中东的严重问题，但是相信该地区的领导人有能力构建国家坚实的基础。② 1月14日，突尼斯形势急转直下，总统本·阿里逃往沙特阿拉伯。1月16日，希拉里·克林顿就突尼斯局势发表声明，要求各方保持克制，并表示美国将帮助突尼斯人民和政府恢复和平与稳定。这表明美国仍然未放弃本·阿里任命的看守政府。

2011年1月25日，埃及爆发游行示威。美国依然采取谨慎立场，对政府表示支持。27日，美国副总统拜登在接受电视采访时明确表示，穆巴拉克在很多问题上是美国的盟友，在维护地区利益和中东和平以及与以色列关系正常化方面，埃及都发挥了积极作用。因此拜登不愿意把穆巴拉克称为独裁者，也不认为到了他该下台的时候。但是随着形势的发展，2月初美国的立场开始发生变化，不再支持穆巴拉克。2月11日，穆巴拉克下台。

---

① Alarabiya. Net, "Clinton Tackles Tunisia, Iran, Lebanon and Mideast Talks", Jan. 12, 2011, in http：//www. alarabiya. net/articles/2011/01/12/133153. html.

② U. S. Department of State, "Forum for the Future：Partnership Dialogue Panel Session, Remarks by Hillary Rodham Clinton", January 13, 2011, in http：//www. state. gov/secretary/20092013clinton/rm/2011/01/154595. htm.

　　短短两个月之内，作为美国盟友的突尼斯和埃及政权先后垮台。从2011年1月到3月，在其他一些阿拉伯国家，如阿曼、约旦、也门、巴林、科威特、摩洛哥、利比亚、沙特、叙利亚等都出现了不同程度的游行示威，其中包括美国多个重要盟友。在2011年2月到3月，美国开始形成应对中东变局的总体思路，即区别对待、一分为三。首先，对于埃及、突尼斯等已经通过和平方式发生政权更迭的盟友，美国支持其政治过渡和转型。2011年3月15日到17日，希拉里·克林顿访问埃及和突尼斯。在埃及，她表示美国支持即将进行的宪法公投，并向埃及提供9000万美元的紧急经济援助。在突尼斯，她称赞突尼斯人民因为向世界表明有可能进行和平变革而"再次创造了历史"，并表示美国支持突尼斯"向民主、繁荣和更美好未来的过渡"。① 其次，对于2月17日爆发武装冲突的利比亚，美国开始支持军事干预，通过武力实现政权更迭。2月26日，在美国等西方国家的推动下，联合国安理会通过决议，冻结卡扎菲资产；3月17日，联合国安理会再次通过决议，授权成员国在利比亚设置禁飞区。19日，美国开始对利比亚政府军实施军事打击。最后，对于海湾阿拉伯国家，美国支持其维持其自身及邻国局势的稳定。2月14日巴林爆发游行示威；3月14日，沙特和阿联酋出兵巴林，协助镇压示威游行，美国对此未采取任何实际行动加以反对。1月27日，也门局势生变；3月21日，也门要求沙特等海湾国家进行斡旋，美国表态支持通过政治对话解决也门局势危机。

　　在中东变局中，从2011年到2012年，海湾国家总体局势稳定，突尼斯政治过渡较为平稳，埃及和也门的政治过渡进程中矛盾较多，利比亚和叙利亚则爆发了血腥内战。在西方的军事干预下，2011年8月24日，利比亚反对派占领阿齐齐亚兵营，终结了卡扎菲的统治，10月20日卡扎菲被杀。在此背景下，西方关注的焦点转向叙利亚。8月18日，奥巴马首次公开要求叙利亚总统巴沙尔下台，并对叙利亚进行制裁。10月4日，西方国家在联合国安理会提出针对叙利亚的决议草案。中国和

　　① Embassy of the United States in Tunisia, "Remarks of Hillary Rodham Clinton with Tunisian Foreign Minister Mouldi Kefi", March 17, 2011, in http://tunisia. usembassy. gov/featured – visits/secretary – clintons – visit – to – tunisia – march – 16 – 17 – 2011/remarks – with – tunisian – foreign – minister – mouldi – kefi – march – 17 – 2011. html.

俄罗斯主张以对话方式和平解决叙利亚危机,对主张实施制裁并有可能导致军事干预的决议草案投了否决票。2012 年 2 月 4 日和 7 月 19 日,中、俄再次在联合国安理会否决涉叙提案。

在此背景之下,美国、欧盟和一部分阿拉伯国家绕过联合国安理会,组织了"叙利亚之友"会议,以支持叙利亚反对派。首次会议于2012 年 2 月 24 日在突尼斯举行,此后在土耳其、阿拉伯国家和欧洲国家又先后举行了多次会议。但是由于叙利亚反对派分裂严重、存在极端主义和恐怖主义势力、政治和世俗反对派实力弱小等原因,美国未能通过"叙利亚之友"会议这一机制实质性干预叙利亚。

利比亚、叙利亚、埃及、也门等国局势的动荡,成为奥巴马中东政策的新难题。2012 年 9 月 11 日,美国驻利比亚大使克里斯托弗·史蒂文森遇袭身亡,使美国对利比亚的干预遭到更多质疑。

在调整反恐策略方面,2011 年 12 月 14 日,奥巴马宣布最后一批美军将撤离伊拉克;12 月 18 日,最后一批美军从伊拉克撤至科威特。2011 年 5 月 1 日,奥巴马宣布美国通过特种作战行动已击毙本·拉登。6 月 22 日,奥巴马公布阿富汗撤军"三步走"计划,即 2011 年年底前撤离 1 万名士兵,2012 年夏季前撤离 3.3 万人,2014 年年底之前全部撤离。

在伊朗核问题方面,2010 年 12 月在日内瓦以及 2011 年 1 月在伊斯坦布尔进行的会谈未取得进展。2012 年 4 月 14 日,伊朗核谈判在伊斯坦布尔进行,随后于 5 月 23 日在巴格达、6 月 18 日在莫斯科又进行了两轮谈判。在这几轮谈判中,美国的立场有所变化,表现出接受伊朗5% 以下铀浓缩的意愿,但谈判并未取得突破。

在巴以和谈问题上,从 2010 年 9 月到 2013 年 7 月经历了长达近 3 年的停滞。2012 年 11 月 14 日,以色列和加沙地带的巴勒斯坦武装组织爆发激烈的武装冲突。21 日,在美国和埃及的斡旋下双方停火。这次事件并未阻止国际社会对巴勒斯坦入联努力的支持。11 月 29 日,在联大会议上,巴勒斯坦以 138 票支持、9 票反对、41 票弃权的表决结果,成功从联合国"观察员实体"变为"观察员国"。尽管美国投了反对票,但更进一步认识到以"两国方案"解决巴勒斯坦问题的重要性。

奥巴马第二任期(2013年至今)

2013年，奥巴马成功竞选连任，约翰·克里被任命为新一任国务卿。在奥巴马新一任期，美国在中东面对的主要有五个方面的问题：中东变局导致一些阿拉伯国家更为复杂的局势，中东地区恐怖主义发展的新态势，伊朗核问题谈判的新局面，巴以和谈僵局，以及美国在中东的盟友体系面临新挑战。

2013年6月30日，埃及爆发大规模游行，要求穆尔西下台。7月3日，埃及军方公布政治过渡路线图，并宣布穆尔西下台。由于民选总统穆尔西被推翻，美国冻结了对埃及的援助。11月3日，国务卿克里访问中东期间在开罗进行了短暂停留，试图修补美国与埃及的关系。2014年1月14日，美国以埃及实行民主改革为条件恢复了对埃及的援助。6月3日塞西当选总统之后，克里迅即于22日访问埃及，显示了对埃及新政府的支持。在叙利亚问题上，2012年8月20日，奥巴马表示如果叙利亚使用化学武器会触动美国的"红线"。2013年8月21日，有消息称在叙利亚发生化学武器攻击。9月9日，奥巴马表示接受外交方式阻止在叙利亚使用化学武器。由于俄罗斯提出和平解决叙利亚化学武器问题的方案，9月10日，奥巴马宣布推迟军事打击叙利亚的方案。9月14日，美俄在日内瓦达成关于转移和销毁叙利亚化学武器的协议；27日，联合国安理会通过了相关决议。

2014年，恐怖主义在叙利亚和伊拉克呈现出新的态势，核心是"伊斯兰国"组织（IS）势力的发展。2014年6月，"伊斯兰国"组织开始在伊拉克迅猛发展。由于伊拉克中央政府和库尔德自由斗士武装抗击"伊斯兰国"组织不力，8月8日美军开始空袭伊拉克"伊斯兰国"组织。9月，"伊斯兰国"组织开始进攻叙利亚科巴尼。面对严峻的恐怖主义威胁，美国的应对主要包括三个方面：第一，组织反对"伊斯兰国"组织的国际联盟。9月11日，克里与土耳其和10个阿拉伯国家外长在沙特吉达会面，商讨打击"伊斯兰国"组织事宜。9月15日，近30个国家的代表在巴黎参加"伊拉克和平与安全国际会议"，决定对打击"伊斯兰国"组织提供援助。第二，对伊拉克和叙利亚的"伊斯兰国"组织武装进行空中打击,并对伊拉克中央政府和库尔德自治区武装提供援助。第三,推动重组伊拉克中央政府,以减少伊拉克逊尼派的不满,从而削弱"伊斯兰国"组织的基础,同时表示对叙利亚温和反对派进行援助。

在伊朗核谈判问题上,2013年2月和4月,在哈萨克斯坦阿拉木图举行了两轮谈判,并未取得实质性进展。2013年6月,鲁哈尼当选伊朗新一届总统,并于8月4日正式就职,新任外长扎里夫开始领导伊朗新的核问题谈判团队。9月21日,克里与扎里夫在纽约举行高级别会谈;9月27日,奥巴马与鲁哈尼通电话,这是两国断绝外交关系30多年来两国元首之间的首次直接通话。10月15日,伊朗核谈判在日内瓦重启。11月24日,扎里夫和阿什顿分别代表伊朗和伊朗核问题六方签署了《联合行动计划》,在很大程度上降低了伊朗核问题的紧张程度。但是由于在离心机数量和取消制裁等问题上分歧较大,伊朗核谈判并未达成最终协议,并于2014年7月20日和11月24日两次延期。

2013年7月29日,巴以恢复和谈,计划于9个月内达成最终地位协议。尽管克里数次前往中东亲自斡旋,但和谈并未达成任何成果。2014年7月7日,以色列对加沙发动攻击,冲突一直持续到8月26日,共造成双方2200多人死亡。随着巴以冲突的加剧,巴以和谈的前景令人担忧。

2013年3月20日,奥巴马对以色列进行了访问,而他在第一个总统任期内没有访问过以色列。在奥巴马的影响下,以色列总理内塔尼亚胡于3月22日致电土耳其总理埃尔多安,就2010年5月武力拦截加沙救援船导致土耳其人死亡事件道歉。土耳其执政的正义与发展党和阿拉伯世界的穆斯林兄弟会理念相近,土耳其通过支持埃及穆尔西政府和叙利亚反对派,在阿拉伯世界影响力扩大,与伊朗的关系则趋向紧张。奥巴马试图利用土耳其的影响力,通过修复以色列和土耳其的关系,以这两个盟友为支轴,形成中东的稳定器,以此来东遏伊朗、西控埃及。7月3日埃及政权更迭后,土耳其继续支持埃及的穆斯林兄弟会势力,与埃及的关系出现紧张。6月25日,卡塔尔埃米尔哈马德传位给儿子塔米姆,这意味着卡塔尔支持穆斯林兄弟会的立场开始出现调整。奥巴马以土耳其为抓手、通过土耳其和埃及影响中东穆斯林兄弟会阵营的政策考虑已无法实现。

　　沙特一直力促美国等西方国家通过军事手段干预叙利亚，推翻巴沙尔政权。2013年8月叙利亚化武危机爆发后，沙特进一步向美国施压。美国与俄罗斯达成和平解决叙利亚化武危机的协议，拒绝军事打击叙利亚，这令沙特极度失望。9月到10月美国与伊朗关系出现改善迹象，进一步加剧了沙特的担忧。10月18日，沙特表示放弃联合国安理会非常任理事国席位，以表达对美国的强烈不满，美沙关系出现明显裂痕。2014年3月28日，奥巴马访问沙特，以修补双边关系。

　　总体看来，埃及的转型进程缓慢，美国能够提供的支持有限，也很难期待埃及迅速恢复并继续发挥地区领导作用；叙利亚局势呈现胶着，美国难以果断下定全面干预的决心。通过空袭的军事手段短期内无法消灭"伊斯兰国"组织，遏制极端主义和全球圣战思想的扩散更是一个长期艰巨的任务。伊朗核问题虽达成协议，不过协议仍需在各国国内获得批维，而美国两党部分议员明确表示反对核协议。巴以和谈前景堪忧，实施"两国方案"面临严重的现实困难。美国在伊朗核问题、叙利亚问题、巴以和谈、反恐等方面的立场，引发以色列、沙特等盟友的担忧，美国与土耳其围绕叙利亚、反恐、对待穆斯林兄弟会的立场等问题也存在分歧，美国平衡各方利益的空间有限，维持盟友体系的难度增大。

奥巴马政府对朝鲜半岛政策的调整

孙　茹①

美国自二战结束以来深度介入朝鲜半岛事务，成为影响半岛局势走向的关键因素。冷战结束后，美对朝鲜半岛政策保持了延续性，同时根据形势变化作出相应调整。奥巴马政府面临的国内外形势及其执政理念与布什政府不同，其半岛政策带有较强的时代特色和奥巴马烙印，对半岛及东北亚形势走向产生重要影响。

一

奥巴马政府的半岛政策大体围绕三条主线展开：以美韩同盟为抓手，拉紧韩国，稳固美国在半岛南半部的战略存在；威慑北方军事威胁，继续推进无核化目标，谋求改变朝鲜行为模式；向其他大国推卸责任，重点是借重中国，压朝弃核、管控半岛局势，同时防范中国削弱美影响力。

（一）积极打造"全面战略同盟"。奥巴马政府积极夯实同盟的军事根基，以美韩联合防卫态势威慑朝鲜；同时增加更多政治、经济、文化内容，大力充实同盟内涵，使美韩同盟从单纯的军事同盟向全方位同盟转变。具体包括以下内容：

提升美韩同盟定位。2010 年 6 月，奥巴马在加拿大多伦多 G20 峰

① 孙茹，中国现代国际关系研究院研究员。

会间隙会见李明博时使用了"中流砥柱"（linchpin）来形容美韩同盟①，此后"中流砥柱"成为奥巴马政府界定美韩同盟的专用术语。由于这一术语曾专指美日同盟，奥巴马此举表明美国将美韩同盟与美日同盟相提并论。2012 年 6 月，美韩外长和防长共同发表了"2 + 2"声明，称美韩同盟是"维护亚太乃至全球稳定、安全、繁荣的中流砥柱"。②2014 年 4 月，奥巴马访韩重申了"中流砥柱"定位。从 2009 年 11 月到 2014 年 4 月，奥巴马一共四次访韩，访韩次数超过历任美国总统。奥巴马政府高调举办朝鲜战争爆发 60 周年、美韩共同防御条约签署以及朝鲜战争停战 60 周年纪念活动。2013 年 7 月 27 日，奥巴马向朝鲜战争纪念碑献花，成为首位参加朝鲜战争停战纪念仪式的美国总统。2014年 4 月 26 日，奥巴马与朴槿惠首次联袂访问 1978 年成立的美韩联合司令部。以上种种举措，均体现了奥巴马政府对美韩同盟的重视。

　　扩大经济与文化联系。奥巴马对布什任内达成的美韩自贸协定存在不满，加之上任之初忙于应对经济危机、推进医疗改革以及从伊拉克、阿富汗撤军等优先议程，无暇顾及协定的批准。2010 年 12 月，美韩就汽车贸易达成补充协议。2011 年 10 月，美国会批准自贸协定。2012 年3 月，协定生效。这一协定与美韩共同防御条约一道，成为美韩同盟的两大支柱。③与此同时，美韩拓展了在气候变化、清洁能源、官方发展援助、信息通信技术政策等领域的对话与合作，续签了"在美国工作、学习英语和旅行项目"（WEST），放宽韩专业技术人员赴美签证，为韩国留学生提供便利。

　　构建"全球伙伴关系"。奥巴马政府将美韩同盟纳入应对地区和全球挑战的轨道，推动美韩同盟走出半岛，扩大活动范围。双方在反恐、反海盗、防扩散、跨国犯罪、传染病、智能电网、人道主义救援、伊

---

　　①　"Remarks by President Obama and President Lee Myung – Bak of the Republic of Korea After Bilateral Meeting", June 26, 2010, http：//www. whitehouse. gov/the – press – office/remarks – president – obama – and – president – lee – myung – bak – republic – korea – after – bilateral – .

　　②　"Joint Statement of the 2012 United States – Republic of Korea Foreign and Defense Ministers´Meeting", June 14, 2012, http：//www. state. gov/r/pa/prs/ps/2012/06/192333. htm.

　　③　"Press Conference with President Obama and President Park of the Republic of Korea", April 25, 2014, http：//www. whitehouse. gov/the – press – office/2014/04/25/press – conference – president – obama – and – president – park – republic – korea.

朗、叙利亚、阿富汗等问题上的合作取得进展，在东盟地区论坛、亚太经合组织、核安全峰会、G20 峰会等多边框架下加强了协调。

强化军事合作。奥巴马政府一再宣示对韩国的安全承诺不动摇，采取了一系列安抚韩国、强化军事同盟的措施。一是停止削减驻韩美军。将驻韩美军维持在 2.85 万人的水平，给韩国吃了"定心丸"。二是推迟移交战时作战指挥权。应李明博政府请求，将移交战时作战指挥权时间从 2012 年 4 月推迟至 2015 年 12 月，为此制订了战略同盟计划。应朴槿惠政府要求，再次推迟移交时间。三是完善体制机制。美国首次书面承诺提供延伸威慑，与韩建立了"延伸威慑政策委员会"。2010 年 7 月 21 日启动了外长、防长同时参加的"2 + 2"会议，象征着美韩战略关系与建立了 2 + 2 会议机制的美日、美澳关系达到同一水平。四是放宽对韩国导弹射程的限制。2012 年 10 月，美韩达成协议，美国允许韩国导弹射程延长至 800 公里。五是应对多元安全威胁。与韩携手应对太空、网络、海上通道安全挑战，强化联合反导能力，建立网络安全对话。

（二）对朝实行"战略忍耐"。奥巴马吸取克林顿和布什两位总统与朝打交道的经验教训，对朝实行"战略忍耐"政策，谋求通过灵活运用各种政策工具，应对一个执意拥核的朝鲜挑战，但从实施情况看，"战略忍耐"政策"大棒更大、胡萝卜更小"。

坚持原则立场。奥巴马与布什一样，仍要求朝鲜"完全地、可核查地、不可逆转地"弃核（CVID）；坚决不承认朝鲜为有核国，不会像对待印度和巴基斯坦一样对待朝鲜；"不奖励错误行为"，不会因为朝鲜重返谈判桌就提供好处；关注朝鲜人权状况，推动联合国人权理事会于 2013 年 3 月设立朝鲜人权调查委员会，积极配合调查工作，对该委员会 2014 年 2 月发表的严厉指责朝鲜侵犯人权的调查报告表示"欢迎并支持"。

构建对朝施压统一战线。奥巴马政府大力推进美日韩三边协调，启动了三边防长会晤机制并重启三边外长会晤机制。围绕朝鲜核试、导试、"天安舰"事件、展示铀浓缩设施、延坪岛事件等事态，美日韩领导人、外长、司局长之间密切磋商，步调一致。美国频频要求中、俄采取施压措施，谋建国际统一战线。2012 年 3 月朝鲜宣布射星后，美国还单独施压，停止了粮食援助谈判和挖掘美军士兵遗骸工作。

加大经济制裁。奥巴马政府谋求通过多边和单边制裁，切断朝鲜核与导弹项目资金来源，阻止其提升核导能力，防止核扩散。美推动安理会通过第 1874 号决议、第 2087 号决议和第 2094 号决议，在核导材料和技术管控、金融制裁上不断加码，并任命了落实安理会决议的协调员，向有关国家提供情报，跟踪怀疑载有违禁物品的朝鲜货轮"江南号"、"清川江"号，并根据国内法制裁涉及核扩散的朝鲜实体和个人。

加大军事威慑。一是加强军事战略规划。2013 年 3 月，美韩出台"共同应对局部挑衅计划"（Counter – Provacation Plan），升级反击朝鲜"挑衅"的措施。10 月，批准了对朝"针对性威慑战略"（Tailored Deterrence Strategy），加强一体化军事能力，最大限度发挥威慑功效。二是加强反导部署。美宣布在阿拉斯加、日本等地加强反导部署，拟在韩部署萨德（THAAD）系统，提升对朝情报搜集、监视与侦察能力。三是加强美韩军演次数、规模及科目。美出动 B – 52 轰炸机、B – 2 隐形轰炸机、F – 22 隐形战斗机等尖端武器及航母参演，美韩军演新增内容，如举行"占领平壤"的最大规模登陆联合演习、"突破军事分界线"突击演习、"占领朝鲜后恢复行政单位"演习、针对朝鲜首脑部的特种作战演习等。①四是加强美日韩三边军事合作，加强了情报合作并举行三边联合演习。

美国不排斥双边对话，但强调对话要有成效，不能为对话而对话。迄今，奥巴马政府对朝接触主要有两次，第一次是从 2009 年 7 月到 2010 年 3 月，其间美前总统克林顿和对朝政策特别代表博斯沃思访朝，但接触势头因"天安舰事件"爆发而中断；第二次是从 2011 年 7 月到 2012 年 2 月，美朝在纽约、日内瓦、北京举行三轮会谈，达成了"2·29"协议：朝鲜同意暂停核试验、导弹试验、铀浓缩活动，国际原子能机构核查员对暂停铀浓缩及"去功能化"情况予以核查和监督，美国将向朝提供 24 万吨"营养援助"。这是奥巴马任内对朝政策取得的重要进展，但协议未及执行便因朝鲜宣布发射卫星而破裂。

（三）对华加大借重与防范。朝鲜半岛是大国力量的交会点。苏联

---

① "DPRK Foreign Ministry Spokesman Blasts U. S. , S. Korean Puppet Forces' UFG", Korean Central News Agency, August 18, 2014, http：//www.kcna. co. jp/index – e. htm.

解体后，俄罗斯对半岛影响力下降，中国影响力上升。第二次朝核危机以来，美成功将朝核问题由美朝双边问题转化为地区国家面临的共同问题，向地区国家推卸责任，尤其重视中国作用。奥巴马上台之际，美国内忧外困，而中国GDP（国内生产总值）跻身世界第二，在地区和国际事务上的影响力持续扩大，这使得中国因素在美国半岛政策中的地位更加突出。奥巴马对华借重与防范同时加大，加大对华施压，促华在推进无核化、管控半岛局势上发挥更大作用；出台亚太"再平衡"战略，加强同盟合作，防范中国在半岛乃至东亚排挤美影响力。

　　对华保持密切沟通与协调，加大以华压朝力度。与小布什政府一样，奥巴马政府将半岛局势纳入对华议程，中美元首、外长、防长等高层会晤几乎必谈半岛局势，美对朝政策特别代表和中国朝鲜半岛事务特别代表保持着沟通。在战略与经济对话、战略安全对话、亚太事务磋商等双边机制中，半岛局势是美关切的主要议题。美通过渲染朝鲜威胁，敦促中国增强紧迫感，在朝核问题、约束朝鲜行为上承担更大责任。2009年5月朝鲜第二次核试后，美常务副国务卿斯坦伯格率跨部门代表团访华，渲染朝核问题对中国安全利益的危害。2010年3月"天安舰"事件发生后，美指责中国没有发挥"负责任的作用"，"祖护"朝"挑衅"行为。在多伦多G20峰会间隙举行的胡奥会上，奥巴马警告胡锦涛主席，"如果中国容忍朝鲜的侵略行径，将给地区和平带来潜在威胁"。① 2010年11月，在首尔G20峰会间隙举行的胡奥会上，奥巴马再次警告胡主席，"朝鲜半岛局势正向一个危险的方向发展"，朝鲜挑衅行为"不仅对和平，也对美国家安全构成威胁"，"如中美合作不成，美国将采取必要措施保卫美国家安全"。②

　　美也以六方会谈为杠杆对华施压。2009年3月开始，美对六方会谈持更加保留的态度，目的是"敦促将六方会谈视为重要外交成就的中国，在说服朝鲜采取实现无核化的严肃行动上增强紧迫感"。③ 2010年11月延坪岛事件发生后，中国提议召开六方会谈团长紧急磋商，共

① Jeffrey A. Bader, *Obama and China's Rise: An Insider's Account of America's Strategy*, Brookings Institution Press, 2012, p. 86.
② Ibid. , p. 88.
③ Ibid. , p. 33.

商缓和半岛紧张局势的措施，遭到美拒绝。奥巴马第二任期以来，朝鲜主张无条件重启六方会谈，美国则要求朝鲜率先采取弃核措施以显示诚意。中国呼吁美国降低重启六方会谈的门槛，美国则一味要求中国对朝施压，双方分歧并未消除。

另一方面，美对中国在半岛扩大影响保持警惕。伴随中韩经济关系飞速发展和政治安全关系的加深，美担心中国削弱美在半岛及东亚的影响力。奥巴马政府发挥安全优势，强化前沿部署，夯实军事根基；批准美韩自贸协定，弥补经济短板；倚重美日、美韩同盟以及美日韩三边合作来制约中国在半岛及东亚的行为。

二

奥巴马政府对半岛政策的调整既与美国与朝韩关系的发展演变有关，也与奥巴马地区和全球战略调整有关。概括起来，奥巴马政府半岛政策调整的动因主要有：

（一）同盟转型。美韩同盟是"美国在朝鲜半岛的一切外交、防务和经济活动的基础"，[①]美国历届政府的半岛政策均以维护美韩同盟为起点。冷战时期，美国将韩国作为抵抗共产主义扩张的"桥头堡"，向其提供大量经济和军事援助，扶植韩国发展。冷战结束后，美仍保持了在欧亚大陆东部边缘的战略存在，但随着共产主义扩张这一共同威胁的消失，美韩同盟凝聚力下降，面临着向何处去的问题。这一问题在冷战结束初期也困扰着北约和美日同盟，促使美进行同盟转型，在保留同盟军事功能的同时，赋予同盟应对多元威胁的任务。1993 年第一次朝核危机爆发后，克林顿政府停止从韩国撤军，表明防卫韩国的决心，但在解决朝核问题中，双方分歧显现，韩国反美情绪抬头。1996—1997 年，克林顿政府对美日同盟进行了"再定义"，将同盟防卫范围从日本本土扩大到"周边地区"，从应对"北方威胁"转向应对"多种威胁"，提升日本在同盟中的作用，但是对美韩同盟并没有进行类似重大调整。

---

① Department of Defense, *United States Security Strategy for the East Asia – Pacific Region*, 1998, p. 22.

"9·11"事件后，美国对外战略重心转向反恐。为适应反恐战争的需要，布什政府大规模调整全球军力部署，从大规模、重装备、集中的军力部署转为注重机动性和灵活性，据此调整了驻韩美军部署。2003年6月，美韩就驻韩美军基地迁移与合并达成协议。2006年1月，就"战略灵活性"达成协议，驻韩美军的活动范围不再局限于半岛，而被赋予介入地区冲突的功能，担负与驻日美军的地区角色。布什任内，美韩提出构建"全面的同盟"设想，但进展有限。可以说，布什政府主要对美韩同盟进行了军事调整，奥巴马政府的调整则更全面，结束了冷战后美韩同盟漂浮不定的状态，完成了同盟转型的顶层设计。2009年6月美韩峰会发表的"美韩同盟联合展望宣言"，提出构建"全面战略同盟"目标，指明了美韩同盟的未来发展方向。

盟国分担更多负担、承担更大责任是同盟转型的重要内容。克林顿政府向韩国移交了平时作战指挥权，推动韩军承担更多任务，要求韩国分担更多驻韩美军费用。布什政府时期，推动韩国参与伊拉克、阿富汗维和与战后重建工作。奥巴马政府将应对国际金融危机、气候变化、核不扩散、阿富汗、巴基斯坦等问题作为优先事项，利用盟国应对全球性挑战，为构建"全面战略同盟"注入新动力。美提升美韩同盟定位和韩国作用，得到韩国积极响应。李明博政府搭美"顺风车"，搞"全球外交"，积极参与美主导的全球倡议和行动。2009年韩国加入美国主导的"防扩散安全倡议"（PSI），2010年重新派员进入阿富汗、赴亚丁湾护航，举办多国海上拦截演习，举办G20峰会，2011年举办第四届援助效率高层论坛，2012年举办核安全峰会等。克林顿国务卿称赞韩国在应对地区和全球挑战上是"有价值的伙伴"，奥巴马总统也称赞韩国成长为美"关键的全球伙伴之一"。①

（二）威胁认知。冷战后美国对威胁的认识趋于多元化，但是对朝鲜半岛的威胁认识并没有发生根本变化，仍将朝鲜视为严重威胁。克林

---

① "Secretary of State Hillary Rodham Clinton And Korean Foreign Minister Yu Myung – hwan After their Meeting", May 26, 2010; Remarks by President Obama and President Lee of the Republic of Korea in a Joint Press Conference, Oct. 13, 2011, http: //www. whitehouse. gov/the – press – office/2011/10/13/remarks – president – obama – and – president – lee – republic – korea – joint – press – con.

顿政府认为"朝鲜仍然对朝鲜半岛乃至整个地区的共同安全构成威胁"①，布什政府意识形态色彩强烈，将朝视为"邪恶轴心"、"暴政前哨"，攻击朝鲜政治制度，指控朝鲜伪造美元、从事毒品交易等违法活动。奥巴马政府意识形态调门有所降低，但对朝鲜威胁的认识并未发生变化。2013 年 5 月，美首次发表了朝鲜军力报告，称朝鲜仍是"美国在东北亚面临最为严重的安全挑战之一"，如果朝鲜继续核导试验，将对"该地区美军和盟国构成更为严重的威胁"。② 美以应对朝鲜威胁为由，加强美韩、美日同盟，巩固其在东北亚的前沿军事部署，进一步发展反导系统，将韩、日牢牢纳入美战略部署。同时，借朝鲜威胁，促华承担责任，离间中朝关系。

在对朝拥核及"挑衅"行为模式的判断上，奥巴马政府更悲观。一是认为朝鲜不会弃核。布什政府时期，美国内对朝是否弃核意见不一，认为存在促朝弃核的可能性，第二任期加大了对朝双多边接触。奥巴马政府更加确信朝鲜不会弃核，美朝即使会谈，也谈不出结果，与其浪费时间，不如等待朝鲜作出弃核决断时再与之谈判。对于批评者所称的"战略忍耐"政策过于消极，导致朝鲜核能力进一步提升的问题，奥巴马政府在朝鲜展示铀浓缩设施后进行了调整，于 2011 年 7 月启动双边谈判，经过 10 个月艰苦谈判达成了"2·29"协议。协议签署半个月后，朝鲜宣布射星，奥巴马以朝违反承诺为由废弃了"2·29"协议，双边会谈迄今未恢复。射星事件使美国再次认识到，朝鲜走核武装道路难以逆转，这挫伤了奥巴马与金正恩政权打交道的积极性。

二是对改变朝行为模式缺乏信心。美国内对朝鲜的行为模式形成了共识，认为朝鲜先"挑衅"、然后举行会谈、签署协议、获取好处，接着进入下一个"挑衅"周期，继续索取好处，如此循环往复。奥巴马不排斥与朝鲜对话，体现了一定的灵活性；又附加条件，坚持原则性，表明美国不会"纵容"朝鲜，这使得"战略忍耐"政策在美国内拥有较广泛的基础。朝鲜执意发展核武，不仅使得美对朝接触缺少民意支

---

① Department of Defense, *United States Security Strategy for the East Asia – Pacific Region*, 1998, p. 24.

② Department of Defense, *Military and Security Developments Involving the Democratic People's Republic of Korea*, 2013, p. 1, p. 9.

持，而且大大压缩了美国内对朝接触派的影响力。在美国内形成了与朝鲜达成协议就是上当受骗，不接触反而无压力的怪象。克林顿和布什任内对朝接触虽取得成果，但均被国内舆论指责为受了朝鲜的"骗"，受到诘难。奥巴马在推进半岛无核化方面无进展，其面临的国内压力反而最轻，这为奥巴马继续坚持"战略忍耐"政策打下了国内基础。

（三）地区和全球战略调整。奥巴马对半岛政策是其亚太战略和全球战略调整的一部分。奥巴马上台之际，美身处阿富汗和伊拉克两场战争、遭遇百年一遇的金融危机，内忧外困，实力地位相对下降。中国实力和影响力上升，成为包括韩国在内的许多亚洲国家最大的贸易伙伴。美担心中国谋求地区领导权，搞"亚洲版门罗主义"，将美势力排挤出东亚。国际金融危机令美自信心下降，加大亚太战略投入的紧迫感增强。奥巴马以重振美国的实力地位为目标，对外纠正布什政府的单边主义做法，从"单干"转向"合伙干"，注重国际合作，以"巧实力"谋建"多伙伴世界"，高举气候变化、无核世界大旗，关注网络、太空、海上安全议题，抢占国际道义制高点，重塑美国形象。美从伊拉克和阿富汗撤军，全球战略出现收缩，但突出重点地区，出台亚太"再平衡"战略，加大战略投入。强化军事部署，部署濒海战斗舰等新式武器装备，以轮换方式增加驻军，拟将60%战舰部署亚太；拉紧地区盟友，深化同盟合作；跻身东亚峰会，主导TPP（跨太平洋伙伴关系协定）谈判、发起湄公河下游合作倡议，推进与印尼、印度、越南、缅甸等国关系，完善战略布局等，其中双边同盟是美维护亚太地位、制约中国崛起的重要手段。

双边同盟是美重振亚太领导地位的基础。在实施亚太"再平衡"战略过程中，美重视韩国地位。奥巴马第一任期，日本民主党政权谋建"紧密而对等"的对美关系，在普天间基地搬迁、印度洋供油、东亚共同体等问题上与美矛盾突出。韩国是亚洲第四大经济体、美国的第六大贸易伙伴，双边贸易额每年超过1000亿美元，还有7万韩国学生在美学习，是与美有密切政治经济文化联系的"中等强国"。在美日关系波动的情况下，随着韩国国际地位的提升，美韩同盟在美亚太战略中的地位相对提升。奥巴马第一任期负责亚太事务的助理国务卿坎贝尔称，

"美韩同盟是美国与亚太战略接触的关键之锚"。① 2014 年 4 月，美国务卿克里访问韩国，重申美韩同盟是美国对亚太战略接触的关键组成部分。奥巴马政府重视美韩同盟，可实现多重目的，威慑中、朝；促使韩在阿富汗等地为美分忧；刺激日重修对美关系；牵制中日韩合作步伐等。

双边同盟特别是美日同盟是美国应对中国崛起的主要抓手。面对国际金融危机以来的亚洲形势，一些专家呼吁奥巴马政府重新审视美韩同盟的价值，将其纳入应对中国崛起的轨道。美国智库"新美国安全中心"发表报告提出，"美韩应将管理中国崛起作为同盟的基本要素"，"在与中国的危机或冲突中，韩国的帮助是美军进入西太平洋的重大资产"。②有专家主张，应将美韩同盟视为维护亚洲民主与和平的基石，以及"塑造中国"的核心要素，鼓励韩国在亚太补充日本的作用。③美前官员建议美韩战略对话深入探究中国崛起产生的影响，并讨论要如何争取中国对朝鲜半岛南北统一的支持。④显然，美一些战略界人士希望将韩国从防止共产主义扩张的"桥头堡"转为牵制中国崛起的"桥头堡"，这一主张从奥巴马加强美韩同盟、拟在韩部署 THAAD 系统得到部分体现。

奥巴马政府也积极推进双边同盟网络化，加强地区盟国之间的联系，以便同盟发挥更大功效。美日韩三边合作既针对朝鲜威胁，也有针对中国的考虑。奥巴马第二任期负责亚太事务的助理国务卿拉塞尔称，鉴于朝鲜和其他东亚不稳定因素构成的威胁，美日韩之间的战略合作对东北亚安全秩序的发展至关重要。⑤为此奥巴马政府撮合日韩改善关系，

---

① "The Security Situation on the Korean Peninsula", Kurt M. Campbell's Testimony before Senate Armed Services Committee, Sept. 16, 2010.

② Abraham M. Denmark and Zachary M. Hosford, *Securing South Korea: A Strategic Alliance for the 21*ˢᵗ *Century*, December 2010, Center for New American Security, p. 13, p. 15.

③ Victor Cha, "What's Next for the U. S. - Korea Alliance", Statement before the House Committee on Foreign Affairs, Subcommittee on Asia and the Pacific, June 6, 2012.

④ Evans J. R. Revere, *United States - Republic of Korea Relations in President Obama's Second Term: Managing Challenge and Change*, Brooking Institution, Feb., 2013.

⑤ "Opportunities and Challenges in the U. S. - Japan and U. S. - Republic of Korea Alliances", Testimony of Daniel R. Russel Before the Senate Committee on Foreign Relations, Subcommittee on Asia and the Pacific, March 4, 2014.

以便美日韩合力对付朝鲜和中国。

三

奥巴马政府的半岛政策有利于巩固美在东北亚乃至亚太的地位，但在缓和半岛局势、推动中美在半岛问题上的合作并没有取得实质进展，反而加剧了半岛南北、美朝及中美对立。

（一）巩固了美在朝鲜半岛的战略存在和影响。一是强化了同盟关系。同盟是美国实力的倍增器，美韩同盟强化相当于增强了美国的实力。布什政府时期，美韩关系出现波折。布什政府不顾韩国反对，增强驻韩美军的"战略灵活性"，将其转变为应对亚太冲突的地区军。卢武铉政府开展"东北亚均衡者"外交，增强自主性，美韩关系裂痕加深。李明博政府积极修复对美关系，奥巴马政府通过加强对韩安全承诺、批准美韩 FTA、提升韩国地位等举措，拉紧了韩国。尤其是充分利用了"天安舰"事件，派员参与调查，支持韩将此事提交给联合国安理会，将南北半岛改善关系作为美朝接触的条件，举行系列联合军演等，增加了韩国对美的安全需求，从而密切了两国关系。李明博和朴槿惠均支持奥巴马的亚太"再平衡"战略，也有利于这一战略的顺利推进。奥巴马上任以来，美韩关系总体热络，双方均认为两国关系处于"最好时期"。民意调查显示，韩国民众对美国的好感度飙升，对美韩同盟的肯定程度达到新高。[1]

二是弥合了美韩在对朝政策上的分歧。美国仍将朝鲜视为其在半岛面临的严重威胁，但韩国对朝威胁的认识经历了大幅变化，曾取消对朝"主敌"的称呼，国内民调中一度将美国视为第一位的威胁，反美情绪强烈。[2]无论是金大中的"阳光政策"还是卢武铉的"和平繁荣政策"，均将南北关系与核问题脱钩，与美核问题优先的政策分歧尖锐。李明博政府出台"无核·开放·3000"政策，对朝威胁认识向美回摆，并将

---

① Testimony of Daniel Russel, March 4, 2014.

② 汪伟民：《美韩同盟再定义与东北亚安全》（修订版），上海辞书出版社 2013 年版，第 41 页。

南北关系改善与核问题挂钩。美韩均认为朝鲜发展核武对半岛和地区稳定构成严重威胁，威胁认识的重新一致使得双方对朝政策步调一致。

（二）朝核问题长期化。从第一次朝核危机爆发以来，朝核问题历经 20 多年，无核化仍然遥遥无期，朝核问题已然长期化。奥巴马的政策虽然防止了"第三次买同一匹马"，防止再次上当受骗，达到"止损"效果，但朝核形势更趋严峻，无核化前景不容乐观。一是美朝对立加剧。奥巴马政府坚持"战略忍耐"，继续政治外交施压、经济制裁和军事威慑，仍不与朝鲜恢复对话，对朝继续提升核导能力无动于衷。朝鲜将其拥核归咎于美国长期的敌视政策，宣称拥核是被美国威胁所逼。奥巴马政府的"战略忍耐"使朝鲜认识到，美对朝敌视政策没有改变，朝鲜必须加强自卫的"核遏制力"，采取了拥核入宪等固化有核国地位的措施，继续推进核开发，在核武小型化、轻量化上取得进展。朝鲜更加强调不会以核做交易，坚持只有加强国防力量，才能捍卫民族尊严和国家自主权。

二是六方会谈停滞不前。美提出六方会谈的初衷是转嫁责任，建立对朝统一战线，分担对朝经济和能源援助负担，是预防美被朝欺骗的机制。六方会谈通过了"9·19"声明，促使朝承诺放弃一切核武器及现有核计划，实施申报、去功能化，在推动半岛无核化上取得重要成果。但奥巴马政府转向倚重美日韩三边合作，对六方会谈态度冷淡，"反对为会谈而会谈"，使得六方会谈处境尴尬。六方会谈尽管中断，但仍是和平解决朝核问题、容纳相关各方利益关切的唯一机制。即便美朝再次达成有限弃核的协议，美也将依靠六方会谈成员分担负担、监督实施，六方会谈的价值仍在。

（三）朝韩关系倒退。李明博政府修改过去两届政府对朝所实行的政经分离、"援助先行"的融合路线，要求朝鲜先弃核才能获得韩国的援助，这与朝鲜的"自主"、"民族共助"、"和解合作"政策格格不入。在"天安舰"调查结果公布后，韩国出台报复措施，除了人道主义援助和开城工业园区外，经济上全面中断与朝合作与交流项目，军事上出台"积极威慑"政策，一旦朝"挑衅"，将进行先发制人的打击，南北关系发展受到严重制约。另一方面，美国因素一直牵动着南北关系走向。奥巴马政府拉拢韩国、提升美韩同盟，助长韩对朝强硬态度。韩国政府追随美国，将核问题作为南北关系发展的前提，使得南北关系受制于美韩关系。半岛分裂以来，南北双方一直在争夺对半岛事务的主导权，韩国依靠美国支持，在南北争夺中占据了上风。美支持韩以"自由民主主义和市场经济"统一半岛的立场，韩政府频频推出统一措施，让朝鲜担心韩国"急统"，双方的不信任加剧。

（四）中美在朝鲜半岛的合作缺乏进展。中美在维护核不扩散机制、半岛无核化、阻止韩日拥核上立场一致，在中美的共同努力下，达成了"9·19"共同声明，并在推动朝鲜弃核方面取得进展。但是奥巴马政府加紧向中国推卸责任，实施亚太"再平衡"战略，介入南海东海争端，防范中国的一面上升，削弱了中美合作基础。在"天安舰"和"延坪岛"事件中，中美矛盾尖锐。美国指责中国"偏袒"朝鲜，没有发挥"负责任的大国作用"，中国则认为美国火上浇油，没有发挥维护半岛稳定的作用。围绕"乔治·华盛顿"航母进入黄海军演问题，尽管中国强烈反对，美航母仍以震慑朝鲜的名义进入黄海。中美仍各自坚持在朝核问题上的基本立场。中国认为解决核问题的钥匙在于美朝两家，呼吁美朝对话和重启六方会谈。奥巴马政府则坚持认为解决朝核问题的钥匙在中国手中，不与朝直接对话解决问题，不承当相应的责任，反而是渲染朝鲜威胁，努力寻求改变中国的威胁认知，集中力量对华施压。奥巴马试图对华带上"紧箍咒"，将中国在朝核问题上的作为视为中美新型大国关系的试金石。在朝鲜接连举行射星、第三次核试、中国新一届领导集体上台的情况下，中国对朝政策调整，中朝关系趋冷，美在推卸责任、离间中朝关系上取得一定成效，但在实现无核化目标上一无所获，中美在朝核问题上的相互信任减少，缺乏合作成果。

奥巴马政府东南亚政策调整："美国—东盟—中国"三方战略互动的演进

课题组①

冷战期间，东南亚是美国全球战略的重要战略支点之一。冷战结束后，东南亚在美国战略中的地位有所下降。克林顿政府（1992—2000年）"温和地忽略"了东南亚②，1997年的亚洲金融危机更加深了东南亚国家对美国的"不信任感"③。小布什政府（2001—2008年）对东南亚经营不善，东南亚的战略支点作用进一步削弱。在"后金融危机时代"，奥巴马总统于2009年上台，其面临的国内外环境异常艰难。从国内看，美国深陷金融危机，国内政治极化严重。从国际看，中东乱局持续，中国、印度等新兴大国群体性崛起，全球政治经济重心东移亚太。在此背景下，东南亚成为美国亚太乃至全球战略链条上脆弱的一环。奥巴马出生于夏威夷，在印尼度过童年，是具有"东南亚背景"的"太

---

① 课题组成员包括：翟崑，北京大学国际关系学院教授、东盟地区论坛（ARF）中方专家名人；董春岭，中国现代国际关系研究院美国研究所，助理研究员；褚浩，中国现代国际关系研究院南亚东南亚及大洋洲研究所，副研究员；索不瓯，国际关系学院，2014级硕士研究生。以上成员均为本文的共同作者。

② See Diane K. Mauzy and Brian L. Job, "U. S. Policy in Southeast Asia, Limited Re‑engagement after Yeas of Benign Neglect", *Asian Survey*, July/August 2007, p. 622.

③ 参见［美］芮效俭《中国和美国视角下的东亚合作》，载于朱立群、王帆主编《东亚地区合作与中美关系》，世界知识出版社2006年版，第96页。

平洋"总统。奥巴马顺应"变革"需求，调整美国全球战略，落实"重新重视亚太"的竞选纲领，提出"重返亚太"战略，加强对亚太的投入，修补亚太主导权，分享亚太经济发展"红利"。其中重要的一点，就是提升东南亚的战略地位，全面加强与东盟关系，运用"巧实力"，重视经营并发挥东南亚国家在美国全球战略调整尤其是"亚太战略再平衡"中的战略支点作用。事实证明，奥巴马对东南亚的政策调整颇有成效，但也面临不少制约因素。值得注意的是，应对和制衡中国崛起是奥巴马调整对东南亚政策的主要考虑因素之一。正是在奥巴马的推动下，美国、东盟以及中国的三方战略互动日益成形，互动效应复杂，成为影响亚太国际关系走势的新现象。本文旨在描述这一现象的演进过程及其战略效应，探索三方良性互动的可能路径。

一　美国与东盟、中国关系齐头并进的阶段

从 2009 年年初奥巴马上台到 2010 年年初，奥巴马开始调整其前任的全球战略，强调美国的"亚太国家"身份，以新姿态加强同传统盟友之间的关系，进一步展示对华政策"新思维"，积极参与亚太多边机制建设，提出了跨太平洋经贸关系新构想，以开放市场和增加本国出口为导向，满足美国经济结构调整的需要；在一定的前提条件下缓解美朝、美缅关系。① 因此，"重返东南亚"、密切与日韩关系、加强与中国的关系，三者构成美国重返亚太的"三根支柱"，美对华制衡的色彩不明显。在此整体战略调整的背景下，奥巴马政府全面修补、巩固和提升与东盟及其成员的关系，修补和巩固战略支点，迅速取得成效。主要有三个表现。

（一）迅速修复在东南亚地区的形象。"9.11"后，小布什总统实施全球反恐战略，将东南亚提升为"反恐第二战线"，但其"先发制人""将穆斯林与恐怖主义画等号"的做法令东南亚伊斯兰国家不满。与此同时，东盟与中日韩的东亚地区合作迅速发展，与美国的贸易保护

---

① Obama's Speech at Suntory Hall, Tokyo, Japan, 2009, http：//www.whitehouse.gov/the - press - office/remarks - president - barack - obama - suntory - hall.

主义、忽略东盟主导的地区多边合作机制、制裁缅甸等形成鲜明对比，严重制约美国与东盟整体关系进展。比如，2007 年是美国与东盟建立对话伙伴关系 30 周年，双方准备召开的美国—东盟峰会未果，东盟国家非常不满。而国务卿赖斯更是两度缺席东盟地区论坛外长会，也被东盟国家认为是羞辱。2009 年 2 月，国务卿希拉里·克林顿一改"国务卿首访选择中东或欧洲"的传统，开启以印席尼西亚为首站的东亚"倾听之旅"①。印尼是东盟最大的国家，也是世界上穆斯林人口最多的国家。此访改善了美国在印尼和伊斯兰世界的形象，标志着美国战略由"反恐"向"重返东南亚"过渡。

（二）积极介入东亚合作的多边进程。在出访印尼时，希拉里成为美国首个访问设立于雅加达的东盟秘书处的国务卿。2009 年 7 月，希拉里赴泰国出席了东盟地区论坛外长会议，签署《东南亚友好合作条约》，与东盟展开全方位合作，标志着美国对东盟"态度的重大转变"，从被动应对转变为积极介入东亚合作进程，与东盟的合作进入新阶段②，是重返亚太的重要步骤。③ 随后，美国第一个任命东盟大使，成功地下了一招先手棋。美国还与泰国、老挝、越南、柬埔寨四国举行外长会议，商讨该地区的卫生与环境问题，倡议"湄公河委员会"与"密西西比河管理委员会"建立"伙伴关系"，以增强其在中南半岛的影响力。11 月，奥巴马出席了在新加坡召开的亚太经合组织（APEC）会议和首届"美国—东盟领导人会议"，决定加强在反恐、打击跨国犯罪、防扩散、削减核武、应对气候变化等议题上的合作，并发表《加强持续和平与繁荣伙伴关系的联合声明》，邀请东盟 10 国领导人次年访美，主办第二届"美国—东盟领导人会议"，建立美国—东盟峰会机制，举行"美国—东盟能源部长会议"。

（三）积极调整对缅政策。9 月，希拉里表示要检讨和调整对缅甸

---

① 《希拉里力图改善美国形象》，新加坡《联合早报》2009 年 2 月 21 日，http：//www. zaobao. com/special/report/politic/sino – us/story20090221 – 98897。

② See Barack Obama, Remarks at Suntory Hall, Tokyo, Japan, November14, 2009, http：//www. whitehouse. gov/the – press – office/remarks – president – barack – obama – suntory – hall。

③ See Hillary Rodham Clinton, Press Availability at the ASEAN Summit, July 22, 2009, http：//www. state. gov/secretary/rm/2009a/july/126320. htm。

政策,从以制裁为主转向接触和对话,对缅释放积极信号,展现和解新姿态,推动美缅关系重大改变,得到地区普遍赞誉,为美国与东盟关系全面发展起到"减负"和"助推"作用①。在 APEC 会议期间,奥巴马还与缅甸总统吴登盛举行双边会谈,再次确认美国对缅甸政策将由对抗转向对话②。这一系列动作得到东盟国家的普遍支持,小布什时期在东南亚失去的软实力得以迅速扭转,堪称"巧实力"开局的典范。

从奥巴马执政第一年的外交政策看,美国对东南亚国家政策的调整均堪称历史性的,取得较好的效果,可以说是美实施"巧实力"外交的重要案例。与此同时,自奥巴马就职以来,在双方共同努力下,双边关系呈现良好发展势头,中美就共同努力建设 21 世纪积极合作全面的双边关系达成重要共识,并为中美关系的发展确立了新方向。③ 奥巴马在任内第一年不仅突破了美国总统更换初期经常会出现的中美关系滑坡的怪圈,反而实现了"高开高走"。比如 2009 年年初希拉里访华、4 月1 日伦敦 G20 峰会实现"胡奥会"、两国立法机构领导人近 20 年来首次互访、奥巴马正式访华、首轮战略与经济对话成功举办,以至于主流舆论热炒"G2"和"中美共治"。这是因为,奥巴马和希拉里在美国实力下降的情况下,通过践行"巧实力"外交,以柔性方式整合中国。奥巴马亚太事务团队的核心成员斯坦伯格、贝德等人致力于与中国提升战略互信、重建战略保证,使中国协助美国摆脱金融危机,在重大国际和地区问题上配合美国,如希望中国继续购买美国国债,支持其反恐的阿巴战略,在气候谈判问题上联手中国向欧洲和日本施压。这与奥巴马倡导同伊朗的"握手外交"和"重启"美俄关系的思路一致。因此,这段时间内美国利用亚太几大次地区战略版块相互制衡的色彩并不明显。

但是,美国的东南亚政策中制衡中国的一面已开始萌芽。奥巴马重

---

① See Scot Marciel, U. S. Policy Toward ASEAN, Institute of Security and International Studies, Chulalongkorn University, Bangkok, Thailand, February 26, 2009, http://www. state. gov/p/eap/rls/rm/2009/02/119967. htm.

② Joint Statement—1st ASEAN-U. S. Leaders' Meeting, Singapore, November 15, 2009, http://www. aseansec. org/24020. htm.

③ 《胡锦涛同志同美国总统奥巴马通电话》,《人民日报》2010 年 4 月 3 日。

返东南亚，暗含着与中国竞争影响力的战略考虑。美国重返东南亚在很大程度上迎合了东盟国家希望拉近与美国关系，制衡中国在本地区日益增强的影响力的战略考虑。李光耀 2009 年 10 月在美国公开提醒美国应积极参与亚洲事务，制衡中国的军事和经济力量。李光耀宣称，中国与东盟之间的互信度仍然有限，东盟对中国仍然保持戒心，美国在东亚的位置仍不可取代①。虽然此言引发中国舆论不满，但事实上，周边国家的确对中国的迅速崛起缺乏心理准备和安全感。澳大利亚罗伊研究所的民调显示，从 2004 年到 2009 年，周边国家对中国崛起的担忧持续上升②。

二　美国加强与东盟合作制衡中国的阶段

2010 年年初至 2012 年年底，奥巴马继续调整全球战略，降低对全球反恐的投入力度，更加重视亚太地区，"调动东南亚、东北亚两大地缘板块平衡中国"③；推动"安全、经济、外交"三种手段的综合运用、平衡发展，全面提升对亚太的影响力；平衡美国和亚太盟友的战略投入，让盟友承担更大的义务，站在与中国对抗的前台，把南海问题作为重要抓手，中美东盟三方关系的矛盾和摩擦上升，地区经济合作出现竞争性局面。2010 年 10 月希拉里·克林顿在《外交政策》上发表的《美国的太平洋世纪》，11 月奥巴马在澳大利亚发表"美国亚太再平衡战略"主旨演讲，2011 年，国防部颁布了《美国国防战略指针——持续的全球领导：21 世纪国防的各项要务》等均强调美国的"领导"角色和加大对东南亚国家的战略关注。这标志着美国的亚太再平衡战略趋于定型，但其中拉拢东盟制衡中国的一面变得非常明显。具体表现为：

---

① See Speech By Mr. LeeKuan Yew, Minister Mentor, at US-ASEAN Business Council's 25th Anniversary Gala Dinner, October 27, 2009.

② See FergusHanson and Andrew Shearer, "China and theWorld: PublicOpinion andForeign Policy", report of Lowy Institute, 2009.

③ 关于美国利用东北亚平衡中国的动机、方式、影响可参见朱锋《东亚安全局势：新形势、新特点、新趋势》，《现代国际关系》2010 年第 12 期。

（一）利用东南亚平衡中国①。随着 2009 年年底美国与东盟关系渐入佳境，中美关系开始从乐观预期急转直下。中国无法满足美国一厢情愿的合作清单，美国也不可能在军售和达赖问题上满足中国的要求②。美国反华强硬派批评奥巴马的对华政策除了滋生中国的 "外交傲慢" 外一无所获③。一系列事件恶化了中美关系。2009 年年底，中美在丹麦哥本哈根气候峰会上不欢而散，谷歌风波接踵而至。进入 2010 年，1 月奥巴马宣布对台军售，2 月在白宫接见达赖。3 月，韩国 "天安舰事件" 引发美韩对中国的猛烈批评。4 月，美韩在朝鲜新一轮核试验后在黄海大搞军演。5 月，美国在第二次中美战略与经济对话中称，中国提出 "南海诸岛是中国的领土和国家的核心利益" 引发东盟国家普遍担忧。7 月，希拉里在越南河内举办的第 17 届东盟地区论坛外长会上公然宣称 "维护南海航行自由和地区稳定事关美国国家利益"，高调介入南海问题。8 月，美国核动力航母 "华盛顿号" 访问越南，美越举行联合军演。9 月，中日爆发 "撞船事件"，美国热炒 "中国威胁论"。10 月，在访问亚太七国（分别为越南、柬埔寨、马来西亚、巴布亚新几内亚、新西兰和澳大利亚）期间，希拉里警告柬埔寨首相洪森 "不要太过于依赖中国"④。同时，希拉里以观察员身份出席东亚峰会，为 2011 年奥巴马正式与会打前站。12 月，美日举行史上最大规模联合军演，中国媒体称之为 "剑指中国"。2011 年 11 月 30 日，希拉里访问缅甸，会见昂山素季，推动缅甸民主化转型。

（二）以南海为主要抓手，加强在东南亚的军事存在。美国加固和维持与传统盟国的关系，签订新的军事协议、出售军备、联合军演和训练，加强盟友、伙伴国的防御能力，强化对盟友、伙伴国的安全承诺，并在重要战略支点建立灵活的军事部署。美国在菲律宾苏比克湾部署了

---

①　关于美国利用东北亚平衡中国的动机、方式、影响可参见朱锋《东亚安全局势：新形势、新特点、新趋势》，《现代国际关系》2010 年第 12 期。

②　See Jeffery A. Bader, *Obama and China's Rise*, Brookings Institution Press, Washington D. C. , 2012.

③　See Michael D. Swine, "Perceptions of an Assertive China", *China Leadership Monitor*, No. 32, Spring 2010.

④　《希拉里警告柬埔寨：别太依赖中国》，新加坡《联合早报》2010 年 11 月 2 日，http: // www. zaobao. com/special/report/politic/sino - us/story20101102 - 98960。

两艘核潜艇，实现半永久性驻扎，向菲律宾出售了"汉密尔顿级"巡逻舰、F-16战斗机等军备。2011年美国在泰国举行东南亚地区最大规模联合军演"金色眼镜蛇"。2012年11月，美泰签署《泰美防务联盟共同愿景声明》，美泰军事合作再上新台阶。从2012年起，美国将派遣250名陆军士兵在澳大利亚北部驻扎，每半年轮换一次，6年内驻澳美军人数将增加到2500人。美国派遣新型沿海作战舰赴新加坡以增强后者在南海周边的作战能力。到2020年，美国计划将60%的海军力量集中到亚太，太平洋地区日常执勤舰只数目也将增加20%①；美国空军近60%的F-22战斗机②和陆军的7万士兵③也将部署到亚太；美国海军陆战队也将从目前的2万人增加到3.1万人④。

（三）重塑亚太秩序，争夺多边机制主导权，瓦解东亚合作。美国主导"跨太平洋伙伴关系协定"（TPP）进程，构建亚太经济合作新机制。在2012年亚太经合组织峰会上，美国力推TPP，在原有的由新西兰、新加坡、智利、文莱主导的跨太平洋战略经济伙伴关系协定下，与签约国突破传统的自由贸易协定模式，达成包括所有商品和服务在内的综合性自由贸易协议。随后，日本宣布加入TPP谈判。但美国没有邀请中国加入TPP。2012年年底，奥巴马在东亚峰会期间提出"扩大经济联系"（E3）计划，向非TPP国家提供能力建设和技术支持，旨在为全部东盟国家加入TPP和建立美国—东盟自贸区做准备。奥巴马还将与东盟谈判《美国—东盟贸易和投资框架协定》，推动缅甸、老挝、柬埔寨尽快加入APEC。奥巴马政府还将在加强经济一体化、支持湄公河下游国家的发展、支持民主、解决战争遗留问题等领域扩大对东南亚的

---

① See Jonathan Greenert, "Sea Change: The Navy Pivots to Asia", *Foreign Policy*, Nov. 14, 2012, http: //foreignpolicy. com/articles/2012/11/14/sea_ change.

② See Michael B. Donley, Secretary of the Air Force, "Air Force Today and the Asia – Pacific Rebalance", Remarks Delivered at Air Force Association Global Warfare Symposium, Nov. 16, 2012, www. af. mil/shared/media/document/AFD – 121120 – 017. pdf.

③ "Ashton B. Carter, Deputy Secretary of Defense, Remarks Delivered at Duke University", Nov. 29, 2012, http: //www. defense. gov/Transcripts/Transcript. aspx? TranscriptID = 5158.

④ See Sergei DeSilva – Ranasinghe, "The U. S. Marine Corps Surges to the Asia – Pacific", The Diplomat, Dec. 11, 2012, http: //the – diplomat. com/2012/12/11/our – institutional – dna – the – us – marine – corps – surges – to – the – asia – pacific/.

援助。① 美国主导"香格里拉对话"等多边安全论坛之外,试图主导东盟主导的地区多边合作机制,如东盟地区论坛、东亚峰会、东盟防长扩大会议等。奥巴马在 2012 年将美国—东盟领导人会议固定为年度峰会,标志着美国与东盟关系已上升到了战略级别。

　　上述事件和转变在奥巴马政府看来是"回归常态",回击中国的"不配合",但在中国看来则可能是精心策划的组合拳。随着东海、南海热点同步共振,中国与周边国家民族主义情绪升温,中美战略竞争和对抗明显上升,战略博弈从局部转向全局、从言论转向行动、从心理较劲转向外交争夺②。正如兰德公司的研究报告指出的,中美在东南亚的战略竞争加剧,中国是美国制定东南亚政策时的重要参照点,美国的东南亚战略很大程度上取决于对"中国在东南亚地区的政策和作用"的评估③。

三　美国对东盟政策的再调整

　　2013 年连任后,奥巴马总统开始认识到"亚太再平衡"战略在东亚地区的攻守失衡,注意调整政策缓解"亚太再平衡"战略的负面效应④,更加重视并缓和中美关系。尤其是 2014 年奥巴马在中期选举中惨败,其国内议题遭受国会的阻力增大,只能在外交领域寻求突破。由于亚太战略再平衡是奥巴马最重要的"外交战略名片",其在外交领域实现突破的重要途径是深化"亚太再平衡"战略,而战略的顺利实施和深化需要中国的参与和配合。因此,奥巴马在继续推进与东盟的关系,制衡中国,连接印太,充实其全球战略的调整的同时,亦寻求对华合作,力求缓和局势,强化软规制,减少硬碰撞。

　　一方面,美继续深化与东南亚国家关系。2012 年 11 月,奥巴马胜选后首次外访聚焦东南亚,连续访问泰国、缅甸和柬埔寨,并创造了美

---

　　① 参见杜兰《从"重返"到"再平衡":奥巴马政府第二任期东南亚政策》,《东南亚纵横》2013 年第 8 期。

　　② 袁鹏:《关于构建中美新型大国关系的战略思考》,《现代国际关系》2012 年第 5 期。

　　③ Richard Sokolsky, "The Role of Southeast Asia in U. S. Strategy Toward China", report of RAND Corporation, 2002, pp. 14 – 15.

　　④ 参见刘飞涛《奥巴马的亚太再平衡:降速纠偏?》,《国际问题研究》2013 年第 3 期。

在任总统首次访缅、首次踏足柬及越战后美国总统亚洲行首次完全聚焦于东南亚的历史纪录。时任美国务卿和防长的希拉里·克林顿和帕内塔亦同时现身东南亚，出现了罕见的美"三巨头"同时出访东南亚的"壮举"。2013 年 7 月，越南国家主席张晋创应邀访美，双方建立"全面伙伴关系"，美承诺深化与越南的"建设性合作"，扩大对越投资，在南海问题上支持越方不诉诸武力和不以武力相威胁原则，强调恪守《南海各方行为宣言》和尽早开启"南海行为准则"的重要性。8 月，美开始与菲律宾进行军事谈判，探讨美军以"轮驻"形式扩大在菲律宾的军事存在。经数轮谈判，美菲 2014 年 4 月签署驻军协定，该协定准许美进驻菲律宾军事基地，有效期 10 年，并可续约。① 2013 年 12 月，国务卿克里访问越南、菲律宾，并宣布将向东南亚国家额外提供 3250 万美元，用于"加强海事安全和确保航行自由"，其中对越援助 1800 万美元，包括五艘高速巡逻艇。② 2014 年 2 月，奥巴马正式签署美越《核能合作协议》，允许美国公司投资越南核电站建设，向越输出民用核能技术，标志着双方在民用核能合作上迈出关键的第一步。③ 同月，美亚太事务助理国务卿拉塞尔声称"断续线不符合国际法"，要求中国予以澄清或修正，这是美国官方首次就断续线问题公开表态。④ 8 月，美军参谋长联席会议主席马丁·登普西"历史性"访问越南，承诺支持越南参加联合国维和行动，以推动越军"走出去"；支持越南提升海上能力，并表示考虑接触对越军售禁令。⑤ 11 月，美正式宣布部分解除对越军售。

　　但另一方面，美亦重视并缓和中美关系。2013 年，奥巴马总统与

---

　　① 《美国与菲律宾签署防务协定》，《金融时报》中文网，2014 年 4 月 28 日，http：//www. ftchinese. com/story/001055990。

　　② 《克里：三年内拨 5000 万助菲律宾保护领海主权》，新加坡《联合早报》2013 年 12 月 18 日，http：//www. zaobao. com/special/report/politic/southchinasea/story20131218 - 289407。

　　③ 《越媒称奥巴马批准美越民用核能交易》，中华人民共和国驻胡志明市总领馆经济商务室官网，2014 年 2 月 28 日，http：//hochiminh. mofcom. gov. cn/article/jmxw/201402/ 20140200502452. shtml。

　　④ 《美助理国务卿要求中国明确说明南海九段线的意义》，凤凰网，2014 年 2 月 7 日，http：//news. ifeng. com/mil/3/detail_ 2014_ 02/07/33573010_ 0. shtml。

　　⑤ 《外媒关注美国参联会主席访问越南，或放松武器禁令》，中国日报网，2014 年 8 月 19 日，http：//world. chinadaily. com. cn/2014 - 08/19/content_ 18447330. htm。

习近平主席在加州安纳伯格庄园会晤，就构建新型大国关系的目标和意义取得共识。2014 年，习奥在北京的 APEC 会议上再次会晤，在构建新型大国关系的路径上达成一致。中美在签证、气候变化、人文交流、军事交流等多个领域取得实质性成果。中美还签署了有关建立重大军事行动相互通报机制和公海海域海空军事安全行为准则的协议。在亚太海上紧张形势难解的情况下，上述协议无疑是稳定局势的重要危机预防性措施。① 在南海问题上，美立场与政策亦发生转变。与之前高调充当"仲裁者"角色不同，美国转而支持盟友在前台与中国抗衡；敦促国会尽快批准《国际海洋法公约》，争取变被动为主动，利用该条约团结东盟国家向中国施压；支持东盟国家在《南海行为准则》谈判中"一致对华"，力争将东盟防长扩大会议、东盟地区论坛、东亚峰会等多边机制打造为讨论南海争端的平台。2014 年 8 月，美国国务卿克里还在东盟地区论坛上提出"冻结南海争端"，要求争端方不再夺取岛礁与设立前哨站；不改变南海的地形地貌；不采取针对他国的单边行动。美上述缓和中美关系的行动表明，美方已认识到缓和中美关系是其实施亚太"再平衡"战略的关键。

叙利亚内战持续，乌克兰危机爆发，"伊斯兰国"异军突起，埃博拉病毒肆虐非洲，此起彼伏，牵扯奥巴马大量精力，客观上分散了美国对亚太的关注和实质性投入。奥巴马任命克里为国务卿、哈格尔为防长。克里致力于推动中东和平进程取得突破，对亚太投入精力不多②。哈格尔是本届内阁中唯一的共和党成员，与奥巴马在军费预算、中东问题上有分歧，与其他国安团队成员格格不入。克里和哈格尔推动亚太战略再平衡的热情不足，节奏明显放缓。随着 2014 年年底哈格尔辞职，"知华派"阿什顿·卡特被提名为新防长，显示了美国对"亚太再平衡"的关注力度加强，作为再平衡战略中的核心板块。③

美国东南亚政策的再调整有多重背景。首先，国际形势的重大变化

---

① 季志业主编：《国际战略与安全形势评估（2014—2015）》，时事出版社 2015 年版。

② 参见董春岭《克里上任，美国外交如何变》，《世界知识》2013 年第 5 期，第 31—33 页。

③ 《奥巴马宣布美国新防长提名》，新华网，2014 年 12 月 6 日，http://news.xinhuanet.com/2014-12/06/c_1113542258.htm。

导致美几大战略板块间的失衡。奥巴马执政初期，美国致力于从伊拉克和阿富汗撤军，击毙本·拉登宣布取得全球反恐战争的胜利；同时，加快重返亚太步伐，加大战略投入，改善与亚太各次地缘板块的关系，积极参与亚太和东亚地区一体化进程，制衡中国在本地区做大，取得一定成效。但是此后美国的战略重心东移一波三折，异常艰难。先是2010年年底爆发的"阿拉伯之春"席卷中东，利比亚战争和叙利亚内战雪上加霜，美国不得不在处理"伊核"谈判和巴以和平进程等传统中东议题的同时，再投入巨大精力应对中东大变局，严重制约了美国战略重心从中东向亚太转移。2014年以来，新老问题尚未消停，"伊斯兰国"（IS）极端恐怖组织在中东异军突起，迅速蔓延，威胁层级不断上升，美国的应对也逐步升级。由此来看，中东事务始终是奥巴马政府急需处理的首要国际危机。但美国的中东盟友批评美国一心想撤出中东，对中东问题三心二意，并没有全力解决中东困局。与此同时，亚太地区的安全形势也趋于紧张，朝核问题搁置，中日关系恶化，东海、南海问题爆发冲突的可能性上升，"跨太平洋伙伴关系协定"（TPP）谈判艰难。加之美国国内政府债务危机和政治斗争愈演愈烈，奥巴马甚至缺席在印尼举办的2014年APEC峰会。尽管奥巴马一再强调亚太"再平衡"的战略大方向不变，但亚太盟友和伙伴失望情绪不断上升，质疑美国落实亚太战略的决心。总之，由于美国战略重心东移的异常艰难，造成美国在中东和亚太两个地缘板块同时出现战略效果打折，信誉下降，两面不讨好的困境。

其次，美国内政治和经济环境制约奥巴马东南亚政策的实施。美国经济已走出低谷逐渐复苏，但其国内政治的僵局却在持续，仍处于金融危机之后的"分裂期"，不断激化的两党之争和政府关门危机，暴露了美国对外行动能力的缺陷。军费和对外援助经费的削减限制了奥巴马政府对亚太的实质性投入。美国国会已经通过了《预算控制法》，该法规定今后10年美国政府将削减4870亿美元的军费开支，虽然美国政府一再强调"再平衡"战略不会受到减支的影响，但"无论政府官员怎么说，削减国防开支都会对美国在亚洲的军事态势造成深刻影响"①。据

---

① See Daniel Blumenthal, "Against the East Asia 'pivot'", Foreign Policy, Nov. 18, 2011, http://shadow. foreignpolicy. com/posts/2011/11/18/against_ the_ east_ asia_ pivot.

估算，美国国防预算 2013 财年削减了 370 亿美元，2014 财年可能减少 520 亿美元。美军对新型武器的采购和相关军事部署都有赖于稳定的财政支出，预算削减对美国在亚太再平衡中军力投入的影响显而易见。因此，美国更加注重经济合作，淡化"再平衡"的政治军事色彩。哈格尔在出席 2013 年香格里拉对话时表示，美国正在实施的"再平衡"并不是一项军事战略，而主要是一项外交、经济和文化战略①。2013 年，奥巴马因为政府关门危机而缺席 APEC 和东亚峰会，并取消了对东南亚的既定访问，激起东盟各国的不满和质疑。该事件对美国再平衡战略造成的负面影响短期难以消除。民主党中期选举惨败，奥巴马提前成为跛脚鸭总统。而受制于两党博弈，奥巴马为推进"跨太平洋伙伴关系协定"（TPP）谈判得到国会的"贸易促进授权"（TPA）的机会非常有限②。这加大了未来两年 TPP 谈判取得实质性进展的难度。

再次，东南亚的战略独立性增强，美国对东南亚国家政策效用递减。由于中国崛起速度加快和南海争端不断升温，东盟国家一度需要美"再平衡"战略平衡中国在东南亚的影响力。但随着美国影响力的增大，其对东南亚国家的拉拢策略亦导致其产生"形式上团结，实质上被撕裂"的危机感。美"亚太再平衡"战略的深化及中美战略竞争持续加剧更引发东盟对"殃及池鱼"的担心。在东盟共同体建设加速，东南亚国家自身凝聚力不断增强的背景下，其对美国的战略需求下降。而正如美国传统基金会东亚研究中心主任沃尔特·罗曼所指，东盟的发展目标逐渐转向保持自身独立性，不被任何大国所左右③。印尼新总统佐科亦在 2014 年 11 月的东盟峰会上呼吁各国"团结起来维护地区战略独立性"。东南亚国家对美国战略需求和政策的变化迫使美不得不应势而变。

---

① "The US Approach to Regional Security: Chuck Hagel", June 1, 2012. http://www.iiss.org/en/events/shangri%20la%20dialogue/archive/shangri-la-dialogue-2013-c890/first-plenary-session-ee9e/chuck-hagel-862d.

② James Politi, "Obama's Bid for Fast-Track Trade Authority Runs into Trouble", *Financial Times*, Nov. 4th, 2013.

③ Walter Lohman, "A China Focused Policy for Southeast Asia", http://www.heritage.org/research/testimony/2014/03/a-china-focused-policy-for-southeast-asia.

最后，中国新睦邻外交政策的实施导致美对东南亚政策发生联动性变化。2013年，中国提出了一系列重大政策倡议，积极与周边国家构建命运共同体，召开了中央周边工作会议，奋发有为，主动运筹和经略大周边的战略主动性提升，下先手棋。2014年中国主办亚信峰会，提出了"亚洲新安全观"，而"一路一带"建设和"亚太自贸区建设"则成为中国新一代领导集体布局"大周边"的两大抓手，一个向西，通过互联互通把亚洲、非洲和欧洲连接起来；一个向东，把澳大利亚、北美洲、拉丁美洲和中国联通起来。中国设立了400亿美元的"丝路基金"，并在APEC会议期间宣布将成立亚洲基础设施投资银行。新政策的实施普遍被视为对美国亚太战略再平衡的反制。

四　美国—东盟—中国战略互动的整体效应评估

美国对东南亚政策调整的本质是更好地利用和经营东南亚，在全球层面弥补战略布局的"短板"；在地区层面将其打造成为"亚太再平衡"战略的支点。在利用东南亚制衡中国方面，则是个动态调整的过程，从最初把中美合作纳入美国亚太战略的整体考量，到后来调动东盟国家与日本、韩国平衡中国的影响力，再到今天试图将印度拉入亚太再平衡的地缘角逐，充当平衡中国的砝码。前两个阶段的美国东南亚战略是"巧实力"外交运用的典范。虽然受制于国家深陷金融危机、政府削减财政预算等问题，美国硬实力受损，在全球处于战略收缩态势，但由于善于"借势"，抓住小布什时期过于冷落东南亚、继续战略回摆和中国在东南亚影响力突飞猛进，激起了地区国家担忧的这一心理，美国放低身段、降低单边主义的调门，改变对东盟地区一体化的态度，修正前任政府过于强调意识形态所带来的负面色彩，以较小的投入赢得了意想不到的成功。美国基本完成对东南亚的战略布局，加强了与东盟的关系，打乱了中国的周边外交布局，削弱了中国的地区安全影响力，给中国崛起制造了不少麻烦和阻碍。但美国由于强调"软实力"，而"硬实力"投入相对不足，其东南亚战略的限制显而易见。总体来看，亚太经济依存与安全对立的结构性矛盾反而加剧了，似乎背离了"亚太再平衡"的初衷。美国对政治、军事领域的投入多，借助南海问题把菲越等国推向与中国军事抗衡的前沿，加剧地区冲突风险，危机四伏。美国对区域经济合作的关注少；平衡牵制中国的内容多，促进美国自身发展的成分少；与中国对抗、对垒的元素多，与中国合作、共同参与区域治理的内容少，背离了亚太和平稳定的大方向。东亚经济一体化进程被打乱，地区国家矛盾丛生。

东盟是奥巴马政府“亚太再平衡”战略的最大受益者。中美东盟博弈，中美两国在东南亚地区的竞争与反制愈演愈烈，而东南亚国家作为中美博弈天平上的重要砝码，左右逢源，战略空间大幅提升，东盟整体在国际舞台上的影响力增大。但东南亚地区的安全风险却在增大，第三方因素对中美关系的掣肘，使中美在亚太地区陷入了一个恶性博弈的怪圈。随着中俄、美日战略合作的加强，亚信机制与美国同盟体系的强化，地区军备竞赛趋势显现，美国战略界开始炒作亚太地区陷入“新冷战”的风险，若如此，东南亚地区将不可避免地成为中美战略对抗的最前沿，最终沦为大国政治的牺牲品。因此，东盟国家对美国的“再平衡战略”也有保留。多数东盟国家欢迎美国重返，是“需要美国”而非“喜欢美国”。它们需要借助美国平衡中国影响力而非倒向美国。美国能否为东南亚提供更多公共产品是其保持影响力的关键。东盟各国对美国的疑虑渐增，热情渐减。经济上，中国在周边经营多年，优势明显，与财政吃紧、口惠而实不至的美国对比鲜明，东南亚国家期待“安全靠美国，经济靠中国”的心态并未改变。政治上，美国重视民主与人权问题的传统未变，越南等国对美国的和平演变、颜色革命保持高度警惕。战略上，东盟国家希望美国成为东盟主导的地区多边合作机制的“参与者”而非“领导者”，也不希望在中美之间选边站，既利用美国平衡中国，也利用中国平衡美国。

中国既需看到东南亚国家对中国崛起的恐惧，又需要看到东南亚国家对分享中国发展红利的渴望，这种“两面性”决定了这些国家很难成为中国亚太战略的“战略支点”。新加坡总理李显龙2012年9月在中共中央党校演讲时说：“中国往往从一个发展中国家的角度来看待自己，非常清楚国家面临的问题、挑战和不足之处，但其他国家却把中国看作一个强大且能力日益提升的国家，需要在决策时把中国当作一个越来越重的变量。中国有时候可能意识不到自己在别国眼中有多强大，这个认知上的差异导致中国应对问题的视角和其他国家不尽相同，需要努力磨合。"① 中国过去更多关注美国主动重返东南亚针对中国的一面，而对东南亚国家希望美国"重返"有所忽视，如果不设身处地去理解"小国的焦虑"，就很容易陷入委屈和愤怒的情绪化状态，使问题复杂化。

美国的亚太战略本意是利用小国投棋布子，减轻国内军费开支缩减的压力，通过整合同盟体系，"以最小的代价换取最大的收益"。但该战略也被小国利用实施大国平衡。第三方因素日益制约中美关系发展。有的国家有恃无恐，借助"中国威胁"提高对美要价，在热点问题上更加强硬，美国被盟友利益绑架。对于美国决策者而言，不仅需要看到"重返"该地区所面临的机遇，更需要看到深入介入到东南亚地区热点问题中所带来的战略风险。中美关系是亚太和平与发展的重中之重，只有走出影响力此消彼长的"零和心态"以及崛起大国和守成大国必然爆发战争的"修昔底德陷阱"，立足于国内经济发展和综合实力的提升，将亚太作为牵动国内发展的"引擎"，寻求与中国的利益共享、责任共担，才能避免将该地区引向冲突的边缘，把"亚太再平衡"变成一项真正值得载入史册的奥巴马政府的政治遗产。一个以地区协同发展的战略将使美国受益，一个以制衡中国为目的的战略终将成为奥巴马执政的败笔。

---

① 李显龙：《中国不知道别国眼中的自己多强大——"第一财经"对李显龙的独家专访》，2012 年 9 月，http：//www. guancha. cn/Neighbors/2012_ 09_ 03_ 94989. shtml。

奥巴马政府对俄罗斯政策及美俄关系

陶莎莎　　楚树龙[①]

美俄关系依然是当今世界最重要的双边关系之一。而作为世界唯一超级大国的美国，其对俄罗斯的政策走向无疑对美俄关系的发展和未来国际格局产生重要影响。通过奥巴马第一任期和第二任期内对俄政策调整的战略环境、主要内容的分析和进行效果评估，归纳出美国对俄政策的深层原因及其对美俄关系的影响。

一　奥巴马政府执政初期对俄政策的背景及主要内容

奥巴马执政初期，国际力量对比正在发生对美国不利的变化。奥巴马政府上任后的主要任务是更多地争取国际社会支持以帮助美国早日摆脱内政外交的危机，这也是促使美国调整全球战略包括对俄政策的重要原因。

（一）新的国际形势和战略环境："单边主义"难以为继

2009 年 1 月 21 日奥巴马执政伊始，美国国内经济正在遭受国际金融危机的严重冲击，因此，如何恢复、重振经济是奥巴马执政团队首要面对的难题。同时，奥巴马需要收拾小布什留下的阿富汗、伊拉克两场

---

① 楚树龙，清华大学国际战略与发展研究所所长，博导；陶莎莎，清华大学国际战略与发展研究所学者。

战争的残局和面对美国软实力下降的负面影响。而在国际政治舞台上，以俄罗斯、中国、印度等"金砖国家"为代表的新兴国家日益崛起，成为推动世界经济增长的重要引擎。2009年《全球经济周刊》中《增长趋势的竞赛》一文指出，未来几年内金砖国家将成为推动出口导向型发达经济体经济复苏的驱动力之一。[①]高盛公司预测，到2035年"金砖国家"的GDP总和将超过G7。[②]新兴国家的崛起还表现为G20在全球治理、国际经济合作中作用的上升，成为新兴经济体与发达经济体之间进行对话的重要平台。

　　由于金融危机和两场战争，美国实力受到消耗，美国对国际事务的影响和掌控能力下降，无力独自解决全球范围内诸多挑战和紧迫性问题。为了应对美国经济的衰退，奥巴马在国内推行了经济复苏和金融稳定计划，国会制定《2009年美国复苏与再投资法案》（American Recovery and Reinvestment Act）和《多德—弗兰克华尔街改革和个人消费者保护法案》（Dodd – Frank Wall Street Reform and Consumer Protection Act）以促进美国国内经济的发展。外交政策上，美国国务卿希拉里·克林顿提出了"巧实力"外交理念，主张动用一切可以动用的手段，包括外交、经济、军事、政治、法律和文化等手段，既团结朋友，也接触对手，巩固原有联盟，形成新联盟，打开美国外交新局面。[③]2009年2月27日，奥巴马宣布美国将在2010年8月31日前从伊拉克撤离大部分军队，结束在伊拉克的作战任务，2011年底前撤出全部剩余部队。2009年6月4日，奥巴马访问埃及，并在开罗大学发表了旨在修复美国与伊斯兰世界关系的演讲。他表示，美国愿与伊斯兰国家建立"伙伴关

---

　　①　"BRICs Lead the Global Recovery", BRICs Monthly, May 29, 2009, p. 2. With the key advanced economies contributing negatively towards domestic demand growth in 2009 and barely positively in 2010, the contribution from the BRICs, mainly China, will be instrumental in maintaining world domestic demand growth at - 0.8% in 2009, better than the severity of the global recession would imply. In the same way, world domestic demand is likely to return to a healthy growth rate of 3.4% yoy in 2010, mainly on the back of a significant contribution from the BRICs.

　　②　"BRICs AND BEYOND", Goldman Sachs Global Economics Group, p. 5.

　　③　《希拉里"巧实力"开始运行》, http: //hsb. hsw. cn/2009 – 01/22/content _ 7222643. htm。

系","携手解决"共同面对的问题。①在互相尊重和互惠互利的基础上,美国继续深化与 21 世纪"影响力中心"——包括中国、俄罗斯和印度的合作,建立更加深入和有效的伙伴关系。在国家安全战略上,奥巴马政府强调应着眼于重振美国、重塑美国的全球领导能力,通过国际体系中的多边机制更有效地推进美国的国家利益。

关于奥巴马对外政策的调整,主要由国内国际环境的深刻变化决定。概括起来主要表现为:第一,奥巴马政府执政以来,更加强调对软实力的运用,在"巧实力"(smart power)理念指导下整合美国可利用的资源,试图在实力相对下降的情况下,实行"重振美国和领导世界"战略,即一个能够重建国家力量和影响力基础的战略。②第二,"理性收缩"的务实主义外交政策,更加重视民主党长期以来奉行的对外协调与合作的政策理念,通过多边主义解决地区和全球热点问题,重塑美国在能源、气候变化等全球性议题中的主导地位。第三,通过全面的"接触"政策,与世界其他国家建立更加深入和有效的伙伴关系,维护和拓展美国的国家利益,最终实现美国领导世界的战略目标。

(二)奥巴马政府"重启"美俄关系

小布什总统任期最后两年,美国在北约东扩、东欧导弹防御系统等事关俄国家核心利益问题上对俄"咄咄逼人"的进攻姿态使美俄关系波折不断。2008 年 8 月俄格冲突使美俄关系再陷僵局。奥巴马政府认为,在密切相连的世界里,权力不再是零和博弈,③ 而小布什政府由于对外战略的方向性错误导致了美国在处理与俄罗斯关系时的失误。同时,受金融危机冲击实力受损的美国,在重大国际问题上需要俄罗斯的协助与配合,在此基础上,奥巴马上任伊始,亟须打开美俄关系这一不利的外交局面。正如俄罗斯外长拉夫罗夫所说的那样,奥巴马政府从小布什执政时期俄美关系中所积累的那些消极经验中得出了非常重要的结论,并且声称准备按照平等原则,在尊重相互利益

---

① 《背景资料:美国总统奥巴马执政一周年大事记》,http://news.xinhuanet.com/world/2010-01/20/content_12844626.htm。

② 《2010 年美国国家安全战略报告》,http://www.docin.com/p-314550558.html。

③ 同上。

以及互相信任的基础上与俄罗斯打交道。① 2009 年 2 月，副总统拜登在慕尼黑国际安全会议上首先使用了"重启"这个词，此后便成为奥巴马对俄政策的正式提法。奥巴马政府"重启"美俄关系后，为美俄双边关系的良好发展提供了机遇，使美俄关系最终向着正常化和常规化的"全方位"发展转变。②

第一，推动美俄关系和对话的机制化。

2009 年 7 月 6 日美俄双边总统委员会③（U. S. – Russia Bilateral Presidential Commission）成立，美国奥巴马总统和俄罗斯梅德韦杰夫总统任委员会主席，克林顿国务卿和拉夫罗夫外长担任协调员。美俄双边总统委员会是一个定期和结构化的机制，致力于推进两国的重要目标，协调者一年至少会面一次，工作组和小组委员会由政府代表组成并在委员会主席认为必要的情况下定期召开会议。委员会的成立是为了增强战略稳定、国际安全、经济福祉和美俄两国人民之间关系的发展。2009 年 10 月 15 日，美俄两国在委员会声明中再次重申，两国将彼此视为敌人的时代早已结束，两国应超越冷战思维，为未来的进步和共同繁荣等共同利益一起努力。④

第二，重新恢复美俄军事交流与合作。

2008 年 8 月，俄罗斯与格鲁吉亚的冲突导致美俄关系严重恶化。冲突发生后，俄罗斯宣布暂停执行《欧洲常规武装力量条约》，北约—俄罗斯理事会工作中断，俄罗斯与美国的军方交往暂停，美俄双边关系跌至 1991 年以来的低谷。⑤ 2009 年 7 月 6 日，美国联席会议主席马伦上将和俄罗斯联邦国防部第一副部长马卡洛夫上将签署了美俄

---

① 黄登学：《论奥巴马政府对俄政策调整的原因及俄美关系的前景》，《东北亚论坛》2011 年第 2 期，第 29 页。

② 《奥巴马执政以来的美俄关系》，http：//www. xzbu. com/1/view – 258164. htm.

③ 美俄双边总统委员会包括：核能和核安全、武器控制和国际安全、外交政策和打击恐怖主义、毒品走私、商业发展和经济关系、能源和环境、农业、科技、太空合作、卫生、预防和危机管理合作、公民社会和教育文化交流等 16 个工作组。2011 年 5 月 26 日，委员会扩大至 18 个工作组。截至目前共 20 个工作组。

④ Bilateral Presidential Commission, October 15, 2009, http：//www. state. gov/p/eur/rls/fs/130616. htm.

⑤ 徐洪峰：《奥巴马执政以来的美俄关系》，《美国研究》2010 年第 1 期。

新的军事战略框架协议。这项协议恢复了自 2008 年 8 月搁置的双边军事活动并将其提高到一个新水平，计划在 2009 年年底进行 20 项军事交流互访和联合演习等活动，增强双方军事的透明度，建立顺畅的沟通渠道，集中力量共同应对全球的战略挑战。① 2009 年 7 月 6 日，俄罗斯外长拉夫罗夫和美国副国务卿伯恩斯达成一项协议，允许美国运送的军事人员和设备经过俄罗斯陆地和领空过境支援美军及其联军在阿富汗的部队。②

第三，重启美俄核裁军谈判，构建无核世界。

2009 年 4 月 5 日，美国总统奥巴马在捷克共和国首都布拉格的讲话中承诺美国致力于寻求"一个无核世界的和平与安全"的目标。奥巴马认为，美国人民面临的最大威胁是核武器，他完全接受约翰·肯尼迪和罗纳德·里根的愿景，通过一种战略阻止核武器的扩散，寻求一个没有核武器的世界。③ 而在武器控制、核武器消减以及反对恐怖主义等重要国际政治议题上，美国离不开俄罗斯的支持与合作。2010 年 4 月 8 日，美国奥巴马总统和俄罗斯梅德韦杰夫总统筹备签署新的《削减战略武器条约》（the Strategic Arms Reduction Treaty，START），这一条约对战略进攻性武器和运载工具的削减力度将大于现有的任何军控条约。④ 2011 年 2 月 5 日这一新条约生效。2011 年 7 月 13 日，美国国务卿克林顿和俄罗斯外交部部长拉夫罗夫交换外交照会，美俄钚管理与处置协议（Plutonium Management and Disposition Agreement，PMDA）以及 2006 年、2010 年附加议定书正式生效。这是美俄削减核材料和减少核威胁的又一重要步骤。⑤

① United States – Russia Military to Military Relations, July 6, 2009, http：// www. whitehouse. gov/the_ press_ office/United – States – Russia – Military – to – Military – Relations/.

② Ibid. .

③ 《2009 年美国国情咨文》，http：//wenku. baidu. com/view/dc0ff227a5e9856a56126034. html? re = view。

④ The Joint Understanding for the START Follow – on Treaty, July 6, 2009, http：// www. whitehouse. gov/the_ press_ office/FACT – SHEET – The – Joint – Understanding – for – the – START – Follow – on – Treaty/.

⑤ Entry into Force of the U. S. – Russian Agreement to Dispose of Excess Weapon – Grade Plutonium, July 13, 2011, http：//www. state. gov/r/pa/prs/ps/2011/07/168287. htm.

第四，加强美俄导弹防御领域的合作。

2009 年 6 月 17 日，美国国会参议院军事委员会听证会上国防部部长盖茨认为，与俄罗斯在导弹防御领域的合作，符合美俄两国的利益，与俄罗斯的导弹防御合作是美国优先考虑的问题。①关于俄罗斯对于美国的导弹防御体系的担心，特别是"欧洲分阶段适应路线"导弹防御部署计划②（European Phased Adaptive Approach，EPAA）的第 3 和第 4 阶段，俄罗斯认为它们可能会破坏美俄之间的战略稳定。美俄双方通过协商和谈判的方式，达成了双边导弹防御合作协议草案和国防技术合作协议。

第五，增强美俄和平利用核能的合作基础。

2011 年 1 月 12 日美国驻俄罗斯大使约翰·贝尔和俄罗斯副外长里雅布科夫交换外交照会，美俄和平利用核能领域的合作协议生效，也称为美俄 123 协议（U. S. – Russia 123 Agreement）。③123 协议为美俄民用核合作建立了坚实的基础，为美国工业提供了商业机会，增强了在重要的全球防扩散目标方面的合作。同时，协议为美俄两国共同努力创新的核能源系统和技术、可靠的核燃料循环服务、第三国的合资企业和其他类型的合作提供了基础。

第六，在多边主义框架内，协调与俄罗斯在反恐及地区冲突问题上的行动。

美国通过执法行动、交通安全、情报共享、打击恐怖主义融资和反恐技术方面与俄罗斯开展合作应对这一挑战。美国还在多边主义的框架内，通过联合国、八国集团等在全球倡议打击核恐怖主义和筹划成立全

---

① U. S. Ballistic Missile Defense, May 3, 2012, http：//photos. state. gov/libraries/russia/231771/PDFs/U_ S_ % 20Ballistic% 20Missile% 20Defense% 20Briefing% 20ENG. pdf.

② "欧洲分阶段适应路线"计划设想在 2011—2020 年分四个阶段在欧洲引入新的导弹防御技术与装备，不断提升该地区导弹防御能力，并最终于 2020 年前后对伊朗所有射程的弹道导弹威胁实现覆盖式防御，不但可保护美国的欧洲盟友，兼可保护美国本土。

③ The Agreement between the Government of the United States of America and the Government of the Russian Federation （U. S. – Russia 123 Agreement）, January 12, 2011, http：//www. state. gov/r/pa/prs/ps/2011/01/154318. htm.

球反恐论坛。美国还采取了一些其他措施增强美俄在反恐方面的双边合作。① 2012 年 6 月 18 日，美国、俄罗斯和北约一起建立了直升机维护信托中心（the Helicopter Maintenance Trust Fund ，HMTF）支持阿富汗的俄式 Mi - 17 和 Mi - 35 直升机。②

第七，推进美对俄罗斯进行经济援助项目。

关于俄罗斯的美国政府项目（United States Government，USG）的目标是鼓励俄罗斯发展成为一个稳定、民主和在解决全球重大问题时可靠的合作伙伴。2012 年 4 月 1 日，美国的对俄经济援助旨在限制大规模杀伤性武器的扩散，支持市民社会、民主治理，推进法制和人权，提高社会和卫生条件，增加解决全球发展和地区人道主义挑战的能力，减少北高加索地区的不稳定。③

此外，美国还在经济与能源合作、人权、环境、卫生、禁毒、战俘等方面与俄罗斯开展对话、协调与合作。

二　奥巴马政府对俄政策的变与不变

面对国际格局和战略环境的变化，奥巴马执政后全面"重启"与俄罗斯的关系，这一时期美国对俄政策较克林顿政府和小布什政府相比呈现继承与改变相结合的特点。

（一）奥巴马政府对俄政策的实施效果

奥巴马政府的对俄政策，一方面，在经济危机、反恐与地区和平等问题上强调信任、务实合作与"伙伴关系"，淡化意识形态色彩。美国这一对俄政策取得了成效。在伊朗问题上，美俄建立了战略伙伴关系。奥巴马、梅德韦杰夫与联合国安理会其他成员国紧密合作并达成了联合

---

① Joint Statement of the Presidents of the United States of American and the Russian Federation on Counterterrorism Cooperation，May 26，2011，http：//www. whitehouse. gov/the - press - office/2011/05/26/joint - statement - presidents - united - states - america - and - russian - federation - counterterrorism - cooperation.

② U. S. - Russian cooperation on Afghanistan，Jane 18，2012，http：//www. state. gov/p/eur/rls/fs/193096. htm.

③ Foreign Operations Assistance：Russia，April 11，2012，http：//www. state. gov/p/eur/rls/fs/193618. htm.

国 1929 号决议，这是迄今为止对伊朗核活动进行限制的最全面的制裁。同时，俄罗斯确认不会再向伊朗提供 S－300 导弹；在朝鲜问题上，俄罗斯和美国一起支持联合国安理会 1874 号决议，强烈谴责朝鲜核试验；2009 年 9 月 24 日，俄罗斯和美国一起支持联合国安理会关于核不扩散的 1887 号决议。在 2010 年 4 月 12 日至 13 日奥巴马总统举行的核安全峰会中，俄罗斯也发挥了重要作用。俄罗斯还成立了国际核燃料银行，为其他国家不获取敏感铀浓缩技术提供奖金；关于允许美国运送到阿富汗的军事人员和设备经过俄罗斯陆地和领空的协议，根据这一协议到 2013 年时，美国和北约军用飞机飞越俄罗斯上空达 2500 次以上，运送了美国军事人员 46 万人次。①这一新的交通运输路线，每年为美国节省了高达 1.33 亿美元的燃料、维修和其他运输成本以及空中导航服务。

奥巴马执政初期的对俄政策是美国在全球反恐面临困难和国内经济陷入危机时的一次政策调整，是基于美国国家利益的战略考量，也是奥巴马政府修补小布什时期美俄外交僵局的具体举措。因此，这一时期的美对俄政策看似与俄罗斯相互尊重、平等相待，但更多地是以实现美国国家利益的最大化为目标，实则具有不平等性。美国世界安全研究所俄罗斯及亚洲项目经理尼兹罗宾指出，美俄签订新的战略武器条约的原因只是在于，美国需要新的条约，以便开始重构全球安全体系，消除其中对于美国而言的最薄弱环节并着重发挥自己高精尖核武器方面所拥有的技术优势。②而在关于美国在欧洲部署反导系统等俄罗斯高度关切的问题上双方进展不大。③

与此同时，美国虽然也在一些俄罗斯关切的问题上示好，比如，支持俄罗斯在 2011 年 12 月正式加入世贸组织。但在经济援助等问题上紧

---

① 《斯诺登事件后的美俄关系走向》，http：//news. xinhuanet. com/world/2013－09/25/c_ 125441125. htm。

② 黄登学：《论奥巴马政府对俄政策调整的原因及俄美关系的前景》，《东北亚论坛》2011 年第 2 期，第 25 页。

③ The Obama Administration has repeatedly communicated to the Russian Government at the highest levels that theUnited States will not agree to any limitations or constraints on U. S. ballistic missile defenses, and that the United States intends to continue improving and deploying BMD systems to defend the U. S. against limited missile launches, and to defend our deployed forces, allies, and partners against regional threats, http：//www. state. gov/t/avc/rls/152164. htm.

紧与俄国内的人权问题挂钩。2012 年奥巴马政府批准了一项总额达5000 万美元的援助计划，用于推动俄罗斯的民主和公民社会建设。美国除了邀请俄有关政界人士赴美进行考察之外，还资助俄罗斯反对党，以各类基金会和研究所的名义，宣扬西方人权价值观。①

另一方面，奥巴马政府在实施对俄政策调整的过程中不断受到国内党派斗争、国会的干扰、利益集团等反俄因素的牵制。一国的对外政策在很大程度上是由国内社会所决定的。事实上，奥巴马"重启"与缓和美俄关系的做法一开始就遭到美国国内反俄势力的强烈抨击。自冷战开始时起对俄罗斯的仇视和敌意即深深扎根于美国政府的政策当中，如同细菌一样滋长在美国的"政治机体"上，新时期仍然经常地发挥作用，重启"美俄"关系被斥为出卖"美国的理想"和向俄罗斯"投降"。②俄罗斯国内一直有强大的、主张遵循俄罗斯传统的潮流，对西方先进国家排斥和不信任，认为西方有削弱肢解俄罗斯的阴谋。美俄之间战略互信的缺失和长期的相互防范心理，抵消了美俄两国合作的实际效果。

与梅德韦杰夫相比，普京与西方之间互不信任感更强。2012 年普京重回克里姆林宫后，不再提与西方的现代化联盟，强调要建立欧亚联盟，要面向亚太。③美俄双方在"重启"的目标上的根本差异和分歧也逐渐凸显出来。总之，这一时期美国的对俄政策中，主要围绕着具体策略问题开展对话与合作，而缺少了经贸联系这一战略性支撑。因此，一旦发生涉及双方或一方重大关切的危机，就会使美俄关系产生较大波动，影响两国关系的稳定发展。这也是美俄关系结构性矛盾的表现之一。

（二）奥巴马政府对俄政策与克林顿、小布什时期的异同

小布什执政时期的单边主义的对外政策，不断侵蚀美俄关系良性发

① 中共中央宣传部理论局：《2006 年马克思主义理论研究和建设工程参考资料选编》，学习出版社 2007 年版，第 863 页。
② 黄登学：《论奥巴马政府对俄政策调整的原因及俄美关系的前景》，《东北亚论坛》2011 年第 2 期，第 25 页。
③ 左凤荣：《评俄罗斯的新型现代化之路》，《当代世界社会主义问题》2013 年第 2 期，第 57 页。

展的基础，特别是 2008 年俄格冲突使美俄关系达到冰点。因此，奥巴马政府执政初期对俄实行"接触"政策，全面"重启"美俄关系，实现两国在重要问题上的协调与合作。然而，奥巴马政府对俄政策的调整在多大程度上脱离了小布什政府时期对俄政策的总体框架的"惯性"需要进一步分析。

奥巴马政府与克林顿、小布什时期的相同点是，第一，美国对俄政策根据国际格局和美俄力量的对比做出及时调整。1991 年苏联解体。1992 年克林顿执政时，美国成为世界上唯一的超级大国。当时苏联的威胁已消失，独立后的俄罗斯也选择了西方模式的发展道路，奉行向西方"一边倒"的对外政策，这使美国的政策制定者对俄罗斯国内政治、经济改革的前景充满乐观的估计，认为俄罗斯能成为一个稳定的、民主的资本主义国家。①在这一基本战略判断下，克林顿执政初期主要通过采取经济援助、融合手段将俄罗斯纳入美国全球战略的轨道。

小布什政府执政时，美国经济自 20 世纪 90 年代已保持了近十年的强劲增长，其 2002 年的军费高达 3479.5 亿美元，是俄、英、法、德、日、中六国总和的两倍多。② 通过阿富汗、伊拉克战争，美国取得了在世界上的军事优势地位。在这一背景下，美国在对外政策中奉行美国利益至上的"单边主义"，强调地缘政治利益、重视传统安全，以实力和对抗解决问题，③推行强硬的对俄政策，这一时期的美俄关系处于"冷和平"状态。

奥巴马政府执政时，从经济规模来看，俄罗斯 2000 年 GDP 总量按汇率计算仅为 2 600 亿美元，到 2007 年年底已增长至约 1.37 万亿美元，成为世界的第十大经济体。④ 2008 年国际金融危机爆发后，俄罗斯无论

---

① 马建勋：《冷战后美国对俄罗斯政策的演变及影响》，中央党校硕士学位论文，第 10 页。Zhigniew Brzezinski, "The Premature Partnership", *Foreign Affairs*, March/April 1994.

② 《2002 年中国国防白皮书》，http：//www.mod.gov.cn/affair/2011 - 01/06/content_ 4249946_ 4.htm.

③ 邱伟：《布什政府对俄罗斯政策成因分析》，《国际关系学院学报》2002 年第 3 期，第 6 页。

④ 王春英：《构建中的俄罗斯新意识形态》，《俄罗斯中亚东欧研究》2010 年第 5 期。

是相比西方发达国家还是发展中国家都是受冲击最严重的国家。①对此，梅德韦杰夫提出了实现俄罗斯全面的现代化的新战略，以促进俄罗斯的经济稳定和发展。到 2011 年时俄罗斯已跻身为世界第六大经济体，俄经济发展速度维持在每年 4% 左右的增长率，超过大多数发达国家经济复苏的速度。奥巴马政府执政后，急需摆脱国内的经济危机和解决反恐等问题，需要俄罗斯的协助。因此，在对俄政策上强调对话、协调与合作。

第二，美国对俄政策的战略目标明确。

美国对俄政策的战略目标服务、服从于美国的全球战略目标，即通过在经济、政治、军事、地缘等各方面的遏制和弱化，最大限度地削弱俄罗斯地缘战略上的优势、在战略武器方面的实力和世界影响力，将俄罗斯完全纳入以美国为主导的世界秩序中，防止其威胁美国的世界领导地位。从克林顿政府、小布什政府到奥巴马政府，美对俄政策围绕这一战略目标未发生任何实质改变，只是实现这一战略目标的具体的途径和手段发生了变化。

克林顿政府时期，美国主要是通过积极介入俄罗斯的政治和经济转型的过程，接纳俄罗斯融入美国所主导的各种国际制度体系。"9·11"事件以后，小布什政府将打击恐怖主义和大规模毁灭性武器的扩散作为国家安全的首要任务，由于俄罗斯特殊的地理位置和影响力，美国与俄罗斯建立了新型的战略关系，这一时期美国对俄政策被纳入其反恐总战略。奥巴马政府时期虽然宣布放弃小布什政府在波兰和捷克部署反导系统的计划，但作为替代性方案，美国可能在北极安置舰载反导系统。在乌克兰与格鲁吉亚加入北约问题上，奥巴马政府与小布什政府的立场的变化微乎其微。②

不同点在于，第一，奥巴马和克林顿政府的对俄政策，与小布什政府相比淡化了意识形态色彩。

----

① 2009 年，美国的增长率是 -2.7%，日本是 -5.4%，德国是 -5.3%，英国是 -4.4%，法国是 -2.4%，意大利是 -5.2%，中国是 8.7%，印度是 -5.4%，巴西是 -0.7%，而俄罗斯是 -7.9%。

② 黄登学：《论奥巴马政府对俄政策调整的原因及俄美关系的前景》，《东北亚论坛》2011 年第 2 期，第 24 页。

　　华盛顿智囊库列克星敦研究所的首席运营官洛伦·汤普森认为，希拉里、盖茨和琼斯"组合"契合了奥巴马的承诺，即以务实态度制定与动用美国军事力量以及与其他国家建立联盟的决策。这一基调带有中间派温和色彩，而非意识形态色彩，这与布什政府主要是注重"威胁"，寻找潜在的敌人和对手，带有浓厚的意识形态色彩相比是一个很大的变化。①奥巴马政府主张不在"极力追求自身的狭隘利益"和"极力输出价值理念"之间做出错误的选择，美国也绝不会以武力将普世价值强加于人。因此，奥巴马政府和克林顿政府一样，主张对俄保持"接触"，推动俄罗斯国内政治经济转型朝着符合美国价值理念和利益的方向发展，以降低俄罗斯未来"不确定性"对美国构建自由世界秩序的负面影响。克林顿政府时期执行了改造俄外围环境和介入俄罗斯内部转型的"双轨战略"。

　　第二，奥巴马政府对俄政策重视在多边主义机制中的协调与合作。

　　小布什时期推行以"单边主义"为特征的国家安全战略，强调对外政策是追求美国的国家利益，而不是虚幻的国际共同利益。国际事务的解决靠美国的领导，盟友及自愿的联盟的支持，以及其他主要权力中心的合作，而非联合国以及其他国际机制的领导或安排。②

　　奥巴马政府认为，多边协调比单边主义更能解决国际问题，强调加强国际标准和国际机制的建设，在现有的国际秩序解决全球性挑战。因此，美国非常重视在 G8、G20 和联合国框架内与俄罗斯开展合作，共同解决伊朗、阿富汗和叙利亚等地区和气候变暖、能源等全球性问题。这一政策延续了 20 世纪 90 年代克林顿政府时期美国民主党在对外关系上奉行的"自由国际主义路线"，强调更多地与国际社会合作而不是单纯依靠美国超强的军事、经济力量追求美国目标和美国价值。不同的是，克林顿政府强调推动北约而非联合国作为冷战后美国主导的国际秩序的战略平台。

　　第三，奥巴马政府强调运用"巧实力"等综合优势的外交政策。

---

　　①　《奥巴马团队显外交走向》，http：//news. xinhuanet. com/world/2008 - 12/03/content_10447240. htm。

　　②　沈丁立、任晓：《现实主义与美国的外交政策》，上海三联书店 2004 年版，第 242 页。

小布什政府时期，强调实力外交，主要是硬实力，通过硬实力强行推行美国的民主制度和对外政策。奥巴马政府认为美国的国家安全依赖于美国协调运用自身综合优势的能力，包括强大的军事实力、富有竞争力的经济、富有道德感染的领导能力、广泛的国际交往以及对能够促进不同国家和民族利益的国际体系的孜孜追求。①约瑟夫·奈与前副国务卿查理·阿米蒂奇，在华盛顿智库战略与国际问题研究中心共同主持"巧实力委员会"，在奥巴马对外政策决策中发挥了重要作用。②2010 年美国国防部《四年防务评估报告》中指出与小布什政府的"先发制人"战略相比，奥巴马强调处理国际事务时将军事作为外交努力和经济政策无效情况下的最后手段，这一点也突出表现在美国的对俄政策中。克林顿在美国国家安全战略中强调自由主义理念和民主推广战略，认为它们本身就是美国国家吸引力和影响力的表现。

三　奥巴马政府第二任期的对俄政策及主要特点

早在普京再次竞选俄罗斯总统时，美国就采取了抵制态度。2012年 3 月普京重新当选总统一周以后，美国才发出贺电承认其当选。2012年 5 月在美国戴维营举行的 G8 峰会上普京缺席，由梅德韦杰夫代替出席；2012 年 9 月在俄罗斯海参崴举行的 APEC 峰会，奥巴马也未参加。2012 年 11 月，普京对奥巴马成功连任美国总统迅速作出积极回应，并正式邀请奥巴马 2013 年访问俄罗斯，奥巴马也定于第二年 9 月初到圣彼得堡参加 G20 峰会，美俄关系出现转暖迹象。

（一）美俄关系的波折

2013 年 1 月 21 日奥巴马第二任期开始后，挑选克里、哈格尔、布伦南等务实温和派人士组成了新的外交政策核心团队，在对俄政策上取得了一些具体成果。2013 年 6 月 14 日，美国与俄罗斯签署了一项双边框架协议，"纳恩—卢格减少威胁合作计划"（the Nunn – Lugar Coopera-

---

① 《2010 年美国国家安全战略》，http：//www. docin. com/p – 314550558. html。
② 《希拉里巧实力开始运作》，http：//hsb. hsw. cn/2009 – 01/22/content_ 7222643. htm。

tive Threat Reduction (CTR) Umbrella Agreement)。①这一协议建立在 1992 年美俄关于安全运输、存储、销毁和预防武器扩散的基础上。美俄双方建立了核不扩散问题上的长期伙伴关系。而美俄两国一方面在核不扩散等一些重大国际问题上开展合作，另一方面，在一些突发危机事件中分歧不断。这突出了美俄关系既合作又冲突的基本特点。

2013 年 8 月 6 日，因俄罗斯接受美国"棱镜"监控项目揭秘人斯诺登在俄境内临时避难的申请，奥巴马总统宣布取消 20 国集团峰会期间举行的奥普峰会。8 月 9 日，奥巴马宣布"暂停"美俄关系，声称要"重新评估俄罗斯的走向、美国的核心利益以校准美俄关系"。②而为了协调两国在战略稳定、导弹防御、政治军事合作以及包括叙利亚、阿富汗、伊朗和朝鲜在内的地区安全和重大国际性问题上的合作，8 月 9 日，美俄恢复了自 2008 年 3 月以来的外长和防长"2 + 2"会谈，这次会谈在华盛顿举行，但成效并不显著。

2013 年 8 月 31 日，美政府以叙利亚政府军在过去一年中多次使用化武为由向国会提交一项要求授权对叙采取军事行动的决议草案。③ 俄罗斯认为美国在叙利亚问题上借口人道危机实则推动叙利亚政权更迭，在中东重塑势力版图。美俄在是否对叙利亚动武问题上产生分歧。10 月 4 日，俄罗斯在联合国叙利亚决议草案投了反对票。此后美俄围绕叙利亚问题展开激烈的外交博弈。

总之，美俄经过一段时间的战略磨合期后，原本为了缓和两国双边关系而掩盖了的地缘政治矛盾和战略利益冲突逐步凸显出来。2013 年年末爆发的乌克兰危机，进一步将美俄的这些深层次矛盾暴露出来。2013 年 11 月 21 日，乌克兰政府决定，暂停有关与欧盟签署联系国协定的准备工作，同时表示将加强与俄罗斯等其他独联体国家的经贸关系。随后乌克兰国内爆发了游行示威活动并演化为流血冲突事件，乌克

---

① A New Legal Framework for U. S. - Russian cooperation in Nuclear Nonproliferation and Security, June 19, 2013, http：//www. state. gov/r/pa/prs/ps/2013/06/210913. htm.

② 《斯诺登事件后的美俄关系走向》，http：//news. xinhuanet. com/world/2013 - 09/25/c_ 125441125. htm。

③ 《2013 年叙利亚局势大事记》，http：//news. xinhuanet. com/world/2013 - 12/09/c_ 118478013. htm。

兰危机呈不断升级态势。①

（二）奥巴马对俄政策的新变化及对俄的认知定位

乌克兰危机爆发加剧了美国对俄政策的对立方面。

第一，美国采取政治声讨和孤立、经济制裁、外交和军事等综合手段对俄进行打压。2014年3月16日，乌克兰克里米亚自治共和国就克里米亚地位问题举行全民公决，公决以压倒多数票赞同克里米亚成为一个独立的主权国家，与塞瓦斯托波尔市一起脱离乌克兰加入俄罗斯联邦。乌克兰政府和美国等国家均不承认这一投票结果。3月24日七国集团领导人在荷兰海牙召开特别会议中止俄罗斯的G8成员国身份。美国国务院办公室发言人对俄罗斯关于乌克兰问题的十项声明②逐条进行反驳，论证俄罗斯在乌克兰问题上的非法性。7月28日，美国提议停止运作美俄双边总统委员会的20个工作组，之前用于美俄项目的资金转为援助乌克兰，以支持乌克兰国内经济改革和反腐败等其他迫切的问题。

从2014年3月17日至7月16日，美国对俄罗斯实施了包括对俄官员签证禁令和资产冻结，金融、能源、军事装备领域的俄罗斯企业，冶金、矿业和工业等主要经济部门在内的多轮经济制裁。在军事方面，奥巴马政府目前向波兰和立陶宛部署了18架战机、延长了一艘海军驱逐舰在黑海的巡航，并将与罗马尼亚和保加利亚军舰参与黑海演习，以

---

① 2014年2月21日，在美欧压力下，乌克兰总统亚努科维奇与反对派代表在基辅签署了解决乌克兰危机的协议。协议签署后不久，乌议会迅速通过了恢复2004年宪法的法案，乌克兰总统回归议会总统制。2月22日，亚努科维奇总统被迫离开首都，反对派掌控议会并全面接管政权。3月1日，乌克兰自治共和国克里米亚总理请求俄罗斯总统普京提供帮助，保证克里米亚安全。同日，俄罗斯联邦议会特别会议通过普京的提议，同意在乌克兰领土动用俄军事力量。2014年4月，克里米亚加入俄罗斯两月后，乌克兰东部俄罗斯区的亲俄示威者占领了部分城市的政府大楼，包括卢甘斯克和顿涅茨克。

② 俄罗斯关于乌克兰问题的十项声明分别是：A. 俄罗斯特工并没有活跃在乌克兰境内；B. 亲俄罗斯的示威活动是乌克兰人民的自愿行为，就像之前基辅的"练兵场"运动一样；C. 乌克兰东部的分离主义领导人拥有广泛的民众基础；D. 乌克兰东部的局势有陷入内战的危险；E. 顿涅茨克的乌克兰人拒绝基辅非法当局，建立了独立的顿涅茨克人民共和国；F. 俄罗斯下令从乌克兰边境撤离部分军队；G. 乌克兰的俄罗斯人正遭受生命威胁；H. 乌克兰新政府由极端民族主义者和极右分子组成；I. 少数民族在乌克兰遭受基辅政府极右势力的迫害；J. 俄罗斯没有使用能源和贸易武器对付乌克兰。http://www.state.gov/r/pa/prs/ps/2014/04/224759.htm。

表明对毗邻俄罗斯的北约盟国的支持。① 然而总体而言，美国主要还是希望通过美国、欧盟、乌克兰和俄罗斯四方会谈机制和政治、经济手段等和平方式解决乌克兰危机。

第二，美国巧妙利用美俄在乌克兰问题上战略利益关切的不对称性牵制俄罗斯。1990 年代，美国前国家安全事务助理布热津斯基在自己的著作《大棋局——美国的首要地位及其地缘战略》中，把乌克兰定位为"地缘政治支轴国家"。他认为，没有乌克兰，俄罗斯就不再是一个欧亚帝国。少了乌克兰的俄罗斯仍可争取帝国地位，但所建立的将基本是个亚洲帝国。

作为独联体国家的乌克兰，被俄罗斯视为传统的势力范围，欧亚一体化计划中的关键一环。俄罗斯希望通过经济、政治和军事等手段重新实现独联体地区与俄罗斯的一体化。如果俄罗斯在乌克兰问题上失手，乌克兰就会彻底倒向西方，乌克兰就会成为美欧打压俄罗斯的前沿阵地，严重地威胁到俄罗斯的地缘安全利益，因此，俄罗斯没有任何退路。俄罗斯这一计划与美国弱化俄罗斯的战略目标严重不符，尽管乌克兰不是美国外交政策的首要目标，但美国必将利用乌克兰作为牵制俄罗斯的战略支点。面对乌克兰危机，俄罗斯则坚守战略底线，利用俄在地区军事领域的传统强项、优势地位，开展能源外交，暂停与欧洲理事会国会议员大会的合作和实行反制裁措施，抗衡欧美国家在乌克兰问题所施加的压力。

第三，美国对俄政策在斗争、对抗态势占主流且无法回避的同时，为美俄合作始终留有回旋余地。美俄在乌克兰交锋的背后，牵动着西方"东扩"的野心，更牵动着俄罗斯的地缘政治利益以及普京的"复兴梦"。② 无论美俄关系怎样恶化，都不能改变两国在重大国际问题上的关联性，呈现斗争与合作的态势并存，两国关系的改善和提升只是时间问题。美国在叙利亚、伊拉克反恐、阿富汗撤军和朝核、伊核等问题上都需要寻求俄罗斯的帮助。目前，美国的战略重心主要集中在亚太地

---

① 《乌克兰危机为什么不能阻止美国重返亚太》，http://junshi.xilu.com/20140403/1000010000433271.html。

② 韩源源：《美俄角力下的乌克兰局势》，《中亚信息》2014 年第 3 期，第 35 页。

区。俄罗斯虽然在军事方面具备同美国抗衡的实力，但在经济方面未来真正对美国构成威胁的是中国。因而，美国不可能在乌克兰问题上投入太多精力和物力，而是要集中力量布局亚太。

总体而言，奥巴马第二任期内的对俄政策仍主要服从于美国注重恢复国家实力和国际竞争力，重塑实力和影响力的基础，努力推动同盟伙伴体系的重构，重视国际机制建设和多边外交，重塑国际规则，从而确保美国能够维护全球领导地位的总战略。只是由于两国关系频现波折，美在对俄政策上的战略途径和手段也将不断调整和变化。

四　奥巴马政府对俄政策的深层原因及其影响

美国对俄罗斯的政策主要由美国在国际体系中的实力地位、国内因素、美对俄认知等因素决定。奥巴马政府面对国内外环境的深刻变化，调整美对俄政策与对中国的政策具有某种程度的相似性，即主要对崛起的俄罗斯、中国实行两面下注的战略。通过分析与研究美国对俄政策的深层原因、主要动机以及了解美国国内社会如何看待"俄罗斯的重新振兴"，可以为我们更深刻地认识美国对中国这个主要竞争对手的意图和政策提供借鉴。

（一）美俄之间的结构性矛盾

第一，守成国和新兴大国之间的关系。美俄关系波折不断的根源在于两国之间的结构性矛盾，即霸权国与潜在挑战国之争，是一种战略竞争关系。美弱化、限制俄罗斯的战略目标，与俄罗斯重振大国地位构成矛盾。自普京2012年重新执政以来，在适当的经济政策和国际能源市场景气的双重作用下，俄罗斯经济开始复苏，军事力量在经济发展的支撑下也有所提升，俄罗斯的国际地位和影响力逐渐有所恢复，在关系国家核心利益的问题上更坚定地发自己的声音，这与美国的压制必然发生激烈碰撞。

第二，战略互信的缺失。普京2012年重新当选俄总统后提出，俄罗斯唯一的选择就是做一个强国，一个强大而自信的国家，一个不反对国际社会、不反对别的强国并与它共存的强国，争取在二十年内以一个同美国平起平坐的大国姿态在世界舞台上扮演重要角色。俄罗斯根据其面临的战略生存环境，在《俄罗斯联邦国家安全构想》中提出"俄罗斯的敌人主要来自西方"，在军事战略中重新树立"核威慑战略"，特别是对有损俄国家利益的美国国家导弹防御系统（NMD）及北约东扩计划充满疑虑和戒心。① 在美国的朝野有一股相当大的主张对俄强硬政策的势力，基辛格就是此种思想的拥护者，他认为不断对外扩张是俄罗斯外交的主旋律。美俄关系一直波折不断的主要原因之一即是两国战略互信的缺失。

第三，美俄的经贸关系是两国关系的短板，缺乏广泛的利益交汇点。美俄关系的沟通渠道比较有限，还有经济利益的共同点的拓展有限，用经济联系成为加深两国关系的纽带的效果有限。俄美关系大幅改善的战略推动力薄弱。因此，重新塑造美俄两国互信的基础，并争取利益上的相互嵌入才是促进两国关系良性发展的长久之计。

（二）地缘政治和安全战略利益上的矛盾和分歧

在中东地区，叙利亚、阿富汗、利比亚和乌克兰等问题，涉及俄罗斯的军事基地、势力范围、传统盟友和战略利益。美国重塑世界领导地位的目标决定了限制俄罗斯崛起是其主要战略目标，而接触与合作政策仅是实用主义的手段。美国执意增强对俄地缘政治和战略力量优势，在俄罗斯周边部署导弹防御系统，极力向独联体渗透以及俄美在民主和人权议题上的分歧是俄美对抗的根源所在。美国绝大多数精英阶层都认为，对于美国而言，最好莫斯科是美国的一个盟友或者至少是一个中立的"选手"，但绝不要成为一个政治对手或者军事上的敌人。俄罗斯大国倾向、外交战略、国家的"非民主"特征导致美对俄非良性认知等使美国视俄为战略竞争对手，通过挤压俄罗斯的战略生存空间，侵蚀俄罗斯的势力范围，削弱俄罗斯的军事实力，规范俄罗斯的政治经济走向，实行弱俄、防俄政策。美国在乌克兰问题上对俄罗斯的牵制，就像是美国在台湾问题上对中国的牵制一样。

缓和两国关系的关键在于美国的动机与态度，俄罗斯应对美国政策的反应性举动并不以对抗美国和西方为目标，两国关系在诸多领域陷入

① 邱伟：《布什政府对俄罗斯政策成因分析》，《国际关系学院学报》2002 年第 3 期，第 8 页。

困境的主要原因多在美国一方；然而美俄之间的关系即使再僵也是处于斗而不破的状态。美对俄政策的变化和两国之间的实力对比有很大关系。未来美国政府只有真正关切俄罗斯的利益，双方相对平等、相互尊重，美俄关系才能朝着健康的方向发展。

（三）文化因素

"美国例外论"与"天定命运观"的结合促使美利坚民族拥有一种使命意识，宣称要将美国打造成世界瞩目的"山巅之城"和"人类文明的灯塔"。美国的这种使命观使其无论是在冷战后初期还是在奥巴马政府执政以后都强调美国的道义中心地位和榜样的力量，这也是美国在对俄政策中不断介入俄罗斯国内政治经济转型过程的原因。①在这一思想指导下，美国将美俄关系与俄罗斯国内转型相挂钩，认为俄罗斯只有沿着美国规划好的转型轨迹前行，才可能是爱好和平的"正常国家"，否则任何不符合这一标准的行为就会被打上"历史倒退"的标签。②

同时，美国学术界认为俄罗斯民族文化中有着"帝国传统"以及复兴帝国的强烈倾向，"在历史上每个关键的转折时期，俄罗斯都不会放弃任何帝国扩张的机会"。这种将俄罗斯视为美国永久威胁的思想又极大地影响了美国的外交政策。

总之，美俄之间在防止大规模杀伤性武器扩散、军备控制、反恐和禁毒、地区安全、全球气候变暖等领域存在许多共同利益。两国竞争与合作涉及范围也远远超过了一般意义上的双边关系，并成为影响欧洲、中亚乃至世界形势的重要因素。认识和把握美俄关系的动向，对于中国更加深入地理解当今国际关系的本质有一定的帮助。美俄关系没有渐行渐远本质上是由于双方的战略目标和国家利益在很多方面相契合。俄罗斯仍拥有与美国相抗衡的军事力量和得天独厚的地缘政治条件，在有关国际安全和地区冲突的问题上依然具有很大的影响力。对俄罗斯来说，与美国建立伙伴关系不仅在反恐问题上符合自身的国家利益，而且通过与美国的合作能够在其他事务诸如发展经济和参与国际事务上取得美国

---

① 郑毅：《冷战后美国对俄政策——从老布什到克林顿》，中央党校博士学位论文，第116页。

② 同上。

"跨大西洋贸易与投资伙伴关系"(TTIP)谈判

美欧国内生产总值（GDP）加起来占到全球经济份额的一半，贸易总额占全球货物贸易的 30%，服务贸易的 40% 以上，金融交易额占全球金融交易总额的 80%，欧美双方相互投资额达到 4 万亿美元，互为最大投资伙伴。这两大经济体之间的贸易往来和相互投资数额巨大，双边经济关系也远比它们与发展中国家密切，比如美欧之间的相互关税已经处于 3%—5% 的较低水平。但是，作为两个最大的发达国家经济体，经济竞争无可避免，它们之间的贸易摩擦、非关税壁垒，以及关于规制、监管政策和标准的争执，一直存在并有不断增多的趋势。不少争端极大地影响到美欧关系的稳定。

自由贸易素来是美国信奉的原则。自 20 世纪 60 年代开始，美国就曾提出过建立北大西洋自由贸易区的提议，但随着欧美经济相互竞争力度的增大，美欧间虽经反复磋商，却一直未能建成自由贸易区和共同市场。2008 年美国次贷危机爆发后，迅速演变为一场世界金融危机，美国也深陷其中。奥巴马接手小布什任总统后，急切需要大举措来增加就业，开拓海外市场，促进内需和外需，以摆脱经济困境。因此，尽管面临国会内共和党，以及他自己的民主党党内不少反对意见，他还是决心推出"跨大西洋贸易与投资伙伴关系"（Transatlantic Trade and Invest-ment Partnership，TTIP），选择西方国家内部最大的经济合作伙伴——欧盟，进行深度合作，破除贸易和投资壁垒，建立跨大西洋自由贸易区，刺激美国经济的恢复和发展。欧洲 2009 年后深陷债务危机的泥潭，对增加出口有着比美国有过之而无不及的迫切需求，所以欧盟对 TTIP 亦是充满渴望，动力十足。在这种状况下，奥巴马在 2013 年 2 月 13 日与欧盟理事会主席范龙佩和欧盟委员会主席巴罗佐共同宣布美欧将启动 TTIP 谈判[①]。在 3 月公布的《2013 年总统贸易政策议程》中，TTIP 谈

[①] "Statement from United States President Barack Obama, European Council President Herman Van Rompuy and European Commission President Jose Manuel Barroso", Brussels/Washington, 13 Feb. 2013.

判也被列为美国三大贸易政策重点之一，被视为一场"世界上规模最大的自由贸易区谈判"。

TTIP 在理论上可以通过减少经济交易成本，提振美国和欧洲经济。在关税削减方面，据欧盟委员会的报告，有鉴于欧美双边贸易的巨大基数，如果双边关税从目前平均 4% 左右的低水平逐步降至零关税，那么，从现在起到 2027 年前，欧美经济将因 TTIP 每年多出来 0.4%—0.5% 的年增长率，相当于欧盟 GDP 年增 860 亿欧元，美国年增 650 亿欧元①。服务业方面，现在大西洋两岸尚未开放市场的服务业产值约占欧美 GDP 总和的 20%，这一比重比农业和制造业的总和还要高。所以有专家统计，如果能够完全消除服务业贸易壁垒，那它带来的收益堪比关贸总协定/世贸组织实现货物贸易自由化 50 年来收益的总和②。在消除非关税壁垒及规则整合方面，双方获益将更大，即使非关税壁垒被削去 50%，也可为欧美经济分别带来 0.3% 和 0.7% 的年增长③。

同以往的美欧贸易谈判相比，TTIP 谈判有两点值得重视的不同之处：首先它改变了美欧通过关贸总协定和世界贸易组织协商削减关税和非关税贸易壁垒的多边方式，反而开始采用双边方式，相互谈判贸易、投资和监管事宜。美欧这样做，客观上是因为世界贸易组织多哈回合谈判处于停滞状态，它们不得不寻求以双边方式先行谈判，寻求突破；主观上则是出于对新兴经济体崛起的担心，冀望"抱团取暖"，联手打造新的国际经济规则和秩序，有遏制和规范以中国为首的新兴国家的潜台词。奥巴马当选之后，无论美国还是欧洲，经济实力均相对下降，以中国为代表的新兴经济体势头不断上升，美欧对国际经济的主导权受到挑战。在共同的经济威胁面前，西方"集体意识"逐渐回升，在一定程度上克服了它们相互之间的矛盾。美国国家

---

① European Commission, "European Union andUnited States to launch negotiations for a Transatlantic Trade and InvestmentPartnership", February 13, 2013, http: //trade. ec. europa. eu/doclib/press/index. cfm? id = 869. 2014 年 10 月 18 日访问。

② Daniel Hamilton, "Create a New Transatlantic Partnership ThatIs More Than Free Trade", February 12, 2013, http: //www. huffingtonpost. com/dan – hamilton/create – a – new – transatlanti_ b_ 2669700. html. 2014 年 10 月 18 日访问。

③ 中国现代国际关系研究院欧美经贸关系课题组：《评欧美"跨大西洋贸易与投资伙伴关系"前景》，《现代国际关系》2013 年第 3 期。

情报委员会 2012 年 12 月发布的《全球趋势：2030》报告里清楚地描绘了未来的前景：亚洲经济实力将在 2030 年前超越北美和欧洲，美欧比历史上任何时候都更加需要对方①。所以，奥巴马政府此次不惜绕开全球性的世界贸易组织谈判平台，改与欧盟双边协商，这里隐含着利用美欧市场大的优势，先行制定国际贸易投资规则和标准，抢夺世界经济新秩序制高点的战略意图。

其次，TTIP 的框架包含的领域非常广泛，它不仅限于关税削减，还包括市场准入、政府采购、投资、服务、能源和原材料、监管、知识产权、中小企业、国有企业等 20 项议题，全面涵盖了国民经济的大部分重要领域，可以说是一项"雄心勃勃"的系统工程。克林顿任总统时期，美欧曾在 1995 年马德里峰会达成"新大西洋议程"（New TransatlanticAgenda，NTA），双方首次提出创立"新跨大西洋市场"（NewTransatlantic Marketplace，NTM），这主要是针对贸易问题。小布什任职期间，2007 年 4 月美欧华盛顿峰会签署了《跨大西洋经济一体化框架协议》，成立"跨大西洋经济理事会"（TEC），双方开始知识产权、金融服务、商业并购、汽车工业等多个领域的监管整合。不过由于双方在规制上存在着难以弥合的利益差异与分歧，这些协议都没有取得很大进展。此次 TTIP 谈判，奥巴马政府同欧盟方面下了很大决心，在广泛的经济领域进行深度谈判，力求实现"一揽子"突破。

美欧预期谈判时长为 18 个月，到 2014 年年底前完成，但现在看起来这个时限设定明显被高估了。截止到 2014 年 11 月 1 日，美欧已经进行了七轮谈判，曾经阻碍美国与欧洲之间经济交流的贸易壁垒已经基本消除，不过，关于市场监管制度，美欧之间仍有很多的不同意见，谈判异常艰难。美欧的经济理念差异明显，美国主张自由主义理念，而欧洲大陆则是社会市场经济模式，要求国家给予企业一定的保护。TTIP 不可避免地会引发双方的诸多监管争执。比如金融监管，美欧对应采用

---

① The National Intelligence Council，"Global Trends 2030"，December 2012，http：//www.dni.gov/index.php/about/organization/national – intelligence – council – global – trends. 2014 年 10 月 15 日访问。

何种规则难以达成统一意见。美国司法部 2014 年 6 月初对法国巴黎银行处罚 89.7 亿美元，法国巴黎银行的行为，没有违反欧盟的法规，却触犯了美国的相关法律，这充分反映出美欧双方监管上的规则和标准差异颇大，欧洲业界担忧美国的处罚标准将会影响欧洲地区银行业和经济的发展。还有投资者—国家争端解决（ISDS）条款，它允许外国投资者根据投资协议的规定，当投资利益受到所在国法规限制时，可在国际法庭提起仲裁申请经济补偿。美欧上百家代表消费者和工人权益的团体担心，跨国公司可能利用该机制，破坏当地的社会环境和社会福利制度。

此外，奥巴马政府在美国国内受到国会的掣肘牵制，这也给 TTIP 谈判蒙上阴影。美国国会众议院为共和党把持，参议院在中期选举之前虽为民主党掌控，但在中期选举结束之后也归属共和党。美国共和党对奥巴马的态度极为敌视，利用众议院平台，对政府提交的法案事无巨细，一律否决，这导致奥巴马的国际信誉大打折扣。即使美欧 TTIP 谈判达成协议，美国国会能否批准，也要被打上一个大问号。况且 TTIP 盘子大，涉及美国众多消费者和工人的切身利益，会对国内产业造成不小的冲击，不仅共和党人意见大，就连奥巴马所在的民主党内部也有不和谐的声音。在许多民主党人看来，自由贸易协定影响工人就业，而过去批准的大量贸易协定正是美国失业率增加的诱因。

对外安全战略的调整：北约的“再平衡”

欧洲国家是美国对外干预行动最主要的盟友，它们之间在军事上有北约作为联系纽带和制度组织形式。冷战结束后的很长一段时间里，北约内部关于美欧任务分工的模式是美国当“大厨”，即负责军事干预、派出战斗部队和维持战斗部队的能力，而欧洲则负责“洗盘子”，即在美国完成军事行动和控制局势的关键阶段之后，派驻维持和平部队。在小布什政府的第一任期，欧洲在阿富汗战争时曾尝试提供军事“帮助”，但美国并不“领情”，在“美国例外主义”和美国至上理念的指导下，小布什政府尽管接受了少量欧洲部队参与阿富汗战事，也要求北约提供重要的后勤支援，不过它仍对盟国的军事能力表示怀疑和轻蔑①。北约这种"美主欧从"的局面在奥巴马担任美国总统后开始变化，主要是美国方面开始有了不同想法，奥巴马政府开始调整其北约和对欧政策，希望欧洲在欧洲安全以及北约的全球行动中发挥更大作用。

美国这样做主要有经济和战略两方面的原因：经济方面，随着小布什政府在伊拉克战争中的过度扩张，阿富汗战争久拖不决，美国军费开支空前高涨，其拖累美国经济的副作用加大。2008 年华尔街引爆的世界金融危机更是削弱了美国经济实力，致使美国不得不面对严重的财政和债务问题。奥巴马计划推行联邦财政改革，高昂的军事预算就自然成为美国奥巴马政府重点切削的目标。2011 年，奥巴马宣布未来 10 年，美国将削减 5000 亿美元军费（美国 2010 年军费为 7000 亿美元）。在此背景下，美国开始要求欧洲改变其在安全问题上"搭便车"的局面，承担更多安全责任并帮助美国分担防务负担。有学者评论说，美国在伊拉克战争后逐渐放弃了"确保领导地位"（primacy）战略，实行战略收缩，不再"事事出头"，转而求助于各种联盟，希望盟友协助它承担沉重的防务负担②。

战略方面，奥巴马从其第一任任期开始，就将战略重心转向亚太，如希拉里·克林顿的说法，要打造"美国的太平洋世纪"③。其含义是在国际力量格局发生深刻变化，美国遭受两场战争和金融危机的重创，不得不进行战略收缩的情况下，要将相对有限的资源集中投放到对美国未来发展最为至关重要的亚太地区，一方面要分享亚太地区因经济高速增长带来的红利，另一方面是在战略上要维持美国在这一地区的主导权，应对以中国为代表的新兴大国的群体性崛起④。这样，美国对欧洲的关注度有所下降。虽然美国政府在表态中，仍然将欧洲视为最重要的伙伴，表示仍会为美欧伙伴关系继续"投资"⑤，但它期待欧洲在世界

① 赵怀普：《当代美欧关系史》，世界知识出版社 2011 年版，第 326 页。

② Christopher Layne, "America's Middle East grand strategy after Iraq: the moment for off-shore balancing has arrived", *Review of International Studies* 35: 1, Jan. 2009, pp. 5 – 25; Lanxin Xiang, "China and the 'Pivot'", *Survival* 54: 5, Nov. , 2012, pp. 113 – 128.

③ Hillary Clinton, "America's Pacific Century", *Foreign Policy*, Oct. 11, 2011.

④ 倪峰：《奥巴马政府第二任期对外政策走向》，《新视野》2013 年第 2 期。

⑤ Hillary Clinton, "America's Pacific Century", *Foreign Policy*, Oct. 11, 2011.

安全事务中扮演更重要的角色，增加军费和各种资源的投入，为北约的全球行动做出更大贡献，加速在北约框架内实现美欧力量的"再平衡"。

美国的这一战略调整在 2011 年的利比亚战争中就已有鲜明的体现。尽管美国有足够的军事实力独立承担军事任务，但它还是愿意让欧洲国家在其邻近地区扮演主要的安全角色。战争期间，法国战机发动了第一波攻击；美军主要担负战役开始阶段的压制与摧毁敌方防空系统的任务，以及之后的作战支援任务。美军战机飞行架次占盟国出动战机架次的 25%，但承担了 80% 的空中加油和战场情报收集及监视侦查任务；其余的加油与情报搜集任务，以及一半以上的打击任务则由英、法两国的战机承担[①]。可以说，利比亚战争开创了美国"幕后领导"（lead from behind）的新模式。利比亚危机之后，美国依然尽力避免过多卷入涉及欧洲的安全事务。2013 年年初，在欧洲人讨论应对马里危机时，北约副秘书长亚历山大·弗什博（Alexander Vershbow）直言不讳地声称"美国和北约不可能无处不在"（The US and NATO cannot be everywhere.）[②]。现在看来，曾经在科索沃、阿富汗战争期间由美国军事力量发挥主要作用，而由欧洲国家负责维持和平与战后重建工作的分工模式已经悄然变化。

美国利用北约这一协调美欧关系最重要的组织机制，不断催促欧洲向其"再平衡"战略靠拢。2010 年，北约秘书长拉斯穆森就已提出"灵活防御"的概念，2011 年他在《外交季刊》上撰文，提倡欧盟国家在紧缩时代应加强分工合作、发挥各自特长，建设"更加灵巧的防御"（smarter defense）体系[③]。在欧洲议会和其他场合，拉斯穆森曾不断提醒欧洲人必须意识到只有软实力，等于真正没有实力，没有硬实力来支撑外交，欧洲将缺乏可靠性与影响力；他还明确指出，欧洲缺少运

---

① 李晨：《利比亚战争中美国与欧洲军事力量的运用》，《国际政治研究》2014 年第 1 期。

② Tobias Bunde Outlook to the 49th Munich Security Conference，https：//www.securityconference.de/en/activities/msc‐kick‐off/outlook‐to‐the‐49th‐munich‐security‐conference/.

③ Anders Fogb Rasmussen，"NATO after Libya：The Atlantic Alliance in austere times"，*Foreign Affairs*，July/August，2011.

输机、空中加油机以及情报搜集和监控能力。①

此外，在国际层面上，美国还试图拉盟友加入美国在亚太地区的"再平衡"战略。2013 年 1 月，美国国防部部长帕内塔在英国伦敦的国王学院发表演讲，阐述奥巴马第二任期的战略目标。帕内塔除了呼吁北约加大对情报工作和特种作战的投资力度，期待北约将自身塑造为能应对各种危机的更灵活的战斗力量之外，还特别指出欧洲应该加入美国在亚太地区的防卫努力，扩大安全合作范围。②

但是，美国方面的努力并未完全说服其欧洲盟友，欧洲国家没将美国的战略东移视为发展壮大自身安全实力的一个机会。相反，它们表现出一定的不安和忧虑，担心美国就此"抽身"欧洲安全事务之外。英国两位外交政策研究学者道格·斯道克斯（Doug Stokes）和理查德·怀特曼（Richard G. Whitman）将当前状况概括为"美国因素淡化的欧洲安全秩序"（American – lite European security order）③。欧盟和欧洲国家担忧美国今后将不再重视欧洲，不愿看到自己"被抛弃"的结局。2010 年奥巴马缺席美欧峰会，让欧洲国家首脑感到自己已被"忽视"。对此，奥巴马政府进行了安抚，并对其"再平衡"战略小幅调整。希拉里离任国务卿一职之前，曾试图安抚欧洲人——"美国不是要把重心从欧洲转向亚洲，而是要和欧洲一起把重心转向亚洲"。奥巴马在第二任期弱化了"再平衡"战略的色彩。与鼓吹"重返亚太"的希拉里首访亚洲不同，克里就任国务卿后的首访对象则是欧洲和中东国家。2013 年 2 月，出席慕尼黑安全会议的美国副总统拜登更是宣称"欧洲仍然是美国不可缺少的头号伙伴"，"欧洲是我们与世界其他地区接触的基础"和"展开全球合作的催化剂"④。

2013 年年底，乌克兰危机爆发后，奥巴马政府的注意力更是进一

---

① Andrew Rettman, "Nato chief：EU soft power is 'no power at all'", *Euobserver*, 5 May, 2013, http：//euobserver. com/defence/120046.

② 东方网，2013 年 1 月 19 日。

③ Doug Stokes and Richard G. Whitman, "Transatlantic triage？European and UK 'grand strategy' after the US rebalance to Asia", *International Affairs*, 89：5, Sep. , 2013, p. 1089.

④ Remarks by Vice President Joe Biden to the Munich Security Conference, February 2, 2013, http：//www. whitehouse. gov/the – press – office/2013/02/02/remarks – vice – president – joe – biden – munich – security – conference – hotel – bayeri. 2014 年 10 月 30 日访问。

步集中在欧洲安全。俄罗斯在乌克兰的政策和行动引发了波罗的海三国等北约新成员国极大的担心。2014 年 9 月北约在英国威尔士召开了峰会，奥巴马在威尔士峰会上着重强调了北约集体防御的第五条，即对北约任一成员国的军事攻击，将被视为对所有缔约国的攻击，他也因此成为美国自 20 世纪 60 年代肯尼迪总统之后，首位在欧洲防务问题上提及第五条的美国总统。奥巴马催促欧洲国家增加防务开支，此次峰会上欧洲国家首脑第一次承诺将遵守军费开支不低于国内生产总值（GDP）的 2%，保证军费中装备开支，特别是研发费用不低于总额 20% 的约束性指标。这次北约峰会标志着北约 28 个国家在战略上同意向加强军备的目标迈进。

气候变化谈判

美国的气候变化政策自 20 世纪 90 年代中期以来，曾长期是欧洲国家批评指摘的对象。克林顿虽然在 1997 年签署了《京都议定书》，但迫于参议院压力，未敢将议定书送交国会表决，导致欧洲国家不得不在美国离开的情况下，在《京都议定书》框架内独立支撑发达国家应对气候变化的立场；小布什对待国际气候变化谈判的态度更加消极，他一上台就宣布全球气候问题存在科学上的不确定性，议定书条款对美国经济有负面影响，发展中国家的温室气体排放大国不受约束对其他国家不公平，而且他还反对采取强制性的减排措施，所以美国不会批准《京都议定书》。

奥巴马政府却对全球气候变化谈判持很积极的态度，奥巴马 2008 年竞选的口号是"变革"，气候外交就是他的政府在外交方面的显著变革之一。当然，奥巴马重视气候外交，主要不是从修复美欧关系的角度出发，而主要是出于促进国内经济向低碳经济或绿色经济转型，以及谋求美国的能源独立，并争夺和引导新能源发展的未来方向的国内政治目的。2008 年 12 月，在奥巴马就职之前，他同前副总统阿尔·戈尔和副总统拜登会面时强调：气候变化是一个紧迫问题，同国家安全密切相关，美国否认这一问题的一页已经翻过去了。他表示，要同共和党人、民主党人、商界和消费者一起采取大胆的和富于进取的方法来处理这一问题。他说："一旦我上台，你可以确信美国将重新积极参与这些（关于气候变化的）谈判，并帮助领导世界走向一个在气候变化问题上进行全球合作的时代。"他强调，美国不仅将减少自己的温室气体排放，而且还要推动订立国际协议来确保每一个国家都完成自己的那一部分工作。"当我们这样做时，美国将不仅是在谈判桌上充当领导。我们将像我们一贯做的那样，通过革新和发现，通过努力工作和追求一个共同的目的来领导（世界）。"①

美国向低碳经济转型主要是一种"自下而上"的方式，加利福尼亚州、纽约等经济发达、理念相似的州和城市先推出一些新能源和减排的地方政策。奥巴马执政后，他的政府改变了小布什政府保守的气候变化国际立场和国内政策，将促进环保技术发展、提升可替代的清洁能源建设以及呼吁推动"绿色经济"列为美国提升国际形象的重要途径，创建"绿色经济"也成为奥巴马政府拉动美国经济的新的增长点。在其努力下，美国也开始"自上而下"在全国推进低碳经济转型。2009年奥巴马政府提出《美国清洁能源与安全法案》，这一法案接纳了欧洲提出的温室气体"总量控制与排放交易"机制，承诺到2020年美国的温室气体排放量比2005年降低17%，到2050年降低83%。这是美国历史上首次对温室气体排放进行限制的法案。该法案2009年在众议院获得通过，但在参议院屡屡受挫。不过总体上，美国形成了一股削减温室气体排放、发展新能源和加强能源自给能力的合力。美国环保署在奥巴马的支持下，权力大大扩大，美国最高法院也授予环保署制定国家级法规的权力②。2014年6月2日，美国环保署宣布了一条有关限制现有发电厂碳排放规则的建议，其目标是到2030年把碳排放减少至2005年的水平。这被称为"奥巴马政府迄今采取的一项最大胆的减少造成全球变暖的温室气体最大来源的措施"。

欧盟和欧洲国家关注气候变化谈判和环境问题，曾在全球气候变化治理的京都时代发挥领导作用。但是随着奥巴马政府在气候变化议题上

---

① 转引自周琪《奥巴马政府的气候变化政策动向》，《国际经济评论》2009年3—4月号。

② 笔者2014年8月24日在华盛顿对美国气候与能源方案中心（C2ES）执行副总裁Elliot Diringer的访谈。

增大国际合作力度，欧盟的全球领导地位逐渐弱化。在国际多边场合，除了在联合国气候变化框架公约以及 G8 峰会等既有国际组织的框架下推进多边合作外，奥巴马还主动发起新的倡议，如 2009 年 3 月 27 日美国主办了"主要经济体能源与气候论坛"，旨在推进探讨如何增加对清洁能源的供给以及减少温室气体排放，同时就哥本哈根会议的众多议题展开磋商，共有 16 个发达国家和发展中国家受邀出席了会议。在双边场合，奥巴马政府高度重视气候变化议题。无论是出访加拿大，还是与欧盟领导人会晤，无论是奥巴马出访亚洲还是希拉里访问东亚四国，气候变化都是美国外交的首要议题。在 2009 年哥本哈根峰会上，欧盟国家领导人就减排承诺问题对中国、印度等发展中国家施压，造成欧盟国家同中印等发展中国家的对峙局面，最后是奥巴马同基础四国领导人协调和磋商，才形成协议草案。欧盟在哥本哈根峰会上竟然沦落到边缘地位[①]。

在奥巴马任上，美国在能源领域出现了页岩气革命，凭借页岩气和页岩油，美国有望在 2020 年实现能源自给。由于欧债危机，英国、德国、波兰等国家开始增加煤炭的使用比例，从美国进口大量质优价廉的煤炭。总体上，欧洲和美国的能源政策和国际气候变化谈判立场逐步趋同，美国在应对气候变化领域动作迅速，力度很大，目前美国已经成为同欧盟重要性相当的应对气候变化行为体。当然，奥巴马政府的气候变化政策转型的成效仍然取决于众多美国国内因素的约束力度，这些因素包括国会、商业集团、工会、公众舆论，以及美国的经济形势[②]。特别是奥巴马他仍要面对共和党的种种阻挠。减少党派分歧，打破国会中共和党与民主党人僵持对立的局面，是未来奥巴马"绿色经济"建成的重要条件。

结论

奥巴马在外交上回归多边主义，大大缓和了欧洲对美国行为的忧

---

① 薄燕、陈志敏：《全球气候变化治理中欧盟领导能力的弱化》，《国际问题研究》2011年第 1 期。

② 周琪：《奥巴马政府的气候变化政策动向》，《国际经济评论》2009 年 3—4 月号。

虑，在经贸、安全和气候变化领域，美欧之间加强协作。"西方共同体"无论在利益，还是在意识形态和价值观念上，在奥巴马任期都得到很大程度的加强。奥巴马提出"重返亚太"和亚太"再平衡"，但并没有忽视欧洲，欧洲仍然是美国最可信赖的国际伙伴，而且按照希拉里的说法，美国还希望以大西洋关系为样本建设美亚关系①。

但是奥巴马政府与欧洲的关系也并非一切顺利，美欧之间仍存在诸多障碍，并且新生了不少争吵。比如斯诺登事件曝光美国大规模窃听和监控了世界各国政府官员和公民的电话、电邮，这引发欧洲公众的极度反感。欧洲国家重视对个人隐私权的保护，特别是在德国，2013 年斯诺登的"棱镜门"事件爆出后，欧洲媒体揭出，每个月美国情报机构搜集的德国通信信息多达 5 亿条，并且把德国列为重点监听国。德国民众反响非常激烈，媒体每天重点讨论此事，多份民意调查显示，当时高达 85%的受访对象对斯诺登表示同情，并且支持斯诺登到德国政治避难。

总体来看，尽管奥巴马政府修复了美欧传统友谊，但是欧洲的独立特性并没有发生变化，美欧在经济层面的矛盾依然存在，安全领域也有着明显的观念分歧，气候变化和环境议题还有竞争因素。欧盟和欧洲国家的政要希望加强跨大西洋市场建设，但是欧洲民众的社会民主主义思想没有动摇，对以美国所代表的新自由主义思潮持抵触情绪。同时，欧洲在强化跨大西洋关系的同时，也渴求与具有资金优势和巨大市场潜力的中国合作，以顺利走出债务危机，毕竟资金和可深耕的新兴市场这两点优势，是美国所无法供给欧洲的。所以，在全球化世界格局之下，可以预见，欧洲将竭力同时与中美两大国保持良好的经济政治关系，走平衡外交之路。

①　Hillary Clinton, "America's Pacific Century", *Foreign Policy*, Oct. 11, 2011.

奥巴马政府调整南亚政策及其影响

胡仕胜　　王世达[①]

奥巴马政府时期的美国南亚政策再度出现重大调整，深度强化小布什政府时期出台的"印巴脱钩、并行不悖"的南亚政策，一方面推出"阿巴新战略"，高度重视巴基斯坦在解决阿富汗问题中的重要作用，另一方面推出"拉印抑华新战略"，高度强调印度在奥巴马政府的"亚太再平衡战略"中的"支点作用"，视印度为美国平衡中国崛起的"新战略伙伴"。但受困于自身财政拮据窘境、印巴战略互疑僵局、阿富汗难解困局以及印度高度战略自主性，奥巴马政府南亚政策调整的实际效果较为有限。

一　奥巴马政府大幅度调整南亚政策

2009 年年初奥巴马就任美国总统以来，在外交政策上做出重大调整，在继承了前任小布什政府的新保守主义外交路线的同时，推出了"巧实力"外交战略。奥巴马政府的南亚政策及其调整基于南亚两大地缘版块及其不同特性。以印巴边境为界，南亚向来分成分别由印度和巴基斯坦主导的两大地缘政治、经济与安全版块。因此，考察奥巴马政府

---

①　胡仕胜，中国现代国际关系研究院南亚东南亚及大洋洲研究所所长，研究员，博导；王世达，中国现代国际关系研究院西南亚研究室主任，博士。

的南亚政策的调整也主要从其阿巴政策和对印政策入手。

（一）奥巴马政府的阿巴政策

奥巴马政府的阿巴政策以尽快结束阿富汗战争为最大战略诉求，并围绕这一终极目的出台了一系列政策和措施。

首先，推出"阿巴新战略"，突出阿巴并重、军民共进和国际合作。2009年3月27日，奥巴马在白宫宣布"阿巴新战略"。根据这一战略，奥巴马政府继续视阿富汗和巴基斯坦为重要的反恐"前线国家"，通过清除"基地"组织等极端势力在阿巴边境地区的避难所，确保美国不再成为恐怖主义势力的袭击目标。同时，奥巴马政府视阿巴为同一问题的一体两面，即阿巴互为问题根源也互为问题出路，纠正了小布什执政后期在阿富汗问题上的游离态度，尤其是日益忽视巴在阿富汗问题解决进程中的作用。整体看来，奥巴马政府"阿巴新战略"具有以下特点。首先，将"基地"组织与阿富汗塔利班区别对待。2009年3月29日，奥巴马公开表示，"基地"组织才是美国反恐战争的主要目标。[①] 这表明奥巴马认识到小布什政府的反恐战线拉得过长，有意缩小打击目标，为未来与阿富汗塔利班进行和平谈判预留空间。其次，强调巴基斯坦在阿富汗反恐战争中的关键地位。巴基斯坦部落区日渐失控，不仅成为阿富汗塔利班的"战略大后方"，还成为南亚乃至国际恐怖主义活动的主要策源地。奥巴马表示，"基地"组织头目本·拉登、扎瓦赫里等人都在巴基斯坦部落区藏身，并且策划对美国本土发动新一轮恐怖袭击。因此，巴基斯坦与阿富汗都成为美国的反恐主战场。最后，确认巴基斯坦的反恐盟友地位。尽管美国国内早已有人质疑巴基斯坦反恐不力，甚至主张对其采取强硬措施。然而，奥巴马政府显然不愿看到美巴关系继续恶化，仍要依赖巴基斯坦实施在阿富汗的反恐行动。

具体而言，在对阿富汗政策方面。军事上，美军重点清剿阿富汗塔利班位于南部和东部地区的"老巢"，压制其活动范围，为阿富汗政府顺利施政提供条件。驻阿美军的行动重点由直接开展反恐行动转向为阿

---

① Remarks By The President On A New Strategy For Afghanistan And Pakistan，参见"白宫网站"，http：//www. whitehouse. gov/the – press – office/remarks – president – a – new – strategy – afghanistan – and – pakistan。（上网时间：2014 年 9 月 15 日）

富汗安全部队提供培训。例如，美国曾派遣 4000 名美军强化对阿军警的培训力度，以期在 2011 年之前将国民军扩充至 13.4 万，警察扩充至 8.2 万，增强阿安全部队的平叛能力，逐步减少美军直接参战行动。[①]和谈上，奥巴马政府将阿富汗塔利班划分为拒不妥协的"强硬派"和迫于生计拿起武器的"温和派"，试图在阿富汗中央政府、地方实力派和国际社会的帮助下，展开针对"温和派"的和解进程，并成功促成阿富汗塔利班在卡塔尔设立和谈办公室。政治上，提升阿富汗各级地方政府的治理能力，逐步建立当地民众对阿富汗政府的信心，进而削弱阿富汗塔利班和"基地"组织的民众基础。民事上，向阿富汗大规模增派农业、教育、工程和法律等民事领域的专业人才，为阿富汗人民提供更全面的援助。例如，设立重建监察长一职，专门监督美国国务院和国际开发署的巴阿拨款以及阿富汗重建项目。同时，建立绩效评估机制，保证各项政策切实发挥成效。此外，奥巴马政府还争取北约国家以及联合国等国际组织的支持，推动阿富汗各项重建顺利实施。

在对巴基斯坦政策方面。军事上，强化巴基斯坦军队的反恐和平叛能力，提供直升机、夜间侦察装备等助巴军加强对边境地区的控制。政治上，巩固巴基斯坦民主政体，增强其对部落区和西北边境地区的管理能力。经济上，鼓励美国及国际资本投资能源等巴基斯坦重点行业，强化美巴贸易往来，支持巴基斯坦经济稳定增长。2009 年 3 月 15 日，奥巴马正式签署《2009 年强化与巴基斯坦合作法案》，承诺在 2010—2014 年向巴基斯坦提供 75 亿美元的民事援助。根据该法案，美国对巴基斯坦民事援助主要集中在三大领域：一是在能源、农业、教育、交通和健康领域援助 35 亿美元；二是人道主义援助 20 亿美元，重点支持阿巴边境地区民众获得教育和医疗等服务；三是 20 亿美元用于提升巴基斯坦政府的施政能力[②]。国际上，打造援助巴基斯坦的"国际统一战线"，分担风险和责任。例如，美国牵头成立了美、阿、巴三方外长和

---

① "Obama's Afghanistan plan calls for 4, 000 more U. S. troops", ABC News, http: //abc-news. go. com/Politics/story? id=7205410。(上网时间：2014 年 9 月 3 日)

② 邵育群：《美国对巴基斯坦发展援助新战略评估》，《南亚研究》2011 年第 1 期。

总统定期会晤机制，召开援助巴基斯坦的国际会议，承诺为巴基斯坦募得50亿美元的经济援助等。在美国推动下，欧盟和北约也迅速跟进，重点在民事领域提供援助。

其次，"先增兵、后撤军"，减少在阿富汗投入，以最低代价维持阿政权生存。2009年12月1日，奥巴马总统在西点军校发表演讲，宣布对"阿巴新战略"进行重大调整。奥巴马指出，"阿巴新战略"包括三个核心要素：以军事行动为防务移交创造条件；增派文职人员推动重建；与巴基斯坦建立有效伙伴关系。此次战略调整最突出之处在于"先增兵、后撤军"。① 奥巴马宣布在2010年夏季之前向阿富汗增派3万余名美军士兵，使得驻阿美军总数超过10万人，美军将于2011年7月开始撤军。② 2010年，兵力大增的美军在阿富汗东部和南部地区展开了一系列军事清剿行动，在一定程度上削弱了阿富汗塔利班的活动能力。2011年6月22日，奥巴马宣布启动从阿富汗撤军进程：2011年撤回1万名士兵，在2012年9月前再撤回2.3万名士兵（这意味着奥巴马上台以来新增的3.3万新增作战部队撤退完毕），③ 到2014年年底，美军所有作战部队将撤出阿富汗。同时，美阿两国政府就建立战略伙伴关系并签订"双边安全协议"展开谈判，其核心就是允许美军在2014年之后继续在阿维持合法军事存在。然而，在喀布尔·卡尔扎伊政权的要求下，以及出于对阿富汗政治过渡前景的担忧，2014年5月28日，奥巴马公布了重新修订的撤军时间表，即在2014年之后仍将保留9800名美国大兵，2015年年底将其削减至4900名，到2016年年底削减到

---

① Remarks by the President in Address to the Nation on the Way Forward in Afghanistan and Pakistan，参见"白宫网站"，http：//www. whitehouse. gov/the - press - office/remarks - presi-dent - address - nation - way - forward - afghanistan - and - pakistan。（上网时间：2014年9月5日）

② "Obama takes final gamble with Afghanistan troops surge"，The Guardian，http：//www. theguardian. com/world/2009/nov/30/obama - troops - afghanistan.（上网时间：2014年9月3日）

③ "Obama announces plan to bring home 33, 000'surge' troops from Afghanistan"，Washing-ton Post，http：//www. washingtonpost. com/politics/obama - to - order - home - 10000 - troops - from - afghanistan - officials - say/2011/06/22/AGUuRCgH_ story. html.（上网时间：2014年9月2日）

仅能确保驻阿使馆安全的兵力水平（千人左右）。① 但这个重新修订的撤军计划须获美阿"双边安全协议"的担保方可实施。参加 2014 年阿富汗总统大选的所有候选人②都同意，一伺上台执政将迅速与美谈判签署"双边安全协议"。奥巴马表示，2014 年之后留驻美军的主要任务有二：一是继续为阿安全部队提供培训、指导、情报支持和空中火力支援；二是继续打击"基地"组织等国际和地区恐怖势力，防止其利用阿富汗领土"东山再起"。③ 由此可见，美军将在 2014 年之后基本不再直接参与针对阿富汗塔利班的"平叛"军事行动，而是让阿安全部队"打头阵"，将有限的军事力量集中用于消灭"基地"组织残余力量。

　　然而，美国因应"后撤军时代"阿巴局势发展的政策安排与举措却连遭挫折。其一，美国加紧推动的阿富汗和平进程陷入停滞。2013 年伊始，在美多年努力之下，阿富汗塔利班同意与美方和谈，并于 6 月 18 日在卡塔尔首都多哈开设和谈办公室，美国国务院旋即派遣代表团与其接触。然而，双方此次和谈不欢而散，双方在和谈办公室的名称、性质和职能等方面产生严重分歧，并导致 7 月中旬阿富汗塔利班单方面关闭卡塔尔和谈办公室，和平进程陷入僵局。其二，美国敦促卡尔扎伊政府与之商签"双边安全协议"未果。双方经过一年多轮谈判于 2013 年 11 月达成"双边安全协议"草案并获阿富汗大国民会议通过。依据这个"双边安全协议"草案，美方承诺在 2014 年之后保留部分军队，获准使用阿富汗境内若干军事基地，获得"司法豁免权"等待遇。然而，最后关头，卡尔扎伊却拒绝签字。卡尔扎伊不但坚持将实现喀布尔政府与阿富汗塔利班和谈取得突破性进展作为签字的前提条件，而且主张由其继任者而非其本人来签字更有意义。其三，积极斡旋阿富汗大选

---

① "Obama announces plan to keep 9，800 US troops in Afghanistan after 2014"，The Guardian，http：//www. theguardian. com/world/2014/may/27/obama – us – afghanistan – force – 2014. （上网时间：2014 年 9 月 2 日）

② 2014 年 9 月 21 日，阿富汗总统大选最终结果揭晓。两名候选人加尼和阿卜杜拉达成分权协议，将组建团结政府，由加尼任总统。阿未来稳定取决于两人能否顺利分权。早在竞选期间，加尼和阿卜杜拉即已宣布在就职之后迅速签约，为美军驻留提供法律保障。

③ "Obama Announces Final Afghanistan Withdrawal by End – 2016"，IPS，http：//www. ipsnews. net/2014/05/obama – announces – final – afghanistan – withdrawal – end – 2016/. （上网时间：2014 年 9 月 5 日）

的努力一波三折。阿富汗 2014 年总统大选曲折异常。4 月 5 日，阿富汗举行总统大选，无候选人得票过半，得票领先的两名候选人于 6 月 14 日举行第二轮投票。在首轮投票中位列第二的加尼成功逆袭，以 56.4% 的得票率领先，而领跑首轮投票的阿卜杜拉仅获得 43.6% 的选票。阿卜杜拉竞选团队随即宣布，委员会公布的投票人数远远多于实际，不承认此次计票结果，指责现任总统卡尔扎伊、加尼阵营和选举官员联手进行"大规模舞弊"，甚至威胁建立"平行政府"。美国力压两名候选人在选举舞弊问题上保持克制，国务卿克里两次访问喀布尔，斡旋双方达成政治解决协议，尽快产生新一届政府。2014 年 7 月 7 日，克里正式表态称，希望阿富汗选举机构"对所有有关违规现象的合理指控，展开全面、彻底的审查"，强调绝不允许暴力或者超出宪法范围的做法，号召阿富汗领导者保持克制，以确保阿富汗在过去十年间取得的成果。克里还警告："任何法外夺权行动都意味着阿富汗将失去来自美国和国际社会的财政与安全援助。"① 9 月 4 日，阿富汗独立选举委员会宣布选票核查工作完成，最终计票即将宣布。然而，阿卜杜拉 8 日宣布，与加尼有关建立联合政府的谈判陷入僵局，将拒绝接受"舞弊造成的选举结果"。9 月 21 日，加尼与阿卜杜拉最终达成分权协议，加尼出任下一届总统，阿卜杜拉出任或指定职权类似于总理的"政府长官"。阿富汗新一届政府的难产使阿安全重建前景充满不确定性。其中，美阿"双边安全协议"迟迟未能签字生效严重影响美及其北约盟友对未来阿富汗的军事部署与政策选项，这显然对阿经济与安全过渡构成不利影响。近来，阿富汗塔利班在南部赫尔曼德省、坎大哈省等地区活动日渐猖獗，袭击规模扩大。此外，自大选以来，国际社会对阿富汗投资几乎停止，一些外国企业已停止或减少在阿富汗的商业活动，导致阿富汗的经济发展和失业问题更加严重。

最后，增加对巴基斯坦的政策性拉拢，服务于从阿富汗"撤出"战略。2011 年以来，美巴关系受到"基地"组织头目本·拉登在巴基

① "Kerry Meets Afghan Leaders in Bid to End Deadlock", Bloomberg, http://www.bloomberg.com/news/2014-07-10/kerry-lands-in-kabul-wielding-aid-cutoff-threat.html. （上网时间：2014 年 9 月 5 日）

斯坦境内被击毙、北约空袭巴军边防哨所等影响而一路走低。然而，美巴仍然互有所求。巴基斯坦严重依赖美国提供军事、经济援助以及在国际金融组织中获得贷款。美国则在推动阿富汗塔利班加入和平进程、配合打击"基地"组织等反美极端势力等方面有求于巴基斯坦。为此，2013年5月巴基斯坦谢里夫政府上台以来，采取措施改善美巴关系，美国对此回应积极。2013年5月，美国国务卿访问巴基斯坦，双方就反恐、阿巴边境管制和投资等问题恢复高层战略对话。2013年10月20—23日，谢里夫访美，双方达成多项合作意向，例如将两国科技合作协议延长5年、拟推出未来5年扩大经贸往来的共同计划等。此外，美国强化对巴经济援助，重启此前所搁置的约16亿美元的对巴经济援助，其中13.8亿美元军援、2.6亿美元民事援助。①

（二）奥巴马政府的对印政策

冷战期间，美苏争霸成为制约美印关系发展的结构性因素。20世纪90年代以来，美印关系逐渐走近。2001年"9·11"事件之后，美印关系迅速升温。在小布什政府执政期间，美国主要出于全球反恐战略以及制衡中国影响力的双重考虑，重视发展与印度的关系。奥巴马政府上台以来，整体上继承了小布什政府对印度政策的大方向，高度重视印度的战略价值，同时更注重从地区和全球角度发展美印"全球性战略伙伴关系"，将美印关系定性为"21世纪决定性的伙伴关系"，推动美印关系的"实质升级"。

首先，在战略上强力拉拢印度。奥巴马政府2009年就任之初遵循了小布什政府的对印政策，邀请时任印度总理辛格作为首位访美的国宾。2010年，奥巴马访问印度，并且首次宣布支持印度成为联合国安理会常任理事国。然而，奥巴马政府的外交精力随即转向如何结束小布什的两场战争（阿富汗战争、伊拉克战争）及其亟待解决的"战争后遗症"等难题，对印度的重视逐渐下降，曾经一度让印度颇感"受到冷落"。随着奥巴马政府逐渐将其"亚太再平衡"战略扩至印太，印度才在美国外交日程上的地位不断提升。2010年6月，美印举行首轮部

---

① "U. S. releases $1.6 billion in aid to Pakistan", CNN, http://edition.cnn.com/2013/10/19/politics/u-s-pakistan-aid/. （上网时间：2014年9月2日）

长级战略对话（美国务卿和印外长主持），打造美印"全球性战略伙伴关系"，称双边关系"对全球和平与安全不可或缺"。①美印在对话中提出全球战略伙伴关系的五根支柱，即：战略合作；能源与气候变化、教育与发展；经贸和农业；科技；卫生与创新。该平台逐渐成为两国强化在全球、地区和双边层面各领域合作的重要平台。以 2011 年 7 月 19 日美印第二轮战略对话为例，对话涉及反恐、军事、民用核能合作等多个领域。在全球和地区合作方面，双方强调在共同价值观的基础上，"扩大并深化美印全球战略伙伴关系"，"以促进亚洲和世界的和平、稳定和繁荣"。为此，美印扩大战略磋商范围，从东亚扩展至中亚、西亚甚至拉美；就联合国事务展开双边对话，美国重申支持印度成为联合国安理会常任理事国；加强双方在阿富汗事务上的磋商、协调与合作；展开美日印三方对话等。截止到目前，美印战略对话已经举行五轮，成为两国了解彼此立场、强化战略合作的重要平台。其间，美国还在"印太"新语境下赋予印度更大的"重要性"。2010 年 10 月，美国官员首次提及"印太"概念，时任国务卿希拉里·克林顿在火奴鲁鲁阐述美国的亚太政策时提到，"我们正扩大与印度海军在太平洋的合作，因为我们理解印太对全球贸易和商业的重要性"②。美国希望印度为地区安全做出更大贡献，以形成新的地区权力平衡。"印度在印度洋和太平洋的强势存在对美国而言是一种宽慰，印度可能成为地区海域的潜在安全提供者。"③ 2012 年美国《国防战略指针》明确表示："美国将与印度建立长期战略合作关系，支持印度成为地区经济之锚和更广阔印度洋地区的安全提供者。"④ 在 2014 年 3 月的《四年防务评估》中，美国表示支持印度作为印太地区有能力行为者的崛起，加深与印度的战略伙伴关

---

① White House, "Joint Statement between Prime Minister Dr. Singh and President Obama", November 24, 2009.

② Hillary Clinton, "American's Engagement in the Asia – Pacific", October 28, 2010, http://www. state. gov/secretary/rm/2010/10/150141. htm. （上网时间：2014 年 3 月 24 日）

③ William J. Burns, "U. S. – India Partnership in an Asia – Pacific Century", http://www. State. gov/s/d/2011/178934. htm. （上网时间：2014 年 3 月 1 日）

④ U. S. Department of Defense, *Sustaining U. S. Global Leadership*: *Priorities for 21ˢᵗ Century Defense*, Washington, D. C. , January 2012, p. 2,

系。① 在美国的印太同盟体系建设中，除强化与日本、韩国、澳大利亚、菲律宾等盟国关系之外，美方尤其重视对印关系，视美印关系为最重要的"伙伴关系"之一。2014 年 5 月莫迪出任印度新总理，奥巴马更在第一时间对其表示祝贺，盛赞莫迪上台成为"两国关系历史性变革的关键点"，力图化解曾经拒发莫迪签证而导致的"宿怨"。

其次，密切双边经贸合作关系。在强化与印度战略伙伴关系的同时，美国也在谋求扩大美印经济利益的契合点。2010 年 11 月，奥巴马率领一大批企业高管访问印度，明显旨在打开印度市场、密切经贸关系，并且取得了一定成效。2006 年，美印贸易额仅为 250 亿美元，2013 年已达到 1000 亿美元，其中货物贸易额为 637 亿美元，印度成长为美国第 11 大贸易伙伴。2013 年，美国对印度的货物出口额为 219 亿美元，主要包括钻石、黄金、飞机、机械、电子产品以及医疗器械等，从印度进口商品总额达到 418 亿美元，主要包括钻石、生物医药制品、矿石、纺织品等，奥巴马政府计划努力将美印贸易额再增加 4 倍，达到 5000 亿美元。② 此外，美印彼此投资不断扩大。截至 2012 年，美国对印累积直接投资为 284 亿美元，集中在科研、制造和信息领域，印度对美累积直接投资为 52 亿美元。③

再次，继续推动美印民用核能合作。2006 年 3 月，小布什总统访问印度并与时任印度总理辛格正式签署了《美印民用核能合作协议》。在印度尚未签署《不扩散核武器条约》的情况下，美国此举在事实上承认了印度的核国家地位，最大限度地清除了长期阻碍美印关系发展的最大障碍。此后，在美国的推动下，"核供应国集团" 2008 年 9 月同意与印度开展民用核合作，向印度提供"豁免"。2009 年 11 月，奥巴马在会见到访的辛格总理时表示，美国将推动与印度的民用核能合作，以"为两国人民创造更多的就业机会"。2010 年 11 月，奥巴马总统访问印

---

① U. S. Department of Defense, *Quadrennial Defense Review* 2014, March 4, 2014, p. 17.

② "U. S. – India Bilateral Trade and Investment"，参见 "美国贸易代表办公室网站"，http：//www. ustr. gov/countries – regions/south – central – asia/india。（上网时间：2014 年 9 月 8 日）

③ "U. S. – India Bilateral Trade and Investment"，参见 "美国贸易代表办公室网站"，http：//www. ustr. gov/countries – regions/south – central – asia/india。（上网时间：2014 年 9 月 8 日）

度，支持印度加入"核供应国集团"、"澳大利亚集团"、"导弹及其技术控制制度"、"瓦森纳安排"四大防扩散出口控制机制。然而，印度议会当年通过的《核民事责任法案》（该法案规定：一旦核电厂发生事故，将由供应商承担民事赔偿责任）却招致美方强烈反对，美印民用核合作由此陷入僵局。2014年7月31日，美国国务卿克里访问印度，举行第五轮美印战略对话。克里再次重申全面落实美印核协议，敦促美国西屋公司和印度相关公司就合同细节加快谈判步骤，进而促成由美国公司承建印度的核电站。

最后，拓展对印防务合作关系。美印2005年签署《防务关系新框架》，探讨简化技术转让政策、武器系统联合研发和联合生产的可行性。2010年11月，奥巴马访问印度，高调宣布放松对印高科技产品出口管制，签署两国史上最大规模的军售协议。2011年1月，美国解除对印度国防和航天业公司的技术出口禁令，发展与印度的军事贸易关系，并且欢迎印度加入出口管制国"俱乐部"，从而结束了1998年印度进行核武器试验以来对印度实施的技术出口禁令。2013年9月27日，印度时任总理辛格访美，参加第三届美印首脑峰会，双方签署《防务合作联合宣言》，承诺加强防务技术转移，推动双方联合研发和生产武器装备。两国还设有许多双边防务合作机制，包括：国防政策小组（DPG）、国防联合工作组（DJWG）、国防采购与生产组（DPPG）、技术安全高级小组（STSG）、联合技术组（JTG）、军事合作组（MCG）、执行程序工作组（Executive Steering Groups，ESGs）。美国对印军售迅速增加，先后出售 C-130J 运输机、P-8I 海上巡逻机和 C-17 战略运输机，2010—2013年已成为印最大武器进口供应国。2012年美国《防务战略指针》则指出："美国正为与印度之间的长期战略伙伴关系投入，支持印度成为地区经济的中坚并具备作为印度洋地区安全提供者的能力。"[1] 此外，美国继续与印度举行年度"马拉巴尔"海上军事演习，自2009年以来已经三次邀请日本参与该军事演习，推动美日印三边合作的意图非常明显。

---

① U. S. Department of Defense, *Sustaining U. S. Global Leadership: Priorities for 21st Century Defense*, January 2012, p. 2.

二　奥巴马政府政策调整动因

奥巴马政府大幅度调整南亚政策，既源于其对美国国家利益的重新认识，也与印度综合国力不断提升等因素密切相关。

（一）奥巴马出台及调整"阿巴新战略"大背景。首先，小布什政府"反恐至上"政策难以为继。在反恐问题上，小布什政府将反恐作为美国南亚乃至全球外交政策的"重中之重"。为了"确保美国不再遭受恐怖主义袭击"，小布什政府不断强化对地区极端势力的打击力度，然而却"越反越恐"。在小布什政府第二任期临近结束时，南亚巴基斯坦、阿富汗等国频繁发生重大恶性恐怖袭击事件，地区安全形势急剧恶化。据统计，"仅2008年就有280多名驻阿国际安全援助部队士兵丧生。阿富汗塔利班的活动范围已经遍及阿富汗72%的领土"。① 《美国2008年威胁评估报告》认为，"基地"组织在阿巴边境地区重建指挥基地，并在过去两年间重新拥有了攻击美国本土的行动能力。这无疑暴露出美国在南亚反恐政策中的严重失误和缺陷，美国对南亚政策甚至成为民主党、共和党在2008年美国总统大选中的核心外交议题。

其次，"先增兵、后撤军"源于对美国国家利益的重新认识。美国在阿富汗战事久拖不决，人员伤亡不断增加，在阿耗费资金高达数千亿美元，引起国会和国内部分民众的强烈不满。奥巴马于2011年6月启动从阿富汗撤军进程无疑有助于其挤出资金发展经济、创造就业机会，为其在2012年总统大选中赢得连任创造条件。何况奥巴马打着"结束阿富汗战争"的旗号上台，必须兑现其撤军承诺，否则将授人以柄。2011年6月29日，奥巴马政府公布最新国家反恐战略，反恐战略出现重大收缩，将本土安全作为反恐重点，将反恐视为美国国家安全战略的一部分，而不是全部。此外，2011年5月2日，美国派遣特种部队成功斩杀"基地"组织领导人本·拉登，名义上实现了发动阿富汗战争

---

① "Taliban Control 72% of Afghanistan; Surround Kabul, Group Says", Bloomberg, http://www.bloomberg.com/apps/news? pid=newsarchive&sid=a4e9.aQ7HUfl. （上网时间：2014年9月2日）

的初始目的，对国内民众及国际社会都有所交代，为从阿富汗战争脱身提供了绝佳机会，也为受困于拮据财政的奥巴马政府调整其反恐政策提供了契机。2013 年 5 月 23 日，奥巴马在埃及宣布反恐战争结束。这意味着美国将集中精力经营亚太，特别是应对中国崛起。此后，美国迅速在阿富汗完成了向阿安全部队移交安全职责的任务，并重新调整了从阿富汗撤军的路线图。

最后，伊拉克安全形势好转为重点解决阿富汗问题了创造条件。2007 年年初，美国在伊拉克实施"增兵战略"，整合军事、政治、经济等手段推动伊拉克安全局势好转，取得了较为明显的成效。伊拉克暴力恐怖事件发生频率出现较大幅度下降，"基地"组织伊拉克分支、逊尼派反叛分子以及什叶派极端分子三大反美势力有的接受"招安"，有的则遭受重创。因此，伊拉克安全形势好转为美国反恐重心"东移"、集中精力解决阿富汗问题提供了客观条件。当然，恐怖组织"伊斯兰国"2014 年 6 月以来在伊拉克—叙利亚攻城略地表明，所谓的伊拉克安全形势好转仅是表象，甚或是美国为快速从伊拉克撤军而制造的借口。

（二）奥巴马试图借助印度实现多重意图。在印巴关系上，小布什政府以"平衡发展与印度和巴基斯坦关系"为突出特点的南亚政策同样面临困境。一方面，前国务卿赖斯采取平衡发展美印关系和美巴关系的做法，不顾巴基斯坦的疑虑与印度启动民用核协议，引起巴基斯坦严重不满。另一方面，小布什政府视巴基斯坦为反恐问题上的关键盟友，对巴基斯坦的需求多有满足，在一定程度上无视印度在阿富汗问题上的顾虑，这又引起印度的不安。因此，在印巴关系中重新寻求某种平衡以实现美国国家利益的最大化成为奥巴马政府亟待解决的问题。与此同时，进入 21 世纪后，印度的国际地位逐渐提高，美国因深陷两场反恐战争而对南亚地区事务的重视也日益上升，印度在美国外交日程中的重要性得以不断提升。一是借印增强"亚太再平衡"战略的实施效果。奥巴马政府上台以来，加强对印接触成为美国亚太战略的新重点，明确将印度纳入其亚太战略框架之下，强调印度对于美国实现"亚太再平衡"不可或缺，鼓励其积极参与亚太事务。美国务院高官明确表示，"印度在印度洋和太平洋的强大存在，对美国来说是好事，也使得印度有能力成为这片海域的净安全提供者。在探索未来海上安全合作的过程中，美国有兴趣与印度合作"。① 其中，政治理念相似以及中国加速崛起成为美印走近的两大关键因素。在政治理念上，美国总统奥巴马、副总统拜登等人都曾在公开场合盛赞印度的民主制度，强调美印共享民主价值观成为双边关系的重要纽带。在中国问题上，美国作为当今世界唯一超级大国，其"世界领袖"的心理可谓根深蒂固，不能容忍任何国家挑战其自由民主价值观及超强综合实力。美国负责南亚事务的助理国务卿妮莎·比斯瓦尔、助理防长帮办埃米·西赖特、麦凯恩等人都曾表示，中国在亚太的"傲慢行为"威胁地区安全。为此，美国支持印度增强实力，并推动印与日、澳、越、东盟深化合作，这符合其战略利益。与此同时，印度认为中国加速崛起在地缘政治上对其构成威胁。具体说来，中印关系具有典型的两面性，高层交往、经贸合作与人文交流水平不断提高，危机管控能力增强，双边关系日趋成熟与稳定，但受制于边界争端、流亡藏人、巴基斯坦因素、贸易失衡加剧等问题，双边仍存在一定的战略互信赤字，特别是印度对中国不断扩大在印度洋和南亚的显性存在心存担忧。在这种情势下，防止中国"主宰"亚洲自然成为美印战略走近的驱动力。美国视经济实力不断增强尤其是军事现代化步伐日益加快的印度为制衡中国的"天然盟友"，印度则将美国视为其平衡中国影响力的重要伙伴。

二是利用印度的巨大市场助推美国经济复苏。2010 年 11 月 6 日，奥巴马在《纽约时报》发表署名文章表示，振兴美国出口，尤其是增加对亚洲市场出口对于美国经济复苏意义重大，拥有 12 亿人口的印度庞大市场已经成为美国开拓亚洲市场的首选。与印度展开经贸合作无疑可以推动美国国内经济复苏，提供更多就业机会。同时，中美贸易摩擦不断增多，与印度展开经贸合作还可以在一定程度上减少美国对中国市场的依赖。此外，美国看重印度核能市场的巨大经济潜力，经济因素可谓美国推动两国核能合作的主要考量因素。奥巴马政府认为，美印核协议将给美国带来数百亿美元的商业合同，有望创造几十万个就业机会。事实上，美国把美印核合作与印度庞大的军事采购计划相挂钩，希望通

---

① William J. Bruns, "U. S. – India Partnership in an Asia – Pacific Century", December 16, 2011, http: //www. state. gov/s/d/2011/178934. htm. （上网时间：2014 年 9 月 2 日）

过在核问题上对印度"开绿灯"换取印度购买其战斗机等军事装备。

三　奥巴马调整南亚政策影响深远

奥巴马政府 2009 年上台以后大幅调整南亚政策，并对地区安全和地缘政治产生深远影响。

首先，美国加速从阿富汗抽身，或导致地区极端势力再度抬头。阿富汗安全形势存在短期内恶化的可能性。一是美国有限军事存在的影响不明确，阿富汗将呈现"亚战争"状态，恐怖袭击、武装冲突将成为常态。作为一个中等规模的内陆国家，阿富汗国土面积辽阔，地形复杂多山，反恐战争以来十余万美国及北约部队既难以覆盖阿境内所有战略要地，也无法应对阿富汗塔利班的武装反弹。今后，不足万人甚至区区千余兵力更难解决过去十余年未能解决的安全困境问题。此外，美军今年的反恐行动也不易收获实质成效。依美之安排，2014 年后继续留守在阿的美军将不从事具体安全保障行动，而是偏重进行定点反恐。鉴于美军高度依赖空中火力打击和夜间突袭阿富汗民居，未来美军仍有可能造成较大规模平民伤亡，进而引发当地民众反对外国军队的排外情绪，并被阿富汗塔利班利用收买人心。届时，驻阿美军将不是阿富汗的稳定力量，反而会成为一个破坏性因素。二是阿富汗塔利班仍有能力在阿全境活动。塔利班是阿富汗境内最主要、实力最强大的非政府武装力量，是阿安全局势动荡的主要制造者，以及阿反政府武装力量的领导者，同时还与"基地"组织、哈卡尼网络等极端—暴恐组织保持互动。2009 年，塔利班已将活动区域从东南部的普什图部落区向外延伸，扩展到阿富汗的中东部；到 2011 年，其活动区域覆盖首都喀布尔北部地区，包括卡皮萨省、帕尔万省、拉赫曼省。2014 年，特别是总统大选开始以来，阿富汗境内暴力恐怖事件层出不穷。3 月 25 日，总统候选人阿什拉夫·加尼的住所附近发生两次爆炸。6 月 6 日，武装分子针对候选人阿卜杜拉·阿卜杜拉连续发动两次自杀炸弹攻击。截至 9 月，塔利班已经在南部赫尔曼德省和坎大哈省控制很多区域，并在东部加兹尼省拓展影响力。三是阿安全部队不足以消灭塔利班。近年来，阿安全部队战斗力有所增强，如逐渐承担主要安全保卫责任、有能力独立采取军事行动等。然而，阿安全部队仍存在情报、后勤、空中火力支援能力不足等弱点，且不断爆出遭塔利班等反叛组织渗透的消息。就阿国内武装力量对比来看，阿富汗塔利班无力再度武装占领喀布尔等大型城市，阿安全部队也无法彻底消灭塔利班、无法阻止其在南部和东部地区控制相当数目的村镇。

巴基斯坦安全形势同样面临严峻挑战。2014年以来，谢里夫政府持续推动与"巴基斯坦塔利班"（简称"巴塔"）的和平谈判。双方同意暂时停火，并展开多轮接触。3月5日，双方谈判委员会在首都伊斯兰堡附近阿克拉哈塔克镇举行对话，谈判进入至关重要的第二阶段。然而，和谈此后很快陷入困境。巴塔提出释放被关押的"非战斗人员"、在南瓦济里斯坦地区划定"安全区"、在全国范围实行严格的伊斯兰教法等要求，这显然超出了政府的承受范围。6月8日，巴基斯坦卡拉奇的真纳国际机场遭受恐怖袭击，造成34人死亡。事后，巴塔宣布认领袭击。这标志着巴基斯坦政府试图进行和平谈判的努力以失败告终。最终，在卡拉奇国际机场遇袭之后，巴基斯坦军方于6月10日空袭了西北部与阿富汗接壤地带的提拉山谷，继而于15日宣布对位于北瓦济里斯坦部落区的武装分子展开代号"利剑行动"的军事清剿，9月"利剑行动"进入地面进攻阶段。整体看来，巴基斯坦境内极端势力猖獗源于历史和现实的多重因素，巴军难以在短期内彻底铲除恐怖势力。近年来，阿巴境内的极端武装组织在人员上互通有无，在战术上相互借鉴，在后勤方面互为"庇护所"以躲避本国安全部队的打击。例如，巴塔头目法兹鲁拉长期在阿东部的库纳尔和努里斯坦等省藏身。随着美军及国际安全援助部队逐步撤离，未来阿巴边境线两侧的安全形势不容乐观，不能排除交织共振、持续恶化的可能。此外，美国撤军将给以"基地"组织为首的国际和地区恐怖主义组织留下更大活动空间，他们有可能借机谋划"反扑"。以"乌兹别克斯坦伊斯兰运动"（简称"乌伊运"）为例，该组织的目的是在中亚武力建立"哈里发国家"，目前主要在阿巴部落区，特别是北瓦济里斯坦藏身。随着美军的不断撤出以及巴军加大军事打击力度，"乌伊运"很可能持续向阿富汗境内尤其是阿北部地区转移。鉴于阿富汗北部与中亚毗邻，不排除其借机重返中亚的可能。

其次，美国针对"伊斯兰国"的政策自相矛盾，给南亚安全带来负面影响。一方面，新老恐怖组织在北印度洋地区更趋活跃。"伊斯兰国"领袖巴格达迪宣布将在全球建立"逊尼至上"的哈里发国家。目前，不少伊斯兰暴恐组织、激进组织都宣誓效忠巴格达迪。网上甚至流传着一张地图，显示"伊斯兰国"计划五年内建立起一个西抵北非东到东南亚的庞大国家。9月初，不甘被巴格达迪抢夺风头的"基地"头目扎瓦赫里宣布成立涵盖印度、孟加拉国和缅甸的"印度次大陆基地组织"，该分支将效忠于阿富汗塔利班的领导人奥马尔。这无疑将强化阿富汗塔利班的实力。随着"基地"与"伊斯兰国"两大恐怖势力不断在北印度洋区域展开恐怖资源（尤其是年轻追随者）与恐怖地盘的竞夺，包括南亚在内的亚洲反恐形势日趋严峻。北印度洋一带的很多国家内部治理失调或正处政治多元化之乱（如缅、巴、阿、孟甚至包括印度），这种动荡与基层失治失序状态正为各类极端暴恐组织的滋长、坐大提供肥沃土壤。另一方面，美国"选择性"打击"伊斯兰国"或催生更大地区动荡。2014年9月10日，奥巴马政府宣布正式向"伊斯兰国"宣战，有人称之为美国的"第三场反恐战争"。然而，前两场反恐战争不但收效不彰反而遗患巨大。阿富汗战争远未解决地区安全问题。伊拉克战争不仅导致阿富汗"越反越恐"，连伊拉克本身也遭到"伊斯兰国"肢解。特别值得一提的是，在奥巴马政府宣布针对"伊斯兰国"的四点打击计划中，美国既准备通过空袭打击伊拉克和叙利亚境内的极端势力，同时又继续武装援助叙利亚境内的反对派。事实上，"伊斯兰国"本身就是叙利亚反对派中的强大一支。因此，奥巴马政府的反恐计划仍然是拆东墙补西墙，后患无穷，即"解决了一个旧问题，同时制造了不止一个新问题"。

再次，围绕阿富汗的地缘博弈更加激烈。阿富汗地理位置特殊，可谓沟通中亚、西亚和南亚的咽喉之地。随着美启动撤军进程，地区国家纷纷加大在阿战略博弈，或为未来赢得于己有利的地缘布局，或做足预防、减少阿问题恶化可能对己造成的负面冲击。例如，印度与阿富汗建立"战略伙伴关系"，强化对阿政府支持力度。一方面，印度增加对阿经济援助力度，对阿援助总额已达20亿美元；承诺帮助阿实现"亚欧陆桥"的潜力。另一方面，密切安全合作，双方承诺合作打击国际恐怖主义、有组织犯罪等，印度继续为包括特种部队在内的阿安全部队提供军事培训和一定规模的军事援助。此外，巴基斯坦、伊朗等地区国家均深度介入阿富汗事务。地区国家在阿博弈对阿重建产生双向影响。一方面，地区国家纷纷强化对阿投入，促进了阿在经济、社会、安全等领域的重建进程，如环阿公路及连接阿与周边国家公路网的日趋完善，普通民众享受医疗、教育等服务水平不断提高等。但另一方面，由于各自利益诉求分野明显甚至相互冲突，地区国家在阿博弈呈现出明显的对抗性，并成为阿实现长治久安的主要障碍之一。其中，印度与巴基斯坦、沙特与伊朗的对阿政策最具对抗性和排他性，并妨碍阿政治和解取得实质性进展；乌兹别克斯坦与俄罗斯也因历史恩怨及现实分歧而在阿问题上相互拆台，这在很大程度上阻碍了上合组织作为地区机制在阿问题上发挥应有作用；地区国家间的矛盾还妨碍以阿为中心的地区交通网络和经济一体化的实现速度，阿要想发挥沟通东、中、西、南亚的"十字路口"作用仍有待时日，这在很大程度上削弱了阿经济发展的潜力和后劲。此外，美伊关系僵局也减少了阿富汗问题的脱困选项。

与此同时，大国地缘政治博弈逐渐压过反恐合作。"9·11"恐怖袭击之后，美国小布什政府对外战略重心定位为打击恐怖势力、消除恐怖威胁。在此情势下，美国搁置地缘政治冲突，暂时放下"冷战思维"，与俄罗斯、中国等大国展开卓有成效的反恐合作。反恐一度成为大国合作的重要"压舱石"。但时过境迁，如今美国将反恐视为国家安全战略的一部分，而非全部，甚至明确指出反恐战略必须服务于维护美国的地缘政治利益。美国以从阿富汗撤军为契机推动国家安全战略的深入调整，其实质是甩掉沉重的"反恐包袱"，轻装上阵，进而开启美国全球战略的新局面，尤其是集中精力应对大国崛起所带来的战略挑战。在中亚、南亚地区，奥巴马政府力推"新丝绸之路"计划，试图主导地区经济合作和一体化进程，争取和维护美国在地区的政治、安全利益，其中不乏针对俄罗斯和中国的意味。在此情势下，视中亚为传统势力范围的俄罗斯同样动作频频。未来大国在阿富汗及中亚、南亚地区将展开或许不激烈，但必将是长期的地缘政治较量。

此外，乌克兰问题导致美俄地缘政治博弈激化。2014年年初，乌克兰爆发政治危机。随着乌克兰局势的演变，美欧和俄罗斯在该问题上的较量不断升级，美欧不断扩大对俄罗斯的制裁，俄罗斯也频频出招反制。目前，乌克兰问题的影响已经远远超过了乌克兰自身，对未来国际关系演变影响深远，甚至在一定程度上改变了冷战结束以来以合作为主流的美俄关系。可以预见，美俄在包括中亚、南亚地区的地缘政治博弈将明显强化。例如，美国总统奥巴马在"9·11"事件13周年之际发表讲话，营建共同打击"伊斯兰国"的"反恐联盟"。与"9·11"事件之后小布什建立全球范围反恐联盟不同，此次反恐联盟可谓"残缺不全"，仅仅邀请西方盟友和亲西方的阿拉伯国家参与，而将俄罗斯等反恐立场坚定的国家排除在外。

最后，中美印三边关系更趋复杂。一方面，印度拥有更为有利的外部战略环境。2014年8月13日，美国国务卿克里在夏威夷发表演讲，表示美国比任何时候都更重视亚太地区，今后两年半奥巴马政府将以"双倍的努力"推进"亚太再平衡"战略。在奥巴马政府加紧实施"亚太再平衡"战略以及印度自身地位不断提升的背景下，印度成为美国的重点拉拢对象。美国在印度核国家地位、安理会入常、武器和防务技术出口等方面对印度"大开绿灯"。此外，美国在亚太地区的盟友，如日本、澳大利亚等国亦加紧对印拉拢，这导致印度拥有更为有利的国际和地缘政治环境，在处理对华关系时拥有较多筹码，在边境争端等棘手问题上更倾向于采取较为强硬的态度。另一方面，美印"联合制华"局面不会出现。美国极力拉拢印度源于其根深蒂固的"离岸平衡手"角色地位，即防止任何国家主导任何地区，利用地区国家之间的博弈实现地区均势，通过借助印度平衡中国在亚太地区的影响力维护其主导地位。然而，美国不可能以牺牲中美关系为代价发展美印关系。在双边关系层面，中美关系的重要性高于美印关系。以双边贸易额为例，2013年，中美货物贸易额为5821.1亿美元，同比上升4.9%，占美货物贸易总额的14.9%，同比上升0.6个百分点。① 美印2013年货物贸易额

---

① 《2013年中美货物贸易额为同比上升4.9%》，中国贸易金融网，http://www.sinotf.com/GB/Tradedata/1141/2014-03-19/yOMDAwMDE3MTIyOQ.html。（上网时间：2014年9月2日）

则仅有 600 多亿美元，仅为中美贸易额的十分之一左右。① 从印度方面分析，印度莫迪新政府的首要执政目标是振兴经济、推动经济改革进程，为此莫迪政府必须营建一个和平、稳定和相对友好的周边环境。若与其最大邻国中国为敌，显然不利于莫迪实现振兴印度经济的雄心。同时，美国习惯于扮演"领导者"角色，要求其盟友和合作伙伴的服从与配合，但印度作为一个崛起中的地区大国，显然不会扮演美国的"小伙伴"角色。印度还是一个具有浓厚的不结盟外交传统的国家，主张通过与大国保持等距离关系以实现自身利益的最大化。印度国内舆论几乎均不赞成与任何大国结盟，加之国内存在左翼政党等诸多反美力量，不可能与美国结盟对付中国。近年来，中印两国领导人互动频繁，两国在涉及全球发展问题上，如世贸多哈谈判、气候谈判、人权、劳工标准、全球机制改革等开展广泛合作，并在金砖峰会、G20 等代表新兴力量的机制里相互配合。2014 年 8 月 29 日，莫迪访日期间在谈及中印关系时明确表示："中国作为印度的最大邻国，处于印度外交的高度优先方向。本届政府将采取各种措施充分发掘中印战略伙伴关系的潜力，推动各个领域的合作。"整体而言，莫迪高度重视中、美两国，但具体如何处理中美印三边关系仍未定型，存在相当的可塑性。鉴于民族主义情绪强烈及遭美拒发"签证"等因素，莫迪内心深处对美不满，但又采取实用主义态度，希望稳定对美关系、维护国家利益。莫迪在推动国内经济改革、大规模基础设施建设等方面均需借力中国，希望密切中印经济合作。同时，莫迪又要预留后手，防范中国可能对其构成的战略挤压。未来，莫迪将在中美印三边关系的演进中发挥重要作用，其具体政策又将随着美印关系、中印关系和中美关系的变化而不断调整。

---

① "U. S. – India Bilateral Trade and Investment"，参见"美国贸易代表办公室网站"，ht-tp：//www. ustr. gov/countries – regions/south – central – asia/india。（上网时间：2014 年 9 月 8 日）

奥巴马政府对拉美的政策

江时学[①]

冷战结束后，尤其是"9·11恐怖主义事件"爆发后，许多人批评小布什政府忽视拉美，从而为美洲地区以外的力量（如中国、俄罗斯和伊朗）进入拉美提供了机遇。事实上，美国在拉美拥有巨大的战略利益，因而不会忽视该地区。奥巴马在入主白宫之前就曾表示，他将调整美国的拉美政策，并实施了一系列政策措施。这些措施的成效是显而易见的。美国在拉美地区的战略利益并没有下降，它在该地区的势力范围也没有出现衰落的趋势。

一 布什政府对拉美的政策

冷战期间，拉美也是美国和苏联两个超级大国争夺世界霸权的主要场所之一。尤其在古巴导弹危机爆发后，美国更是明确地将抵御苏联的"共产主义影响"视为其西半球安全战略的当务之急。为了推翻拉美地区的左翼政权或反美政权，美国甚至不惜穷兵黩武，或通过中央情报局等机构唆使当地的反对派力量发动政变。如在1954年，美国唆使危地马拉的亲美军官推翻了具有反美情感的阿本斯民族主义政府；1964年，美国出兵镇压巴拿马人民要求收回巴拿马运河区主权的反美示威游行；

---

① 江时学，中国社会科学院研究员，中国拉丁美洲学会副会长。

1965 年，美国派兵入侵多米尼加；1973 年，在美国中央情报局的帮助下，智利总统阿连德政府被皮诺切特将军推翻；美国对古巴的经济封锁一直延续至今，已有半个多世纪。

为了打击拉美的左翼力量，美国还大力培植亲美的右翼独裁政权。至 1954 年，拉美地区共有 17 个国家处在独裁政权统治之下，其中 16 个国家宣布共产党非法。

美国的"大棒"政策激起了拉美的不满。为改善在拉美的形象，美国也向拉美提供经济援助，其中尤为突出的就是肯尼迪政府在 1961 年实施的"争取进步联盟"。据估计，该计划向拉美国家提供了约 200 亿美元的援助，平均每个拉美人得到了约 10 美元。此外，美国还向拉美的多个亲美政权提供了大量军事援助。

冷战结束后，世界格局开始发生重大变化，美国与拉美的关系也出现了前所未有的好转。1990 年 6 月 27 日，美国总统布什宣布了"美洲事业倡议"（Enterprise for the Americas Initiative）。[①]该倡议实际上是美国为推动其与拉美国家的经济关系而设计的一个战略计划。它由三部分组成：为扩大美拉双边贸易而探求构建自由贸易区的可能性；增加美国在拉美的投资；为帮助拉美国家克服债务危机而削减债务。

"美洲事业倡议"颇受拉美国家的欢迎和好评。当时的乌拉圭总统拉卡列对它的评价在一定程度上反映了大多数拉美国家领导人的心态："过去我们经常抱怨受人冷落。现在，世界上最重要的人（指布什总统）终于向我们伸出了手……因此我们应当抓住它。"

早在竞选美国总统时，克林顿就多次表示，美国应该力求同所有拉美国家达成自由贸易协定。当选美国总统后，克林顿在多个场合进一步表达了在整个西半球范围内开展自由贸易的想法。如在 1993 年 6 月阿根廷总统梅内姆访问华盛顿期间，克林顿说："我愿意立即与阿根廷、智利和其他一些合适的国家进行讨论，探讨按照北美自由贸易协定的模式，扩大贸易关系的可能性。我一直认为，北美自由贸易协定应该是囊括所有拉美民主国家和市场经济国家的模式。"同年 12 月，美国副总

---

① George Bush, "Remarks Announcing the Enterprise for the Americas Initiative", June 27, 1990, http: //www. presidency. ucsb. edu/ws/index. php? pid = 18644.

统戈尔在访问墨西哥期间说："环绕北美自由贸易协定展开的辩论表明，消除与拉美有关的神话和偏见是重要的。我们也清楚地看到，我们必须重新审视我们与新出现的拉美打交道的方式。在我们走向 21 世纪的时候，克林顿政府已全面地评估了美国对拉美的政策……今天，我代表（克林顿）总统在此宣布：明年，美国将邀请北美洲、中美洲、南美洲和加勒比的通过民主选举出来的国家元首参加西半球首脑会议。"1994 年 12 月，美洲国家首脑会议在美国佛罗里达州的迈阿密市举行。在这一会议上，克林顿正式提出了在 2005 年建立美洲自由贸易区的设想。①

2001 年 1 月小布什总统入主白宫后不久，就对墨西哥进行了 8 小时的访问。②在访问墨西哥期间，小布什提出要与墨西哥建立"特殊的友好关系"。2001 年 4 月 22 日，在魁北克召开的美洲国家首脑会议上，小布什总统再次表达了美国对美洲自由贸易区的兴趣，并声称要使 21 世纪成为"美洲世纪"。③

"9·11"之后，小布什政府将"反恐"作为美国外交政策的重中之重。美国将其在阿富汗抓获的"基地"组织成员关押在古巴关塔那摩美军基地，并要求一些拉美国家调查与本·拉登有关的各种跨国公司和银行是否为恐怖主义活动提供资金。

此外，美国还以反恐为由调整了在拉美移民问题上的立场。例如，"9·11"之前，墨西哥总统福克斯曾希望通过他与布什总统之间的私人关系，说服美国移民当局放宽对墨西哥移民的限制，甚至还要求美国

---

① 由于巴西、阿根廷和委内瑞拉等拉美国家持反对立场，美洲自由贸易区最终未能建成。2005 年 11 月，第四届美洲国家首脑会议在阿根廷海滨度假胜地马德普拉塔召开。在这一次首脑会议上，反对建立美洲自由贸易区的呼声达到了高潮。美国提出的建立美洲自由贸易区的设想终于在查韦斯总统和阿根廷球星马拉多纳等人发出的"埋葬美洲自由贸易区"的呼声中烟消云散。就在这一次首脑会议后，美国改变了贸易谈判战略，与一些拉美国家签署了双边自由贸易协定。

② 这是小布什上台后进行的第一次出访。而过去美国新总统首次出访的国家常常是加拿大。

③ 这一首脑会议确定了 2005 年 1 月 1 日正式启动美洲自由贸易区的时间表。这一时间表的通过被认为是小布什总统的胜利。2002 年 8 月 1 日，小布什总统获得了有利于自由贸易谈判的"快速处理权"。2003 年 11 月 20 日，在迈阿密举行的美洲自由贸易区部长级会议通过了美洲自由贸易区框架协议的草案。该草案允许各国根据自己的意愿，退出协议的部分条款。

给予已在美国工作的墨西哥非法移民以合法的工作权。但"9·11"之后，美国移民当局表示，将暂缓考虑是否放宽对墨西哥移民的限制。不仅如此，美国国会中的一些人甚至要求严格控制来自墨西哥的移民，以避免恐怖主义分子"钻空子"。

在 1991 年 1 月美国入侵伊拉克的海湾战争中，阿根廷曾派兵参战。但在 2003 年 3 月 20 日美国入侵伊拉克后，阿根廷政府明确表示，阿根廷不仅不会派兵参与战争，甚至反对通过武力手段来解决伊拉克问题。其他拉美国家也对美国的武力行径表示不满。此外，民众的反战情绪也十分高涨，不同规模的反战游行在拉美此起彼伏。

2007 年 3 月 8 日至 14 日，美国总统布什访问了巴西、乌拉圭、哥伦比亚、危地马拉和墨西哥 5 国。这是布什上任以来对拉美国家时间最长的一次访问。拉美国家和美国的不少媒体认为，布什的拉美之行是为了缓和拉美的反美情绪，大有"亡羊补牢"之虞。

二　奥巴马政府的拉美政策

在 2008 年总统选举的竞选期间，奥巴马与其对手麦凯恩在辩论美国外交政策时较多地关注伊拉克战争和国际金融危机，很少提及拉美。但是，早在当年 5 月 23 日，在古巴裔美国人全国基金会（Cuban – American National Foundation）主办的一次演讲中，奥巴马就曾表示，如果他能当选总统，他将调整美国对拉美的政策。他说："现在是构建新的美洲联盟的时候了。过去八年的政策是失败的，我们需要为未来寻求新的领导。过去几十年的改革是顶层设计，现在我们需要的是一种能够推动民主和安全、能够抓住机遇的自下而上的议程。因此，我对拉美的政策将由这样一种原则指导：对美洲各国人民有利的，也会对美国有利。这意味着，衡量成功的标准不仅仅是政府间的协议，而是里约贫民窟中儿童的希望，是墨西哥城警察的安全以及哈瓦那监狱里政治犯人的呼吁得到的回应。"①

在这一演讲中，奥巴马较为全面地阐述了他在入主白宫后将对拉美

---

① 古巴裔美国人全国基金会是一个敌视古巴政府的政治组织。因此，奥巴马在这一场合发表一些攻击古巴政府的言论是不足为怪的。

实施的政策：

（一）重构美国与拉美的关系。奥巴马说，美国必须调整其拉美政策的方向，使双边关系更多地关注如何增加双方的相互理解和如何尊重国家主权等问题。美拉关系的这一重构将使美国实现以下目标：进一步强化西半球的民主和法治，更加有力地打击毒品走私、跨国犯罪和恐怖主义，更为有效地应对贫困、饥饿、疾病和气候变化等问题。

（二）继续推动拉美的民主化。奥巴马认为，美国得益于拉美的民主化，因为民主国家是更好的贸易伙伴和更有价值的盟国。美国将确保民主不再局限于选举，并将与拉美国家一道，巩固民主价值，使民主免受独裁、政变和违反人权等行为的侵蚀。

（三）调整对古巴的政策。奥巴马表示，过去 50 年美国对古巴的政策是一种失败，现在应该谱写两国关系的"新篇章"，以推动古巴的自由和民主。为实现这一目标，美国必须摒弃党派利益，优先考虑美国国家利益。美国应该帮助古巴实现稳定的、民主的过渡，因为动荡会导致大量古巴人向外移民，并可能使古巴的"独裁"得以"苟延残喘"。

奥巴马还说，他在入主白宫后，将采取以下措施：使古巴人民获得权力，允许美籍古巴人不受限制地到古巴探亲和汇寄美元。他还表示，如果"后卡斯特罗政府"开始实施民主改革，释放"政治犯"和举行选举，美国就会为实现两国关系正常化采取措施，放松对古巴的禁运。

（四）关注拉美国家面临的暴力、毒品走私和有组织犯罪等危害公民安全的问题。奥巴马说，拉美地区约有 7 万个有组织的犯罪集团，使公民的安全面临着极大的挑战。此外，拉美地区的凶杀案犯罪率在世界上名列首位，高出世界的两倍。美国应该为拉美国家确保公民的安全作出贡献，尤其要帮助墨西哥和哥伦比亚等国打击与毒品生产和毒品走私有关的一切犯罪活动。

（五）加大对拉美的经济援助。奥巴马表示，他在当选总统后，将使美国援助拉美的资金在 2012 年达到 500 亿美元，并确保这一资金能惠及拉美社会底层的每一个成员。美国将为西半球最贫困的国家海地提供更多的资金、食品和技术援助，并帮助海地政府提升治理国家的能力。

（六）推动自由贸易。奥巴马认为，美国的贸易逆差相当于国内生产总值的比重已高达史无前例的7%。因此，美国必须有力地推动自由贸易，向包括拉美国家在内的世界所有国家扩大出口。他还表示，他入主白宫后，将修改北美自由贸易协定，使其为美国工人创造更多的就业机会。

（七）帮助拉美国家尽早实现联合国确定的"千年目标"。奥巴马说，教育和卫生是拉美社会和经济发展的重要组成部分。美国应该鼓励拉美国家大力发展教育和卫生事业，为其提供必要的支持，兴建更多的学校，遏制各种传染病（尤其是艾滋病、结核病和疟疾）的传播。

（八）在应对气候变化时与拉美国家加强合作。奥巴马认为，世界上最不发达的国家深受气候变化导致的旱涝灾害和饥荒之害。美国应该与包括拉美国家在内的世界上的所有国家合作，最大限度地应对气候变化。除提供先进技术以外，美国还将与拉美国家在能源领域构建合作关系，在贸易领域提高环境保护标准，并帮助其植树造林，减少树木的砍伐。

奥巴马还在讲演中提到，如果他能当选美国总统，美国将帮助拉美国家发展中小企业、减轻债务负担和打击腐败活动。他甚至还表示要修改美国的移民政策，并为在美国谋生的拉美移民向国内亲属汇款提供更多的便利。

美国杜克大学的彼得·费佛和欧纳·波佩斯库在分析奥巴马总统的外交政策与小布什总统的外交政策的异同时指出："总统候选人在竞选时常说，如果他能当选，他将实施新的外交政策，因为即将卸任的总统所做的一切都是错误的。然而，新总统的外交政策在很大程度上与其前任无多大差别，延续性大于变化。"[1]确实，与小布什政府相比，奥巴马政府对拉美的政策的基调和大方向没有发生重大的变化。

奥巴马当政以来美国实施的拉美政策主要包括：

（一）高调宣布"平等伙伴关系"。美国总统的党派属性似乎对20世纪下半叶的美拉关系有着重要的影响。相比之下，民主党总统更容易

---

[1] Peter Feaver and Ionut Popescu, "Is Obama's Foreign Policy Different From George W. Bush's?" E - International Relations, August 3, 2012, http://www.e-ir.info/2012/08/03/is-obamas-foreign-policy-different-to-bushs/.

给拉美国家以实惠或更愿意改善美拉关系。例如，肯尼迪实施了"争取进步联盟"，卡特解决了巴拿马运河问题，克林顿在1994年提出了建立美洲自由贸易区的倡议。而共和党或忽视拉美，或不时在拉美使用武力。例如，里根和布什总统分别出兵格林纳达和巴拿马，里根总统还干预中美洲事务，支持南美洲的军政府等。

奥巴马上台后，立即高调表示要改变小布什政府对拉美的政策，进一步发展美拉关系。2009年4月17日，第五届美洲国家首脑会议在特立尼达和多巴哥首都西班牙港开幕。奥巴马将这一会议视为改善美拉关系的良机。他在发言中对与会的拉美国家领导人说，美国要与拉美国家建立"平等伙伴关系"。他承认美国在布什总统当政时犯了不重视拉美的"错误"。从奥巴马登上讲台到发言结束，会场上多次响起掌声。

也是在这一首脑会议上，美国总统奥巴马对拉美国家的领导人说："美国为促进西半球的和平和繁荣而做了许多事情，但我们有时也袖手旁观，有时还（对拉美）发号施令。现在我承诺，我们将力图（与拉美）建立一种平起平坐的伙伴关系。在我们的关系中，没有老大哥和小弟弟之分，只有以相互尊重、共同利益和同一种价值观为基础的接触。"①2010年6月8日，美国国务卿希拉里·克林顿在厄瓜多尔发表演讲时也表示："美国、奥巴马政府、奥巴马本人和我，都决心（在西半球）建立一个共同体。这一共同体将关注如何提高人民生活水平，如何承认和保护西半球的多样性，使其变成推动进步的力量，因为我们所处的西半球拥有巨大的潜力。"②

2013年11月18日，克里国务卿在美洲国家组织发表讲演。他说："今天，我们作出了不同的选择：门罗宣言一去不复返了（鼓掌）。……我们寻求的、并为之努力工作的新关系，不是一种美国声称要在何时以何种方式对其他美洲国家进行干预的关系，而是一种相互视对方为平等伙伴的关系，是一种在安全领域共同分担责任和进行合作的关系，是一种追求共同利益和共同价值观的关系。"他还用西班牙语说："团结就

---

① 转引自 http：//www. foxnews. com/politics/2009/04/17/obamas－opening－remarks－summit－americas/。

② 这一演讲被一些国际媒体视为奥巴马政府对拉美政策的"宣言"，http：//www. americasquarterly. org/hillary－clinton－quito－speech。

是力量。"（La union hace la fuerza）①克里所说的"门罗宣言一去不复返"，在拉美和国际上引起了巨大的反响。

（二）加强经济合作。小布什总统当政时，美国曾联手加拿大，与10个拉美国家（智利、哥伦比亚、哥斯达黎加、多米尼加、萨尔瓦多、危地马拉、洪都拉斯、墨西哥、巴拿马和秘鲁）在2008年9月24日构建了一个名为"美洲繁荣之路"的政策对话机制。②其宗旨是加强上述国家的经贸合作，推动社会发展，强化法制和巩固民主。

奥巴马上台后，伯利兹和乌拉圭加入了这一机制，巴西、特立尼达和多巴哥成为其观察员国。在美国的努力下，"美洲繁荣之路"的功能已远远超出"对话"，并在以下四个"支柱"的基础上展开了实实在在的合作：（1）在市场开发、技术创新和融资等领域扶持拉美国家中小企业的发展；（2）为推动贸易而完善基础设施、协调各国贸易机构的政策和提高其政策透明度；（3）完善劳动力市场，改善妇女、青年和弱势群体的工作条件，为避免劳动纠纷而促进政府部门、工人和业主三方之间的对话；（4）为推动可持续发展而鼓励中小企业和农民采用清洁的生产技术。

冷战期间，美国向除古巴以外的几乎所有拉美国家提供了大量经济援助。那些与美国保持密切关系的国家，获得的各种援助更多。冷战结束后，美国认为有必要以推动美国与拉美国家之间的双边贸易这一方式来减少援助。美国国际开发署副署长卡洛斯·兰卡斯特曾说过："把美国的对外援助作为影响拉美发展的主要因素的时代正在消失。"③

应该指出的是，虽然冷战后美国对拉美的援助显著减少，但并未彻底停止。如在2013年11月，美国国务院和国际开发署共同宣布，美国将向墨西哥、萨尔瓦多和尼加拉瓜的有关金融机构提供9850万美元的信贷，以满足三国中小企业的资金需求。美国国际开发署的新闻稿指

---

① John Kerry, "Remarks on U. S. Policy in the Western Hemisphere", Organization of American States, Washington, DC, November 18, 2013, http：//www. state. gov/secretary/remarks/2013/11/217680. htm.

② http：//panama. usembassy. gov/pr092308. html.

③ 转引自 David Clark Scott, "US to Cut Foreign Aid to Latin America", *The Christian Science Monitor*, January 26, 1994.（http：//www. csmonitor. com/1994/0126/26041. html）

出，拉美地区大量中小企业因无法融资而得不到发展，这一笔信贷有望使三国的约 4000 家中小企业受益。[①]

由于多边自由贸易体系面临巨大的障碍，美国越来越重视双边自由贸易协定。迄今为止，美国与 20 个国家签署了 14 个双边自由贸易协定，其中 11 个为拉美国家（见下表）。[②]

美国与拉美国家的自由贸易协定

	签署日期	生效日期
巴拿马	2007 年 6 月 28 日	2012 年 10 月 31 日
哥伦比亚	2006 年 11 月 22 日	2012 年 5 月 15 日
秘鲁	2006 年 4 月 12 日	2009 年 2 月 1 日
哥斯达黎加	2004 年 5 月 28 日	2009 年 1 月 1 日
多米尼加	2004 年 8 月 1 日	2007 年 3 月 1 日
危地马拉	2004 年 5 月 28 日	2006 年 7 月 1 日
尼加拉瓜	2004 年 5 月 28 日	2006 年 4 月 1 日
洪都拉斯	2004 年 5 月 28 日	2006 年 4 月 1 日
萨尔瓦多	2004 年 5 月 28 日	2006 年 3 月 1 日
智利	2003 年 6 月 6 日	2004 年 1 月 1 日
墨西哥	1992 年 12 月 1 日	1994 年 1 月 1 日

资料来源：美国国务院（http：//www. state. gov/e/eb/tpp/bta/fta/fta/index. htm）。

在竞选期间，奥巴马曾表示，他在当选美国总统后将与加拿大和墨西哥"重新谈判"北美自由贸易协定，以捍卫美国工人的就业机会。他还批评美国与哥伦比亚达成的自由贸易协定损害了美国工人和哥伦比亚工人的利益。因此，当时的一些媒体认为，奥巴马是一个"贸易保护主义者"。但在入主白宫后，他并没有在美拉双边自由贸易这个问题

---

① 墨西哥、萨尔瓦多和尼加拉瓜分别获得 5000 万美元、2500 万美元和 1350 万美元。USAID, November 13, 2013, http：//www. usaid. gov/news – information/press – releases/nov – 13 – 2013 – united – states – 98 – million – private – financing – 4000 – smes – latin – america.

② http：//www. state. gov/e/eb/tpp/bta/fta/c26474. htm；http：//www. ustr. gov/trade – agreements/free – trade – agreements.

上倒退。虽然奥巴马当政后美国未与拉美国家签署自由贸易协定，但美国与巴拿马和哥伦比亚的自由贸易协定是在 2012 年生效的。在提请美国国会批准的过程中，奥巴马政府发挥了积极作用。①

（三）放松对古巴的制裁。美国对古巴实施的全方位的经济封锁，是人类历史上持续时间最长的经济制裁。这一制裁在美国被叫作"禁运"（embargo），在古巴则被视为"封锁"（blockade）。②

1960 年 5 月，美国停止对古巴的一切经济援助。10 月，美国开始对古巴进行贸易禁运。美国的行为无疑遭到了古巴的反对和抗议。1961 年 1 月 3 日，美国与古巴断交。美国甚至还在 1961 年 4 月 15 日凌晨对古巴多个机场进行轰炸。翌日，在抗议美帝国主义的群众集会上，卡斯特罗宣布古巴革命是社会主义革命。17 日凌晨，由美国训练的 1500 名雇佣军在吉隆滩登陆，企图用武力推翻古巴政府。经过 3 天的战斗，古巴击败了入侵者。

2006 年 7 月 31 日卡斯特罗因病住院后，美国加紧实施颠覆古巴的计划。美国认为，在所谓"后卡斯特罗时代"，古巴不能出现权力的"继承"（succession），而是要"转轨"（transition），向民主"过渡"。换言之，美国不愿意看到劳尔·卡斯特罗成为新的古巴领导人后继续带领古巴人民走社会主义道路。

2009 年 4 月 13 日，奥巴马政府宣布解除对（古巴裔）美国公民前往古巴探亲及向古巴亲属汇款的限制，并允许美国电信企业进入古巴电信网络建设和卫星广电服务市场，授权美国电信网络供应商与古巴方面合作，构建连接美古两国的光纤及卫星通信设施，允许美国电信服务供应商与古巴方面签订漫游服务协定，允许美国卫星广播电视服务供应商

① 2011 年 10 月，奥巴马向国会提交了提请批准的三个自由贸易协定（美国—巴拿马自由贸易协定、美国—哥伦比亚自由贸易协定和美国—韩国自由贸易协定）。国会很快就批准了这三个协定。
② 关于美国与古巴的关系为什么会发展到如此恶劣的地步，国际上主要有以下两种说法：一是因为古巴走社会主义道路。在冷战期间，"抵御共产主义影响"是美国的战略目标之一，因此，与苏联争霸全球的美国当然不希望西半球出现一个社会主义国家。二是因为古巴政府实施的政策触动了美国资本的利益。1959 年 5 月，古巴开始实施土地改革。根据古巴政府的有关法令，美国资本在古巴拥有的大片土地应该被征收。美国不接受古巴提出的"赔偿"方式，古巴则拒不让步。

向古巴境内的客户提供服务，允许部分个人电信器材不经审查即可向古巴捐赠等。6月3日，第39届美洲国家组织大会废除了1962年通过的驱逐古巴的决议，为古巴回归该组织扫清道路。美国也一改初衷，对美洲国家组织的这一决议表示支持。①

但古巴政府在古共中央机关报《格拉玛报》发表的声明中说，古巴政府感谢"拉美各国政府本着团结、独立和公正的精神，捍卫了古巴重返美洲国家组织的权利"，但古巴不会重返美洲国家组织，因为"该组织一直在美国敌视古巴政策的实施过程中起着积极作用"。而且，对古巴来说，重返美洲国家组织就意味着抹杀了美国的一段犯罪史。②

2013年12月10日，奥巴马总统与古巴国务委员会主席劳尔·卡斯特罗在南非约翰内斯堡参加南非前总统曼德拉的追悼大会时握手。这是两国陷入敌对关系半个多世纪来领导人之间的第二次握手。③美国政府官员表示，这一握手是"非计划"的，并不意味着美国会改变对古巴的政策。

但在2014年12月17日，美国总统奥巴马与古巴国务委员会主席兼部长会议主席劳尔·卡斯特罗分别发表讲话，宣布将就恢复两国外交关系进行磋商。这标志着美古关系正常化进程正式开启。

（四）继续支持委内瑞拉政府的反对派。在查韦斯当政以前，委内瑞拉与美国的关系是较为密切的。查韦斯上台后，采取了一系列强有力的反美政策，使美国将他视为"卡斯特罗第二"。

2002年4月，查韦斯的反对派发动了一次未遂政变，查韦斯被赶出总统府48小时。有证据表明，美国中央情报局在这一政变中为反对派出谋划策。这无疑增添了查韦斯对美国的仇恨。

在第五届美洲国家首脑会议的开幕式之前，奥巴马总统主动与委内瑞拉查韦斯总统打招呼并握手。奥巴马还用西班牙语对查韦斯说："你

---

① OAS plenary votes to end Cuba′s exclusion, June 4, 2009, http：//news. xinhuanet. com/english/2009 – 06/04/content_ 11483233. htm.

② Cuba reiterates refusal to seek return to OAS, June 8, 2009, http：//en. ria. ru/world/20090608/155198144. html.

③ 2000年9月，美国总统克林顿曾与古巴国务委员会主席菲德尔·卡斯特罗在纽约联合国总部参加千年首脑会议时握手并寒暄。但当时记者未能拍摄这一时刻，因此国际媒体的反应微乎其微。

好吗?"在会场上,奥巴马接受了查韦斯赠送的乌拉圭人爱德华多·加莱亚诺所著的《拉丁美洲:被切开的血管》一书。2009年6月25日,美国和委内瑞拉宣布,两国政府已决定从即日起互派大使,全面恢复外交关系。①

但是,由于奥巴马政府继续干涉委内瑞拉内政和支持查韦斯总统的政治对手,两国关系实际上并未出现改善。例如,在2010年6月奥巴马总统任命拉里·帕尔默为新任驻委内瑞拉大使后,委内瑞拉拒绝接受,因为这位美国大使曾批评委内瑞拉支持哥伦比亚反政府武装力量。在一次电视讲话中,查韦斯总统说:"如果帕尔默先生抵达迈克蒂亚,……替我给他一杯咖啡,然后跟他说'再见'。他不能进入我国。"②其结果是,自2010年7月以来,两国一直未能互派大使。

2013年3月5日查韦斯去世后,委内瑞拉国家选举委员会宣布于4月14日重新举行总统选举。在竞选时,美国始终在暗中支持反对派候选人恩里克·卡普里莱斯。在查韦斯生前指定的接班人、执政的统一社会主义党总统候选人马杜罗赢得选举后,美国国务卿克里表示,美国不承认马杜罗的胜利。③

虽然美国对委内瑞拉的查韦斯政府心怀敌意,并大力支持反对派的颠覆活动,委内瑞拉也不甘示弱,在许多场合敢于同美国"唇枪舌剑",但在经济上,两国却依然保持着良好的关系。④一方面,美国离不开委内瑞拉的石油。美国油轮仅需一周时间就可把委内瑞拉马拉开波湖的石油运到美国本土,而从中东海湾地区运输石油,则需要一个多月。另一方面,对委内瑞拉出产的重油而言,美国的冶炼设备是必不可

---

①　2008年,玻利维亚总统莫拉莱斯以美国驻玻大使支持反对派为由下令将其驱逐,委内瑞拉总统查韦斯也驱逐美国驻委大使,以表示委内瑞拉支持玻利维亚的行为。作为报复,美国也驱逐了玻利维亚和委内瑞拉驻美大使。

②　迈克蒂亚是委内瑞拉国际机场所在地,http://news.xinhuanet.com/world/2010 - 12/20/c_ 12896398. htm。

③　《美国拒绝承认马杜罗胜选》,新华网,2013年4月18日,http://news.xinhuanet.com/world/2013 -04/18/c_ 124595168. htm。

④　2014年,美国国会的一些议员要求奥巴马政府对委内瑞拉实施经济制裁。为此,众议院外交委员会在5月28日通过了要求奥巴马政府制裁委内瑞拉的决议,但美国国务院认为制裁不利于美委两国政府的对话。

少的。

（五）关注中美洲国家和加勒比国家的非传统安全。在冷战期间，美国极为担忧苏联的"共产主义影响"渗入西半球。尤其在古巴导弹危机爆发后，美国非常关心西半球的安全问题。冷战结束后，美国的担忧和关心发生了根本性的变化。美国国务院认为："冷战的危险性已被新的，更为复杂的挑战取而代之。毒品走私、人口走私、武器走私、有组织犯罪活动以及网络安全等对加勒比地区的非传统安全构成了巨大的威胁。美国有决心与西半球国家合作，在维护该地区的非传统安全的过程中发挥领导作用。"①

如果说拉美是美国的"后院"，那么中美洲地区和加勒比地区则是这一"后院"中最重要的地带。②此外，这两个地区还因以下两个因素而在美国的周边安全战略中占有重要的地位：第一，美国的全球贸易对巴拿马运河的依赖程度较高。第二，大量毒品和非法移民是通过这两个地区的"通道"进入美国的。

为强化中美洲国家和加勒比国家在美国非传统安全领域的作用，奥巴马政府在 2009 年和 2010 年先后出台了"加勒比地区安全倡议"（The Caribbean Basin Security Initiative）和"中美洲地区安全倡议"（The Central America Regional Security Initiative）。这两个倡议的宗旨都是改善加勒比国家和中美洲国家的社会治安、打击跨国犯罪活动、增加公民的安全度、提升政府的社会治理能力以及推动国际合作。③美国为这两个倡议的实施投入了大量人力和财力。

此外，奥巴马政府还在 2010 年 5 月 27 日启动了美国与加勒比国家安全合作对话机制。美国国务院主管西半球事务的助理国务卿阿图罗·瓦伦朱拉在首届对话会上说，美国愿意加强与加勒比国家合作，共同应对该地区的非传统安全面临的巨大挑战。④

---

① http：//www. state. gov/p/wha/hs/index. htm.

② 加勒比海有时甚至还被视为美国的"后海"。

③ http：//www. state. gov/p/wha/rls/fs/2014/223804. htm.

④ Arturo Valenzuela, "Remarks at the Inaugural Caribbean - U. S. Security Cooperation Dialogue", Washington, DC, May 27, 2010, http：//www. state. gov/p/wha/rls/rm/2010/142299. htm.

　　（六）为应对气候变化而加强与拉美国家的合作。与小布什政府相比，奥巴马政府在应对气候变化时更重视拉美国家的作用。奥巴马政府认为，气候变化已成为全球治理中的重大问题之一，拉美在应对气候变化的过程中应该发挥更为重要的作用。在 2009 年 4 月的美洲国家首脑会议上，奥巴马总统提出了美国与拉美国家共同构建"能源与气候伙伴关系"的建议。根据这一伙伴关系，美国将与拉美国家在强化西半球国家的能源安全、利用可再生能源、提高能源利用效率、完善能源基础设施、植树造林、减少碳排放和应对气候变化等方面加强合作。①美国国务院、能源部等相关政府部门参与了该计划的实施。美国还为其提供了 1.5 亿美元的经费。②克里国务卿曾说过："应对气候变化是奥巴马政府关心的重要问题之一。……如果我们能利用墨西哥的风能、巴西的生物燃料、智利和秘鲁的太阳能和美国的天然气，西半球各国的经济、公共卫生和气候变化的应对就能受益无穷。"③

　　（七）加强与拉美国家的人文交流。巩固美国在拉美地区的软实力地位是历届美国政府追求的目标。美国国务院认为："学生是未来的领袖和创新者，因此，为其提供国外留学的机会不仅有利于强化美国与拉美的关系，而且还能为其在 21 世纪成为全球性的就业者创造条件。……我们需要的一代人应该成为跨越国界的领导者。为了实现这一目标，学生必须拥有更多的技术和经历，包括接触其他国家和其他文化的机会。"近几年，每年约有 4 万名美国学生赴拉美留学，约 6.4 万名拉美学生赴美国留学。

　　2011 年 3 月 21 日，奥巴马总统在访问智利期间提出了"十万人留学美洲计划"（100，000 Strong in the Americas）。他说："美国将与拉美地区的伙伴（包括私人部门）合作，使美国学生赴拉美留学的人数在 2020 年达到 10 万，也要使拉美学生赴美国留学的人数在这一年达到

---

① http：//www. energy. gov/ia/initiatives/energy – and – climate – partnership – americas.

② US Department of State，"Fact Sheet：Energy and Climate Partnership of the Americas"，May 31，2012，http：//www. state. gov/p/wha/rls/fs/2012/191563. htm.

③ John Kerry，"Remarks on U. S. Policy in the Western Hemisphere"，Organization of American States，Washington，DC，November 18，2013，http：//www. state. gov/secretary/remarks/2013/11/217680. htm.

10万。"① 2013年奥巴马访问墨西哥时再次强调了交换留学生的重要性。他说："我们在一起念书时，我们在相互学习；我们在一起工作时，我们就能共同富裕。"②

2014年1月17日，国务卿克里在华盛顿正式宣布启动该计划。他在仪式上说："教育是21世纪了不起的均衡器。……我在世界各地遇到过许多外国的环境部长、财政部长、总理或总统。他们都自豪地谈到他们在美国大学求学的经历，也谈到这一经历是如何影响其价值观的。"为实施该计划，美国政府已筹款365万美元。③

上述措施的成效是显而易见的。至少美国在拉美地区的战略利益并没有下降，它在该地区的势力范围也没有出现衰落的趋势。

当然，奥巴马当政以来，美拉关系并非一帆风顺。如在2013年9月17日，巴西总统府宣布，由于奥巴马政府未能对其国家安全局监视巴西一事进行及时的调查，也未作出相应的合理解释，罗塞夫总统决定推迟原定于10月23日启程的美国之行。④又如，许多拉美国家反对美国与哥伦比亚在2009年10月达成的军事合作协议，认为美国在哥伦比亚的军事存在不利于维护拉美地区的稳定。此前，厄瓜多尔已明确表示，美国租用厄瓜多尔曼塔空军基地的协议在2009年12月到期后将不再延期。再如，在美国的有关法院不顾阿根廷政府的反对，判决其必须偿还美国"秃鹫基金"投资者13亿美元的"债务"后，阿根廷政府表达了强烈的不满。阿根廷总统克里斯蒂娜·费尔南德斯说，来自美国的"不友善行为"是"一种非常严重的挑衅行为"。⑤

此外，虽然奥巴马政府表示愿意改善与古巴和委内瑞拉等国的关

---

① "100，000 Strong Educational Exchange Initiatives"，http：//www. state. gov/100k/.

② John Kerry，"Remarks at the Launch of the 100，000 Strong in the Americas Partnership"，Washington，DCJanuary 17，2014，http：//www. state. gov/secretary/remarks/2014/01/220027. htm.

③ http：//www. state. gov/secretary/remarks/2014/01/220027. htm.

④ 2013年，奥巴马总统邀请巴西总统罗塞夫对美国进行国事访问。此前，奥巴马仅仅邀请七位国家元首进行国事访问。这七个国家都是美国的"盟友"或在国际上处于举足轻重的地位。但在2013年9月1日，英国《卫报》记者格伦·格林沃尔德在接受巴西环球电视台专访时说，美国国家安全局监控罗塞夫的电子邮件和电话，并对巴西石油公司的网络进行监视。巴西政府向美国表达了强烈的不满，并要求美方解释这一行为的目的。

⑤ 《阿根廷总统怒斥美国"挑衅"》，新华网，2014年10月1日，http：//news. xinhuanet. com/world/2014 – 10/01/c_ 1112700731. htm。

系，但在实际行动中并未放弃不友好的政策。

三　美国不会忽视拉美

冷战结束后，尤其在"9·11"之后，许多人认为，美国对拉美的关注度大大下降或不再感兴趣。美国对拉美的"善意的忽视"不利于维护美国在该地区的战略利益，为中国、俄罗斯、伊朗和其他一些外部力量"进军"拉美创造了良机。美国的一些政治人物也攻击小布什总统的拉美政策。如在 2004 年 6 月 27 日，正在竞选总统的约翰·克里说："（小布什）总统没有把拉美视为美国的邻居，对该地区的各种问题（包括政治危机、金融危机、失业和毒品走私）视而不见。"①

一些美国学者也认为，冷战后拉美在美国全球战略版图中的地位下降了。例如，南加利福尼亚大学教授亚伯拉罕·洛文索尔在 2010 年 8 月出版的《外交事务》杂志中写道，奥巴马执政一年后，美国的学术界和智库以及拉美国家的领导人（包括左派领导人）都认为美国对拉美国家的政策并没有发生实质性的变化，改善与拉美国家的关系仅仅是一种华丽的辞藻而已。②美国外交政策委员会副主席伊安·勃曼认为："奥巴马当政以来一直在有条不紊地远离拉美，不仅减少对重要项目（如哥伦比亚计划）的援助，而且还放弃了一些重要的军事伙伴关系。在与动荡不安的拉美有关的一些政治问题上，美国的立场模棱两可。此外，预算的削减和财政紧缩削弱了美国在拉美地区的军事存在。"③

美国媒体同样认为美国在忽视拉美。例如，美国《迈阿密先驱报》（2004 年 11 月 18 日）发表的一篇题为《中国国家主席在南美洲比布什更加光彩》的文章说："中国国家主席胡锦涛和布什总统都去智利参加亚太经合组织领导人非正式会议，胡锦涛在拉美访问的时间长达 12 天，

---

① Lois Romano, "Kerry: Bush Has Neglected Latin America", *Washington Post*, June 27, 2004, http://www.washingtonpost.com/wp-dyn/articles/A8611-2004Jun26.html.

② Abraham F. Lowenthal, "Obama and the Americas: Promise, Disappointment, Opportunity", *Foreign Affairs*, August 2010.

③ Ilan Berman, "U.S. Disengagement from Latin America: Compromised Security and Economic Interests", Testimony before the House Foreign Relations Committee Subcommittee on the Western Hemisphere, March 25, 2014.

而布什总统在拉美的时间仅为 4 天。"①言下之意是，小布什对拉美的重视程度还不如中国对拉美的重视。

一些拉美人也认为美国在忽视拉美。《布宜诺斯艾利斯先驱报》（2014 年 6 月 10 日）发表的一篇文章认为，伊拉克战争和阿富汗战争结束后，美国开始关注中国和俄罗斯，依然不关注拉美。②

但也有人并不认为美国忽视拉美。例如，美国国务院主管拉美事务的副助理国务卿查尔斯·夏皮罗曾说过："在我 35 年外交生涯中，美国对拉美的政策经常受到各种各样的批评。当我们重视拉美时，有人会批评美国干预拉美事务，当我们把注意力移开拉美时，有人会批评美国忽视拉美。我真不知道如何是好。"③

夏皮罗的话固然是为美国政府对拉美的政策辩护的。然而，可以肯定的是，不论世界格局发生什么变化，美国是不会忽视拉美的。

第一，拉美地大物博。美国需要的大量资源都是从拉美进口的。此外，拉美是一个拥有 4 万多亿美元国内生产总值和 5 亿多人口的大市场。在美国获得的每 7 个美元的出口收入中，有 1 个美元是来自拉美的。④奥巴马总统曾说过："我们对拉美的出口是对中国出口的三倍，增长速度快于我们对世界上其他国家和地区的出口。我们对拉美的出口很快就能创造 200 万就业机会。换言之，如果拉美富裕了，美国就会更加富裕。"⑤

第二，美国的"反恐"斗争需要得到拉美的支持。虽然拉美不是美国反恐斗争的"前沿阵地"，但是，由于拉美在地理上临近美国，因此美国不会轻视这样一种可能性：世界上其他地区的恐怖主义组织可能会通过拉美向美国发动攻击。据报道，当年本·拉登的"基地"组织曾通过巴拿马等地的离岸金融中心转移资金。此外，在阿根廷、巴西和巴拉圭三国的"三角地带"，有一些被美国视为恐怖主义组织的力量在

① "Chinese president upstaging Bush in South America", *Miami Herald*, November 18, 2004.

② Patricio Navia, "Vanishing US influence in LatAm", Buenos Aires Herald, June 10, 2014, http：//www. buenosairesherald. com/article/161679/vanishing – us – influence – in – latam.

③ 2005 年 9 月 30 日夏皮罗在《迈阿密先驱报》主办的"美洲大会"午餐会上的讲演。

④ 2009 年，美国的出口贸易总额为 1. 57 万亿美元，http：//www. census. gov/foreign – trade/data/index. html。

⑤ http：//chile. usembassy. gov/2011press0321 – obama – speech. html.

活动。

第三，非法移民问题尚未得到解决。美国的非法移民在 1200 万人至 2000 万人之间，其中相当一部分来自拉美。[①]长期以来，来自拉美国家的非法移民一直是美拉关系中的一个棘手问题。毫无疑问，为了解决这个问题，美国必须要得到拉美国家的配合。

第四，美国的拉美裔（Hispanic）已成为影响美国政治的一支重要力量。2008 年，美国的拉美裔总人口已高达 4689 万，占美国总人口的15.4%。[②]在每一次总统选举和国会选举中，拉美裔都是候选人大力拉拢的对象。

第五，毒品问题仍然对美国社会构成威胁。在进入美国的可卡因毒品中，哥伦比亚、秘鲁和玻利维亚这几个安第斯国家生产的毒品占85%。为了打击毒品生产和走私，美国向一些拉美国家提供了大量经济援助和军事援助，其中最引人注目的就是"哥伦比亚计划"。

总之，虽然冷战结束后美国的全球战略发生了重大变化，美国对拉美的关注度有所下降，但它不会忽视拉美。

四　结束语

美国在拉美拥有不容低估的战略利益，因此奥巴马政府不会忽视该地区。概而言之，奥巴马政府的拉美政策具有较多的延续性，并为改变人们对小布什政府的拉美政策的看法而采取了许多措施，其中最重要的是：高调宣布"平等伙伴关系"，加强经济合作，放松对古巴的制裁，继续支持委内瑞拉政府的反对派，关注中美洲国家和加勒比国家的非传统安全，为应对气候变化而加强与拉美国家的合作，加强与拉美国家的人文交流。这些政策措施的实施已取得较为明显的成效。

---

① http：//www. usimmigrationsupport. org/illegal‑immigration. html.

② http：//en. wikipedia. org/wiki/Hispanic_ and_ Latino_ Americans.

奥巴马政府的非洲政策探析

金灿荣　　金君达[①]

当贝拉克·侯赛因·奥巴马于 2008 年 11 月当选美国第 44 任总统，他成为了美国历史上首位非洲裔总统。奥巴马本人确实有着非常强的非洲渊源，他的父亲是在美肯尼亚留学生，祖母仍然生活在肯尼亚。基于这种背景，外交学界自奥巴马就任以来就对其非洲政策抱有期待，认为这可能是其政府外交政策的一个亮点，也是美国在全球使用其"巧实力"的一个外交突破口。可是在过去 6 年的大部分时间里，非洲政策都不在奥巴马政府的主要议程里。直到 2014 年 8 月初，美非峰会在奥巴马力推下隆重举行，奥巴马在非洲取得的外交进展才进入主流观察者的视线。

美国在非洲取得的进展，可能对中国的海外利益造成深远影响。非洲近年来经济发展形势较为乐观，在世界政治经济格局中的重要性稳步上升。许多非洲国家既是中国传统上的第三世界政治伙伴，也是重要的官方、民间经济合作对象，对非援助投资始终是中国外交和经济活动的重要内容。美国是世界影响力首屈一指的大国，传统上特别擅长通过政治、经济杠杆和第三方外交来达到政治目的。其非洲政策，尤其是美非

① 金灿荣，中国人民大学国际关系学院副院长、教授、博导，中国人民大学美国研究中心副主任。兼任中国国际关系学会副会长、全国人大常委会研究室特约研究员、中国和平与发展中心特约研究员。金君达，美国波士顿大学政治学博士生。

峰会后突然提速的经济合作，很可能影响中国在非洲的战略布局，使该区域成为中国外交日后的潜在热点之一。本文就奥巴马政府非洲政策的现状、决策因素与可能的影响作一概述。

一　奥巴马政府非洲政策的现状

在美国的全球战略中，非洲由于发展程度和地缘政治等原因，往往处于次要地位。美国的非洲定位取决于其他大国的政策：冷战时它和苏联竞争在非洲的影响力，因而在非洲主要国家颇下功夫。冷战后的二十年里，美国对非洲不怎么关心，克林顿政府时期的一份国防部文件甚至认为非洲"没有可见的现实利益"。近来由于中国在非洲的活动日趋活跃，美国又开始关注非洲。由此而言，美国眼中的美非合作更多是出于与其他国家争夺国际影响力、"醉翁之意不在酒"的战略考量。

从经济发展、地缘政治和历史的角度容易看出，非洲并不是美国外交的主要目标。在经济方面，非洲国家传统上多为资源输出国，在世界经济体系中处于边缘化的不利地位；加之它们普遍基础设施匮乏，民生建设薄弱，不少国家国内政治稳定尚且难以保证，这使得非洲国家的适龄劳动力缺乏技术训练和工作纪律，难以真正参与日益全球化的经济生产活动。在地缘政治方面，非洲离美国距离较远，而离另一发达国家集团——欧洲的距离较近，明显更容易受后者影响。在历史上，几个世纪前的非洲也首先是欧洲列强的殖民地，传统上认为"拉美是美国的后院，而非洲是欧洲的后院"。因此，美国在非洲发挥影响力就不可避免地需要考虑欧洲方面的干预。相比拉美、亚太等地区，美国的非洲外交自由度相对较低。这些因素使得美国在传统上并不特别重视非洲。

身为首位非洲裔美国总统，又面对中国在非洲积极发展经济合作的局面，奥巴马有足够的理由提升非洲在美国外交中的地位。然而和他的前任小布什相比，奥巴马对非洲的关注甚至还不如小布什时期。小布什时期的美国政府执政伊始就遭遇"9·11"恐怖袭击，将全球反恐作为其外交的主要关注，并接连发动两场以反恐为名的战争，取得了一些对恐怖分子的战术胜利。在中东遭受打击后，恐怖主义、宗教极端势力转向非洲，与本地暴乱势力相互呼应。于是，非洲面临变成恐怖主义天堂的危险，也吸引了小布什政府的目光。另一方面，小布什时代的美国对非洲的战略资源，特别是石油非常看重，认为非洲将是保障美国能源安全的重要一环。在反恐、能源双重考虑下，小布什政府在非洲非常积极进取，其重要里程碑则是 2008 年 10 月正式运行的美国非洲司令部（USAFRICOM），该机构是美军九个联合作战司令部之一，统筹负责美军在除埃及外 53 个非洲国家的军事行动。同时，小布什政府还推动建设了包括总统防治艾滋病紧急救援计划（PEPFAR）在内的一些美国主导、非洲国家参与的全球公益性机制。相比之下，虽然拥有第二代非洲人血统，直到 2014 年美非峰会之前，"非洲之子"奥巴马可以拿出的非洲政绩非常有限。奥巴马在第一任期中只在非洲访问一天，2013 年的非洲行程中也没有选择父亲的祖国、祖母的现居住国肯尼亚，似乎并未能在执政中突出其非洲渊源。

总体而言，奥巴马政府将小布什的政治遗产 USAFRICOM 进一步落实，例如在 2011 年 3 月 19 日法国、英国和美国对利比亚进行的"奥德赛黎明"空袭行动中，非洲司令部统一协调指挥了联军旨在打击卡扎菲政权、援助反对派民兵的干涉行动。而该机构所代表的非洲政策原则可以概括为"军事先行，经济跟进"。就非洲司令部这一机构而言，它的身份首先是美军的地区性司令部，但同时承担"集中处理非洲事务"的功能，既担负反恐、能源安全两大任务，又要兼顾维和、人道主义救援、防止艾滋病扩散等多方面需求，正如小布什声称的："非洲司令部将给非洲人民带来和平与安全，加快当地的发展，普及健康教育，促进非洲的经济增长等目标的实现。"（孙寿江，2008）从实践上看，美国在非洲开展行动，不可避免地要涉及多方面的交涉，包括国际组织—美国单边行动的协调，美国与当事国的协调，军事—非军事目标的协调等，这些都经由 USAFRICOM 这一军事机构完成。所以当奥巴马延续小布什以安全为优先的思路，其非洲经济政策就不容易取得大进展。

然而奥巴马在第二任期里加强了与非洲国家的合作，例如 2013 年 6 月访问塞内加尔、南非、坦桑尼亚等非洲国家。通过对部分社会较稳定、经济形势较好国家的访问，美国重申了在非洲的兴趣。随着 2014 年 8 月首届美非峰会的召开，奥巴马表明他依然有意愿、有能力在非洲政策上取得突破。除了创立一种新型美非合作机制，美国还与非洲签订

了约 330 亿美元的经济合作大单，提高对非洲国家的出口信贷额度，进
而就美非间设立发展基金交换了初步意向。这些动作都提升了美非经济
合作在美国全球战略中的地位，一定程度上改变了传统上美非合作中
"安全挂帅"的思路。奥巴马政府选择在这个时机加强与非洲的合作关
系，主要有以下几方面的战略、战术考虑：

（1）非洲的经济发展形势总体向好，经济潜力巨大。非洲的人口
约有十亿，而且保持着快速上升的趋势；2014 年 8 月联合国儿童基金
会指出，2050 年非洲人口将占世界人口的四分之一，届时仅尼日利亚
一国的新生儿数量就将占全球新生儿的 10%（人民网，2014）。与之相
对的，是发达国家和工业化地区的人口萎缩现象，包括欧洲人口负增长
和东亚地区即将迎来的老龄化浪潮，这些趋势使得部分劳动力密集产业
需要在全球范围内战略转移，而非洲则成为这些产业的潜在落脚点。

（2）非洲与中国的合作吸引了美国注意力。正如上文所述，美国
的非洲政策容易受到其他大国政策的影响，平衡其他大国的影响力始终
是美国外交的目标。近年来中非贸易增长迅速，2013 年已达到创纪录
的 2102 亿美元，而且是在全球经济低迷的情况下持续走高，日益成为
中国对外经济合作的亮点。奥巴马政府以"亚太再平衡"为代表的战
略判断是集中精力制衡崛起的中国，而其"巧实力"原则则更多要求
美国利用非军事手段，如经济、价值观等施展外交影响力。因此，美国
必然会设法增加它对非洲的投入。

（3）在非洲打击恐怖主义是美国的持久需要。近年来恐怖主义势
力在非洲日渐做大，伊斯兰马格里布基地组织、索马里青年党、尼日利
亚"博科圣地"等极端组织此起彼伏。中国社会科学院的贺文萍指出，
恐怖主义在非洲呈现出两大趋势，即相互间合作、与"基地"组织合
作增加（《北方新报》，2013）。近年来非洲出现的一系列动乱，如索马
里、南苏丹、利比亚等都增加了武器扩散，与此同时，恐怖分子更在积
极获取先进武器，有可能对世界和平造成重大威胁。美国始终将打击恐
怖主义作为其国家安全的重要组成部分，因此它必须与恐怖分子所在国
积极合作、改善民生，以防止极端势力控制非洲。

（4）奥巴马个人希望在非洲方面做出一些政绩。奥巴马的总统生
涯在舆论厚望中开始，也曾经有过击毙拉登、推出新医保政策（Obam-

acare）等政绩，目前却面对诸多批评，在内政外交上遭遇瓶颈，均不能让人满意。在美国总统最关键的国内治理中，奥巴马屡屡遭遇共和党的阻挠，其增进社会福利的政策难以取得实质性成效；美国经济虽然平稳恢复，但能否在竞选关键时期达到选民预期、为民主党增加选票还未可知。在此情况下，奥巴马需要在余下任期的外交上寻求突破；而就先前的案例而言，奥巴马在叙利亚、乌克兰、朝核问题等热点上的表现并不令美国选民满意，相反还屡屡给人以软弱妥协者的印象，尤其受到国内保守势力的批评。通过美非峰会，奥巴马在美国对非政策上有望取得历史性成果，这有利于奥巴马回应国内关于其外交不作为的指责；在美非峰会上以主持身份主导美非合作、提出建议并取得实质进展，也有益于美国和奥巴马个人恢复国际威望。基于以上多点考虑，奥巴马借由美非峰会，将强化非洲合作提上了美国的议程。

二　影响奥巴马政府非洲政策的因素

作为唯一的超级大国，美国需要考虑的世界议题纷繁复杂。虽然外界认为奥巴马会因为个人渊源而重视非洲，但美国的内部国情和外部政治环境都决定了他不可能将非洲作为首要外交对象。总体而言，奥巴马的非洲政策受到四方面因素的限制，即内政拖累、缺乏利益关联、国际客观形势变化和国际战略不连贯。

（1）奥巴马在内政方面面临的困境阻碍了其政府在国际事务方面的发挥。美国的选举制度决定了政客必须通过在内政上有所建树来赢得支持。当奥巴马在高支持率和高期望中当选美国总统，他提出的口号是"我们可以改变，我们需要改变"，而"改变"的矛头则是指向小布什总统八年执政中凸显的一系列困境。小布什对外接连用兵、消耗美国国力，其新保守主义政策引起了一些批评；然而共和党政府遭受的更多批评来自于它在经济和内政上的不佳表现。奥巴马为兑现竞选承诺、继续争取选民支持，就必须在内政上有所作为，努力解决与共和党的党争。

奥巴马上台时，小布什的新自由主义经济政策正面临着美国社会的广泛责难。小布什不断扩大政府赤字，同时对美国金融市场泡沫、金融衍生品滥发的现象缺乏监管和警觉，放任贫富差距扩大、超前消费，导致次贷危机于 2007 年爆发并逐步扩大，最终在 2008 年演化成席卷全球的金融危机。奥巴马执政前期，美国的经济受金融危机拖累而持续疲软，2010 年贫困率甚至超过 15%，创造了 52 年以来的最高值；总体经济低迷和不断扩大的贫富差距，使得美国民众对新自由主义政策的不满与日俱增，2011 年甚至发生了"占领华尔街"的游行示威。民主党的政治倾向偏左，其支持者对奥巴马改善民生、提高福利有所期待，因而要求奥巴马在以华尔街为代表的大资本家和美国民众之间拿出切实可行的解决方案。因此，奥巴马将主要精力放在了加强金融监管、重振制造业、住房改革、医药改革等民生政策上。相比外交，这些政策对他的支持率影响更为显著，也理所当然成为其优先考虑。

就目前而言，奥巴马的国内施政遭遇到了既得利益者和反对党的强力阻挠，不仅进展缓慢，而且造成两党矛盾激化，占据了其执政团队的大部分注意力。在触及"效率与平等之争"的关键问题上，奥巴马的解决方案受到左右两翼的批评，而共和党则不放过任何阻止奥巴马取得政绩的机会。2013 年的政府关门危机折射出美国内政陷入的一个困境，即反对党能够通过在议会的优势形成否决权，阻碍总统按照其设想的步调进行改革。另一方面，奥巴马政府提出的福利方案需要美国经济的良好运行来避免出现赤字扩大，然而美国的制造业仍然没有复兴，世界经济则比美国更加低迷，这些也导致美国的财政难以为继，甚至出现政府关门的窘境。同时，与共和党的党争也可能直接影响奥巴马政府部分非洲政策的效果，共和党能够在艾滋病拨款、美国进出口银行放贷授权、《非洲增长与机遇法案》延期等问题上否决奥巴马提案。在解决内政问题之前，奥巴马难以集中精力开展外务活动。

（2）美国在非洲没有重要的利益牵涉。美国与中国的重要区别是，美国目前通过页岩气革命基本实现了能源自给，因而对非洲国家的安全战略需求少了能源方面的因素。小布什政府积极拓展非洲政策的重要原因是美国寻求多元化的油气资源。仅仅是 2000—2005 年，美国对非洲能源依赖从 14.5% 上升至 18.05%（曹升生，2010），这也分散了美国依赖中东石油带来的风险。在小布什执政初期，"非洲石油政策起草小组"就估计，西非的石油产地将在 2015 年为美国提供 250 万桶/日的石油供给，大大分散了美国的石油风险（曹升生，2010）。奥巴马执政以来，美国寻求能源的眼光逐渐转回国内。2010 年 3 月，奥巴马宣布扩大对美国近海油气田开发，终结了 20 世纪 90 年代以来美国抑制国内生产、依赖进口燃料的能源政策。随着页岩气勘探技术的发展，宾夕法尼亚、西弗吉尼亚等地的页岩气逐渐开始保证美国能源供应，甚至有出口天然气的可能，因此美国已经不再依赖非洲能源。而美国与非洲的贸易相对有限，比起中国与非洲目前达到 1700 亿元的经济往来，美国与非洲的经济活动总额在美非峰会前只有约 600 亿元。相对次要的经济地位导致美国的非洲经济政策不那么迫切。

另外，美国政治程序复杂、议题繁多，而非洲在美国缺乏专业的游说集团，这也是美国政府难以关注非洲的主要原因。美国在能源方面对非洲的依赖已经减弱，而政府所关注的、以军事为先导的一系列安全问题也难以争取大利益集团为之游说。小布什执政初期由西非石油而对非洲产生的关注，是由以色列高级战略与政治研究所在美国推动一系列政、军、商、学人士参加的研讨会而形成的政策建议，它的推动者并不是非洲自己的游说集团，而是希望美国减少对阿拉伯国家石油依赖的以色列。非洲国家缺乏旨在推动美非经济往来的职业说客，因此美国政府很难在百忙中将非洲政治提上日程。

（3）复杂多变的国际政治环境使得奥巴马政府必须将精力放在其他地区。奥巴马政府面临的国际局势始终充满了突发事件和地区冲突，从阿拉伯之春到叙利亚、乌克兰，再到 2014 年的"伊斯兰国"（IS）和巴以冲突，以及亚太地区的一系列领土纠纷，世界上不断有地区热点等着美国的外交决策者去优先考虑，因此奥巴马不可能自由地按自己的主观战略布局进行外交。

对同一块热点区域，美国往往同时关注经济和安全两个层面的外交。然而相对于军事行动，经济外交往往属于"固本培元"的"慢性药"，需要当事国持续的政治努力以及国际协调。非洲的基础设施建设较差、经济发展程度低，一些国家政局甚至经常反复，在非洲进行经济投资需要长时间的谈判与具体合作。相比之下，奥巴马即使重视与非洲发展长期稳定的、以经济纽带为基础的坚固合作关系，其外交进程也容易被突发事件分散精力。

（4）从美国自身的战略而言，奥巴马政府的战略本身就存在不一致性。奥巴马本人的全球战略观基本明确，即在全球范围内收缩美国的军事和政治力量，集中应对亚太热点事务，特别是中国的崛起。昔日希拉里·克林顿与奥巴马搭档时，奥巴马政府能够比较一致地贯彻其"亚太再平衡"战略（当时先后称作"重回亚太"和"转向"战略）；然而在奥巴马的第二任期里，其团队的一些成员表现出了与总统本人不一致的倾向，一些政客仍然认为中东、东欧是战略重心，并促使美国在上述区域分散政治资源。例如美国在乌克兰、叙利亚被卷入地区冲突，甚至与俄罗斯紧张对立，这不符合奥巴马总统的战略布局。就在8月2日接受《经济学人》采访时，奥巴马还宣称俄罗斯不足为虑，需要集中精力遏制中国，而美国在乌克兰的强硬姿态则无益于其抛开东欧的战略负担。

另一方面，虽然奥巴马明确了亚太地区为其执政重点，也明显表露出从世界其他热点区域抽身的政策倾向，但他除了"在非洲制衡中国"这一想法，对非洲的总体定位仍显得模糊。美国的两方面目标往往存在矛盾：一方面，美国希望在第三世界推广西方民主，同时推高油价，因此乐于见到一些政治动荡；另一方面美国又需要热点区域相对稳定，防止极端势力蔓延，这与前者相矛盾，极端例子就是在叙利亚受到西方支持，却在伊拉克制造战乱的IS。非洲地区的动荡可能牵动中东等地的恐怖活动，而非洲的稳定将使得美国被迫与中国展开更多经济竞争，如果奥巴马没有明确的非洲定位，其具体实践的结果很可能背离原有目标。

三　奥巴马政府非洲政策的前景

美国在处理国际事务方面拥有丰富经验，它在进军非洲时也占据几个方面的优势。简而言之，相对于其他进行非洲经济合作的国家，美国拥有军事优势、政治优势和价值观优势，这些都有利于美国在非洲展开合作，以及抗衡其他国家的影响力。

（1）美国拥有其他国家无可比拟的军事优势，这种优势使得美国的影响力能够快速投送到非洲的外交重点。在现有大国中，美国是唯一能够在全球部署军事力量的国家，拥有丰富的实战指挥、机构建设和国际干涉经验；在建立非洲司令部前后，美国将其联合作战司令部体制运用于非洲，并以美军指挥系统为骨干开展了多次行动。

相比而言，中国参与国际维和行动、向国外派遣武装部队的经验非常有限，缺乏在海外部署军事力量的能力，中非合作往往是单纯的经济合作，中方参与者是不具备武力的国企甚至民企。在以往的非洲经济实践中，中国公司遭遇了几方面的问题，包括当地政府毁约、针对中方人员的暴力犯罪以及在动乱时期承受经济损失。而反观美国则在几个方面受益于其强大的军事力量：美军能够对其驻非人员提供切实的人身保护；美军能够增加美国对所在国的影响力，并增加美国的谈判筹码；美军拓宽了美国在非洲能够开展的业务，使得美国与非洲国家能够开展更多领域的深入合作。

（2）美国进军非洲总体上受到了非洲昔日宗主国，即欧洲诸国的支持。总体而言，欧洲国家与美国意识形态一脉相承，都属于发达国家、工业国家和民主国家，其政治立场和利益非常接近；而欧洲与中国从意识形态到现实利益都存在较大分歧。欧洲国家传统上将非洲视作"后院"。目前中国正在积极发展与非洲国家的合作关系，欧洲对此非常紧张，而自身对国际事务的掌控能力又在下降；对于美国选择此时进入非洲、平衡中国在非洲的影响力，欧洲国家大多表示欢迎。

欧洲的支持对美国开展非洲业务将带来重大利好。首先，欧盟仍然是非洲最主要的贸易伙伴，与非洲保持着强有力的经济纽带。其次，欧盟的老牌资本主义国家在非洲的开发中占据先机，对资源相对丰富、政治相对稳定的地区拥有优先开发权。再者，欧洲列强作为非洲历史上的宗主国，对一些非洲国家拥有极大政治影响力。这些禀赋决定了欧洲国家能够阻挠一些经济活动，而第三国只能通过与欧盟合作开发非洲获益。

（3）美国的软实力非常强大，它掌握着世界主流意识形态，主导目前世界体系游戏规则和定价权。宏观意愿上，不少非洲国家都希望能与美国展开合作；具体谈判中，美国能够利用它对国际经济机制的主导权，获取不平等的优势；贸易实践中，美国的定价权确保它将自己的收益最大化。通过挑动意识形态斗争，美国也能够通过扶植反华政治团体阻挠中国在非洲的经济活动。

　　综上所述，如果美国开始重视非洲并贯彻其政策，它将试图利用自身的政治优势推进与非洲国家的外交，也将以"自由民主"为名号，以军事实力为基础试图制衡中国在非洲的合作。但同时也应该看到，美国寻求的是"以我为主"的不平等合作，这也使得美国的非洲战略在执行层面上存在缺陷。USAFRICOM 未能将总部设在非洲，也反映了非洲国家对于美国霸权的潜在恐惧。在非洲的政治影响力竞争中，美国强势输出价值观的霸权外交也可能遭遇当地的反对。

　　（1）美国的经济援助与合作首先服从于其战略利益，因此其经济合作往往是意识形态挂帅。在 2013 年的奥巴马非洲访问中，美国有意回避了奥巴马家族的故乡肯尼亚，原因是当时的肯尼亚领导人肯雅塔和鲁托面临国际刑事法庭的指控。此次美非峰会，美国也有意回避了南苏丹等"问题国家"。而事实上，这些国家在经济领域很可能急需援助，在政治领域可能成为地区不安定的根源，而贫穷与地方冲突、极端主义往往有着密切联系。因此，美国的意识形态高姿态使得它无法切实有效地消除政治不稳定的土壤。

　　（2）美国的经济合作往往伴随着对所在国内政的干涉。传统上美国的经济项目可以通过多种形式干涉内政，如通过与地区（社区）直接合作强化其自主性、在经济协议中绑定政治改革条款、以军事手段施压等。而对于中国等以不干涉内政为原则的国家，美国从不吝于扣上"支持独裁"的帽子。美国的干涉行为减少了非洲国家与它进行合作的意愿。

　　（3）美国的经济合作往往伴随着排他的政治竞争，尤其是对中国的排斥。美国学者狄波拉·布罗蒂加姆指出，美国对中国的非洲政策存在诸多指责，包括：中国对非洲的援助只在近年来开展；中国不雇用当地工人；中国支持独裁政权；中国从非洲掠夺资源等。基于这些先入为主的偏见，美国往往指责中国的"新殖民主义"并煽动当事国反对中国投资，然而这些指控大多站不住脚。以"能源掠夺"说为例，中国的对非经济援助中仅有约 20% 流向能源输出国，许多资源贫乏的非洲国家都获得了中国援助，布罗蒂加姆否认了经济援助与国家资源之间的关联。然而美国罔顾事实，阻挠中国在非洲的双赢合作，无形中也损害了部分非洲国家的切身利益。另外，如果美国的经济政策具有明显的政治平衡色彩，部分受援的非洲国家也可能怀疑其经济援助许诺的持续性和可信度。

综上所述，美国虽然能够运用政治影响力推进它与非洲的合作，但这种基于美国战略利益的合作也可能引起当事国的抵触。中国虽然在非洲面临美国有针对性的制衡政策，以及以输出价值观为核心手段的煽动策略，但也不必过于恐慌，要充分发挥非洲国家作为第三方的自主性，发扬中国外交、经济援助的长处，保护本国在非洲的利益。

四　奥巴马政府非洲政策对中国的影响

虽然奥巴马在多个场合都毫不避讳地表达其"遏制中国"的企图，但笔者认为中国应对美非合作抱开放心态，并且寻求与美国进行战略合作。首先，中国无法阻止美国进入非洲。其次，非洲的地理位置和政治经济现状决定了中美两家都无法将对方赶出非洲：它的位置远离中美两国，无论哪一方都不可能通过外交施压完全掌握非洲国家的政治方向；而非洲国家本身对经济援助没有明显的倾向性，对各方的合作基本上持开放态度。再者，就发展潜力而言，非洲潜力巨大，而中国的基础设施和日用品、美国的科技产品具有一定互补性，如果中美两国能够展开合作，双方都能从非洲的发展中市场获益，非洲也能成为中美关系中的一个潜在合作面。

从另一个角度看，美国帮助非洲国家进行经济建设，用西方经济规则促进非洲国家的市场化、制度化，也对中国在非洲的经济环境有改善作用：

（1）美非合作能够促进非洲经济发展，使全球经济日趋均衡。随着全球化的深入发展和科技进步，财富更加集中在拥有知识产权和信息资本，又掌握在世界经济秩序主导权的发达国家手中。中国作为发展中大国，有推动改善世界经济体系、平衡全球财富的需求，但在世界性的谈判中有时显得势单力薄。如果美国加强与非洲国家的合作，客观上会增加这些国家的财富，增加它们在国际体系中的话语权，而它们的诉求总体而言与中国相近；这些国家的经济发展，有益于强化发展中国家在南北对话中的地位。如果美国能够切实帮助一些国家实现现代化、工业化，使之由世界体系中的边缘地区上升为局部经济中心，那么全球的财富分配也将得到改善。

（2）美国的干涉总体上有助于非洲的政治稳定。非洲的发展必须免除战乱的干扰，而美国的政治影响力有利于保证非洲政局的总体安定。当美国在非洲利益增加，成为利益攸关方，它将有更强的动机稳定非洲政局。另外，虽然美国擅长在部分国家挑起针对其他大国的政治动乱，但这些动荡可能波及美国日益增长的在非利益。因此，美国针对中国的平衡政策也有可能更加收敛。当中美双方在非洲有着相同的维和需求，双方可以通过开展合作来缓和战略矛盾。

（3）美国能够促进非洲国家的能力建设与人才培养，使它们成为具有更强执行力的经济合作伙伴。非洲发展中国家在经济谈判中往往缺乏具有现代经营头脑和管理水平的人才，导致一些国家不能完全开发自身的禀赋优势，制定持续有效的经济合作机制，为吸引外资创造良好环境。部分国家利用自身权力改变已经签署的协议，部分国家已签订的协议难以落实，导致投资者的经济利益蒙受损失。而中国的企业在利用规则上不及美国，往往成为中非合作违约的受害者。美国拥有国际制度的主导权和维护制度的能力，当这些非洲国家与美国展开经济谈判，将被迫学习现代化的国家、企业管理技术，融入现有国际经济体系。届时中国企业也可以受益于更加公开透明的谈判环境、更可信的政策许诺。如果中美非三方产生一致需要，共同保障非洲经济合作的仲裁机制，所有的在非投资者都将从中获益。

总而言之，美国的非洲政策虽然旨在制衡中国，客观上却能改善中国企业在非洲的投资环境。当美国进入非洲已经成为奥巴马首肯的政策趋向，中国应该理性看待美国的外交新动作，设法在美非经济合作中趋利避害。

奥巴马政府对华政策评析

唐永胜[①]

作为当今世界新兴大国中影响力最大、综合国力上升最快的国家，中国的迅速发展引起了美国的高度关注和警惕。在反恐战略统筹下，小布什政府曾一度将其对中国的定位由"战略竞争者"调整为"建设性合作伙伴"，这表明，当时美国未把中国视作首要的和现实的战略对手；而以奥巴马上台为标志，美国有关中国的判断发生了重大变化，对中国的"敌性判断"趋于强化。在美国看来，中国利用其进行反恐战争期间的快速发展，正在成为亚洲的经济中心，并力图将这一优势转化为地缘政治影响力，并将对美在亚太地区的主导权构成真切挑战。近年来美国开始实施冷战结束以来最大规模的全球战略调整——"亚太再平衡"，在全球范围内进行战略收缩的同时，将主要战略关注聚焦亚太，其中一个核心考虑就是适应和主导亚太政治经济演变进程，集中精力应对中国崛起对其领导地位构成的挑战。

然而，随着时代条件的发展变化，大国关系的内涵也在发生相应改变。美国在实施战略防范和遏制的同时，难以用零和方式与中国博弈，这不仅是对美的一种战略约束，也是其必然的利益选择。中美关系的未来不可能归于某种宿命。对于美国的战略调整，中国须积极应对，有效化解对自身发展与安全的不利影响及可能风险，但又要极力避免反应过

---

① 唐永胜，国防大学战略研究所常务副所长。

度和战略冒进，不与美国争锋，不与美国硬对抗，更加注重反向拓展自身的战略空间以及与美国的合作空间，保持足够战略耐心和信心推进中美关系的积极发展。

一　奥巴马政府对华政策的主要内容

作为美国调整全球战略最主要的外部因素，奥巴马政府高度重视中国的快速发展，并将对华政策调整作为美国全球战略调整的重要内容。在维护美国全球霸权的大战略目标统领下，奥巴马政府的对华政策主要围绕应对中国崛起可能对其领导地位产生的挑战展开。主要表现在以下几个方面：

高度重视中国崛起，将中国视为主要战略对手。二战结束以来，防止欧亚大陆出现一个能够主导欧洲或亚洲，并进而向美国提出挑战的大国，一直是美国全球战略的基本目标。整个冷战期间，苏联一直被美国视作其全球战略最主要的战略竞争者。冷战结束初期，苏联解体使美国失去了明确目标，在一超独霸的乐观情绪中陷入战略自负。其间，德国、日本、俄罗斯和中国都曾一度被美国视作战略对手。"9·11"事件后，美国迅速将目光转向非传统安全，打击国际恐怖主义上升为其首要战略任务。2008年，美国爆发了被认为是自1929—1933年大萧条时代之后最为深刻和沉重的经济与金融危机。此次金融危机不仅使美国经济陷入严重衰退，同时也使美国因反恐战争造成国力透支的后果暴露于世。与之形成鲜明对比的是，以中国为代表的新兴国家在金融危机的冲击下仍然保持着较为强劲的经济活力，并因此成为带动全球经济复苏的主要动力。中国经济实力的强大和"中国模式"的成功，不仅使美国感到其在欧亚大陆东端的政治、安全和经济主导权受到挑战，而且使美国在国际经济组织中的主导权以及以"华盛顿共识"为核心的美国发展模式受到挑战。有美国学者认为："中国是美国所面对的唯一潜在的、地位对等的竞争对手……中国可能变成一个比原苏联更强的竞争对手：其经济规模可能会超过美国（这是美国自19世纪以来从未曾面对的情况），而且，不像主要是自给自足的原苏联，现代中国依赖海外贸易和资源，而且将会更倾向于向国外投放力量。"① 与此同时，美国政府越来越警惕中国的高速发展，并最终将中国确定为其最主要的战略竞争对手。2011 年 11 月，美国国务卿希拉里在《外交》杂志发表《美国的太平洋世纪》一文。文章称，今后十年美国外交政策最重要的使命之一是大幅度增加在亚太地区的投入力度，并指出与中国的关系是美国有史以来必须管理的最具挑战性和影响的双边关系之一。希拉里还明确表示，21 世纪美国的外交和经济防线不在中东和欧洲，而在亚洲。② 2012 年 1 月 5 日，美国总统奥巴马、国防部长帕内塔（Leon E. Panetta）与参谋长联席会议主席登普西（Martin E. Dempsey）在国防部新闻发布会上公布了名为《保持美国在全球的领导：21 世纪国防的优先事项》的新版美国国防战略评估指南。新版指南明确指出："从长期来看，中国作为一个地区大国的出现可能会以各种方式影响美国的经济和我们的安全。"③

　　增强亚太地区军力部署，为防范中国进行战略预置和布局。在国力亏空被迫进行全球性战略收缩的情况下④，美国不仅没有削减其在亚太地区的兵力部署，反而决定将战略重心东移，凸显美国应对中国崛起、防范中国军事力量快速发展的决心。作为防范性战略预置的一部分，美国不仅要在 2020 年前把海军力量的 60% 部署在亚太地区，而且还要把美国本土以外 60% 的空军力量也部署至亚太地区。⑤ 为提高战略威慑能力，2013 年 3 月 15 日，美国以应对朝鲜导弹威胁为由，宣布在阿拉斯加增加部署 14 枚陆基拦截导弹，增幅近 50%；4 月 4 日，美军又将从韩国撤出长达 9 年的第 23 化学大队重新部署至韩国首尔近郊的美军营

---

①　斯蒂芬·沃尔特：《美国时代的终结》，《国外社会科学文摘》2012 年第 1 期，第 26 页。

②　Hillary Romham Clinton, "America's Pacific Century", *Foreign Policy*, Nov., 2011.

③　Department of Defense, "Sustaining U. S. Global Leadership: Priorities for 21ˢᵗ Century Defense", January 2012, http://www.defense.gov/news/Defense_Strategic_Guidance.pdf.

④　根据新版美国国防战略评估指南，美国在未来十年内将逐步减少在欧洲的军事部署，相应缩减陆军规模并减少单边军事行动，同时放弃自冷战结束以来同时打赢"两场战争"的目标，改为"1 +"目标，即参加并打赢一场战争，同时在另一场战争中干扰破坏敌人的行动。

⑤　中国新闻网：《第十二届香格里拉对话会落幕，中美"亚太观"引关注》，详见 http://www.chinanews.com/gj/2013/06 - 02/4883458.shtml。

区。自 2012 年首次向澳大利亚派遣海军陆战队后，2013 年 4 月 21 日，美军再次向澳大利亚派驻约 200 名海军陆战队员，并计划于 2014 年将驻澳美军增至 1150 人。与此同时，为确保美军在"反介入/区域拒止"环境下的行动自由，美国还推出了以中国为军事对手的"新军事大纲"和"空海一体战"计划。①为强化美军在亚太地区的防范能力，美国还不惜斥巨资扩建"第二岛链"中心关岛的军事基地，拟将其打造为西太平洋美军的"战略轮毂"，以改善美国应对亚太地区一系列紧急事态的能力；在"第三岛链"中心夏威夷群岛，着手打造"珍珠港—希卡姆"大型离岸基地；在位于北美和亚洲大陆结合部的阿拉斯加建设"艾尔门多夫—理查森堡"联合基地，形成战略翼侧。

利用周边国家一定程度上的疑华和恐华心态，深化亚太军事合作关系。反恐战争期间美国对东南亚国家的忽视，中国的崛起和军队现代化带来的战略压力，使亚太国家，特别是与中国有领土主权、海洋权益争端的国家，日益感到不安，并对美国能否兑现地区安全承诺感到怀疑。由此带来的安全恐慌，使得这些国家在加紧巩固自身军事能力的同时，极力推动美国保持和加强在亚太的军事存在。奥巴马政府上台后，为巩固其在亚太地区的领导地位，避免各国对美国履行安全承诺的信心进一步下降，并因此损害美国在亚太地区的主导权，实施"重返亚太"战略，全面深化亚太军事合作关系。2010 年以来，美国大力加强美日、美韩军事同盟，除与日、韩达成多项军事合作协议外，还多次重申钓鱼岛及其附属岛屿适用于《美日安保条约》第五条之规定，承诺通过核保护伞、常规武器和导弹防御系统三大手段向韩国提供"延伸威慑"，并与日、韩多次举行极具针对性的联合军事演习，美日、美韩军事同盟出现同步深化趋势。美国还通过在澳大利亚部署海军陆战队、在菲律宾部署海空军、在新加坡部署濒海战斗舰，与新西兰、印度尼西亚、越南、泰国、马来西亚、文莱，甚至缅甸加强防务合作和军事联系，积极

---

① "空海一体战"是历史上美国首个针对中国提出的作战概念。过去美国历届政府尽管都认为西太平洋是关乎其重要战略利益的地区，并对该地区事务进行各种形式的干预和控制。然而，由于中美之间综合国力，尤其是军事实力存在巨大差距，美国并没有把中国当作现实的、对等的军事对手，而仅作为潜在对手。详见马健《对美军"空海一体战"的基本看法》，《空军军事学术》2011 年第 2 期，第 21 页。

扩大在大洋洲、东南亚及南亚的军事存在，不断提升与这些国家和地区的安全合作水平。此外，美国还积极拉拢印度，将与印度的防务合作视为"美国亚太军事'再平衡'战略的关键"①，意图在战略操作层面将印度洋和太平洋连接起来。据此，美国提出"印太"概念（indo‐pacific vision），谋求与印度海军加强合作，将印度海军塑造为印太海洋通道（包括南海、马六甲海峡以及更大范围的太平洋）的管理人，加强美印在东亚海洋安全事务上的政策立场协调，并将澳大利亚西北海岸打造成印太纽带上朝西太平洋和东印度洋的力量投送点等。

构建以美为主的亚太多边政治秩序，削弱中国政治影响力。从 20世纪 90 年代后期开始，东亚区域多边合作机制建设进入一个快速发展期。东盟 +1、东盟 +3、东盟地区论坛和东亚峰会等机制相继建立，区域政治、安全等方面的合作不断深化和拓展。美国认为，中国正在利用不断发展的东亚区域多边合作机制开展地区主义外交，以排斥美国的领导参与。由于中国崛起及东亚地区主义的盛行，原来由美国主导、以双边安全同盟为基本框架的"辐轴"式体系已越来越丧失合法性和有效性。为维持和巩固地区领导权，抑制中国不断增长的影响力，奥巴马政府上台后开始积极、实质性参与和创设东亚多边合作机制，力图将东亚多边体系整合、塑造成由美国主导的东亚多边政治秩序。在这一目标指引下，2009 年奥巴马政府与东盟积极、高调地举行了首届峰会，并于次年在纽约举办第二届美国—东盟峰会，又于 2011 年正式加入由东盟主导的，包括东盟峰会、东盟 +1 和东盟 +3 的东亚峰会机制，成为东（南）亚国家组织成员。美国的加入，使东亚峰会的议题主导地位迅速转向美国，政治和安全议题趋居核心地位。该峰会正日益成为美国最重要的亚太外交平台和亚太地区大国博弈的主要舞台，东盟地区论坛的影响力也因此被削弱。除积极参与并争取地区性多边组织主导权外，美国还在双边同盟基础上，积极创设或巩固新的由美国领导的多边协调机制，包括美日韩、美日澳、美日印和其他三边关系，尝试"建造一个

---

① 《美与印度谈亚洲"再平衡"战略，称合作是关键》，中国新闻网，详见 http：//www. chinanews. com/gj/2012/06 – 07/3946887. shtml。

美国深刻参与的、协调性更强的地区结构"。① 与此同时，美国还试图挖中国墙角，破坏中国与传统友邦之间的关系。2012 年 7 月，美国务卿 57 年后首访老挝；2013 年 7 月，美越宣布建立"全面伙伴关系"，以推动两国在经贸、科技以及防务和安全等领域的全面合作。同年 12 月，国务卿约翰·克里（John Forbes Kerry）访问越南，宣布向越方提供 1800 万美元援助，用以加强越方海岸巡逻。此外，美国还主动恢复与缅甸的大使级外交关系，警告柬埔寨政府不要过于依赖中国等，以平衡中国在东亚的影响力。

构建美国主导的亚太经济体系，限制中国经济影响力。冷战结束以来，亚太经济发展出现了三个重大变化：一是经济增长迅速，以中国、俄罗斯、印度为代表的新兴国家成为推动全球经济发展的发动机；二是东亚地区自由贸易区建设快速推进，区域经济一体化日益深化。② 三是人民币国际化进程开始推进。对于美国而言，亚太经济发展变化既是机遇，又是挑战。借助亚太经济繁荣和不断扩大的亚太市场，美国可以较快摆脱金融危机、振兴美国经济。但同时，中国在东亚区域经济一体化中影响力不断扩大，积极推进人民币国际化，使美国担心其地区经济领导地位受到削弱，甚至可能会被东亚国家在推进一体化时排除在外。在此形势下，美国积极构建由其主导的亚太经济体系，限制中国在地区经济事务中的影响力。一是大力推动"跨太平洋伙伴关系协议（TPP）"，谋求从体制、机制方面重塑、巩固美国在亚太地区的经济领导地位。从2009 年加入该协议谈判开始，美国即高调宣称将把 TPP 打造为 "21 世纪自由贸易协定范本"，意图以亚太经济一体化取代东亚经济一体化，防止东亚地区出现一个排他性的区域贸易集团，把握亚太地区经济整合的领导权，为美国在亚太地区实现经贸利益、振兴美国经济创造有利环境。二是积极推动中美经贸模式调整。美国宣称，美国连续多年的巨额

---

① Council on Foreign Relations, "A Conversation with U. S. Secretary of State Hillary Rodham Clinton", September 08, 2010, Available at http：//www.cfr.org/diplomacy - and - statecraft/con-versation - us - secretary - state - hill ary - rodham - clinton/p22896.

② 除已经建成的各种多边、双边自由贸易区外，2012 年 11 月启动的东盟与中国、日本、韩国、澳大利亚、新西兰、印度（即东盟 + 6）自由贸易谈判，计划建立一个涵盖亚太16 个国家的地区性自由贸易区。"东盟 + 6"一旦建成，将成为世界上最大的自由贸易区，拥有超过 30 亿人口、国内生产总值（GDP）超过 17.23 万亿美元。

贸易逆差与中国等国家的巨额贸易顺差导致世界经济失衡。2010 年 9 月 16 日，美国财政部长盖特纳在国会听证会上强调奥巴马政府对华经贸政策的核心目标是："鼓励中国改变其增长模式，使其更多地依靠国内需求，减少出口依赖；推动人民币汇率向着更加市场化的方向迈进；为美国企业、劳动者、农场主、种植户以及服务提供商与中国开展贸易和竞争提供公平的环境。"① 为此，金融危机以来，奥巴马政府高举保护主义大棒，对华频繁展开反倾销、反补贴调查，要求中国扩大内需，为美国扩大对华出口和投资创造条件；并威胁将中国列入"汇率操纵国"名单，要求中国加快人民币升值。三是阻遏人民币国际化势头。美元霸权地位不受其他货币挑战是美国的一项关键利益，美国不希望人民币成长为挑战美元的国际货币。限制人民币国际化发展，甚至将其扼杀在萌芽状态，成为美国维持美元霸权地位，并进而维护其在亚太地区经济主导权的自然选择。为阻遏人民币国际化势头，在 2012 年 8 月德国和中国宣布中德双边贸易直接使用双方货币结算后不久的 9 月，美国国务卿希拉里·克林顿即在访华时告诫中国不要与欧洲结盟，尤其是结算货币不能使用彼此的货币。对于中日之间、韩日之间货币互换，美国则采取在背后默许并挑起东亚岛屿争端等办法，恶化地区形势，使相关国家碍于形势或搁置，或不再继续货币互换协议。

二 奥巴马政府对华政策对中国安全和 发展的可能影响

中国崛起趋势强劲，美国遇到二战结束以来少见的经济社会困难，中美关系走向敏感。尤其是新世纪第二个十年开始以来，中美关系进入了一个新的发展阶段，其显著特征就是两国关系的复杂性明显增强，两国之间的摩擦和竞争日趋呈现出全面性和深刻性的特点，甚至被一些学者和政治家赋予了传统的"崛起国与霸权国"或"新兴大国与守成大国"冲突的历史与战略内涵。近年美国的战略调整源于其对外部安全

---

① 《盖特纳就人民币汇率和中美经济关系在国会证词全文》，凤凰网财经，2010 年 9 月 17 日，详见 http://www.finance.ifeng.com/news/hqcj/20100917/2631537.shtml。

环境和全球军事战略的全面评估，有着复杂的政治、经济和安全动因，应对中国崛起并非美战略调整的主要目标，更不是唯一目标。但从美国加紧调整亚太军事部署的动向看，其中防范中国的意图也十分明显，并明确将中国视为其投放力量以应对"反介入/区域拒止"的对象国家。种种迹象表明，如果过去一段时间美国还把中国界定为潜在威胁，那么到目前则将中国不断增强的实力视为日益现实的威胁。

中美战略竞争加剧，中国所面临的军事压力趋于增大。从国际关系发展的历史看，大国崛起带来的实力增长特别是军事实力的增长，会导致国际体系内其他行为体的疑虑和不安全感，并促使后者采取措施加强自身安全，而这反过来又使崛起国的安全感下降，并可能诱发新一轮的安全竞赛。奥巴马政府将中国视作最主要的竞争对手，严加防范，客观上致使中国陷入不可回避的"安全困境"。从奥巴马政府上台后的一系列军事活动看，美国亚太军事"再平衡"的目标显然不止其所宣称的平衡中国军事实力增长。强化对华战略防范部署，形成对华战略威慑态势，并进而挤压中国战略发展空间，以确保美国在亚太地区安全事务的主导权，才是其真正意图。2011年美国《国家军事战略》明确指出："我们的领导能力将强调共同责任及相互尊重。实现该战略将需要一种全频谱的直接或间接领导方式，在执行这样的任务中，最好有伙伴及盟国的帮助，如有必要也可单独行事。"① 尽管亚太战略体系的构建暂时不会直接危害中国国家安全，但它却像一把悬于中国头顶之上的利剑，大幅分散中国的战略资源，使中国在处理对外事务时大受牵制。此外，美国亚太战略体系的构建还将大幅削弱中国军事影响力，促使一些东亚国家对中国产生或者加大离心倾向，中国周边安全环境出现诸多不确定性。这种不确定性最突出地表现为，中国周边可能出现一个由美国主导的亚太战略体系。这一战略体系最有可能由与中国存在潜在利益冲突的国家构成。该体系一旦形成，将对中国安全环境构成根本性威胁。原因在于，美国主导下的亚太战略体系产生的不是"加和结果"，而是"乘

---

① DOD [U.S.], "The National Military Strategy of the United States of America: Redefining America's Military Leadership", Feb., 2011, p.35, available at: http://www.jcs.mil/content/files/2011-02/020811084800_2011_NMS_-_08_FEB_2011.pdf.

积效应"。届时，相比中国，美国将占据整体优势，使其可以像以往一样，利用与盟友之间的战略关系影响相关国家的政治和经济政策，使中国不仅陷于战略包围，而且陷于长期的地缘政治和经济制约之中。若果真如此，中国周边战略压力将急剧增大，国家安全必将面临冷战结束以来最为严重的挑战。

经贸竞争趋于升温，中国经济发展面临挑战。奥巴马政府在经济领域凸显"遏制"的对华政策，使中国对美贸易摩擦和压力迅速增大，自由贸易协定竞争急剧升温，这不仅损害了中国的短期经贸利益，而且可能使中国陷入制度性经贸约束，对国民经济发展产生长期不良影响。一方面，美国硬行改变中美经贸模式的自私做法，将不断冲击中国的经贸利益和政策。2008年全球金融危机后，美国将爆发原因归结于全球经济不平衡，特别是中国出口和储蓄过多，并以此为理由对华实施经贸"再平衡"。其中包括对中国输美产品设置种种限制；开展反倾销、反补贴调查；多次威胁将中国列入"汇率操纵国"名单，逼迫人民币升值；力促中国进行经济转型，为美国扩大对华出口和投资创造条件，等等。美国这一系列只顾自身的做法，不但影响中国对美出口，而且牵涉中国经济自主权、国内资本和产业保护与发展等重大问题，处理不好，可能使中国面临商品和大规模资本入侵的不利局面，导致国家经济安全进一步受损。另一方面，美国以亚太自由贸易协定压制东亚区域自由贸易协定，使中国面临的经贸风险陡增。在多哈回合谈判陷入僵局以来，东亚地区双边、多边和区域层面的自由贸易协定迅速发展，中国与东亚国家之间的经济合作日益密切。在此过程中，中国庞大的经济体量使其成为事实上的主导力量，各类由中国推动或共同促成的自由贸易协定都在一定程度上反映了中国的利益诉求。美国加入并大力推动"跨太平洋伙伴关系协定"（TPP）谈判，对东亚区域性自由贸易协定形成强大的竞争压力，从而使中国在东亚地区自贸协定的伙伴面临分化的风险。中国在东亚自贸协定谈判的地缘优势、主导地位以及对地区经济的辐射能力都将受到严重损害。此外，2013年以来，美国与欧盟高调重启"跨大西洋贸易与投资伙伴关系"（TTIP）谈判。该协议企图通过将"美欧"标准拓展为"全球标准"，重塑世界贸易规则，维护美欧在国际经济格局中的既有主导地位。由此造成的制度性、集团性对华贸易歧视，将挤占中国在发达国家的市场份额，削弱 WTO 规则给中国带来的贸易优势，导致中国被隔离在世界主要国家自由贸易协定之外。

　　美企图通过"规制"将中国深入全面地纳入其主导的亚太秩序，使中国的成长空间受到限制和挤压。一个时期以来，中国周边地区出现的一系列紧张局面都与美国的战略挑动和操纵有关。美国的战略调整，尤其是亚太再平衡战略的实施，将进一步强化对中国战略防范和挤压的态势，对中国的和平发展构成严重阻碍。中美关系的结构性矛盾显现，并将在较长时期里主要体现在亚太地区的竞争之中。美战略调整将继续突出发挥"巧实力"的作用，谋求以多种形式和渠道对中国形成战略规制，以图通过完善或制定亚太政治、经济及安全机制，构建和维持一个由美国主导的亚太秩序，并以此影响、塑造和规范亚太大国特别是中国未来的发展方向。在美国看来，要防止亚太地区出现一个可能对美国霸权地位提出挑战的敌对国家或联盟，就必须加强与盟友和伙伴的全方位紧密合作，推进建立基于各种规则的国际秩序。对此，美国总统国家安全顾问汤姆·多尼隆（Tom Donilon）在阐述亚太再平衡战略的最终目标时，明确把"通过影响亚太地区的规范和规则促进美国在这一地区利益"作为目标实现的基本途径。① 美国运用规则、规范对中国进行规制，首先会削弱中国制定亚太游戏规则的权力。进入新世纪以来，随着综合国力的快速提升，中国在东亚经济、政治、安全等方面的作用越来越大，在相关规则制定方面的影响力也日益扩大。然而，美国强势介入亚太地区事务，使中国在东亚新秩序建设中的作用发挥受到严重冲击。与美国相比，中国既不具有世界首要大国的地位，也不能得到日本等世界级经济体的大力支持，更无法像美国那样利用小国对其在安全问题上的倚重而推进各种议题。这些劣势严重削弱了中国在东亚各类规则制定方面的影响力，特别是在政治—安全领域。其次，会影响中国利益诉求的表达。由美国主导的规则规范在很大程度上反映的是美国的利益

---

　　① Tom Donilon, "American is Back in the Pacific and Will Uphold the Rules", November 27, 2011, available at http://www.ft.com/cms/s/0/4f3febac－1761－11e1－booe－00144feabdc0.html#axzz2DWtj5UOf.

和价值观。无论是 TPP，还是美国强调的国际法和美国鼓励的《南海各方行为准则》，都是美国维护和巩固其亚太领导地位的重要手段，而这些规则规范在很大程度上违背甚至侵害了中国国家利益。在中国崛起"不安全"、"不负责任"、"以强凌弱"的不利语境中，中国在许多情况下难以表达自身的利益诉求，更无法通过规则规范予以反映和保障。最后，会长期损害中国实际利益。国际政治实践表明，改变规则要比维持规则困难得多。一旦美国在亚太建立制度霸权的图谋得逞，中国的发展将长期受其制约。以 TPP、东亚峰会、东盟地区论坛为代表的各类机制及其规则规范，将构成一个中国利益和影响力拓展的限制性框架，一个塑造中国未来发展方向的约束性战略环境。中国发展和安全利益的维护和拓展将在各个方向、各个领域受到不同程度的制度性制约。

美国的安全承诺有可能造成某些国家误判形势，造成其战略中的机会主义成分上升，成为中国周边安全的不稳定因素，海洋安全局势趋向复杂严峻。尽管奥巴马政府一再强调美国在东亚海洋争端中持中立立场，但自 2010 年以来，美国越来越有倾向性地介入东亚海洋权益争端，使一些地区国家，如日本、菲律宾等国受到鼓励，采取对华强硬政策，从而使东亚海洋争端和解的希望大大降低。2010 年 7 月，时任国务卿克林顿在东盟地区外长会议上提出"南海主权未定论"，指出美国在南海有重要利益，为介入南海争端埋下伏笔，也为南海各国与中国争夺海洋权益提供了信心。2011 年 6 月，时任国防部长帕内塔访问越南时谈道，"我们有能力保护南海所有国家关键的海洋权利"[1]，越南在南海争端中的态度随即明显趋于强硬；同年 11 月，奥巴马总统罕见地强调美国与菲律宾防御联盟的重要性；2013 年 4 月，在美菲"肩并肩"联合军事演习闭幕式上，美国太平洋海军陆战队司令特里·罗布林（Terry Roebling）中将透露，为"阻止亚太地区领土分歧的进一步扩大，美国将协助菲律宾筹建达到'国家机动部队'水平的南海防御部队"。[2] 在

---

[1]　Ted Galen Carpenter, "Ending a Dangerous Game", CATO Institute, available at http://www.cato.org/publicati ns/commentary/ending – dangerous – game.

[2]　Florante S. Solmerin, "US – PH Defense Sea Force Eyed", *Manila Standard Today*, April 18, 2013, Available at http://manilastandardtoday.com/2013/04/18/us – ph – defense – sea – force – eyed/.

钓鱼岛问题上，美国的偏袒更为露骨。时任国务卿克林顿、助理国务卿库尔特·坎贝尔（Kurt Campbell）、新任国务卿克里等政要先后重申《美日安保条约》适用于钓鱼岛，并与日本多次举行联合军事演习。这些活动增强了日本对抗中国的信心，也使安倍晋三政府显示出更加好战的姿态。为应对中国崛起，美国在东亚地区海洋争端中的倾向性立场及其与亚太国家的军事合作，包括加强军事部署，极大地刺激了一些与中国有海洋领土主权争端的国家的投机情绪。这些国家蓄意挑起的事端，企图借助美国的力量挑战中国，从而使得东亚安全形势趋于紧张。奥巴马第二任期以来，美国官方在东亚领土争端问题上的言行转趋谨慎，但这不过是美国为避免过度刺激中国而进行的策略性调整。美国的偏袒立场仍将继续鼓励相关国家在与中国的海洋权益和领土主权争端中采取机会主义政策。美国的管控可能会避免危机失控，但东亚地区低烈度的对抗局面将会延续较长时间，中国海洋安全形势将日趋复杂。

三 积极有效应对美国的对华政策调整

总体判断，未来一段时期里，中美之间的战略竞争将趋向激烈，中美关系将面临比较困难的局面。基于美国较强的战略纠错与战略转向能力，尽管受经济社会困难影响，美国必须以战略收缩来解决其迫在眉睫的国内问题，但在一定时期里其对外战略调整不会发生根本动摇；尽管受中东、乌克兰局势牵制，但美对亚太的重视还会继续增强，力量部署与投入也将增加。美国国家安全战略呈现出的全球收缩与亚太局部加强的布局结构将持续较长时间，亚太安全中的一些矛盾将被激活乃至激化，从而对中国的安全与发展产生重大影响。美国对外政策的霸权逻辑将长期作用于中美关系，由此也强化了中美之间原本就存在的内在矛盾。一些人由此相信大国政治必然导致悲剧发生的规律将再次应验到中美两国关系中去。中美冲突的危险当然存在，但远不是不可避免。因为中美之间的利益联系如此紧密，竞争与合作并存，不能将中美关系的未来简单归于某种宿命。进行更多积极的沟通与协调，不仅有利于中国，对美国也有益处。①

　　中美关系的历史表明，两国关系主要还是受利益驱动，冲突利益之外还存在日趋增多的共同利益②，这也是两国关系保持基本稳定的客观要求和保障：第一，当前国际关系的性质呈现出很多新的特征，世界的整体联系和国际关系的复杂性更加突出，世界越来越走向全球化和多极化，竞争与合作并存仍将是大国关系的主流，特别是越来越多的全球性问题需要中美强化合作予以应对。第二，多年形成的中美关系的基本框架难以被根本打破，两国相互倚重的因素也将不断增加。而未来随着两国实力差距的缩小，两国保持基本战略平衡的条件也将趋向成熟，这也有利于中美关系的长期稳定。第三，中国发展健康稳定的中美关系的意志依然坚定。中国关注于国家发展和民族复兴，并无意挑战美国世界领导者地位，不寻求与美国进行战略对抗。综合判断，处在战略调整期的美国尚不会选择将中国视为直接的战略对手，目前没有与中国进行战略摊牌、彻底决裂的意图，试图维持总体上的稳定局面仍是美国决策层基本的战略共识，中美合作的条件依然存在。

　　保持中美关系基本稳定与迫使美国对华政策做出积极调整，是未来一个时期中国处理中美关系不可偏废的两项基本目标。仅有关系稳定，没有美国对华政策的逐步调整，将意味着中国在运用不断增长的实力，或在适应国际关系新变化方面出现了偏差和问题，变成了单向妥协。这反而会导致问题与矛盾的积累，使中美走向冲突，不利于两国关系的长期稳定和发展。因此，既要促使美国对华政策做出积极调整，又要力避中美走向对抗，是对下一步中国处理对美关系的一个基本要求。而发现和充分利用能够约束中美关系结构性矛盾极端发展的积极因素，是中美

---

　　①　美国防部 2010 年发布的《四年防务评估》就指出："美国欢迎一个强大、繁荣和成功的中国在全球范围内发挥更大的作用，但是，缺乏透明以及中国军力发展和其决策程序的本质不免使人对中国未来在亚洲及以外地区的行动和意图产生疑问。因此，我们与中国的关系必须是多方面的，并通过建立信息和消除误解这种互惠的方式加以增强……应保持沟通渠道的畅通，以便就分歧进行磋商，从而管理并最终降低冲突风险。"参见 "Quadrennial Defense Report", Feb., 2010, pp. 10 - 29, available at http://www. defense. gov/qdr/ima ges/QDR_ as_ of_ 12Feb10_ 1000. pdf.

　　②　例如在经贸领域，2013 年，中美双边货物贸易额达到了创纪录的 5210 亿美元；截至 2013 年年底，中美双向投资额已经累计超过 1000 亿美元。

两国战略家和政治家共同的任务，并将有利于化解中美两国未来可能产生的冲突和矛盾，使中美关系沿着积极的轨道发展。

面对美国战略调整，中国应从维护国家长远安全和发展需求出发，认识并适应中美关系在新的历史条件下的变化特征，准确研判中美博弈的可能前景，积极进行战略筹划，努力推进战略创新，努力引导中美关系发展的方向，塑造中美关系理性发展的总体框架。为此尤其需要积极拓展战略合作空间，有效制衡和努力消解美国对中国的防范和挤压，在充分明晰双方战略底线的基础上，尽力谋求中美之间的战略互谅与互信，强化多领域、多层次的战略协调机制，寻找避免陷入安全困境的有效途径。

中国致力于民族复兴，并不是向美国提出挑战。中国采取不同的战略将可能产生迥异的效果，稳健而积极的参与和冒进而刚性的扩张之间有天壤之别；而其他国家不同的对华政策也必然引起相应的反应，强化防范和遏制必然迫使中国寻求化解之道，而进行积极的沟通与协调，对谁都有益处。基辛格认为，中美之所以认为彼此需要，是因为"两国都太大，不可能被别人主导；太特殊，不可能被转化；太相互依赖，承受不起彼此孤立"。[①]　中国不会走上传统的权力对抗之路，对利益的追求也不会采取简单的直接路线，需要开发更广泛的战略资源和更广阔的回旋空间，经过曲折的道路和较长时期的努力才可以达到。

"虽然大多数亚太国家希望美国成为制衡中国的力量，但是没人愿意看到中美因这一战略而加剧紧张关系。"[②]　作为亚洲地缘政治版图的核心国家，中国有条件利用地缘优势经营更广泛的安全网络，构建安全依托，加大回旋余地。如在东北亚方向，应以维持半岛稳定为基本目标，推动朝核问题的和平解决，并努力将六方会谈机制逐步转变成东北亚地区安全机制，以淡化美韩、美日同盟的影响。在东南亚方向，保持战略耐心，坚持以睦邻友好、合作共赢为主导，积极经营与东盟国家的关系，将经济利益适度转化成对这些国家潜在和现实的影响力和引导

[①]　［美］亨利·基辛格：《论中国》，胡利平等译，中信出版社2012年版，第477页。

[②]　［日］加藤洋一：《美国的亚太再平衡战略及其对地区战略环境的影响》，载王缉思主编《中国国际战略评论2013》，世界知识出版社2013年版，第81页。

力，推进中国与东盟关系机制化建设。在南亚方向，以巩固地缘依托为目标，建设性地参与南亚区域一体化进程，使南盟在区域合作中发挥应有的积极作用。而在中亚方向，积极推进西向战略，以上合组织为基础，以加强经济合作为纽带，提升战略影响力，强化对中国内陆战略腹地的支持作用。随着实力的进一步增长，中国也将更有条件不断增强周边国家包括美国传统盟友对中国的向心力，化解美国联盟体系带来的压力。

奥巴马对华经贸政策及中国的对策

甄炳禧[①]

　　奥巴马执政六年来，对华经贸政策日益趋向务实。一方面，加强两国务实合作，改善中美战略与经济对话，有效管控经贸摩擦，并在国际经济事务上加强协调合作。另一方面，美对华经贸政策的消极面也有所加强，经贸摩擦趋于常态化，以"规则"施压并规范中国。中美经贸关系既合作又竞争的两面性日益凸显，这既反映了美方在应对国际金融危机和促进经济复苏方面对华倚重上升的需求，也折射出美方对中国崛起对美构成潜在威胁的担忧。由于中美经济相互依存加深，利益融合扩大，加之双边和多边协调机制的健全，中美经贸合作是主流，摩擦是支流。作为世界上两个最大的经济体，中美均有责任维持两国经贸关系的持续健康发展，要加强建设性务实合作，照顾彼此的重大利益和关切，加强战略互信，实现合作共赢，为构建中美新型大国关系注入丰富充实的经济内涵。

一　奥巴马对华经贸政策的主要特点

　　奥巴马沿用美国历届政府的对华"两面性"政策，但与前任特别

---

　　① 甄炳禧，中国国际问题研究所研究员，曾任中国国际研究院副院长、中国驻美国大使馆公使衔参赞。主要研究领域：世界经济、美国经济、中美经贸关系。

是小布什政府相比，其对华经贸政策呈现出显著不同的特点。

（一）更加重视高层接触。2009 年年初奥巴马执政以来，中美关系保持了强劲、积极的发展势头。4 月初，胡锦涛主席和奥巴马总统在伦敦"20 国集团峰会"（简称 G20 峰会）期间举行首次会晤，双方一致同意共同努力建设 21 世纪积极、合作、全面的中美关系，并同意建立中美战略与经济对话机制。奥巴马总统于 2009 年 11 月正式访华，美国新任总统第一年访华，这在中美建交以来还是首次。胡锦涛主席于 2011 年 1 月对美国进行了成功的国事访问。在奥巴马执政第一任期，胡锦涛主席与奥巴马总统除了互访外，还通过 G20 峰会、亚太经合组织领导人非正式会议、核安全峰会等多边场合会晤，两位领导人见面达到 12 次之多，相当于中美建交的 1979 年至 2008 年两国元首会见次数的总和。两国元首会晤深化了建设中美全面互利共赢合作伙伴关系的重要共识，拓展了双方在经贸等领域的务实合作。在两国领导换届后，2013 年 6 月，习近平主席应邀与奥巴马总统在美国加州安纳伯格庄园举行非正式会晤，就构建中美新型大国关系达成共识，确认中美已形成结构高度互补、利益深度交融的经济关系，强调应抓住当前两国调结构、促增长的契机，进一步挖掘新合作增长点。同年 9 月，习近平主席在参加 G20 圣彼得堡峰会期间再次会见奥巴马总统。2014 年 3 月，习近平主席与奥巴马总统在荷兰核安全峰会期间成功会晤。同年 11 月，奥巴马总统参加北京举行的亚太经合组织领导人非正式会议，并进行第二次正式访华。在奥巴马第二任期两年内，两国元首至少进行了 4 次实质性会晤。密切的高层接触和交往对发展中美经贸关系具有不可替代的作用。

（二）改善双边协调机制。根据两国元首就改组双边对话机制达成的共识，中美"战略经济对话"改为"战略与经济对话"，具有如下新特点：一是新的对话基于两条轨道。第一条"战略轨道"由戴秉国国务委员和希拉里·克林顿国务卿主持，注重政治和战略问题；第二条"经济轨道"由王岐山副总理和盖特纳财长担纲，注重金融和经济问题。二是新的对话内容虚实结合。就经济对话而言，除了保留原来以讨论两国共同关心的全局性、战略性和长期性经济问题为主外，增加了近期紧迫性问题，为双方高官讨论当前最紧要的议题提供了机会，也为美方提供了更多"成果"以回应国会关于对话"空谈"的非议。三是开会频率由每年两次改为一次。虽然会议次数减少，但准备工作更加充分，消化和落实会议成果的时间也多了。四是增强了共同应对全球性挑战的合作。中美利用战略与经济对话框架，携手应对能源、环境、发展和卫生等国际社会共同面临的挑战。2013 年，随着政府换届，两国元首特别代表也换了人马，汪洋副总理和雅各布·卢财长主持经济对话，杨洁篪国务委员和约翰·克里国务卿主持战略对话。在最近两轮对话中，中美双方除继续协调重大性、战略性经济问题外，还着重深入讨论实质性问题，既为两国未来经贸合作发展提出战略构想，也为解决近期双方关切找到可行的措施。

　　（三）推进对华经济外交。奥巴马在 2013 年国情咨文中称，未来 4年施政重点将侧重经济问题。克里国务卿也作过被评论为"外交新思路"的表态："外交政策即经济政策。"① 奥巴马政府推出的"国家出口倡议"、"选择美国计划"等是其经济外交的代表作，旨在吸引更多包括中国企业在内的外资赴美投资设厂，创造就业机会和扩大美国出口。根据白宫在 2012 年 2 月习近平副主席访问美国期间发表的情况介绍，中国已经是"选择美国计划"前十大重点市场之一，奥巴马政府为扩展该计划，加大投入吸引中国投资者并方便他们来美投资的资源，中美双方保证深化在基础设施融资上的合作。② 2011 年美国前商务部长骆家辉任驻华大使，其主要使命就是进一步开拓中国市场和吸引更多的中资企业赴美直接投资。9 月 19 日，骆家辉在北京向中国美国商会和中美贸易全国委员会的会员发表演讲，他说作为大使，在中国第一要务是支持奥巴马创造就业，实现出口倍增目标；增加中国在美投资；确保美国公司在中国公平环境中参与竞争，加强在航空、新能源、信息通信等领域的双方合作。③ 在骆家辉辞去大使职务后，奥巴马提名资深参议员马克斯·鲍卡斯接替骆家辉，显示了经济和贸易问题在美国政府对华政策中占据重要地位。鲍卡斯作为民主党多年来处理经贸事务的主要人

---

　　① 《人民日报》2013 年 2 月 20 日。
　　② 白宫《加强美中经济关系的联合情况介绍》，2012 年 2 月 14 日。
　　③ http://big5.cri.cn/gate/big5/gb.cri.cn/27824/2011/09/20/3245s3378755.htm.（2014年 9 月 25 日上网）

物，使华之前任参议院财政委员会主席。2014 年 3 月 18 日，新任驻华大使鲍卡斯在北京召开记者见面会说，将加强中美经贸关系作为优先议程，并要完成三大任务：一是加强中美经济联系，推动两国企业互惠合作；二是加强与中国的伙伴关系，共同应对全球性挑战；三是促进民间交流。①

（四）在 G20 框架下深化与中国的关系。与小布什政府的国际单边主义不同，奥巴马政府更加重视加强国际协调合作。金融危机爆发后，G20 成为全球经济治理的主要平台。中美在 G20 保持了良好的合作，既有助于推动全球经济复苏，也推进了双边经贸关系发展。尽管双方在最近几次 G20 峰会上分歧有所增加，但在推动全球经济强劲、均衡和可持续的增长、扩大贸易、加强金融监管、共同促进全球治理等领域仍存在共同利益，双方扩大了在这些领域的合作。在 G20 平台上，美国支持中国等新兴大国改革国际货币基金组织（IMF）投票权和基金份额的主张，并敦促一些欧洲国家让出一些投票权和份额，使新兴市场和发展中国家提高在两机构的投票权和份额。美方认为，在任何情况下，双方都应就 G20 问题加强沟通。奥巴马政府更加重视和加强中美在全球层次的协调与合作，美方强调，无论在应对当前金融危机和经济大衰退，还是在应对气候变化及推动多合回合谈判等方面，如果没有中国参与和中美协调合作，都将难以奏效。

（五）对华经贸打"规则牌"。2013 年年初克里国务卿在出席参议院外交关系委员会就其提名举行的听证会时说："我们需要建立一套对所有国家都适用的规则。"美方企图从投资到贸易等方面以"规则"来"规范"中国。一是美方把中美贸易争端主要归咎于中方未能完全过渡到自由市场经济体。美国对中国主要关切包括：产业政策、国有企业、知识产权保护、美国企业网络安全、加入世贸组织的《政府采购协议》、人民币汇率，以及美方抱怨美资企业在华投资环境恶化等。美方将上述关切列入近几轮中美战略与经济对话的问题清单之中，以此压中方作出遵守商业或市场"规则"的承诺。二是美方力图通过加快跨太

---

① http：//world. huanqiu. com/exclusive/2014 - 03/4913392. html. （2014 年 9 月 25 日上网）。

平洋伙伴关系协定（TPP）和跨大西洋贸易和投资伙伴关系协定（TTIP）谈判，在制定新一代全球贸易投资规则上占据制高点，并最终促使中国接受这些新规则。此外，美方对中国输美产品实施"双反"（即反倾销、反补贴）案例屡见不鲜，对中资企业赴美并购以"国家安全"为由加以阻挠事件也比以前增多。

二　中美经济对话的阶段性重点

2009 年至 2014 年，中美战略与经济对话已成功举行了 6 轮。不同阶段的经济对话具有不同的重点。

（一）前两轮经济对话旨在共同应对金融危机，促进全球经济强劲复苏。双方围绕凝聚信心恢复经济增长，确保持续发展、互利共赢的中美经济合作伙伴关系等主题，就应对金融危机、恢复经济增长，促进强劲的经济复苏和更加持续、平衡的经济增长，国际金融体系改革，以及双边的创新与市场、贸易与投资等议题进行了深入讨论，显示了中美在国际金融危机和大衰退阶段同舟共济的精神。两轮对话分别取得了 40 和 47 项具体成果，主要包括：支持中小企业出口融资，促进省州及城市等地方层级经济合作，增加投资机会和透明度，加强跨境金融监管合作，并重申支持落实关于 IMF 份额和治理结构改革的承诺。

（二）第三、四轮经济对话重点构建中美经济关系全面框架，推进双边务实合作。两轮经济对话分别取得了 64 和 67 项具体成果。在第三轮对话期间，双方签署了《中美关于促进经济强劲、可持续、平衡增长和经济合作的全面框架》。在宏观政策协调方面，双方承诺加强宏观经济合作，确保全球经济持久复苏，促进就业稳定增长，牢固确立强劲、可持续和平衡增长；双方重申支持 G20 强劲、可持续和平衡增长框架，支持 G20 在国际经济和金融事务中发挥更大作用。在金融监管改革方面，双方承诺继续推进并强化金融部门改革，美方加紧实施《华尔街改革和消费者保护法案》，中方将继续深化金融体系改革；双方将继续充实完善各自的监管体系，进一步完善对系统重要性金融机构的监管办法，加强对影子银行业务的监管；美方支持中方扩大人民币在跨境贸易和投资中的使用以及推进人民币资本项目可兑换进程的努力。

在贸易与投资合作方面，双方重申承诺，本着建设性的、合作性的和互利性的态度积极解决双边贸易和投资争端。中方将完善知识产权保护和执法的高级别长效机制，并将取消所有政府采购自主创新产品目录；美方将在出口管制体系改革过程中，充分考虑中方提出给予公平待遇的要求。双方将通过中美商贸联委会以一种合作的方式迅速、全面承认中国市场经济地位；双方重申继续致力于推进双边投资协定谈判。

在第四轮对话中，中美代表以务实精神就对方主要关切进行坦诚沟通。对于美方关注的经济再平衡、金融服务业市场准入等问题，中方承诺：增加支付红利的国有企业的数目；在信贷、征税和监管政策上，对所有企业提供无歧视的待遇；2012 年提交加入世贸组织《政府采购协议》新的坚实方案；向外国直接投资开放更多的部门并提高其投资审批过程的透明度；重视对商业秘密的保护，加强推动中国企业使用合法软件的努力；采取措施提高家庭收入并降低消费品的价格；扩大外国投资在中国金融市场的市场准入，将外国在国内证券合资企业中的股权从33% 提高到49% 。与此同时，对于中国关于美国对华高技术出口、中资企业赴美投资遭遇不公平对待等问题，美方承诺：在出口管制体系改革过程中，充分考虑中方提出给予公平待遇的要求，努力促进民用高技术对华民用最终用户和民用最终用途的出口；美国外国投资委员会（CFIUS）以同等规则和标准对待其审查的所有交易，不论投资者来源国，CFIUS 的审查仅限于国家安全审查，无论交易是否涉及政府控制的或私人的外国投资者；通过"选择美国计划"为中国企业投资提供便利，在促进中国企业对美投资方面承担更大责任。

（三）第五轮经济对话旨在全面推进中美经济关系。这是中美两国政府换届以来首轮战略与经济对话，具有承前启后的重要意义。双方围绕"推进相互尊重、合作共赢的全面互利中美经济伙伴关系"主题进行深入讨论，取得了 87 项具体成果。突出表现在如下几个方面：一是在宏观政策上进一步加强协调。美方重申继续致力于实现中期财政可持续性；中方承诺将推进利率市场化改革，并继续致力于积极推进服务业营业税改增值税改革。中美双方欢迎在各自经济议程中的合作机会，并致力于维护国际经济金融稳定，支持全球经济稳健复苏和增长。二是在投资和贸易上采取实质性行动。经过九轮技术性讨论，中国同意与美国进行双边投资协定（BIT）的实质性谈判。该投资协定将对包括准入环节的投资的各个阶段提供国民待遇，并以"负面清单"模式为谈判基础。美方承诺，在出口管制体系改革过程中给予中国公平待遇，通过促进和便利民用高技术物项对华民用最终用户和最终用途出口，认真考虑中方关切；双方重申，将继续通过中美高技术与战略贸易工作组讨论出口管制问题。三是在提升全球合作和国际规则上加强合作。中美双方承诺，推动 G20 作为国际经济合作主要论坛，继续完善 IMF 的份额和治理结构，确保 2014 年中国主办的 APEC 领导人会议推进贸易和投资自由化和便利化。中美双方支持 IMF 在 2015 年年底前对特别提款权篮子进行审查。美方重申，支持人民币在满足 IMF 现有纳入标准时进入特别提款权篮子。四是在金融稳定和改革上相互支持。双方承诺进一步推进各自金融领域的改革并加强金融领域监管，加强在银行、保险、证券及审计等领域的合作；加强在 G20、金融稳定理事会等多边框架下的协作，支持全球金融稳定。

（四）第六轮经济对话重点在于办成一些大事。此轮中美经济对话是在美国经济向好，中共十八届三中全会之后的背景下进行的，双方进一步认识到中美经济关系发展蕴含的巨大潜力，同意全面履行历年对话的成果。此轮经济对话取得了 90 多项具体成果，突出表现在如下几方面：一是双方就中美双边投资协定谈判取得重要进展。谈判达成了"时间表"，同意争取 2014 年就 BIT 文本的核心问题和主要条款达成一致，承诺 2015 年早期以各自负面清单出价为基础启动负面清单谈判，这被称为"历史性进展"。[①] 二是将对经济政策的承诺落到实处。美方将继续维持低政策利率水平，实现中期财政可持续性，继续支持转向以更高的投资和储蓄为特点的增长方式；中方继续把消费作为扩大内需的主要着力点，将深化经济体制改革，使市场在资源配置中起决定性作用，使各种所有制经济公平参与市场竞争。三是在经济开放上照顾对方重大关切。中方承诺按照十八届三中全会关于有序开放服务业等要求，加快修订《外商投资产业指导目录》，进一步向外国投资开放。美方重

---

① http：//intl. ce. cn/sjjj/qy/201407/11/t20140711_ 3141039. shtml. （2014 年 9 月 25 日上网）。

申，鼓励和便利高技术物项对华民用最终用途和民用最终用户出口，承诺 CFIUS 对其审查的每一项交易使用相同的规则和标准。四是办好国际合作几件大事。双方同意促使 2014 年 APEC 领导人非正式会议取得积极和有意义的成果；落实和完善 IMF 的份额和治理结构改革，支持世行逐步实现公平投票权；在战略石油储备方面展开合作，加强共同能源安全。

三　美对华经贸政策调整的背景及动因

（一）在国际经济政治新形势下，美国不得不调整对华经贸政策。在百年罕见的国际金融危机和大衰退背景下，美国需要中国等主要新兴大国加强合作，"同舟共济"，促进世界经济强劲、平衡和持续增长。与此同时，美国等西方守成大国实力相对持续衰落，在应对国际、地区热点及全球性挑战上"独木难支"，必须改弦易辙，由小布什政府的单边主义转向国际多边主义，需要倚重新兴大国特别是中国的力量，共同分担、应对和处理国际事务的责任和费用。

（二）中国"崛起"成为中美经贸关系的"复杂因素"。随着经济持续快速增长，中国的实力和影响力不断提升。这对美国产生了"复杂"的影响：一方面，美国要从中国经济快速增长和中美经贸发展中获得巨大的机会，以拉动美国经济复苏；另一方面，美国担心中国挑战其霸主地位。奥巴马多次讲话强调，美国决不当"老二"，并发誓要在与中国的博弈中"赢得未来"。美国对华采取"两手战略"，一方面，扩大中美经贸使美国利益最大化，另一方面，用国际规则"规范"中国，使中国成为全球体系"负责任的利益攸关方"。此外，美国政客及反华势力通过将经贸问题政治化，干扰中美经贸活动的正常运作，迟滞中国经济持续快速发展，防范中国挑战美国的龙头老大地位。

（三）两国经济互补性和互利性是中美经贸持续发展的动力。由于两国资源禀赋及发展阶段不同，目前存在多方面的差异。第一，美国经济市场化程度高，金融市场发达且流动性强；而中国还处于市场转型阶段，并正在开放和完善金融市场过程中。第二，美国经济增长方式从消费和进口为主转向扩大出口和投资，服务业高度发达，并重点推进先进制造业；而中国经济正从依靠出口为主转为扩大内需特别是增加消费为主，并着力发展新兴产业和现代服务业。第三，美国拥有丰富的能源资源及开发新能源的技术，正考虑输出能源产能及产品；而中国对能源资源需求巨大，开发新能源需要引进先进技术。经济的差异性和互补性给中美经贸合作带来新的机遇，并推动两国相互依存日益加深。美国成为中国最大的出口市场之一，而中国成为美国出口增长最快的市场；美国成为中国最大的贸易顺差国，而中国成为美国国债最大债权国；美国是中国引进外国直接投资的第七大来源地，中国对美直接投资增长势头迅猛，近两年对美投资流量已超过美对华投资流量。两国经济的高度互补和依存不仅表明中美经贸持续发展的必要性，而且凸显加强合作对双方发展的重要性。更重要的是，中美经贸合作给两国经济和人民带来实实在在的好处，这也是中美经贸关系之所以能不以人的意志为转移持续向前发展的根本原因。

（四）中国全面深化改革为中美经贸持续发展注入新动力。中美经贸发展与中国改革开放进展相伴而行。中共十一届三中全会做出"改革开放"重大决策，启动了中美经贸快速发展的进程。2001年中国加入WTO后，中美经贸关系也从货物贸易逐步扩展到服务、投资、经济技术合作等各个领域。现在中国正在按照中共十八届三中全会精神进行全面深化改革，进一步推进开放型经济发展，中美经贸关系又遇到了历史上难得的最好发展机遇。2013年12月5日，美国副总统拜登在北京美国商会举办的早餐会上称：中国领导人表明了使中国向让市场发挥决定性作用的经济体制迈进，这是宏伟的目标，中国改革蓝图中的许多举措与美国多年来向中国提出的重要诉求相符，改革计划落实得越多，中美双边贸易和投资关系就会越牢固。①

四 促进中美经贸关系深化发展的政策思路

奥巴马对华经贸政策的调整变化，对中国而言，机遇大于挑战。尽

---

① http://afdc.mof.gov.cn/pdlb/yjcg/201401/t20140102_ 1031989.html. （2014年10月3日上网）。

管中美经贸发展存在两面性，但合作共赢仍是主旋律。两国经济深度融合、高度依存、互补互惠、互利共赢。中美经济合作不仅是中美关系的压舱石，也成为全球经济增长的"双引擎"。双方应从战略高度和全球视角谋划未来中美经贸发展，进一步推进两国全方位和多领域的务实合作。

（一）从实现构建中美新型大国关系目标出发，加强战略互信，实现合作共赢。中美两国元首安纳伯格庄园会晤已就构建新型大国关系达成共识，应以此为契机，加强顶层设计，规划中美经贸关系发展蓝图，制定两国务实合作的政策，夯实构建中美新型大国关系的经济基础。强化战略思维，发挥政经结合优势，全面推进中美经贸关系稳步发展。以经促政，通过加强两国经济各领域的务实合作，做大共同利益的"蛋糕"，推进中美新型大国关系的构建。与此同时，以政促经，从政治高度看待经贸问题，从两国关系全局角度考量和处理经贸分歧，既算经济账，也算政治账，加强战略互信，管控经贸摩擦，保障两国经济关系健康发展。

（二）完善中美各层面的经贸协调机制。一是加强高层互访或直接通话。继续促成中美最高层领导正式互访或非正式会晤，积极安排两国领导人利用 G20 峰会、APEC 领导人非正式会议等多边场合进行会晤，并应用两国元首热线通话，就双边关系、多边合作、国际热点及全球性挑战等交换看法，达成共识，在确保中美经贸关系稳定健康发展的同时，维护国际和平，引领全球经济持续稳定均衡增长。二是优化现行双边高层对话框架。中美战略对话、经济对话、商贸联委会等机制各司其职，形成合力，推进合作，管控分歧，维护中美政治、经济关系的稳定发展。三是加强地方层级交流机制。地方层级的经济、人文交流合作是中美务实合作的重要方面和新亮点，宜完善其机制建设，继续强化省州长论坛、城市经济合作会议等合作机制的功效，配合国家总体外交和对美政策，在两国关系发挥民间外交的作用。四是加强在多边领域的磋商、协调与合作。特别是要继续发挥 G20 这一全球经济治理首要平台作用，并推进 G20 机制的长效建设。在加强中美协调的同时，加强与其他 G20 国家特别是新兴大国的团结、协调与合作，维护世界经济金融贸易稳定正常运转，反对各种形式的保护主义，实现千年发展目标，推进世贸组织多哈回合谈判进程，并促进国际金融体系改革。中美也应继续加强在亚太地区经济合作，在 TPP 和 RCEP 谈判进程以及建设亚太自由贸易区方面加强沟通与协调，构建中美在亚太地区的良性互动、互利共赢的格局。

（三）共同寻找并打造务实合作的新增长点。近年来，随着两国国内经济发展和调整过程中出现新的变化，这些新发展对于中美高度依存的经济体都具有明显的"溢出效应"，各自调整和改革的红利也无疑会产生互补互惠互利效果。中美应通过加强沟通找到合适领域的切入点，从而共同努力将其打造为两国经济合作发展的新增长点。从美国情况看，页岩油气革命取得重大成果，绿色可替代能源发展方兴未艾，先进制造业发展如火如荼，基础设施建设蓄势待发，扩大海外市场时不我待。从中国情况看，通过刺激消费和加快城镇化进一步扩大内需，需要加强能源生产、供应多元化，着力发展新能源产业、战略性新兴产业和服务业，强化外汇储备使用多元化、安全性和盈利性，企业对外投资特别是在美国等发达经济体的直接投资亟须打开局面，等等。鉴此，中美应在广泛领域开拓务实合作，深挖合作潜力。在页岩油气、绿色能源、节能减排、基础设施建设、先进制造业、现代服务业、医疗保健等领域打造双边经济合作的新增长点。此外，中国着力推动工业化、城镇化、信息化、农业现代化进程，也可与美方进行信息交流、经验分享和务实合作。

（四）妥善应对和处理中美经贸争端和摩擦。随着中美两大经济体相互融合和交往的加深，两国间发生经贸分歧和摩擦是正常的，应继续通过加强战略与经济对话等协调机制妥善应对和处理，也可以诉诸WTO多边争端机制仲裁决定。两国应相互协调，高度重视并照顾对方的重大关切。就近期而言，中方主要关切是美方应放开高科技产品出口限制和投资限制、美国财政赤字和债务问题及中国在美国金融资产的安全等问题；而美方主要关切是中方知识产权保护、服务贸易壁垒、遵守贸易规则及汇率"操纵"等问题。此外，妥善处理中美经贸摩擦要遵循如下五项原则：一是互利共赢，从大处着眼，既要考虑自己利益，又要考虑对方利益；二是把发展放在首位，通过扩大经贸合作来化解分歧；三是发挥经贸协调机制作用，及时沟通和磋商，避免矛盾激化；四是平等协商，求大同存小异，不要动辄设限和制裁；五是不把经贸问题政治化。实践证明，只有按照这些原则处理两国经贸摩擦和纠纷，才能促进中美经贸关系更加持续和健康发展。

（五）加大公共外交力度，营造有利于中美经贸关系发展的良好舆论氛围。建立健全公共外交机制，善用外宣资源，消除误解，增强互信。除继续用好当地电视广播、报刊等传统媒体外，还要利用互联网、推特、脸谱等新媒体，为加强中美经贸关系造势。加强中美学者交流，鼓励中国驻美外交官"走出去"，通过投书媒体、发表演讲等形式，影响美国学界、业界、媒体、民众及政治家，向美国公众讲述中美经贸合作共赢的故事，为中美经贸发展注入正能量，并对美方散布的扭曲或损害中美经贸关系的不实之词进行有理有据的批驳。此外，美方也应向美国会、公众解释清楚发展中美经贸关系给美国带来的巨大利益及美国应付出的代价，并提出可信政策措施拓展机遇，应对挑战。